CHRONIQUES DE LOUIS XII

PAR

JEAN D'AUTON

IMPRIMERIE DAUPELEY-GOUVERNEUR

A NOGENT-LE-ROTROU.

CHRONIQUES
DE LOUIS XII

PAR

JEAN D'AUTON

ÉDITION PUBLIÉE POUR LA SOCIÉTÉ DE L'HISTOIRE DE FRANCE

PAR R. DE MAULDE LA CLAVIÈRE

TOME TROISIÈME

A PARIS
LIBRAIRIE RENOUARD
H. LAURENS, SUCCESSEUR
LIBRAIRE DE LA SOCIÉTÉ DE L'HISTOIRE DE FRANCE
RUE DE TOURNON, N° 6

M DCCC XCIII

EXTRAIT DU RÈGLEMENT.

Art. 14. — Le Conseil désigne les ouvrages à publier, et choisit les personnes les plus capables d'en préparer et d'en suivre la publication.

Il nomme, pour chaque ouvrage à publier, un Commissaire responsable, chargé d'en surveiller l'exécution.

Le nom de l'éditeur sera placé en tête de chaque volume.

Aucun volume ne pourra paraître sous le nom de la Société sans l'autorisation du Conseil, et s'il n'est accompagné d'une déclaration du Commissaire responsable, portant que le travail lui a paru mériter d'être publié.

Le Commissaire responsable soussigné déclare que le tome III de l'édition des Chroniques de Louis XII par Jean d'Auton, *préparé par M.* R. de Maulde la Clavière, *lui a paru digne d'être publié par la* Société de l'Histoire de France.

Fait à Paris, le 25 octobre 1893.

Signé : BAGUENAULT DE PUCHESSE.

Certifié :

Le Secrétaire de la Société de l'Histoire de France,

A. DE BOISLISLE.

DE LA CRONICQUE DE FRANCE

DE L'AN MILLE CINCQ CENS ET DEUX.

(*Suite.*)

XIII.

COMMANT LE CAPITAINE LOYS D'ARS PRIST BESEILLES EN POILLE SUR LES ESPAIGNOLZ.

Le jour ensuyvant que la ville de Canoze fut rendue aux Françoys, le capitaine Loys d'Ars, adverty que les Espaignolz, chacez dudit Canoze, alloyent rainfforcer Tarente, prya le duc de Nemours, visroy, qu'il luy pleust bailler des gens d'armes pour aller copper le chemin a iceulx Espaignolz, a la descente de la mer, ou ne fauldroit point de les rancontrer, et iceulx deffaire. Et ce faisoit, pour ce que ja avoit esté semont, par ceulx de Tarente, de se mectre dedans, et advisé que si cent hommes d'armes françoys se monstroyent la devant, que les Espaignolz de la garnison tuheroyent, qui peu de nombre estoyent, et dedans mectroyent les Françoys. Et de tout ce fist compte au duc de Nemours, en luy remonstrant que, par deux moyens, celle ville de Tarente se pourroit prendre sans faillir : ou pour deffaire le ranffort qui par la mer y alloit, lequel estoit foible pour soustenir foulle de bon nombre de Françoys ; ou pour se monstrer devant la ville, qui estoit forte pour chacer petite compaignye d'Espaignolz.

Le duc de Nemours ne voulut prester l'oreille a celuy Loys d'Ars pour oyr son proffitable propos, ne luy bailler ranffort pour executer sa louable entreprise; mais differa tant que, pour l'eure, autre chose n'en fut, si n'est celuy bon capitaine Loys d'Ars, qui la charge, comme j'ay dit, avoit des places qui la au conte de Ligny apartenoyent, voulant a son pouvoir servir le Roy et obbeyr a son maistre, se mist aux champs avecques soixante chevaulx legiers et adressa vers Beseilles, terre du conte de Ligny a cause de sa femme. Et est celle ville sur la mer, et forte a l'avantage. Le peuple de laquelle, sachant la venue du capitaine Loys d'Ars, lieutenant dudit conte de Ligny, leur seigneur, et, sitost que devant eulx le virent avecques ses gens, *France! France!* fut la dedans a voix comune mise en cry, et les portes de la ville, malgré les Espaignolz, ouverte aux Françoys, et a grand tumulte toute la commune contre les Espaignolz insultée. La entrerent les Françoys, et, avecques les Beseillyens, chargerent sur les Espaignolz et les assaillirent de toutes pars, et tant, que jucques dedans le chasteau qu'ilz tenoyent, tuant et batant, les repposserent. Et eulx retirez commancerent a tirer artillerye au travers de la ville et contre les Françoys, tellement que, de Canoze, a quatre mille de la, ou estoit l'armée de France, le bruyt des coups fut ouy. Dont ung gentilhomme, nommé Luc le Groing, de ceulx dudit Loys d'Ars, qui la estoit pour les affaires de sondit maistre demeuré, sachant que besoing estoit de luy faire secours, advertist le duc de Nemours de son affaire, en luy disant : « Monseigneur, ne oyez vous commant l'artillerye tire vers Beseilles? Je suys seur et vous advertys que le capitaine Loys d'Ars est a cest affaire. Et pour ce le say je, car, a son depart, me dist que la s'en alloit pour veoir la maniere et puissance des Espaignolz qui sont dedans, et pour cognoistre le vouloir de ceulx de la ville, qui, avecques luy, ont intelligence. A ce moyen povez cognoistre qu'il y a meslée ou assault. Par quoy, monseigneur, en faisant service au roi, amytyé a monseigneur de Ligny et secours audit capitaine Loys d'Ars, plaise vous luy envoyer quelque ranfort, car mestier en est. » La priere et semonce de celuy gentilhomme fut pour l'eure non oye par le duc de Nemours et différée jucques a temps. Par quoy celuy s'adressa a messire Jacques de Chabbanes, seigneur de La Pallixe, qui la estoit, et luy dist que, s'il luy plaisoit secourir le capitaine Loys d'Ars, que se seroit servir le Roy et aquicté son honneur ; et de ce le prya bien fort. Lequel seigneur de La Pallixe, deliberé a tous propos d'exploicter son pouvoir pour les choses du Roy, s'offrit de prendre celle charge, avecques le voulloir d'y besongner a toute force ; mais, au parfaire, le congé ne luy fut octroyé. Dont celuy gentilhomme, voyant que ailleurs luy failloit pour son maistre chercher ayde, sachant que a Rouvre, ville a quartier, pres de Beseilles, a quatre mille, estoyent cent hommes d'armes françoys, dont les cincquante estoyent a Françoys de la Trimoille, seigneur de Mauleon[1], et les autres cincquante a messire Aymar de

---

1. *Jacques* de la Trémoille, seigneur de Mauléon, dont nous avons parlé dans le tome I.

Prye, pencent de ceulx avoir quelque secours, droict la courut en poste, et hastivement advertist les capitaines des gens d'armes qui la estoyent de l'affaire qui estoit a Beseilles et commant le capitaine Loys d'Ars, avecques peu d'effort, soustenoit la grant charge ; et que, si par deffault de secours il estoit oultré, que ceulx qui secourir luy povoyent en auroyent reproche : dont ceulx de Rouvre, ausquelz il s'adressoit, n'en seroyent ignorez, veu la proximité du lieu, qui n'estoit que de quatre mille ; et sur ce les prya envoyer des gens a la recousse. Lesquelz disrent que peu de force estoyent pour seurement garder la ville de Rouvre et a l'avantage secourir le capitaine Loys d'Ars. Et, ce dit, celuy bon messager a tant ne demeura au prochas, mais leur dist : « Vous avez cent hommes d'armes, baillez moy cincquante d'iceulx pour tenir vostre ville, et cincquante pour le ranfort de Loys d'Ars, et je prens sur ma vie de, sur ce, faire tel devoir, que la ville sera gardée a proffict et ledit capitaine honnorablement secouru. » A ceste remonstrance et jeu party ne differerent plus, mais promirent a grosse bende aller a Beseilles. Et des premiers fut a la voye ung nommé Pierre de Bayart, qui n'actendit la conclusion du propos ; mais, sitost qu'il sceut l'affaire dudit Loys d'Ars, sans regarder qui le suyvroit, luy, avecques troys de ses gens montez et armez, se mist a la cource ; et tantost apres luy fut Loys de Sainct Bonnet, lieutenant[1] de messire Aymar de Prye, avecques trente hommes d'armes et quarante archiers, courans tous a bride abatue. Pendant ce que au prochas de ce ran-

---

1. *Alias,* capitaine commandant la compagnie d'A. de Prie.

fort besoignoit Luc le Groing, sur ce avoit pencé le
duc de Nemours, au moyen de l'avertissement qui luy
avoit esté faict par cy devant, et avoit envoyé a
Beseilles ung capitaine picart, nommé messire Pierre
de Bellefourriere[1], lieutenant de Cesar Borgia, duc de
Vallentinoys, avecques cent hommes d'armes : lesquelz, pencens le long travail des Françoys qui estoient
a Beseilles et la grande cource qu'ilz avoyent a faire,
qui estoit de plus de six mille, aventurerent tout pour
estre d'eure a ce besoing, et la coururent si tost que
plusieurs d'eulx tuherent leurs chevaulx. Ainsi, comme
ceulx estoyent a chemin, Pierre de Bayart, qui de
Rouvre estoit des premiers deslogé pour aller a ce
hutin avecques ses troys hommes, arriva a Beseilles
et, a l'entrée de la ville, luy et ses gens commancerent
a cryer : *France! France!* a haulte voix, et tout le
cours le long des rues s'en alla vers le chasteau, ou le
bruyt se faisoit, et la se rengea avecques Loys d'Ars,
l'espée au poing, ou commança a frapper a bras desplyez, et a grans effors secourir les Françoys, qui grant
besoing avoyent d'ayde, car, leur combat durant, ung
escumeur de mer espaignol, nommé Villemarin[2],

1. Pierre de Belleforière, seigneur de Thun, Saint-Martin et
Beaumanoir en Cambrésis, frère de Michel de Belleforière, capitaine picard chargé par Charles VIII de faire des levées de
gens d'armes pour la défense de la frontière (*Tit.* Belleforière,
20). En 1506, il intervint dans le règlement du domaine de sa
belle-sœur (*id.*, n° 314), et, en 1504, comme exécuteur testa-
mentaire de son frère Michel, il fonda une messe d'*obit* à Péronne
(*id.*, 318, 319). Il avait épousé Madeleine de Coucy et figure encore
dans un acte de 1529 (*id.*, 320). Il testa le 10 octobre 1530 (*id.*,
321).

2. Villamarin ou Villa Marin. Jean d'Auton lui applique un

avecques troys galleres armées de troys cens hommes,
estoit venu au secours de ceulx du chasteau, et, a sa
venue, furent les Françoys foullez, mais eulx et ceulx
de la ville leur tindrent longuement pié a ferrer. Toutesfoys, a la longue tenue, voyans les Espaignolz que
peu de secours venoit aux Françoys, s'esvertuerent,
dont le capitaine Loys d'Ars et ses gens furent a force
repossez et chacez jucques a la porte de la ville; et a
la fin eussent estez forcez et mys hors, n'eust esté la
merveilleuse resistance que celuy capitaine d'Ars faisoit de sa main : car a tour de bras gardoit l'issue de
la ville et assailloit l'entrée, tellement que ses ennemys ne pouvoyent sortir pour les siens chacer ne les
siens desamparer pour habbandonner la ville. Que
fut ce, si n'est que Espaignol ne l'ozoit approcher, de
tant que son glayve tenoit d'ombre qui ne fust assommé.
La escumoit comme un sangler aux abboys, et disoit
a ses gens : « Sus, messeigneurs, sus a ce besoing
extreme se doibt monstrer la perfection de vertus !
Gardons, sur noz vyes, que l'onneur de la deffence du
pas que nous tenons ne perdions en peu d'eure, qui
toute jour avons le pris de l'assault emporté, et que le
fruyt de noz labeurs ne soit perdu par deffault de le
garder. Mieulx vault mourir icy a honneur, soubz l'escu
de vertus, que vivre a reproche, soubz ombre de lascheté. Ne soyons pour travail arrecruz, car, pour
nous sollager, le secours nous est prest ! » A ces
motz, chacun reprist vigueur et courage. La estoit

---

peu durement l'épithète d' « écumeur de mer. » C'était un « capitaine, » ou amiral, espagnol, régulièrement engagé à la solde du
roi d'Espagne.

Pierre de Bayart, comme j'ay dit, qui n'entendoit que a frapper au desesperé. Aussi y estoyent Gilbert de Chaulx, seigneur dudit lieu; Jehan de Montieulx, seigneur de Tary; Arnalde de Barbyane, nappolitain; Loys de Brandon, et peu de nombre, lesquelz, pour mourir, ne recullerent l'issue de la porte.

Durant ce bruyt, le capitaine Loys de Sainct Bonnet et messire Pierre de Bellefourriere et Luc le Groing, qui les amenoit, avecques six vingtz et dix hommes d'armes et deux cens archiers, arriverent; et eulx, estans a deux gectz d'arc pres, commancerent a sonner les trompetes et clairons si hault qu'il sembloit autour de Beseilles que l'air esclatast; et tant alloyent tost que la poussiere des chevaulx obscurcissoit le temps. Le capitaine Loys d'Ars, qui plus de six heures avoit soustenu la charge du combat des Espaignolz avecques ses gens, et tant, que de Canoze, dont avoit plus de six mille, et de Rouvre, avoit cependant donné lesir au secours de venir la, sachant approcher le ranfort des Françoys, reprist vigoureuse force, asseuré vouloir et vertueulx courage; et, a force de coups immoderez, commança a oultrer les ennemys et sur eulx gaigner place; lesquelz, oyant le bruyt du ranfort et pressez dudit Loys d'Ars et de ses gens, se voulurent retirer vers le chasteau; mais, ainsi qu'ilz faisoyent leur retrecte, Loys de Sainct Bonnet et messire Pierre de Bellefourriere, avecques grosse route de gens d'armes françoys, entrerent en la ville et tant hasterent leur train que, entre la marine et le chasteau, copperent le chemin aux Espaignolz, lesquelz se vouloyent mectre en mer; et la sur eulx fut faict tel chapliz que plus de troys cens d'iceulx furent degoillez[1]. Les autres, qui pouvoyent estre deux cens ou peu moings, gaignerent le chasteau, dedans lequel, ung peu de temps devant ce, avoyent mys iceulx Espaignolz en prison huyt ou dix des seigneurs et marchans de la ville, pour ce qu'ilz tenoyent aucunement pour le Roy. Lesquelz prisonniers ne virent si tost les Françoys maistres de la ville et les Espaignolz deffaictz, que au plus hault d'une grosse tour ne montassent, en laquelle estoyent detenus, et de la commancerent a ruer grosses pierres du hault en bas sur ceulx du chasteau, en maniere que Espaignol qui la fust ne s'osoit monstrer qui ne fust assommé. Et tant alla l'ouvrage en plus que le capitaine Loys d'Ars fist soubdainement escheller et assaillir le chasteau, lequel fut priz d'assault, et tous les Espaignolz qui dedans estoyent mys a l'espée. Ce faict, grosse garnison de Françoys fut mise la dedans. Et, apres ce, plusieurs hommes d'armes et archiers françoys, qui de Canoze estoyent venus a ce besoing, ou auroyent, pour force de courir et trop se haster, tuhez leurs chevaulx, dont les aucuns estoyent a pié, esquelz ledit capitaine Loys d'Ars fist bailler force argent et bonne monture. Dont fut amé de chascun, comme requeroit le merite de ses louables faictz.

Apres toutes ses choses, chascun se retira a Canoze, ou estoit l'armée de France.

1. Égorgés, terme affectionné par J. d'Auton. Les textes du moyen âge disent *harguler, hargoulement* (de *gula*).

XIV.

Commant les Françoys deslogerent de Canoze, et coururent le pays de la Poille.

L'armée de France, qui a Canoze avoit demeuré troys jours, fut mise au champs pour gaigner pays; laquelle fut de Canoze a Corastre[1], terre du conte de Ligny, estant assize en plaine et a cinc mille pres de la marine, qui, peu de jours devant ce, avoit esté prise sur les Espaignolz par le capitaine Loys d'Ars; et la sejournerent les Françoys troys jours pour adviser a leur surplus; et, ce faisant, eurent grant deffault d'eauues doulces pour les chevaulx, et tant, que de soif cuyderent tous mourir; et, de faict, par ce destour, leur convint retourner vers Canoze. Si prindrent leur chemin droict a Barlete, ou estoit Gonssalles et toute l'armée d'Espaigne, et en approchant la ville si pres que les Espaignolz le peurent voir. Le capitaine Gonssalles fist mectre aux champs deux cens genetaires escarmoucheurs et, entre les boulouars et barrieres de la ville, fist assoir son artillerye et tenir troys cens hommes d'armes en bataille, la lance sur la cuisse, pour donner, a la passée, quelque venue sur les Françoys, si leur avantage de ce faire voyoyent, ou pour, a besoing, recueillir leurs coureurs, se par force estoyent chacez. Les capitaines françoys, qui, en approchant, virent la maniere des ennemys, se

1. Corato, sur la route d'Andria à Bari. Sa *marine* est à Bisceglie ou à Trani.

serrerent et eurent conseil sur ce qu'est il de faire, tel que ordonné fut leur donner une escarmouche pour veoir leur effort; et, pour ce, le duc de Nemours appella ung Françoys, seigneur de Saincte Colombe, auquel bailla quatre vingtz chevaulx legiers pour aller charger sur les coureurs de Barlete, en luy disant que trop ne se mist avant sans propos, car, pour souvant trop avancer folle hardyesse, honteuse perte s'en ensuyt. Mais a ce pourveut celuy de Saincte Colombe, car tres hardyement donna sur ses ennemys, et a temps se retira, comme sage; car avecques ses gens les approcha viz a viz, point ne s'oblya de prier les siens que si pour honneur firent oncques chose, que a celle foys le monstrassent et que temps en estoit. La misrent les Françoys les chevaulx au cours, et tous ensemble s'entremeslerent avecques les genetaires d'Espaigne, lesquelz estoyent deux cens ou plus; et bien a point s'entrebatirent, et tant que, a plusieurs courses et recharges, les Françoys, armez a l'avantage, misrent Espaignolz en fuyte et les suyvirent jucques contre leurs barrieres, le glayve au doz. Le duc de Nemours, qui de tout ce avoit veue, doubtant que, par ambuches ou ranfort d'ennemys, ou par trop aller avant, ses coureurs n'eussent du pys, pour obvyer a ce leur transmist ung nommé Iheromine Payonnet, serviteur du sire d'Aubigny, pour leur dire qu'ilz se retirassent; lesquelz, pour ce, ne laisserent a charger les genetaires, mais jucques dedans leur fort les chacerent, ou furent recueilliz par les hommes d'armes espaignolz qui la estoyent, sans ce que nul d'eulx fist semblant de vouloir sortir de leurs barrieres. Par quoy s'en retournerent iceulx coureurs françoys a leur armée, laquelle, durant l'escarmouche, passoit devant la ville, a la veue des Espaignolz, en bon ordre et bataille rengée, et tira oultre jucques au pont de Canne[1], troys mille loings de Barlete.

L'armée de France, estant a celuy Pont de Canne, eut a secours troys mille Suyces que le Roy, qui lors estoit en Lombardye, luy transmist, soubz la charge de deux capitaines des leurs, nommez l'ung le capitaine Ambrois, et l'autre Ance. Lesquelz Suyces furent par le visroy baillez soubz la main du sire d'Aubigny, lequel estoit ducteur des gens de pié et d'une partye de ceulx de cheval.

Pour refreschir iceulx Suyces, qui las estoyent du bransle de la mer, dont estoyent venus de Gennes jucques la, et ausi pour veoir au demeurant du faict de la guerre, quatre jours furent la les Françoys et Suyces en repos; et, cependant, aucuns d'iceulx Suyces nouveaulx venus eurent envye de prendre l'air, et virent que les raisins estoyent desja bons; car, en celuy pays, a la Sainct Jehan ou tost apres sont meurs; et ainsi, pour la nouvelleté, soixante d'iceulx, sans le congé de leur capitaine, misrent leurs picques au coul et prindrent les champs entre le camp des Françoys et Barlete, ou estoyent les Espaignolz, et la furent chercher leur proye; dont mal leur en prist, car ilz furent apparceuz par aucuns genetaires coureurs, lesquelz, sitost qu'ilz les adviserent, leur coururent et donnerent sur eux; et, comme ceulx qui, sans guect, par les vignes estoyent amusez a la vendenge, l'ung ça, l'autre la, en desarroy furent tous

---

1. Sur l'Ofanto, près du champ de bataille d'Annibal.

tuhez, sans que l'ung tout seul en sceust a ceulx de leur camp nouvelles rapporter, ne a leurs ennemys porter dommage que de la mort d'ung genetaire seullement, qui depuys fut, avecques eulx, trouvé mort soubz le cep de la vigne.

XV.

Commant cent hommes d'armes françoys et sept cens hommes de pié furent en Callabre, pour gu[e]rroyer aucuns Espaignolz qui la couroyent le pays.

Le duc de Nemours, visroy, et les autres capitaines furent la ascavantez que en la Callabre estoyent descendus grant nombre d'Espaignolz, qui pilloyent et gastoyent le pays; et mesmement Emanuel de Bonnevide, domp Hugues de Cardonne et ung autre nommé Salluzart, capitaines espaignolz, avecques troys cens hommes d'armes et onze cens pietons; lesquelz, par force, occupoient partye de celle terre; par quoy fut advisé que la seroit envoyé quelque effort de Françoys, pour la gaigner pays et rabatre les coups des ennemys; et, pour ce, y furent transmys Adrien de Brymeu, seigneur de Humbercout, et le seigneur de Grigny, a tout cent hommes d'armes, et Yves de Malerbe, avecques quatre cens hommes de pié, et d'autres jucques au nombre de sept cens; lesquelz s'en allerent en Callabre, comme en charge leur estoit. Du pont de Caune fut l'armée de France a Canoze, et la furent dispercées les garnisons et mises par les villes et places dudit pays tout autour de Barlete, pour tenir les Espaignolz, qui la estoyent tousjours enserrez; et furent les garnisons des Françoys mises si pres de l'une de l'autre que l'armée d'Espaigne n'eust si tost sceu assieger ou courir l'une, que tout a heure l'autre ou toutes ensemble ne se fussent peu assembler et donner secours. Les gens d'armes françoys, qui en la Callabre estoyent allez, ne furent si tost a chemin, que les Espaignolz, qui la estoyent ne fussent par espies de ce advertys; dont se misrent tous ensemble, et au devant des Françoys se trouverent, a l'entrée de la Callabre, bien ordonnez. Les Françoys pareillement leur firent barbe et plusieurs escarmouches eurent les ungs contre les autres; et tant, que a la parfin se meslerent tellement, que les Espaignolz, qui a plus de double nombre estoyent contre les Françoys, furent vainqueurs, et les deffirent tellement, que le seigneur de Grigny mourut sur le champ, en se deffendant par tel effort, que a ses ennemys laissa la victoire sanglante et luctueuse, et luy perdit la vye transitoyre pour aquerre honneur immortel. A celle deffaicte, Adryen d'Umbercourt, qui entre ses ennemys s'estoit longuement combatu, apres son cheval mort entre ses jambes et luy blecyé en plusieurs lieux, fut pris et mys a ranson. Plusieurs autres Françoys furent occys et blecyés, et les autres se sauverent comme ilz peurent, et se rassemblerent de rechief pour eulx garentir; et, ce faict, advertirent le visroy de leur affaire, et commant, sans secours, ne pouvoyent la emcourir que domage, et deshonneur aquerir. Sur quoy fut tenu conseil entre les chiefz françoys, et par eulx dit que messire Berault Stuart, seigneur d'Aubigny, avecques cent hommes d'armes et quelques gens de pié, feroit le voyage; lequel fut tantost prest pour y vouloir aller. Toutesfoys, au partir, entre le duc de Nemours et luy, eut differend faict par aucuns de ceulx du visroy, disans que celuy voyage seroit de tel avantage que en la Callabre se seroit le proffict du gaing et en la Poille la peine du labeur; dont le visroy se disposa de se mectre en pays; ce qu'il fist, avecques cent hommes d'armes et peu d'autres, sans artillerye; et tant fist que, en allant, trouva quelques villes rebelles a luy, lesquelles voulut assieger et prendre, mais mal accompaigné se trouva pour ce faire; ausi n'avoit il artillerye ne gens a suffire pour tenir siege ne donner assaulx. Ainsi s'ennuya sur ce deffault, et pensa que plus convenable chose estoit a luy de soy tenir avecques l'armée, dont il estoit chief, ou aupres d'icelle, pour honneur garder, que icelle, comme convoicteux d'avoir, esloigner, pour, autre part, incertain proffict chercher; ce qui le mist au retour, et s'en alla a Canoze, honteux de son improveue entreprise, et mal contant d'avoir uzé de volunté en lieu de raison, a la remonstrance de tel qui peu devoit estre ouy sur ce et moings obbey. Que quessoit, au sire d'Aubigny manda qu'il allast audit voyage de Callabre, comme par avant avoit esté appoincté; ce qu'il fist voluntiers, et prist cent hommes d'armes escossoys des siens et six cens hommes de pié, et ainsi, avecques ses gens, s'en alla en Callabre, ou fist comme cy apres sera dit.

XVI.

COMMANT LE ROY, ESTANT LORS EN AST, EUT PAR DEVERS LUY PLUSIEURS PRINCES ET SEIGNEURS DES ITALLES ; ET D'AUCUNES PLAINCTES A LUY FAICTES DU DUC DE VALLENTINOYS, QUI LORS AVOIT FAICT A ROMME GROSSE ARMÉE.

Le Roy estant en sa ville d'Ast, comme dessus a esté dict, devers luy furent le duc Hercules de Ferrare ; le duc d'Urbin[1], romain ; le marquis Franscisque de Gonzago, marquys de Mantoue ; Loys, marquys de Salluces ; Antoyne, marquys de Monferrat ; les ambaxades du Roy des Romains, celles de Venize, de Florence, de Boulogne, de Pize, de Gennes, et plusieurs prelatz et seigneurs des villes, seigneuries et communaultez des Italles : desquelles les ungs vindrent la pour offrir service au Roy et luy faire obeissance, les autres pour amytié avoir a luy et allyence confederée ; les autres pour avoir de luy quelque charge ou pencion, et les autres pour soy plaindre a luy du duc Cesar Borgya, duc de Vallentinoys, lequel estoit lors sorty de Romme avecques grosse gendarmée, et assailloit leurs places, et couroit leurs pays, et prenoit a toutes mains ce que par force pouvoit conquester et ravir ; et, entre autres, se plaignit de luy le duc d'Urbin, disant que, en faulces enseignes, et faignant faire la guerre par l'adveu et vouloir du Roy, avoit l'artillerye de celuy duc d'Urbin empruntée, et que, apres

---

1. Guidobaldo de Montefeltro.

ce, de sa mesme artillerye avoit ses places batues et prises, lesquelles tenoit par force et occuppoit sans autre droit y avoir; de quoy demandoit celuy duc d'Urbin avoir restitucion, et requeroit au Roy que, en son affaire, luy plust donner ayde et secours, veu que, pour luy cuyder faire service et plaisir, sesdites places avoit perdues; et ausi que son plaisir fust mander au duc de Vallentinoys que entre ses mains remist lesdites places, comme raison le vouloit[1].

Ausi firent plaincte au Roy les ambaxades de Florence, et dirent que celuy duc de Vallentinoys avoit par force prises et pillées plusieurs villes et chasteaux de leur seigneurie, et que sans juste querelle guerroyoit les Florentins, lesquelz pareillement demandoyent contre luy secours au Roy, comme ses serviteurs, amys et confederez. La seigneurie de Bouloigne disoit ausi que, a main hostille et sans autre droict, couroit ses terres, et faisoit aux Boullonnoys mortelle guerre et durs assaulx, dont requeroyent ausi au Roy, comme ses humbles sugectz et bons allyez, avoir ayde. Le duc de Ferrare, le marquys de Mantoue et tout plain d'autres, firent leur plaincte de celuy duc de Vallentinoys, et dirent que toutes crudelitez, tyrannyes, forces et vyollences excercoit et faisoit toutes ses inhumanitez dont se pouvoit adviser; et que, si le Roy ne mectoit sur ce briefve provision, que les seigneuries des Italles, ses sugectes et alyées, voyre ses pays mesmes de Naples et de Millan, en pourroyent

---

1. V. *Dispacci di Ant. Giustinian*, publiées par M. Villari, n°s 23, 81, 195. Cf. *Narrazione del duca d'Urbino al card. Giuliano della Rovere sui casi suoi*, 28 giugno 1502, publiée par Alvisi, *Cesare Borgia, duca di Romagna*.

ennuy, perte et domage emcourir : ce qui totallement seroit au desavantage du Roy et au rabaiz de la louable reputacion des Françoys, veu que, le Roy mesmes et son armée estant dela les mons, celuy duc de Vallentinoys osoit presumer guerroyer ses alyez et amys, et faire pres de luy hostille assemblée, et telle que de plus de vingt mille hommes estoit rainforcée, et tous les jours multiplyoit d'effort; et ja estoit celuy tyrant d'orgueil tant boussouflé, que en armes ne cuydoit a luy premier ne segond; et, pour monter au sommet de presumpsion, en son estandart fist actacher en grosse lectre d'or son tiltre, disant : *Cesar ou nichil :* se qui se pouvoit ymaginer ou entendre que, a l'exemple du preux Cesar, subjugueroit le monde, ou, par la main de adverse fortune, mourroit a la poursuyte. Que quessoit, oyant le Roy le cry des plainctes et rapport des forces que chascun faisoit d'iceluy, la poste luy transmist, et vues les lectres, par lesquelles luy mandoit qu'il cessast de plus guerroyer ses amys et allyés, et que, s'il avoit sur eulx faicte surprise, que, sans plus le luy faire dire, le mal aquys rendist, et ausi qu'il luy mandast a l'occasion de quoy si grosse armée avoit mise sus.

Apres que le duc de Vallentinoys eut receues et veues les lectres du Roy, par la mesme poste luy fist responce, disant que, au regard de luy, n'entendoit faire chose qui contre son vouloir fust, et que son tres humble et tres obbeissant serviteur estoit; et, au surplus, toutes les villes, places et pays que pris avoit, quant luy plairoit, entre ses mains les mectroit; et la cause pour quoy les avoit prises, estoit pour les remectre en l'obbeissance du pape, lesquelles estoyent a foy et hommage tenues de luy, et que n'avoyent ceulx qui les tenoyent voulu faire, ni recognoistre leur seigneur souverain ; et quant estoit de son armée, pour autre chose ne l'avoit faicte, que pour, a besoing, l'exploicter au service du pape et l'employer aux affaire[s] du Roy.

Plusieurs autres excuses et raisons mist en ses lectres, lesquelles le Roy leust et advisa d'ung mot a autre, et icelles monstra a ceulx qui de luy se plaignoyent; lesquelz pryerent le Roy de rechief qu'il ne souffrist ainsi molester les siens, et que, si quelque hommage ou temporelle recognoissance, a cause desdites choses surprises, estoyent deuz au Sainct Pere le pape, que tout au vouloir et plaisir du Roy en feroyent la raison ; et sur ce leur promist le Roy de les faire contantz. Toutesfoys, execucion de guerre faisoit tousjours le duc de Vallentinoys, et en prenoit ou trouver en pouvoit : dont le Roy fut deliberé luy envoyer au devant grosse armée, pour savoir qu'il vouloit dire, et luy rabbatre ses coups[1]; et sur celle disposicion demeura la chose pour ung temps[2].

1. Le roi donna, le 24 juillet, une recréance à l'ambassadeur florentin Luca Albizzi pour annoncer à la Seigneurie l'envoi immédiat d'un fort contingent, commandé par L. de la Trémoille (Desjardins, *Négociations,* II, p. 70, 71). La compagnie de La Trémoille se trouvait en Italie dès l'année précédente (fr. 23783, 30, 31).

2. Sur tous ces faits, on peut comparer l'admirable récit de Guichardin (liv. V, ch. III). Louis XII ne croyait guère aux affirmations de César Borgia. Une dépêche des ambassadeurs vénitiens Dominique Trevisano et Jérôme Donato, datée d'Asti, le 14 juillet 1502, fournit à ce sujet de précieux renseignements. « Notre dépêche d'hier, disent-ils en substance, vous a donné les paroles de MM. d'Asti et de Gié que, si Venise accédait à cette entreprise de Toscane, elle *ultimeria* facilement; ils deman-

Le Roy fut lors adverty comme, au royaume de Naples, entre les Françoys et les Espaignolz estoit la guerre excercée et de tout ce que la avoit esté faict asavanté : pour quoy, doubtant le rapport des espyes, comanda a faire vuyder de court tous Espaignolz, et mesmement ung chevalier nommé messire Angraille, ambaxade pour le Roy d'Espaigne, lequel, avecques tous ses gens, fut sommé de desemparer les terres du Roy, et dedans vingt et quatre heures; dont en mesme heure partit avecques tous ses Espaignolz et prist pays vers son cartier[1].

Par les Genevoys furent lors envoyez en Ast messire Phelippes de Ravestain, gouverneur de Gennes pour le Roy; le conte de Gennes[2]; messire Jehan Loys

daient notre réponse. Ce matin, ils ont dit que Valentinois écrit avoir donné ordre à Vitellozzo de se retirer de l'affaire. Ils ne se fient guère à ces paroles, et ils continuent à envoyer M. de la Trémoille, qui n'attend que les Suisses; car on dit que les Florentins ont deux cents hommes d'armes, autant de Jean Bentivoglio, et bon nombre de gens de pied. Bologne parait une des colonnes de Florence. Le marquis de Mantoue est venu cette nuit. Nous l'avons vu ce matin à la messe du roi; il doit avoir audience aussitôt après le dîner du roi et partir avec La Trémoille. Le duc de Ferrare est venu; on attend le duc d'Urbin. Si les Français pensaient d'abord favoriser le pape, nous croyons qu'ils le tiennent maintenant pour adversaire. Nous nous tenons sur la réserve à ce sujet. » (Archives de Venise. Cette dépêche porte la mention : « Cito, citissime, celerrime. »)

1. Un *banno,* du 24 août 1502, rendu à Naples sur l'ordre du roi, marquait des intentions de ferme résistance. Il faisait savoir que la foire habituelle de Salerne se tiendrait comme les années précédentes, sans aucun changement (Archives de Naples, *Registres de chancellerie,* reg. 31, fol. 79 v°). Le 19 août, était rendue une ordonnance très importante pour le règlement des douanes des troupeaux.

2. Nous ne savons trop qui Jean d'Auton entend exactement désigner par ce titre inexact.

de Flisque, conte de Lavaigne, et plusieurs autres[1], pour prier le Roy qu'il luy pleust aller veoir et visiter sa superbe cyté de Gennes et luy dire que ses subgectz, les seigneurs et le peuple de la ville, sur toutes choses le desiroyent de veoir[2] et luy faire service et bien le trecter[3]. A la priere desquelz promist que de Lom-

1. Gênes insistait vivement près du Roi pour obtenir sa protection, son intervention contre Savone. Le 26 avril, elle lui avait envoyé dans ce but Domenico Spinola; à Asti, elle lui envoya Ag⁰ Folieta; le 2 août encore, elle lui députa à Pavie le chancelier Bartolomeo Senarega (Archives du Ministère des affaires étrangères de France, *Memorie Genovesi*, Gênes 2, fol. 226 v°-227).

2. Le bruit avait couru de l'arrivée du seul cardinal d'Amboise, car des ordres furent donnés à Gênes le 3 juillet pour préparer son arrivée (Archives du Ministère des affaires étrangères de France, *Memorie Genovesi*, Gênes 2, fol. 233 v°).

3. Le 23 juin 1502, dans la séance du conseil de Gênes, on donna lecture, en traduction, de la lettre de Louis XII, datée de Saint-Pourçain, le 11 juin, qui annonçait sa visite en termes affectueux. Après cette lecture, Luca Spinola, *primus missus*, se leva; il se dit heureux de cette lettre et du bon témoignage rendu près du roi par le gouverneur : toute la ville en sera obligée. Le roi est bien bon de venir voir la ville. On doit témoigner une vive gratitude et tout faire pour bien recevoir un « si très glorieux et très bon » roi. Bien qu'on ne puisse rendre des honneurs dignes de sa si haute majesté, il faut faire le possible. Spinola propose d'élire douze citoyens éminents avec pleins pouvoirs et délégation pour les dépenses nécessaires, pour trouver l'argent et prendre les mesures qui conviendront. On applaudit *hilari animo* et on vota la proposition. Puis, en comité secret, le gouverneur et les délégués des anciens nommèrent douze délégués :

« D. Lucas Spinula,   Stephanus Justinianus,
D. Joannes de Auria,   Raphael de Furnariis,
Laurentius Cattaneus,   Petrus Sauli,
Paulus de Flisco,   Raphael Ragius,
Ansaldus de Grimaldis,   Bernardus de Tepori,
Franciscus Lomellinus,   Simon Bigna, notaire. »

(Gênes, Archives de Saint-Georges, *Lettere*.)

Nous ferons à ce propos remarquer le rôle de Luca Spinola,

bardye ne s'en yroit que premier ne les eust veuz et visitez ; de quoy furent moult joyeulx et tres humblement l'en mercyerent.

XVII.

Commant une maison fut bruslée en Ast durant que le Roy y estoit, et luy mesmes fut au bruyt acompaigné de tous ses gens [1].

En la ville d'Ast avoit lors tant Françoys, Lombars et Italliens et autres estrang[e]rs, que ladite ville, qui bien logée et moult spacieuse estoit, ne pouvoit suffire pour tout mectre a couvert la nuyt, ne le jour pour donner a chascun aisée passée par les rues. Or advint ung de ses jours, ainsi que le Roy fut couché, que quelque bon varlet d'estable, pour deffault de mectre de l'eau en son vin, s'endormit en sa lictiere, pres du paillier, sans souffler sa chandelle, et la se prist a roinfler, et la chandelle a brusler, tellement que, a la

---

sur lequel nous aurons à revenir. Déjà, en 1494, Luca Spinola, bénéficiaire des mesures qu'on avait sollicitées de Charles VIII en matière de suspension de représailles et autres, avait été le premier ambassadeur de Gênes près du roi de France à Asti (Archives de Gênes, *Diversorum*, 150 : 645, 1er septembre et 18 septembre 1494) ; maintenu ensuite comme ambassadeur, il avait reçu de Charles VIII la chevalerie.

1. Jean d'Auton, seul, mentionne cet incident, auquel il nous paraît attacher une importance un peu exagérée. Pendant le séjour du roi à Lyon, le 8 septembre, avait eu lieu un incendie, bien autrement grave, qui avait dévoré une grande partie du couvent des Célestins de Lyon (V. Berchier, *Fundation du Monasteyre des Celestins de Lyon*, p. 34 et suiv.). Jean d'Auton n'en a pas parlé.

choyte, ou ne scay commant, les flammesches s'espandirent par la paille, et feu de courir partout, et tant, que soubdainement toute la maison fut enflammée : dont ceulx a qui plus le cas touchoit coururent aux cloches de la ville, comme, en semblable cas, on a de costume, et ce fut sur les onze heures de nuyt, que chascun estoit a repos. Les cloches sonnerent a toutes pars comme en maniere de toquessain, dont plus de xx mille hommes de la ville, au son du feu, furent soubdainement par les rues, et a tout grans criz coururent ou estoit le feu.

Le Roy, qui lors estoit couché en son lict, oyant le son des cloches et le bruyt du peuple, tout hastivement se mist en piedz, habillé legierement et la hache au poing, avecques ung varlet de chambre, sortit en la court de son logis, ou la trouva son guect tout debout, et ainsi se mist en rue pour aller ou estoit le bruyt. Qui eust là veu les gentishommes et pencionnaires du Roy, les archiers de la garde, les Allemans, et tous les Françoys qui la estoyent, sortir en place, les ungs armez, la hache en main, les autres en pourpoint, la hallebarde ou la picque au poing, c'estoit assez pour devoir dire ou pencer que en la ville avoit quelque hutin : car, en moings d'ung cart d'eure, devant et autour du logis du Roy furent plus de six mille Françoys en armes, et en rue plus de doze cens torches allumées ; et ainsi marcha le Roy le long d'une rue qui duroit plus d'ung gect d'arc de long ; le conte de Ligny, le seigneur de Ravestain, le sire de la Trimoille, le mareschal de Gyé, et les autres seigneurs de France qui la estoyent en Ast, se trouverent tous autour du Roy ; lequel fut pour l'eure si bien accompaigné, que tout le long de la rue ou il estoit n'apparoissoit que haches, picques et halbardes. Ainsi se tenoit le Roy saisi de ses armes ; et ausi le cas le requeroit assez, veu le son tumultuaire, l'eure intempestive, la multitude des estrangiers, et la seurté non fyable du pays, qui la a chascun estoit en veue ; et en ce point s'en alla le Roy jucques au lieu ou estoit le bruyt, comme celuy qui hardyment se vouloit trouver ou besoing estoit ; et, lorsqu'il veist que c'estoit a cause du feu, commanda a chascun que la main fust mise a cest affaire : dont tant de gens y besoignerent, que maison fut tantost brisée, et le feu estainct ; puys le Roy se retira a son logys, et chascun s'en alla reposer.

Le cardinal d'Amboise estoit en ce temps en Ast, griefvement actainct de fieuvre continue, qui lors avoit le cours de par dela, lequel fut par les medecins du Roy veu a toute heure, et souvant par luy mesmes visité et faict soigneusement pencer ; tellement, que en peu de terme fut sainement guery : lequel, pour changer l'air, s'en alla a Lumel, une conté pres Vigeve, que le Roy luy avoit autresfoys donnée ; et la sejourna, en actendant le Roy aller a Millan, tousjours vacant a la despesche des ambaxades et aux autres survenans affaires du Royaume tres chrestien[1].

Le XIXe jour du moys de juillet, le Roy partit d'Ast pour s'en aller a Millan, et fut celuy jour coucher a Félissant, ville du marquisat de Monferrat, a huyt

1. Le cardinal ne pensa jamais se rendre lui-même à Naples pour veiller aux affaires de ce pays. Bénéficiaire de domaines dans le royaume de Naples, il y avait constitué pour son mandataire et son gérant Jean Nicolaï, par procurations des 27 novembre et 3 décembre 1501 (lat. 9255, fol. 32, 33).

mille pres d'Ast ; le lendemain a Vallence, terre de Millan ; puys a Vigeve, ou fut l'espace de six jours ; de Vigeve a Byogras, une petite ville a xiiii mille pres de Millan, assize sur ung petit fluve procedant de la riviere du Tisin, lequel fleuve tire tout droict a la ligue de Byogras a Millan, et est faict artificieusement pour aller par bateaux d'une ville a l'autre, a deux lez duquel sont les grans haulbiers fueilluz pour ombroyer les passans, et encontre des deux costez, la belle et grande prayerie verdoyant, plaine d'abres fructyers, de petiz russeaux courans en plusieurs endroictz. Sur le bort de l'eaue sont les belles maisons de plaisance et les grosses hostelleryes, et au travers de celuy fleuve, les pons levys pour aller d'ung costé a l'autre, et entre les aulbiers et le bort de l'eaue, aux deux costez, sont les chemins sablonneux faictz expres pour passer les gens de cheval et de pié ; et la dedans se pesche force menu poisson, et mesmement escrevisses sans nombre : et me dist on la mesmes que le seigneur Ludovic, pour son plaisir, avoit ainsi le lieu appropryé, lequel est tant amene et plaisant, que plus semble paradisique que terrestre. Par la sur bateaulx s'en alla le Roy de Byogras a Millan, ou arriva le xxviii⁰ jour dudit moys de juillet, sur le point de huyt eures de matin. Au devant de luy furent les seigneurs et potestatz de la ville, avecques plus de mille chevaulx lombars, lesquelz l'accompaignerent jucques a l'entrée du chasteau, ou s'en alla descendre ; et a sa venue firent les capitaines de la place descharger et tirer plus de cent coups d'artillerye, et icelle bruyre par sur la ville comme le tonnerre faict en l'air du temps. La dedans trompetes, clairons et tabours de

Suyces retentissoyent, si que on n'eust pas ouy tempester. Au devant du Roy marchoyent lé deux cens gentishommes de sa maison, tous a cheval, la hache au poing, desquelz estoyent les capitaines le videame de Chartres[1] et messire Guyon d'Amboise[2]; puys alloyent les cent suyces de la garde, lesquelz chemynoyent tous en flote, la picque au coul, soubz la main de messire Guillaume de la Marche, leur capitaine[3]; en apres, les xxiiii archiers du corps, lesquelz estoyent tous Escossoys[4].

Le Roy alloit apres, monté sur ung coursier bayart, et vestu d'une robe de drap d'or, ung bonnet de velloux noir a deux rebras sur son chief. Avecques luy et tout joignant, estoyent le cardinal d'Amboise, sainct Anthoin de Trevolce[5]; et apres estoyent le duc de Ferrare, le conte de Ligny, le seigneur de Ravestain, le seigneur de la Trimoille, le marquys de Mantoue, le marquys de Salluces, le marquys de Monferrat, le mareschal de Gyé, le seigneur Jehan Jacques, le seigneur de Chaumont et plusieurs autres grans seigneurs. Après, estoyent les quatre cens archiers de la garde, tous a cheval et en armes; et a leur queuhe plus de

1. Jacques de Vendôme, ami du maréchal de Gié, commandant les gentilshommes de la garde du roi (*Procédures politiques du règne de Louis XII,* p. 297 note, 364).

2. Guyon ou Guy d'Amboise, seigneur de Ravel, dit Poquedenare. V. sur lui notre note du t. I, p. 48 (note 4).

3. Guillaume de la Marck, capitaine des Cent-Suisses de la garde, seigneur de Montbason, appelé d'ordinaire « M. de Montbazon. » V. *Procédures politiques du règne de Louis XII,* p. 1252.

4. Cf. Sanuto, t. IV, c. 296 (dont le récit contient quelques erreurs).

5. L'évêque de Côme, Antonio Triulzio, ex « protonotaire Trivulce, » frère du maréchal.

doze cens Lombars a cheval, moult richement acoustrez. En cest estat s'en entra le Roy dedans son fort chasteau de Millan. Les mortes poyes de la place, qui en nombre estoyent cent cincquante hommes d'armes et troys cens archiers, furent la tous en armes, c'est assavoir les hommes d'armes armez a blanc, et tous la hache au poing, et les archiers en brigandines, la salade sur la teste et l'arc tendu ; et estoyent tous a pié et a deux rancz, en moult bel ordre, depuys l'entrée du pont du chasteau jucques devant la porte de la salle du Roy : ce qui duroit pres d'ung gect d'arc de chemin, entre lesquelz passa le Roy avecques ses gentishommes et toute sa garde ; et puys s'en entra en salle pour reposer.

Dedans la ville de Millan demeura le Roy l'espace de XI jours, et la fist droict a chascun[1] et contenta tous[2], en maniere que tout son pays de Lombardye,

1. D'après Saint-Gelais, c'est contre Pierre de Sacierges qu'il reçut les plaintes les plus vives (des accusations de forfaiture). Louis XII le destitua.

2. Nous n'avons pas besoin de critiquer l'expression officielle de Jean d'Auton. La France avait à Milan beaucoup d'amis, mais elle avait aussi des adversaires, ne fût-ce que parmi les anciens tenants de Ludovic et parmi les familles atteintes par la confiscation. A cette première cause profonde de trouble s'ajoutaient les mécontentements que suscite tout gouvernement dans une population mobile et bouleversée par les révolutions, l'opposition naturelle contre un gouvernement considéré, malgré tout, comme étranger, et au sujet duquel on avait conçu les espérances les plus déraisonnables, telles que celle d'une exemption totale d'impôts : enfin, les prudents interrogeaient l'avenir et y voyaient plus d'un point noir, notamment la santé chancelante du roi. Les preuves de cet état d'esprit ne manquent pas, et nous le trouvons notamment analysé dans une conversation de Simone Arrighoni avec le secrétaire chargé d'affaires de Venise (dépêche

soubz sa main, fut en transquille repos et unyon paisible. De Romme vindrent lors vers le Roy les cardinaulx Petri ad Vincula[1], Sainct George[2], Sainct Severin, evesque de Maillezays en Poictou, le cardinal Ursin[3], le cardinal d'Albret[4], et grant nombre d'arcevesques, evesques, abbez et prothonotaires, lesquelz luy firent offre de le servir en Romme, a leur possible, de tout ce que mestier seroit; et, pource que le pape Alixandre sixte estoit lors percus et mal de sa personne, dirent iceulx cardinaulx au Roy que, s'il venoit

de ce chargé d'affaires, du 19 sept. 1504, publiée par Pélissier, *Documents pour l'histoire de la domination française dans le Milanais*, p. 100 et suiv.). On y voit qu'Arrighoni, jadis assassin du trésorier de Ludovic, nourrissait maintenant le même fiel contre les Français; qu'il fortifiait silencieusement son petit domaine sur le lac de Côme, et préparait sa trahison. A l'entendre, Jean-Jacques Trivulce lui-même prenait ses précautions, se fortifiait aussi, négociait sous main avec le parti Sforza et avec les Suisses. Il ne faut donc pas prendre au pied de la lettre l'expression de Jean d'Auton, mais y voir seulement la preuve de la sécurité officielle. En réalité, on continuait l'œuvre d'épuration des fonctionnaires (pat. du 23 septembre 1501. Ms. lat. 9255, n° 31). Le pays se plaignait de la présence de troupes françaises et de leur familiarité avec les femmes (*Cronaca di Cremona*, p. 199). Mais la plus grosse inquiétude venait du côté de l'Allemagne, où, malgré des négociations suivies, Maximilien faisait toujours des difficultés pour l'investiture (V. à ce sujet *Diarii* di Sanuto, IV, 190; fr. 12802, fol. 57-61; Archives de Venise, dépêches de Cornaro du 17 juillet 1501, de Foscari des 15 et 25 septembre 1501; K 1639, d. 3; J 505, n° 10 *bis*; fr. 2964, fol. 89; fr. 2961, fol. 101, etc...).

1. Julien de la Rovère.
2. *S. Georges ad velum aureum*, ou *in Velabro*, Raphaël Riario, cardinal camerlingue; il se trouvait alors près de Louis XII (*Dispacci di A. Giustinian*, n° 67).
3. Jean-Baptiste Orsini, le célèbre cardinal.
4. Amanieu d'Albret, cardinal de Saint-Nicolas *in Carcere Tulliano*, beau-frère de César Borgia.

tost a mourir, que la main tiendroyent tous pour quelque cardinal qu'il vouldroit estre pape; et est a pencer que, si le cas fust lors advenu, que maistre Georges, cardinal d'Amboise, estoit en voye d'en avoir les clefz apostoliques pendues a sa saincture.

Pour dire doncques plus, fut vray que, en ses jours, le Roy eut, de rechief, force plainctes des excez que par armes faisoit le duc de Vallentinoys, nonobstant la deffence que autresfoys luy en avoit faicte. Dont fist marcher en avant sept cens hommes d'armes, et mist sus six mille Suyces; avecques ce, fist mectre au charroy dix sept pieces de son artillerye, prises dedans le chasteau de Millan; c'est assavoir : deux gros cannons, quatre coullevrines et onze faulcons; et les fist mener a Turin en Piemont, pour illecques les faire mectre sur la riviere du Pau, et les conduyre par eaue jucques a Parme; de laquelle artillerye estoit conduiseur ung nommé Guillaume Legier, prevost d'icelle. Et avoit le Roy faict chief d'icelle armée le sire de là Trimoulle, lequel estoit ja prest de partir pour aller mectre les gens d'armes en besoigne, lesquelz avoyent marché jucques a Parme et a Plaisance pour aller au secours de la seigneurie de Florence, confederée du Roy[1], contre celuy duc de Vallentinoys, qui a tous effors assailloit les Florentins et couroit leurs terres[2].

1. Par une convention, signée à Blois, le 16 avril, avec François Soderini et Luca Albizzi (J 504, n° 8), le roi s'était engagé à défendre Florence, moyennant une subvention annuelle de 40,000 écus, pendant trois ans.
2. Le 11 août, la Seigneurie de Bologne écrit à Ant. Galéas Bentivoglio, son envoyé à Milan, qu'elle se déclare pleinement satisfaite des réponses du roi, du cardinal de Rouen et de La Trémoïlle (Archives de Bologne, *Litterarum*).

Tantost qu'il sceut que l'armée des Françoys estoit sur les champs contre luy, et qu'elle marchoit, ne voulut actendre la venue, mais fist tenir ses gens d'armes coy sans plus guerroyer, et dist a ses capitaines, que nul bruyt pour lors ne feissent, et qu'il s'en alloit devers le Roy pour aucunes de ses affaires, et, jucques ilz oyssent de ses nouvelles, que homme des siens ne desamparast son camp, qui lors estoit dedans les terres de Florence. Et ce dict, avecques troys hommes seullement se mist en poste, et courut devers le Roy a Millan, ou illecques arriva le VIme jour d'aoust, sur les IX heures de nuyt, ou trouva le Roy en la rue, qui, a la clarté des torches, avecques toute sa garde et plusieurs des seigneurs de France, venoit d'une maison de la ville et s'en alloit au chasteau. Et je, qui lors estoye logé en ceste mesme rue, ainsi que le bruyt des chevaulx se faisoit, sortys pour veoir la passée, ou je choisy entre les autres aupres du Roy le duc de Vallentinoys, qui ancores estoit monté sur le cheval de poste, et estoit celuy vestu d'une robbe de velloux noir, troussé a la turque, et toute pouldreuse; sur la teste ung chappeau d'Allement, et en cest estat fist la reverence au Roy, et le suyvit jucques devant la porte du chasteau, en parlant de plusieurs choses. La estoyent le marquys de Mantoue, le duc d'Urbin et force d'autres qui le hayoyent de mort. Par quoy, se doubtant de faulce compaignye, requist au Roy qu'il luy pleust bailler seure conduyte. Dont luy bailla cent de ses Allemans, qui, la halbarde au poing, le menerent jucques a son logis.

Le lendemain, le Roy fut ouyr messe en l'eglize de

Sainct Estienne de Millan[1], dela le domme, ou autresfoys ung duc de Millan, nommé le duc Marye, fut tuhé par ung des seigneurs de la ville, pource que la femme de celuy Millanoys entretenoit a son plaisir, ainsi que me dirent plusieurs.

Que quessoit, le Roy, apres la messe ouye, fut disner cheux le cardinal de Comme, qui tres honnourablement le festya de vyandes exquises et de plusieurs sortes d'entremez, avecques bons vins, le trecta. Et apres disner transmist querir le duc de Vallentinoys, lequel n'estoit ancores issu de la chambre, mais s'estoit repozé jucques entour le mydy, comme celuy qui las estoit de courir la poste ; toutesfoys si tost qu'il sceut que le Roy le mandoit, se hasta de soy habiller, et puys se mist a chemin pour aller ou luy estoit mandé. Et luy arrivé au logys du Roy, apres la reverence faicte, se disna la. Et apres ce, le Roy eut avecques luy plusieurs propos, et diverses parolles, en luy demandant pourquoy il avoit faict armée, et couru les pays de ses sugectz et allyez. Dont aucuns estoyent la presens, lesquelz persistoyent tousjours en leurs plainctifz propos contre celuy duc de Vallentinoys. Lequel s'escuza en la maniere que au Roy en avoit escript, disant que les terres, desquelles par force s'estoit emparé, estoyent tenues du Sainct Siege, et que, par deffault de devoir non faict, comme gonfanonnier de l'Eglize, et par le commandement du pape, les avoit prises et remises en la main

1. San Stefano in Broglio, vieille église reconstruite depuis lors, à quelques pas de l'Ospedale Maggiore. C'est là, en effet, que fut assassiné Galeazzo-Maria Sforza en 1476, par Lampugnano, Olgiati et Visconti. Le poignard de Lampugnano est conservé à l'Ambrogiana.

et obeissance du Pere Sainct le pape, comme chose a luy appartenant par droict proprietaire. Plusieurs autres choses, sur ce propos, furent d'ung costé et d'autre alleguées et debatues, lesquelles oyant le Roy differentes, voulant chascun a son pouvoir contanter, ordonna que sur ce fust veu a la raison, justement appoincté, et a tous faict bon droict. Ainsi les foullez a tort eurent esperence de recœuvre, les paisibles possesseurs, sauvegarde de seureté, et les viollans usurpateurs, deffence crainctive d'user de force. De là en avant le duc de Vallentinoys se maintint si a point envers le Roy, que a la parfin eut tres bonne chere[1], et tant prochain se trouva pour l'eure de son eur, que le Roy n'alloit nulle part que pres de luy ne fust[2]. Et s'il advenoit que, en chevauchant, le Roy mist pié a terre (ainsi que j'ay veu maintes foys), celuy duc de Vallentinoys, au lieu de l'escuyer ou du laquays, au devaller et au monter, tenoit l'estrief, ou la bride de sa mulle ou de son cheval. Et ainsi faisoit du bon varlet le compaignon.

Apres ce que le Roy eut mise ordonnée pollice, et veu a cler en toutes ses affaires de la duché de Millan, d'illecques s'en partit pour aller a Pavye. Et le VIIIe jour du moys d'aoust, se mist a chemin pour aller, se jour, au giste a ung lieu nommé Binasque[3], estant a my

---

[1]. « Un accueil si favorable surprit et chagrina tout le monde, » dit Guichardin. Il faut ajouter qu'à ce moment l'Espagne chargeait François de Rojas de suivre à Rome des négociations pressantes (Archives de Simancas, *Papeles de Estado de la Correspondencia y negociacion de Roma*, série 2 : Estado, Roma, n° 847).

[2]. Il offrit au roi deux grands chevaux et deux mules (fr. 2926, fol. 56).

[3]. Binasco.

chemin de Millan et de Pavye, sur le grant chemin. Et la sont les belles grandes hostelleryes, tres bien logées, et en moult beau lieu sur la petite riviere courant, plaine de gros poissons et grant force escrevisses. Et la coucha le Roy celle nuyt ; puys le lendemain s'en alla a Pavye, et prist son logis au chasteau, qui est une moult belle place, et forte ; et la est le grant parc tout plain de bestes fauves[1]. Et au dehors, et pres de la, est la Chartreuse, qui est ung des plus excellans et sumptueulx collieges de toute la chrestienté. Dedans la cité de Pavye est encloze la florissant université de toutes les Italles, en laquelle est l'excercice studieux de toutes sciences a portes ouvertes cellebré. La repose le glorieux corps sainct de sainct Augustin[2], docteur anagogicque[3], et sainct Severin, dict Boesse[4] de consollacion[5], lequel fut martirizé par le Roy Frederich[6], Roy des Goths, arryen. Plusieurs autres choses dignes de commemoracion sont a Pavye, comme les belles et riches libray-

1. V. la curieuse lettre relatant la visite à Pavie de gentilshommes du duc d'Orléans en 1494, que nous avons publiée dans le tome III de notre *Histoire de Louis XII*.

2. Le corps de saint Augustin, d'abord transporté en Sardaigne, fut apporté à Pavie en 725, d'après Baronius. Alexandre Sauvage dit 722 (*Atti della Società Ligure*, XIII, 384).

3. Ἀναγωγικὸς, mystique, qui élève l'âme. On l'appelle plus souvent le *docteur de la grâce*.

4. Anicius Manlius Torquatus Severinus Boetius, arrêté avec son beau-père Symmaque et mis à mort par ordre de Théodoric le 23 octobre 526. La mémoire de Boèce, après sa mort, devint l'objet d'un culte public. V. *Acta Sanctorum augusti*, VI, 706, ch. III.

5. Du fameux livre *De Consolatione*, si populaire au moyen âge, et que l'*Imitation de J.-C.* n'avait pas encore supplanté.

6. Théodoric.

ryes de plusieurs ducz de Millan, les grandes et sumptueuses eglizes, et ung millier d'autres bonnes choses, dont je me tays, pour dire que le Roy, pour ung temps, print la joyeux sejour.

Le XVII° jour dudit moys d'aoust, troys docteurs de l'université de Pavye furent au soupper du Roy, et la luy firent chascun sa harange en latin, demandant que son bon vouloir et plaisir fust, que les collieges et escolles de celle université fussent par luy entretenus et augmentez, comme du temps des autres ducz de Millan avoyent estez, a celle fin que la mellifflue fontaine de science, qui de la par tout le monde ses ypocrenes ruisseaulx rependoit, ne fust par deffault d'entretenement mise a sec et estanchée. Esquelz docteurs fist le Roy faire responce, par ung françoys nommé maistre Jehan[1] Poncher, seigneur en parlement a Paris, et chancellier de Milan, lequel leur respondit pour le Roy, en tres bon et rhetoric latin, jouxte le vouloir du Roy, et l'intencion de leur demande; dont apres ce, s'en allerent iceulx docteurs, bien acquictez de leur office et tres contans de leur octroy[2].

1. Étienne Poncher, évêque de Paris, fils de Jean Poncher, trésorier des guerres.
2. Pavie avait embrassé, en 1500, le parti de Ludovic, au grand mécontentement de Louis XII, qui lui tint fort rigueur. Par la capitulation première, le roi s'était engagé, notamment, à ne pas dépouiller Pavie de la bibliothèque des ducs de Milan. Pour apprécier la portée de cet engagement, le roi demanda auparavant, le 3 novembre 1499, l'inventaire qui devait exister (Lettre de Gaynier, publiée par Carlo Magenta, *I Visconti e gli Sforza nel castello di Pavia*, t. I, p. 566). Nous avons cet inventaire; il faut toutefois observer qu'un certain nombre de livres étaient sortis depuis 1498. Après la reprise de Pavie, le roi se consi-

Le xᵉ jour de celuy moys d'aoust, les ambaxades des Suyces vindrent a Pavye, devers le Roy ; lesquelles furent envoyées au cardinal d'Amboise, qui lors estoit logé aupres du Roy, dedans le chasteau, pour la ouyr et despescher toutes choses ; lesquelles ambaxades baillerent leurs requestes par articles et firent leur demande scelon leur charge : dont, apres que par le conseil sur ce fut arresté, despesche leur fut faicte, une partie a leur plaisir, l'autre a l'ordonnance du conseil, et le tout au vouloir du Roy.

Le xixᵉ jour dudit moys, le Roy fut a la messe a l'eglize de Nostre Dame d'Imperte, hors la ville de Pavye[1], et la toucha les malades des escrouelles, dont il y en avoit deux cens ou plus[2].

déra comme délié de son engagement, et il témoigna son mécontentement aux habitants de Pavie par une forte contribution de guerre et l'envoi de la bibliothèque en France ; cette translation s'opéra en 1500 (*Id.;* p. 569). Quant au reste, les habitants de Pavie obtinrent grâce entière. M. Magenta a publié (t. II, p. 487) le *Mémoire* adressé par eux en mai 1500. Ils ne parlent pas de la bibliothèque : ils demandent que les *capitula* soient mis à exécution, que tous biens volés ou confisqués soient rendus et tous les prisonniers relâchés, les ordres donnés, trois fois, par le cardinal, n'ayant pas été observés ; qu'on assure la sécurité des routes et du pays ; que l'armée ne passe pas par Pavie et respecte les propriétés privées : impossible, disent-ils, de payer la taille promise au nom de la ville. Les gens de l'armée se plaignent du prix excessif des vivres qu'on leur vend ; exempter ces vivres de taxes, et assurer la sécurité des marchands ; faire évacuer le comté par tout homme de guerre. Tous les paysans amènent à Pavie leurs biens et provisions, pour les mettre seulement en sûreté ; n'exiger d'eux aucun droit d'entrée. — Ce mémoire, en latin, d'un style sec et rêche, fut bien accueilli. Le cardinal d'Amboise donna l'ordre formel (p. 488) d'accéder à toutes les demandes.

1. Probablement Santa Maria di Bethleem, hors de la ville.
2. On ne manquait jamais d'affluer pour cette pratique, à

Le lendemain fut pareillement ouyr messe au colliege de Sainct Françoys, hors la ville, ou fut monstré le corps sainct Bernardin, cordellier de l'Observance, lequel avoit esté nouvellement et depuys dix ans canonizé[1]; et estoit celuy sainct corps en chair et en os, comme je le vy avecques plusieurs, et enlevé de terre environ troys piedz de hault, dedans une chappelle estant a l'entrée du cueur, sur la dextre main; et la eut grant presse a le regarder; car le lieu estoit estroit, et la chappelle petite. Toutesfoys, par l'ouverture d'unes grisles de fer, qui devant le corps sainct faisoyent obstacle, chascun le regardoit tout a cler; et pour ce que ce glorieux sainct avoit, en sa vye, a tous monstré exemple de saincteté, apres sa mort reluysoit par miracles[2].

XVIII.

D'UNG COMBAT A L'OUSTRANCE FAICT PAR DEUX LOMBARS A PAVYE, EN LA PRESENCE DU ROY.

En celuy temps furent de par la deux Lombars, nommez, l'ung le conte Marc Anthoyne de Gonzagou, et l'autre Jehan Pero Marc Anthoyne, ausi de Gonzagou, cousins germains du marquys de Mantoue[3], les-

---

laquelle pourtant Louis XII se prêtait peu (Claude de Seyssel).

1. San Bernardino de Feltre, mort en 1494, d'après Fr. Gonzaga (les Bollandistes, 28 septembre, p. 953, le contestent), et d'après *Annales Minorum*, t. XV, p. 326.

2. Cf. I. Gualle, *Papie Sanctuarium, libri VI, antiquitatum, reliquiarum sanctorum quae erant in arce Papie, ubi jacebat corpus B. Bernardini di Feltro* (4º, Papie, 1505).

3. Il s'agit ici de Pirro Gonzaga et de Federico ou de Lodovico Gonzaga, fils de Gianfrancesco, cousins germains du marquis.

quelz eurent querelle de combat ensemble, sur ce que
ledit conte Marc Anthoyne de Gonzagou disoit que
celuy Jehan Pero Mar Anthoyne luy avoit faulcement
et mauvaisement sa foy mentye, et promesse faulcée;
et, en oultre, disoit que, au marquis de Mantoue,
estoit faulx, traistre et desloyal, et que tout ce vouloit maintenir et prouver a la force de son corps
contre le sien, et, sur ceste querelle, en champ de
bataille le combatre. Au contre de ce, disoit ledit
Jehan Pero Marc Anthoyne qu'il n'en estoit riens, et
que faulcement par la gorge avoit menty, et que de
son pouvoir jucques a la mort s'en deffendroit. Et
savoir est que, quelque temps devant ce, sur ceste
querelle avoient estez getez et levez gaiges de bataille :
dont, pour accomplir leurs armes devant la venue du
Roy, en avoyent demandé congé au seigneur de Chaumont, lieutenant general pour le Roy en Lombardye;
lequel les avoit remys a sa venue. Donc, si tost qu'il
fut dela les mons, lesdits querelleurs, avecques le
marquys de Mantoue, luy demanderent le champ et
congé de faire leur combat; et, ce dit, luy baillerent
leurs articles, lesquelz furent, par luy et son conseil,
deuement veuz et bien visitez; et, veue leur querelle,
qui touchoit foy faulcée et trayson, leur octroya le
champ de bataille, et voulut que le combat fust faict
dedans le chasteau de Pavye, et la assigné au XXIe jour
d'aoust; ce qui fut faict. Les lices furent dressées et
faictes six vingtz pas en longueur et de quatre vingtz
en largeur, et de cinc piedz de hault, dedans ledit

Litta, qui leur a consacré des notices, ne fait aucune mention
du duel indiqué par Jean d'Auton, et ne mentionne, du reste,
aucun Gonzaga du nom de Marc-Antoine.

chasteau de Pavye; et, viz a viz de l'entrée de la porte, fut faicte une des entrées des lices, et de l'autre costé, vers le parc, au droict de celle mesme entrée, une autre pour entrer au champ de bataille, et aux deux autres costez les deux pavillons des champyons furent tendus, l'ung au droict de l'autre, devers l'entrée du chasteau. Par dessus les lices furent faictz les chauffaux, et la place du champ gratée partout et semé de sable, pour myeulx soustenir les chevaulx a ferme. Tou[t] autour du chasteau, par le dedans, au dessus des eschaffaulx, avoit des galleryes regardant au bas, ou pouvoit avoir lieu pour mectre sept ou huyt mille personnes, qui de la pouvoyent voir tout le combat; et la estoyent logez le cardinal d'Amboise, le conte de Ligny, le mareschal de Gyé, le seigneur de Chaumont, l'evesque d'Alby, l'evesque de Cisteron, confesseur du Roy, et plusieurs autres seigneurs d'Eglize; dont aucuns d'eulx n'eurent point de peur, pour celuy combat, que irregullarité, pour la mort des combateurs, s'en ensuyvist, et, pour ce, ne se retirerent, mais regarderent les armes comme les autres. Pour rentrer doncques, grant nombre de dames et damoiselles de la duché de Millan et des pays prochains se trouverent la pour veoir la bataille d'iceulx deux Lombars; lesquelz entrerent ou chasteau au jour susdit, entre les dix et onze heures du matin, et s'en allerent a leurs pavillons, ou furent menez leurs chevaulx et portés leurs harnoys. A costé destre estoit le pavillon du conte Jehan Marc Anthoyne, appellant; au senestre, celuy de Jehan Pero Marc Anthoyne, deffendeur : ou la furent armez et montez, leurs harnoys et chevaulx veuz et visitez, et leurs glayves pareillement,

affin que l'ung n'eust avantage plus que l'autre. Le
Roy ordonna estre leurs parrains et conduyteurs six
capitaines : desquelz, les troys premiers et parrains du
conte Jehan Marc Anthoyne estoyent Franscique de
Gonzagou, marquys de Mantoue, messire Brandelys
de Champaigne[1] et le capitaine Montoison ; les autres
troys, parrains et guides de Jehan Pero Marc Anthoyne,
furent messire Robinet de Fremezelles, messire Anthoyne Marie Palvezin et Bernard de Ricault. Les
gardes et escoutes du champ furent messires Guyon
d'Amboise, messire Jacques de Cressol, messire Gabriel de Monfaulcon et le capitaine Maunoury ; lesquelz
furent deputez pour garder que nul approchast les
lices, et pour escouter si quelqun parleroit ou feroit
signe a nul des combateurs, pour en faire le rapport
au juges, et ausi pour escouter si l'ung des deux champions, en combatant ou autrement, se rendroit ou
diroit su ce quelque mot, et aussi pour iceulx departir, apres que le Roy auroit gecté le baston.

A l'eure que les champions furent pres pour devoir
conbatre, ung Roy d'armes vint a cheval sur l'entrée
des lices, et la fist, de par le Roy, troys criz et cinc
deffences, dont la premiere fut que, durant le combat,
a tous de non porter armes ne glayves quelconques,
sur peine de perdre corps et biens, si n'est les gardes
du champ et autres qui de ce faire avoyent commandement ou congé du Roy.

La seconde deffence fut que, la bataille durant, nul,

1. Brandelis de Champagne, seigneur de Bazoges et de la Suze,
chambellan du roi, ancien chambellan de Charles VIII, serviteur
du maréchal de Gié, souvent cité dans le procès du maréchal de
Gié (*Procédures politiques du règne de Louis XII, passim*).

de quelque condicion qu'il fust, la ne se trouvast a cheval, exceptez seullement les parrains et conduyteurs des combateurs, et gardes du champ ; et ce, sur peine de perdre les chevaulx aux gentishommes, et aux serviteurs d'avoir osté l'oreille.

La tierce deffence, a tous, de non entrer es lices, reservez ceulx qui pour ce seroyent depputez, ne de monter dessus, sur peine de perdre corps et biens.

La IIIIe fut de non estre sur piedz, mais assix sur banc ou a terre, affin que chascun peust veoir plus clerement les partyes et leur combat adviser ; et sur peine de perdre le poing.

La cincquiesme et derreniere deffence fut a tous de non parler, toussir, cracher, cryer, faire signe ou semblant, quel qu'il soit ; et ce, sur peine de perdre corps et biens.

Le Roy estoit lors en son eschauffault avecques plusieurs princes et autres grans seigneurs. Les juges estoyent Hercules, duc de Ferrare, et Loys, marquys de Salluces, lesquelz estoyent dedans ung eschaffault pres de celuy du Roy, duquel pouvoyent veoir tout a cler tous les coings et endroictz du champ, et, sans empeschement, adviser tout l'exploict de la bataille.

Les dames et damoiselles qui la estoyent venues pour veoir celuy combat, avoyent leur eschaffault presque ajoignant de celuy du Roy, ou estoyent a grant nombre, et moult richement accoustrées et parées de draps d'or, de soye et de pierrerye. Apres que iceulx champyons eurent faictz les sermens sur ce requys, et toutes les cerymonyes de gaige de bataille accomplyes, iceulx avecques leurs conduyteurs sortirent de leurs pavillons, montez et armez, et se misrent en champ, l'ung a l'entrée de la lice, et l'autre d'autre costé, la visiere baissée, et la lance sur la cuisse. Leurs pavillons furent a leur issue ruez par sus les lices, et les portes d'icelle fermées a grosses barres. Ung Roy d'armes fut lors pres de l'entrée desdites lices, lequel crya par troys foys : *Lessez les aller, lessez les aller, lessez les aller faire leur devoir*. Et a chief de ce cry, trompetes et clairons commancerent a sonner *Dedans, dedans*, pour reveiller les champions et esmouvoir leurs chevaulx; lesquelz commancerent a bransler soubz la main de leurs maistres bien a point. Et ainsi donnerent, les deux champyons, des esperons, et adroisserent l'ung a l'autre la lance baissée, courant de droict fil. Toutesfoys, quant ce vint au choquer, ilz croiserent et passerent outre sans actainte. Et la mectent lances a terre, et tirent leurs estocz, desquelz plusieurs coups se donnerent l'ung à l'autre. Mais si bien furent armez, que la poincte de leurs glayves ne fut de sang point enrougye, si n'est que le conte Marc Anthoyne, appellant, donna, en conbatant, au cheval du deffendeur, de l'estoc au travers du col, dont issit grant force de sang, et tant, que le cheval blecyé se trouva moult affoibly; dont requist celuy deffendeur au Roy avoir autre monture. Ausi estoit il dit entre eulx, premier que entrer au champ, que si le cheval de l'ung d'eulx, ou tous deux, estoyent blecyez au combat, que, pour mectre a fin leurs armes, plus seurement se pourroyent remonter. Dont le Roy voulut et ordonna que celuy deffendeur eust nouvelle monture. Et, pour ce faire, furent ouvertes les lices, et hors d'icelle sortit celuy Jehan Pero Marc Anthoyne de Gonzago, et remonta a cheval. Sur ce, dire se peult que si le Roy n'eust a celuy deffendeur permys sortir hors des lices, que plus n'estoit au combat recepvable, et que dedans lesdites lices ne devoit plus entrer. Car sur ce, en faict de gage de bataille, est une loy ordonnée, disant que, apres que champyons sont entrez en champ de bataille et lices closes pour conbatre, que nuly de eulx doit sortir que le conbat ne soit premier mys a chief. Et que, s'il advient a l'ung de eulx, en conbatant ou autrement, mectre par sur la lice, ou ailleurs hors d'icelle, pié, main, bras, glayve, ou quelque partye de son corps ou de son cheval, si l'autre requiert sur ce justice, le Roy ou les juges seront tenus faire copper tout ce qui hors desdictes lices aura esté mys. Pour revenir a mon propos, le deffendeur fut remonté et reentré aux lices, et le conbat recommancé de plus belle, tant que, de leurs estocz, coups a desroys se donnerent et se chergerent partout. Toutesfoys leur armes ne furent si cruelles, que par estoc ne tranchant de glayve en sortist une seulle goute de leur sang. Le Roy, voyant leur long combat et le peu d'effect de leurs armes, leurs transmist messire Pierre de Rohan, mareschal de Gyé, messire Jehan Jacques de Trevoulce, lombart, et messire Charles d'Amboise, grant maistre de France, pour leur dire que tres bien s'estoyent aquitez, et que assez en avoyent faict pour devoir cesser, et aussi qu'il voulloit que leurs armes n'allassent plus en avant, et que de leur question ne fust plus de nouvelles, mais que de la en avant fussent bons et loyaulx amys ensemble, comme doyvent estre parens qu'ilz estoyent, et que en signe d'amytyé ilz s'embrassassent, et pardonnassent l'ung a l'autre en sa presence. Lesquelz pour ce ne voulurent sommairement fynir leurs armes, mais ancores se combatirent aigrement, et tant, que le Roy, qui ne vouloit la mort de nuly, pour les faire cesser gecta son baton a bas, dont furent par les gardes du champ incontinant departys. Et eulx, en la presence du Roy et de tous ceulx qui la estoyent, se pardonnerent, et ambrasserent amyablement par semblant. Et ce faict, furent mys hors du champ l'ung quant et l'autre, pour eulx aller desarmer; ce que firent, et chascun se retira a son logis.

Le soir apres, le Roy fist ung banquet au chasteau de Pavye, ou furent festyez les chevalliers et gentishommes, dames et damoiselles du pays, qui la furent pour veoir ledit combat. Aussi furent, a celuy convy, les deux champions assix l'ung devant l'autre, en signe d'amour reconcillyée et unyon paisible.

La Royne de Hongrye, qui s'en alloit de Lombardye en son pays, comme j'ay dit, arriva lors a Pade, une ville de Sainct Marc, a doze mille pres de Venize[1]. Et la luy furent au devant pour la recepvoir, ung duc de Hongrye, nommé le duc Laurens, et troys evesques, avecques bien doze cens chevaulx ongres[2]. Et ausi, pour plus honnorablement la recueillir, vindrent par eaue de Venize dix mille barques ou plus, plaines de gens de feste, et sollempnelz, lesquelz la conduysirent jucques a la riche ville de Venize. Et ainsi que depuys je sceu par aucuns gentishommes de la maison du Roy, qui la estoyent, illecques fut receue et trectée

---

1. Le 25 juillet (Bretagne).
2. Cette députation était conduite par le duc Laurent d'Ujlaki et par François Erdödi, évêque de Gyoer (Raab). V. Fraknöi, *Rev. d'hist. diplom.*, p. 243. Bretagne cite Jean Bethlen parmi les gentilshommes de la suite.

tant haultement, que le raconter de ce devroit donner merveilles aux oyans[1].

Six sepmaines fut la en joyeulx sejour[2], ou, ce pendant, par le Roy de Hongrye luy fut envoyé ung collier d'or vallant vingt mille ducatz ou plus, auquel collier estoyent actachées soixante et doze perles orientalles, dix sept riches poinctes de dyament, et xvij rubifz cabochons. Et elle, voyant l'eure que partir luy falloit, prist avecques elle sa tante la marquize de Salluces, et les gentishommes françoys, qui jucques la l'avoyent accompaignée, et tout son train, et se mist en mer. Et apres avoir faict une journée, avecques piteulx regretz et larmes espandues, elle et sa tante prindrent congé l'une de l'autre. Et a son depart fist dons a mains ouvertes aux gentishommes françoys qui la l'avoyent conduyte, et plusieurs en enmena avecques elle jucques en Hongrye, ausquelz promist de les moult avancer et trecter a proffict.

Ainsi s'en va madame Anne de Foix, et les Françoys s'en retournent.

XIX.

Commant le Roy partit de Pavye pour aller a Gennes, avecques le triumphe, la situacion et la force d'icelle, et la sumptueuse entrée du Roy[3].

Voulant le Roy aquicter sa promesse envers les

---

1. Cf. *Liber hospitalis munificentiæ Venetorum in excipienda Anna, regina Hungariæ*, per Angelum Chabridem compositus.
2. Du 1ᵉʳ au 20 août, selon Bretagne.
3. Une miniature du ms. (fol. cm) représente le roi sortant de Pavie. — Cf. la *Descriptio adventus Ludovici XII, Francorum regis, in*

Gennevoys, et s'en aller a Gennes, pour la sejourner quinze jours, fut deliberé de desloger de Pavye, pour aller la. Par quoy les mareschaulx des logys, avecques les fourriers du Roy furent devant, et la mercherent[1] logys pour vingt mille chevaulx, et firent vuyder aux Gennevoys les chambres haultes de leurs maisons, pour la loger les gens du Roy[2]. Et ce firent, affin que iceulx Gennevoys, qui autresfoys avoyent par leurs haultes fenestres, et du dessus de leurs maisons, a coups de pierres et de barres de fer, parmy les rues assomez tout plain de Françoys et d'autres qui la passoyent, ne peussent par la leur jouer de cas pareil. Toutesfoys vouloir n'en avoyent, comme ilz monstrerent depuys; car toutes leurs haultes chambres et basses bouticques, et lieux propices pour loger gens et chevaulx, desempescherent, et pour la venue du Roy et de ses gens firent provision de farines, chairs, vins, boys, et de toute autre victuaille et provision nécessaire pour le sejour du Roy, et de son train[3]. Avecques ce, firent la venir vingt mille charges d'avoyne, et plus de trente mille quintaulx de fain, oultre la provision de la ville. La grande rue, par ou le Roy devoit passer,

urbem Genuam, anno M D II, authore Benedicto Portuensi, reipublicæ genuensis cancellario; éditée par S. Champier, à la suite du *Tropheum Gallorum,* Lyon, 1507; par Godefroy, à la suite de la *Chronique* de Jaligny (Paris, 1617); par Belgrano, *Giornale degli studiosi,* année 1869, 240; par Ach. Neri, *Atti della Società Ligure,* t. XIII. V. aussi Senarega.

1. En français.
2. Cette mesure parut surprenante aux Génois, mais ils s'y soumirent volontiers (*Descriptio*). Les fourriers se montrèrent d'ailleurs fort courtois.
3. On fit même, d'après la *Descriptio,* construire des écuries, parce qu'il y en avait peu à Gênes.

firent toute semer de sable[1], pour la seurté des chevaulx. Dedans le moule de la ville estoyent grosses carraques, navires et brigandins chargez d'artillerye et de pouldre a canon, pour faire merveilles et tonner sur la mer, et saluer le Roy a son entrée. Et ausi estoyent dedans celuy havre pour le Roy la grosse carraque nommée *la Chairente*, *la Cordeliere*, *la Loyse*, *le Clermont* et plusieurs autres, toutes chargées de grosse artillerye, et dedans grant nombre de gens d'armes. Le chasteau[2], qui sur la cruppe d'une haulte montagne estoit, a main senestre vers l'entrée de la tour Codefa[3], et hors la ville, droict viz a viz du moule, estoit fortiffyé de troys cens morte poyes de Françoys, pour le Roy, et moult bien artillée ; duquel estoit lors capitaine ung nommé Guyon le Roy, seigneur de Chillou[4]. Et pouvoit on de la tirer et batre sur le havre, et le long de la mer autour de la ville, si besoing en estoit. Entre lequel chasteau et les navires du Roy estoyent emcloses les carraques et navires de Gennes. Dedans le palays de la ville[5], lequel est assez fort, et

1. La rue qui va de la porte Saint-Thomas au môle fut sablée ; la grand'rue (rue de Carignan) fut tendue, et même élargie par endroits (*Descriptio*).
2. Le *castelletto* (ou *castellazzo*), actuellement dans la ville.
3. La tour de Codefa, située au bout de la jetée de Gênes, derrière la porte Saint-Thomas, joue un grand rôle dans l'histoire de Gênes. A cette époque, comme on le verra plus loin, c'était une simple tour de défense surmontée d'un phare. En 1507, Louis XII l'entoura de grosses fortifications et en fit un *château* (Aless. Sauvage). D'après l'explication verbale que veut bien nous donner le savant M. Desimoni, directeur des Archives de Gênes, Codefa, ou plutôt *Co de fà*, signifie *Capo di faro*.
4. Chambellan.
5. La ville de Gênes l'avait fait décorer de fleurs de lys (*Descriptio*).

situé au millieu de la cyté[1], estoit messire Phelippes de Ravestain, gouverneur de Gennes, pour le Roy, lequel avoit ung lieutenant, nommé Guillaume d'Ays, et bonne garnison de Françoys, et force artillerye, pour tenir la ville d'icelle part en sugection. Et ainsi estoyent les gens du Roy maistres, a cause des fors lieux plus adventageux qu'ilz tenoyent. Ce qui estoit pour les Françoys, qui la sans danger vouloyent aller, chose bien requise, et joué au plus seur, si les Gennevoys leur eussent voulu de force ou de traison user.

Sy, du pouvoir et de la situacion de ladite ville de Gennes, vouloye faire entiere description, se seroit par trop eslargir ma cronicque et ennuyer les escoutans. Toutesfoys, scelon comune voix et cry public, et ausi jouxte ce que j'en ay peu voir et cognoistre, la ville de Gennes est en force l'une des plus adventageuses du monde. Et pour en faire quelque brief récit, elle est assize entre la grande mer de Levant, et les mons inacessibles de Lombardye, desquelz mons elle est encloze en maniere de demy cercle jucques au bort de la mer des deux costez, reservé seullement deux entrées entre la mer et la montaigne. Lesquelles entrées sont faictes artificieusement en roch emciz, et contre le bort de la mer, pour passer a la foys ung charroy, ou deux hommes a cheval de front; dont l'une de ses entrées est du costé de deça, et commance a l'issue d'un bourg nommé Sainct Pierre d'Araine, en montant jucques au droict d'une haulte tour assize sur ung roch en mer. Et est celle tour nommée la tour de

---

1. Piazza nuova, au cœur de la ville; le palais actuel, rebâti à la fin du XVe siècle et restauré en 1778, sert de préfecture. Le palais dont parle Jean d'Auton, situé au même endroit, avait été construit vers 1262, et agrandi en 1388 par le doge Adorno.

Codefa; et est loings dudit bourg d'Araine d'ung grant gect d'arc, ou peu plus : au sommet de laquelle est une grande lanterne de voirre, pour la nuyt esclairer, et donner lumiere d'adresse en mer aux navires qui vueullent Gennes approcher, et ausi pour deffendre l'entrée de celuy costé.

De celle tour de Codefa jucques dedans la ville, est une descente entre le rochier enciz de la montaigne et le bort de la mer flotant au costé du moule, laquelle descente est droicte et malaisée, et large de dix a doze piedz seullement, pour la deffence de laquelle, entre la ville et la tour, est ung portal, nommé le portal Sainct Thomas[1], et ung autre, bien percez, et garnis d'artillerye et de gens.

A l'entrée de la ville sont deux portes, l'une pour aller sur le moule, et l'autre pour entrer dedans la ville, le long des grandes rues, lesquelles sont longues et estroictes a passer seullement troys hommes a pié de front ou ung sommier chargé de coffres. Les maisons sont toutes a quatre ou a cincq estages de haulteur, fermées et closes de grosses portes de fer et voultées de pierre, pour obvyer au danger du feu, et dessus toutes pavées, en maniere que l'on peut aller et cheminer par amont, jucques au bout de la rue, ausi a l'aise comme par la nef d'une eglize bien carrellée : de grosses pierres de faix et de cailloux, de barres de fer, de lances et de dartz, et de tous harnoys sont icelles maisons garnyes a suffyre. Les gens de la ville sont

---

1. Porte San Tommaso, dans l'enceinte de Gênes, au bord de la mer, près du palais Doria. On la voit figurée dans le recueil de Giulio Ballino, *De' Disegni delle piu illustri città et fortezze del Mondo* (in-4°, Venise, 1569).

tous hommes de mer et belliqueulx par nature. A l'issue de la ville, tirant le chemin de Romme, est ung bourg nommé Besaigne[1], et au dehors de celuy bourg, et dedans la fermeure, au long et au coustau de la montaigne, sont quatre ou cincq mille maisons fortes, et chasteaulx imprenables, tous encloz de ladite montaigne et de la mer. Et la dedans les seigneurs et marchans de Gennes tiennent leurs tresors et chevances. Et tout autour desdites maisons sont les beaulx jardrins de plaisance plains d'orengiers et de grenadiers, et autres fructiers de toutes especes; somme, c'est ung terrien paradis[2]. Au bout de celuy bourg de Besaigne, pour entrer ou chemin de Rappalle et tirer a Romme, entre la mer et le rochier de la montaigne, est l'autre entrée ou issue, moult estroicte et de forte advenue, fermée a grosses portes et bonnes barrieres, gardées soigneusement et a grans effors deffendues par les Gennevoys, lesquelz se disent portiers de l'entrée des Italles : ausi sont ilz ; car, quiconques soit seigneur de Gennes, malgré tout le monde, aura son entrée dedans le pays d'Itallye. Du moule et havre de celle ville de Gennes, peut a la foys sortir en mer quatre vingtz ou cent navires, avecques dix ou doze grosses carraques, pour aller en marchandise, ou conquester pays jucques en Grece, en Turquye, en la Terre Saincte, et par tout le monde. Et autresfoys, ainsi que [j'ai appris] par le dire et rapport d'aucuns marchans et autres gens de Gennes dignes de foy, et

---

1. Jean d'Auton entend sans doute par là le bord du Bisagno (alors *Bisagio*), qui coulait le long (et en dehors) de l'enceinte de la ville et se perdait dans la mer sous les murs du *Castellazzo*.

2. V. Belgrano, *Della vita privata dei Genovesi*, p. 442.

comme j'ay leu par les escriptz touchant leurs gestes, iceulx Gennevoys, avecques grosse armée en mer, furent a prendre Jherusalem, Antioche, Negrepont, Metellin, Modonne, La Sude en Candye, Syo, que encores tiennent[1], avecques plusieurs autres isles et pays en Grece, et outre mer, et plusieurs foys ont assiegée Venize et mise a la raison. Somme, le navigage de Gennes la Superbe est de tout le monde tenu en telle reputacion et si grande extime, que Gennevoys sont intitullés et approuvez Roys de la mer[2]. Or, est en le Roy tres chrestien seigneur, possesseur, et maistre paisible, ce qu'onques autre Roy ne prince du monde ne peust estre longuement[3]. Et si la ville peult seure-

1. Sur les possessions de Gênes à Pera, V. *Atti della Società Ligure*, t. XIII, les documents publiés par M. Belgrano. Mais, en 1502, les possessions de Gênes se trouvaient en grande décadence. *La cronicque des Genevois, avec la totalle description en abrege de tout le pays dytallie* (imprimée pour Michel Lenoir, à Paris, en 1507), célèbre les pertes de Gênes, Pera, l'île de « Mitelena, Famagusta, principale cité de l'île de Chypre, l'isle de Chiun et plusieurs autres cités de Grèce prises par le Turc, Capha et les terres voisines, » près du Bosphore. Naturellement, les Génois prenaient un intérêt extrême aux questions d'Orient, et ils trouvaient grand avantage à arborer le pavillon français dans la Méditerranée. De Chio, nous les voyons aussi envoyer, en 1486, au grand maître de Rhodes, Pierre d'Aubusson, un bassin et un vase d'argent (*Histoire manuscrite de Charles VIII*, par d'Aubery). Cf. F. M. Accinelli, *Memorie istoriche sacro-profane di Genova*, 1852, in-12; Serristori, *Illustrazione di una carta del Mar Nero dal 1351*, Firenze, Le Monnier, 1855, in-8°; Canale, *Della Crimea...*, Genova, T. Jacchia, 1855, 3 vol. in-8°.

2. « Tu libicos maurosque premis, totumque per equor [Libera discurris, » dit à Gênes un poète (*Descriptio et laus urbis Januæ*, lat. 10922, fol. 39); un autre compare les Génois aux vieux Romains (*De laudibus Januensium*, lat. 1616, fol. cclxviii).

3. L'histoire de Gênes n'était en effet qu'une suite de révolutions. Nous avons exposé dans notre *Histoire de Louis XII*, t. I,

ment garder, et la gent d'icelle en amour et craincte entretenir, terres luy seront tributaires et mers sugectes.

Et a tant finys ce propos, et dis que tost apres que dedans Gennes furent pour le Roy et sa suyte merchez les logys, et la ville approvisionnée de ce qui mestier y faisoit, le Roy partit de Pavye, le XXIIe jour du moys d'aoust, pour tirer vers ladite ville de Gennes, et prist son chemin a Tourtonne[1], a Nove, au Bosc[2], a Casteigneure[3], a Burguebusalle[4], a Sainct Pierre d'Areine, faubours de Gennes, ou arriva le XXVIe jour dudit moys d'aoust, sur l'eure de mydy. Messire Phelippes de Ravestain, gouverneur de Gennes, sachant la venue du Roy, fist en ladite ville, de dedans la place Sainct Laurens, cryer par une trompete, que a celle heure que la grosse cloche la sonneroit, que tous les seigneurs cytadins allassent au devant du Roy[5], qui, ce jour, devoit la faire son entrée. Par quoy chascun s'apresta pour ce faire. Tantost que celuy cry fut faict, et que la cloche commança a bransler, toutes les dames, damoiselles et belles filles de la ville de Gennes sortirent en place; et la aux fenestres, aux galleryes

---

quels étaient les droits du roi sur Gênes et par quelles séries de vicissitudes ces droits avaient passé.

1. Il reçut à Tortona les députés de Gênes. Ravestein avait été à Pavie prendre ses ordres (*Descriptio*). Bartolomeo Senarega avait été envoyé à Pavie le 11 août (Arch. de Gênes, *Istruzioni e relazioni politiche*, f. 3, 2707 c.).

2. La Bocchetta.

3. Jean d'Auton appelle ainsi un hameau en descendant vers Ronco et Borgo Busalla (*Castagno*).

4. Borgo Busalla.

5. Il avait prié cependant que l'on n'allât pas en dehors de la ville (*Descriptio*).

et aux baletz de leurs maisons, et partout ou a l'aise se pouvoyent mectre le long de la grande rue, a deux rangs s'emplacerent[1]. Lesquelles estoyent toutes, ou presque, vestues de draps de soye blanche ou de fines toilles blanches. Leurs habbillemens estoyent differens a tous autres ; car leurs robes estoyent courtes jucques a my jambe ou environ, ceintes soubz les esselles, et au derriere, au droict des espaules avoyent ung feustre qui tout le doz leur engrossissoit[2]. En leur coiffeure avoyent sur le coul, et derriere le chief, ung petit sercle de linge embourré, et leur blonde chevellure entortillée tout autour en maniere d'ung dyadesme. Tout a l'environ de leur fronc descouvert, avoit force orfeuvrerye et riche pierrerye. Au col portoyent grosses chaynes d'or et joyaulx d'inconparables richesses. Tous les doitz de leurs blanches mains plains de fins dyamans, et garnys de riches saphirs, rubys

1. Saint-Gelais, qui paraît avoir assisté à l'entrée, dit que « saillirent au-devant de luy plus de trois mille femmes, des dames de la ville, et des plus apparentes, toutes vestues et accoustrées de satin, damas ou taffetas blanc, qui estoit une chose qu'il faisoit beau veoir. Et combien que leurs habits soient un peu estranges et différens des autres d'Italie, à l'occasion de ce qu'il leur faict les espaules grosses, si y a-il pourtant de merveilleusement beaux visaiges et d'aussi belles filles que j'aye point veu nulle part ailleurs en ces quartiers de par dela » (p. 168).

2. Le précieux manuscrit de Jean Marot, du *Voyage de Gênes*, exécuté en 1507, donne beaucoup de reproductions de ces costumes. D'après Vecellio, les Génoises avaient deux casaques, l'une tombant jusqu'aux genoux, ouverte sur les côtés, attachée sur la poitrine; l'autre, longue, sans taille, de soie, avec du velours et de diverses couleurs, une large ceinture très riche. Elles portaient beaucoup de bijouterie (Vecellio, *Habiti antichi et moderni*, n° 183. Cf. Belgrano).

et esmerauldes; leurs bras vestus de fines et larges manches de chemises de toilles de Hollande, et avironnez de riches bracelletz d'or et de fine pierrerye, ouvrez de divers et sumptueulx artifice; de chauses blanches ou rouges bien tirées, et de soulliers de mesme coulleur estoyent gorrierement accoustrées. Qu'en diray je plus? En quallité sont de moyenne et rondelete stature; en visage, assez bien charnues, moult fresches et blanches[1]; en alleure, ung peu entieres et fyerectes; en actraict benignes, en accueil gracieuses, en amour ardantes, en vouloir constantes, en parler facondes, et en condicion loyalles; et avecques ce, savent degaudir[2] si bien leur leçon, que riens ne leur en fault aprandre[3].

1. On sait combien est justement célèbre le *teint génois*.
2. Dans le sens ancien de *dégoiser*. Coquillart dit dans le Blason des armes et des dames : « On se desgoyse, on s'esgaudit. » Au xviᵉ siècle, le terme *dégoiser* est souvent attribué aux oiseaux *dégoisant* leurs ramages.
3. Un poète français contemporain dépeint ainsi la *Genevoise* :

> « Langaige lourd, mais assez belle alleure,
> Habit peu bel, mais riche chevelleure,
> Et le tainct fraiz porte la Genevoise.
> D'estre secrette en amours met sa cure,
> Privée en rue, en l'hostel peu courtoise. »
>   (Ms. fr. 1717, fol. 82.)

Dans un curieux dialogue du xviᵉ siècle, *Dialogo dell' Academico Sforzato*, où sont passées en revue les dames de Gênes, célèbres alors par leurs charmes, la vie de Gênes est décrite comme il suit : « *Camillo :* Dico io che ragioniam d'Amore, per che mi credo, che questa città sia stata sempre e sia l'albergo delle gratie et degli Amori. Et coloro che con tanto fasto ragionan di Cipro, di Pafo, di Gnido, et di tanti altri luoghi sacrati a Venere non debbono mai haver gustata Genova, laquale è veramente pretiosissima stanza delle bellezze et delle più rare delitie di tutto 'l

Je passeray oultre, et lesseray ce propos, pour dire que, au son de la cloche de Gennes, tous les seigneurs et cytadins de la ville, ainsi que commandé leur estoit, tous chascun scelon son ordre, sortirent hors pour aller au devant du Roy[1] : et premierement doze des plus honnorables de Gennes, pour aller faire la joyeuse reception, lesquelz furent jucques a l'entrée du bourg de Sainct Pierre d'Areine, ou trouverent le Roy en triumphant estat; et la luy firent humbles sallutz, doulces harangues et gracieulx recueil. Lesquelz doze estoyent nommez messire Lucas Spinulla, messire Jehan de Aurya, Franscisque Lomellinus, Paule de Frisco, Symon Bigua, Stephanus Justiniam, Raphael Ragius, Raphael de Furnariis, Amsaldus de Grimardis, Durandus Cathamus, Liquynus de Marinis, Julianus Centurionus, lesquelz, par l'ordonnance des seigneurs et du peuple de la ville, receurent le Roy, en quoy tres

mondo..... Se io m'accendessi d'una di loro, crederei in quattro giorni morir di gelosia,..... vedendo trattar queste gentildonne con una certa libertà non usata in altra città d'Italia. »
..... « *Gioffredo*. L'usanza et costume antico di questa terra porta cosi, et le parole, i risi et i sguardi delle donne bisogna far conto, che siano quà, come i baci di quelle di Francia. Anzi, se il parlar, rider, et guardar liberamente, devono dar sospetto e gelosia, puanto più i bacci delle donne Francesi. Ma, come dico, dove è l'usanza, non dove esser' sospitione. Per Dio, Camillo, che queste nostre Madonne son piene di costantia et di virtù, ne senza ragione, percio che il fuoco de gli amorosi appetiti che in noi genera la natura medesma si essala facilmente con questi mezi di libertà. Et pero quelle, che rinchiuse vivono et sotto il durissimo freno della cura et gelosia, ò maritale ò paterna ò d'altri, non altro procurano che adempir' i lor desiderij : i quali tanto si fanno maggiori quanto più si prohibiscono loro, essendo cosa chiara che le cose vietateci, maggiormente ne sforzano..... » (Ital. 753.)

1. Le 26 août.

honnorablement s'aquicterent. Avecques ceulx issirent tous les seigneurs de la ville, l'ung après l'autre, et en bon ordre : et premierement ung chevallier gennevoys nommé messire Gourrate, accompaigné de cinc a six cens gentishomes de Gennes, et plusieurs autres cytadins et marchadantes tous a cheval, et vestus moult richement, les ungs de longues robes de velloux cramoisi, les autres de velloux noir, et les autres de damas et de camellot. Apres celuy Gourrate et sa compaignye, sortit ung nommé Jheronime de Flisque, filz du seigneur Jehan Loys de Flisque, conte de Lavaigne, et l'ung des plus grans seigneurs de Gennes. Lequel Jheronime estoit accompaigné de plusieurs autres gentishommes de la ville et de deux cens hommes d'enfenterye, avecques la plus grand partie du peuple, honnorablement arroyez. En apres, vint en avant ung nommé messire Jehan de Grimaude[1], et avecques luy vingt cinc jeunes gentishommes, vestus tous d'une livrée : c'est assavoir de robes longues de damas griz, lesquelz furent tous jusques ou estoit le Roy. Lequel, apres toutes leurs arrangues[2] et maniere de faire, fist iceulx tous marcher devant, tirant vers la ville, et apres avecques son train se mist a la voye pour approcher. Et ainsi s'en alla jucques a l'une des entrées de la ville, nommée la porte Sainct Thomas, devant laquelle trouva les xxiiii archiers de sa garde du corps, tous a pié, pour illecques le recepvoir et conduyre jucques a son logis. Ausi furent la messire

---

1. Seigneur de Monaco.
2. La *Descriptio* ne cite qu'une harangue, celle de Bricio Giustiniani, qu'elle résume et qui n'offre rien de remarquable que des compliments.

Françoys de Gyverlay[1], premier escuyer, et deux autres escuyers d'escuyerye pour le conduyre et servir au descendre et au monter, a l'eure que mestier en seroit. Et ausi furent la huyt senateurs des seigneurs Ancyens, et de l'office de la monnoye de la ville, nommez messire Bricius Justiniam, Paule de Nigrato, Ambroise de Prementorio, Babtiste de Passagyo, Laodisius Lercarius, Paule de Odono, Jheronime de Facio et Jheronyme de Aurya; lesquelz, comme les plus extimez de la ville, estoyent ordonnez a porter le poisle du Roy. Et estoit celuy poisle my party de drap d'or et de veloux vyolet, a franges de mesme couleur. Au devant du pont de la porte Sainct Thomas, a main senestre, estoit ung spectacle de verdure tout garny de pommes, de grenades et d'orenges, tendu en maniere d'une chappelle, au millieu duquel en hault estoit actaché l'escu de France aux armes toutes plaines; de l'autre lez, a main destre, estoyent les armes de France et de Bretaigne, my partyes. A la senestre main, ung peu plus bas, estoyent les armes de messire Phelippes de Ravestain, et viz a viz, au dextre costé, estoyent celles de la ville de Gennes. Et depuys la porte Sainct Thomas jucques a l'eglize de Sainct Laurens, qui est le grand dome de Gennes, estoyent les rues tendues et parées de tappisseryes, tissues et ouvrées d'images vives et parlans; c'est

1. François de Guierlay, Giverlay ou Giverlet, écuyer de Louis XII dès son enfance, devenu premier écuyer à l'avènement du roi. Il avait toujours servi le roi avec un grand dévouement, notamment à Blois (dans sa jeunesse) et à Novare; il fut l'une des victimes de Louis XI. Nous avons raconté les incidents de sa carrière dans notre *Histoire de Louis XII* (*Louis d'Orléans*, t. I, II, III).

assavoir de dames et damoiselles, bourgeoises et marchandes, toutes en blanches robes, et tant belles et richement aornées, que nymphes ou deesses myeulx resembloyent que humaines femmes. Toute la grande rue ou le Roy passoit estoit semée et reverdye de rameaulx fueilluz et de palmes d'orengiers et grenadiers, plantées avecques les pommes verdes et pandans aux branches desdits arbres[1].

Les seigneurs et le peuple de la ville entrerent les premiers; les deux cens gentishommes de la maison du Roy furent apres, tous a cheval, la hache au poing, et presque tous vestus de robbes de velloux; et apres et joignant de eulx estoyent Jacques de Vandosme, vydeame de Chartres, et messire Guyon d'Amboise, seigneur de Ravel, leurs capitaines; puys marcherent Jacques Stuart, duc d'Albanye; Françoys d'Orleans, conte de Dunoys; le seigneur de Laigle, et messire Guillaume de la Marche, capitaine des cent Allemans du Roy; lesquelz Allemans, tous enpennachez, la hallebarde au poing et le halecret devant, troys a troys marcherent en bel ordre; doze trompetes, couvertes de fleurs de lys, furent apres et devant le Roy, lesquelles, sans cesser, sonnerent a toute force, si que la tonnerre n'eust esté ouy. Les XXIIII archiers escossoys de la garde du corps tout autour du Roy, et a pié estoyent la hallebarde en main, armez bien a point, tres richement accoustrez : le Roy estoit entre eulx et au millieu, sur une bonne mulle noyre[2], arnaichée de velloux cramoisi et frangée de fil d'or, et luy vestu d'une robe

---

1. Mêmes détails dans la *Descriptio*.
2. Un cheval blanc, d'après la *Descriptio*.

de drap d'or, ung bonnet de velloux noir ayant sur son chief, et estoit soubz son poisle que portoyent huyt des seigneurs de Gennes, dessus nommez. Apres le Roy, estoyent le cardinal d'Amboise[1], le cardinal Petri ad Vincula, le cardinal Sainct George, le cardinal d'Albret, l'arcevesque de Sens[2], l'arcevesque d'Arles[3], l'evesque de Bayeulx, le duc de Vallentinoys; Loys, monseigneur de Luxembourg, le conte de Ligny; messire Phelippes de Ravestain; Loys, monseigneur de Vandosme[4]; Loys, sire de la Trimoille, et messire Pierre de Rohan, mareschal de Gyé[5]; et puys marcherent les quatre cens archiers de la garde, tous a cheval, armez de brigandines et de sallades, les arcz bendez, joignant de eulx; et derriere estoyent leu[r]s capitaines, c'est assavoir : messire Jacques de Cresol, capitaine de deux cens d'iceulx; messire Gabriel de la Chastre, capitaine d'autre cent, et messire Georges Cocquebourne, capitaine des cent Escossoys; au derriere d'iceulx, avoit tant d'arcevesques, d'evesques, abbez et prothonotaires et autres gens d'eglize, que c'estoit assez pour devoir cellebrer ung concille. Tel

---

1. D'après la *Descriptio,* le cardinal avait été solennellement reçu à part, la veille, et ne faisait pas partie du cortège.

2. Tristan de Salazar.

3. Jean Ferrier, transféré en 1499 du siège de Melfi à celui d'Arles.

4. Louis de Bourbon, seigneur de la Roche-sur-Yon.

5. La *Descriptio* cite encore les marquis de Montferrat et de Saluces, Trivulce, l'Infant de Navarre, le bâtard René de Savoie, les ambassadeurs du roi des Romains, de Venise et de Florence. On avait préparé un logis pour l'ex-roi Frédéric de Naples, mais un mal de pied le retint en France. Sa femme vint quelques jours plus tard. Le marquis de Mantoue, le duc de Ferrare n'accompagnèrent pas le roi.

nombre de peuple et de commune suyvoyent apres, que la multitude d'iceulx deffendit a ma veue n'en extimer autre compte, fors une somme de turbe innumerable. Que diray je plus? si n'est que le Roy, en tel triumphe, aprocha la porte de la ville de Gennes, et ja estoit sur le point de quatre heures apres mydy, que, hommes et femmes et petis enfans, tous a haulte voix cryoyent : *France, France, France, France*, sans cesser, et menoyent une feste tant joyeuse qu'il n'y avoit cueur qui ne fremist, ne poil qui ne droissast.

Alors que le Roy eut passé le bourg de Sainct Thomas et qu'il fut devant le moule au descouvert, grosses carracques et navires commancerent dedans la mer a tonner et tempester, et faire pecter artillerye tant orriblement, qu'il sembloit la que les vens fussent deslyez, les ondes desroyées, les rochiers fendus, l'air esclaté, la terre esbranslée, et toute la ville de Gennes deust profonder. Durant ce bruyt merveilleux, le Roy, tout le petit pas, s'en alla jucques devant la porte de la ville, en laquelle estoit amont ung grant escu semé des armes de France, toutes plaines, et au dessoubz de celuy escu, en grosse lectre d'or, estoit escript en latin : *Loys douziesme, Roy des Françoys, seigneur de Gennes.*

Si tost que le Roy fut entré dedans la ville, toutes les cloches commancerent a sonner et tout le peuple a cryer : *France, France, France.* Ce fut merveilles : non seullement les grans et les moyens faisoyent feste, mais ausi les petiz[1], voire estans entre les bras de leurs nourrisses. Quoy plus, oncques prince ne fut

---

1. Mêmes détails dans la *Descriptio*.

receu tant a tel honneur et a joye tant sollempnelle, que fut la le Roy, de toute la seigneurye et commune de la ville de Gennes. Ainsi doncques s'en alla tout le long de la grande rue jucques au grand domme Sainct Laurens, ou estoit l'evesque de Gennes et les channoynes de l'esglize, avecques tous les collieges de la cyté, revestus et tenans les sainctes reliques entre les mains.

Devant l'eglize mist le Roy pié a terre, et se mist a monter les degrez pour entrer dedans ; a l'entrée de laquelle trouva l'evesque et les collieges de Gennes, et les relicques sacrées, ausquelles fist tres humble revererence (*sic*) et obsecration devote, et la offrit aux sainctz de Dieu[1] : ce faict, tous les collieges qui la estoyent commancerent a chanter unes divines laudes, et ainsi convoyerent le Roy jucques au maistre autel de ladite esglize, ou de rechief fist a Dieu devotes oraisons, justes prieres et dignes offrandes. La estoit l'evesque de Gennes[2] en pontificaulx habitz, lequel benist le Roy en la presence de tous les cardinaulx, arcevesques et evesques, et de tous les princes et seigneurs qui la estoyent en moult grant nombre. Ce faict, le Roy fist la les sermens acoustumez et promesses deues pour les droictz, franchises et libertez de sa ville de Gennes maintenir et garder[3], comme au seigneur dudit lieu

1. On lui fit baiser la Vraie Croix (*Descriptio*).
2. Giov. Maria Sforza, archevêque de Gênes depuis 1498 ; il avait succédé au cardinal Campofregoso.
3. Plus tard, sous François Ier, les Génois redemandèrent les conditions des *Capitula* de 1499 ; il se trouva que ni le roi ni personne de son conseil ne connaissait ces *Capitula*, mais le roi promit de contenter les Génois et les traiter « aussi bien et mieux que son prédécesseur » (fr. 2961, fol. 3, 4).

appartient de faire. Toutes ses choses terminées, le Roy se mist au retour droict ou son poisle estoit demeuré, et la trouva ceulx qui l'avoyent porté et ung nommé Jannot Lescuyer, lequel luy bailla sa mulle; et la monta dessus pour tirer vers son logys[1], lequel estoit hors la ville, tirant au bourg de Besaigne, cheux ung seigneur gennevoys, nommé messire Loys de Flisque, conte de Lavaigne[2], conte de Sainct Vallentin[3], en la terre de Naples, seigneur de la Riviere du levant de Gennes, ou sont cincq bons pors de mer, comme : Port Fin[4], le gouffre de Rappalle[5], le gouffre de Sextre[6], le port de Venère[7] et le port de Lespece[8]. Que quessoit, le Roy, en allant a sondit logis, passa par le travers du pallais de Gennes, dedans lequel estoit messire Phelippes de Ravestain, capitaine et gouverneur de la ville pour le Roy; avecques luy estoyent pour la garde de celuy pallais deux cens hommes françoys, lesquelz estoyent la dedans tous en armes et a deux rangs depuys l'entrée jucques a l'issue. Par la passa le Roy avecques sa compaignye, ou force trompetes et clairons, gros tabourins de Suyce et autres instrumens divers, bruyoyent parmy ce pallais, que l'ung n'entendoit parler l'autre. En ceste maniere s'en

---

1. Au palais de Carignan, près l'église de Sᵃ Maria Inviolata (*Descriptio*).
2. Lavagna, province de Gênes.
3. Il y a deux San Valentino, l'un dans l'Abruzze citérieure, l'autre (S. Valentino Torio) province de Salerne.
4. Porto Fino.
5. Rapallo.
6. Sestri.
7. Porto Venere.
8. Spezia.

alla a son logys hors la ville, lequel estoit en hault lieu et penible a l'approcher : car plus de cent degrez failloit monter pour y aller. A l'entrée d'une large place, devant celuy logys, estoit ung portal faict de toile, bien hault et sumptueusement ouvré a rontz pilliers bien arcellez, et tout faict a fueillages, scelon la mode lombarde, tant magistrallement composé, que reallement sembloit estre de pierre de taille ; et la dedans entra le Roy, ou fut receu a grant honneur et trecté a son plaisir. Tout ajoignant de son logys, dedans une autre maison que celuy de Flisque en peu de jours avoit faict faire, fut logé le cardinal d'Amboise, lequel faisoit despesche a messaigiers et ambaxadeurs, et sans sejour mectoit la main et avoit l'advys au besoing des affaires qui, au Roy, de jour en autre de par dela survenoyent ; et moult estoit soigneulx de ce, comme celuy qui toute la charge en avoit[1].

Le lendemain, fut le Roy ouyr messe a ung colliege de religieux de l'observance de Sainct Dominicque, nommé Saincte Marie de Castel[2], et la fist ses prieres et oraisons tres devotes.

Ce mesme jour, sur les deux eures apres mydy, ung navire marchant d'Espaigne, chargé de blez, arriva devant le port de Gennes, a deux mille pres en mer ; et, en approchant, ceulx qui sur le chasteau de devant de celuy navire estoyent, regarderent vers la ville et virent sur les tours du chasteau et du moule,

1. Le soir, la ville fut pompeusement illuminée et on alluma de grands feux aux environs, pendant trois soirs de suite (*Descriptio*).

2. Santa Maria di Castello, vieille église, où l'on remarque un tableau attribué à Luigi Brea, de la vieille école génoise.

et au pallais, les estandars du Roy bransler au vent, dont s'arestèrent ; et, lorsque a ses enseignes cognurent que le Roy estoit dedans, sachant la guerre entre les Françoys et Espaignolz ouverte, pencerent que la n'avoit bonne seurté pour eulx, par quoy voulurent tourner voisle ; mais tantost furent advisez de ceulx qui estoient aux navires de France au port de Gennes, entre lesquelz estoit ung nommé *le Clermont*, bon cursoire et legier : si se mist apres l'Espaignol avecques troys brigandins et deux esquifz. Lequel alla si tost, que, en moings de deux eures, eut actainct de vistesse celuy navire, et par force pris, aresté et destroussé, et mené a Gennes. Tantost fut de ce le Roy ascavanté, et, sachant que c'estoit ung navire marchant de vivres, fist tout rendre et a seureté mectre celuy navire en mer.

Ce jour sur le soir, apres souper, le Roy, pour soy deduyre et veoir ses galleres, navires et carraques, et le navigage de Gennes, fut sur le moule, et la vit plusieurs nouveaulx passetemps et esbatemens joyeulx : la veist les mathellotz monter, les piedz amont, du bas des navires jucques dedans les hunes, descendre la teste contre bas jucques au fons des navires, les ungs soy gecter d'amont les hunes jucques en mer, les autres nager sur l'eaue, et les autres dessoubz moult longuement, tirer artillerye, sonner instrumentz, courir esquifz, brigandins et gallyotes, de navire a autre, et faire la mille autres algarades et jeux divers, en quoy prist moult grant plaisir ; et ce faict, ce mist a regarder le moule, qui est une chose bien digne de recort. Et pour en faire quelque court descript, c'est une muraille assize en mer sur gros rochiers, qui artificiellement son gectez la dedans l'ung sur l'autre a pierre perdue, et tant, que, a l'endroict ou la muraille est assize, iceulx rochiers surmontent l'eau, qui en aucuns endroictz a de profondité plus de cent piedz. Toutesfoys, ainsi que moy mesmes ay veu faire, tant y mectent les ouvriers de grosses pierres, qu'ilz prennent par les montaignes de la pres, et mectent dedans leurs navires propices a ce pour gecter la bas, que dessus et a fleur de l'eaue apparoissent : et la mectent menue pierre et force cyment, pour applainir leur gectée et fondement et pour asseoir leur muraille sur celuy rochier artificiel. Laquelle muraille a d'espoix et de largeur au bas quarente pas ou environ, de haulteur par suz l'eaue xv piedz ou plus. Le dessus de celle muraille est tout pavé a carreaulx larges et bien unys. Et la dessus en plusieurs endroictz sont haultes, grandes et grosses collumpnes rondes de ma[r]bre, ausquelles sont actachez gros casbles et cordages, qui la tiennent les navires a ferme. Et prend celuy moule commancement au deffault des maisons de la ville, entrant en mer, et tirant au travers, devers la tour de Codefa, distant d'ung lieu a l'autre la portée de troys gectz d'arc, ou presque, et ja sont les deux pars ou plus de l'œuvre parfaicte. Et tousjours y besoignent, et feront, ce disent, jucques leur muraille soit si pres de la tour de Codefa, que d'une chayne de vingt toises de long puissent toucher de l'ung a l'autre. Au dedans de la closture de celuy moule, entour xx pas en mer est asize une haulte et forte tour, au sommet de laquelle est une lanterne comme a l'autre tour, pour donner lumiere et adresse aux navires qui la nuyt veullent la aprocher : et ausi pour

deffendre le moule si besoing en estoit. Environ le
millieu de ceste muraille et dessus, est ung spectacle
eslevé hault de xiiij piedz ou de pres, prenant aux
deux bortz de ladite muraille, et faict a voulte arcel-
lée par le dessoubz, et le dessus tout carrellé a large
pavé et bien applany. Et tout autour de celuy spectacle, sont murailles crenellées, haultes de troys piedz
ou peu plus, pour illecques soustenir ceulx qui dessus se voudront appuyer et regarder en mer. Tout le
long de celle muraille, du costé par ou la mer flote,
sur le bort est assize une autre muraille de la haulteur d'ung moyen homme, en plusieurs endroictz
fenestrée pour regarder venir la mer et approcher les
navires, et pour veoir hurter les ondes contre la muraille : lesquelles ondes viennent a la foys tant impe-
tueusément, que, au chocquer des rochs gectez la
dedans, qui de ce lez et au bas deffendent ladite
muraille, pardessus et par les fenestres de l'avant mur
saultent oultre jucques dedans le moule, et bien souvant tant est en cest endroict la mer enfflée, que plus
de doze piedz montent encontre. Et ainsi que j'ay ouy
dire a ceulx de Gennes, et que sur leur moule j'ay
veu par escript et engravé en pierre, depuys dix ans
la mer fut tant orguilleuse, qu'elle monta a fleur de
celle muraille, et en rua grant abbatys en mer, et tout
eust destruyt, n'eust esté le recours que les Gennevoys
eurent a l'ayde du tres glorieux sainct plus que prophete monseigneur sainct Jehan Baptiste, leur protecteur, duquel il ont le corps incyneré : par quoy eulx,
voyant l'orrible tempeste de la mer desroyée, et le
dangier eminant de perdre leur moule et tous leurs
navires, avecques devotes prieres et humbles oraisons

furent querir la chasse du benoist sainct, et apellé le clergé tous en procession la porterent sur la muraille du moule ; si firent leurs prieres a joinctes mains, et descouvrirent la chasse reveraument, et, ce faict, soubdainement le bruyt impetueulx de la mer couroucée fut reduyt en doulceur de transquillité paisible : dont au Dieu souverain graces continuelles rendirent, et au bienheure[ux] sainct louanges eternes.

Et a tant de ce me deporteray, et n'en diray plus, si n'est que, pour l'ouyr dire des Gennevoys, j'ay sceu que dedans leur moule n'a pié de muraille, mys en œuvre de parfaiction, qui a la ville de Gennes ne coste mille ducatz.

Je laisseray ce propos, et diray que, apres que le Roy eut long temps esté sur celuy moule avecques ses gentishommes et sa garde, et plusieurs autres, se mist au retour. L'eure estoit ja tarde et presque nuyt, dont tout le long des rues furent allumées tant de torches, que ausi cler faisoit que de jour. Le peuple de la ville cryoit sans cesser : *France, France*. Les femmes sortissoyent de leurs maisons a grosses compaignyes, pour veoir le Roy et le regarder; les petis enfans a grandes rouptes se trouvoyent au devant de luy, avecques failles[1] et flambeaulx de feu, et couroyent par les rues devant luy, et le conduysoyent jucques pres de son logis, en cryant : *France, France*, a haulte voix, et faisant feste tant joyeuse, que telle sollempnité estoit bien digne de memoire. En ceste maniere estoit le Roy trecté dedans sa ville de Gennes.

Le lendemain fut a la messe a ung colliege de Sainct

1. *Failles*, torches, selon Godefroy et Lacurne de Sainte-Palaye. *Faillie* veut dire feuillée.

Françoys, ou sont cordelliers de l'Observance, et la ouyt le divin service devotement, et y donna grans dons et riches offrandes. Et puys s'en alla disner a son chasteau de Gennes, ou fut recueily du capitaine, nommé Guyon Le Roy, et de ses mortes poyes et souldartz, lesquelz trouva la en bel ordre et bien armez, la place bien ramparée et advitaillée, et garnye de bonne artillerye[1].

XX.

Commant le sainct Graal fut monstré au Roy a Gennes, et commant fut la aporté par les Gennevoys.

Le jour ensuyvant, qui fut ung lundy, XXIXe jour du moys d'aoust, feste de la decollacion sainet Jehan Baptiste, le Roy fut ouyr messe dedans une chappelle dudit sainct en l'eglize de Sainct Laurens, qui est le grant domme et cathedralle eglize de Gennes ; ou fut, par les chanoynes de la, apres la messe, monstré le riche vaisseau smaragdin, c'est assavoir le precieux plat ouquel nostre seigneur Jhesu Crist mengea avecques ses appostres, le jour de sa Ceine. Et est celuy plat qu'on appelle le sainct graal[2] ; lequel, scelon le

---

1. Il y resta peu et vint tenir une grande réception des autorités de la ville au palais de Carignan (*Descriptio*).

2. L'idée d'un vase mythique, jouissant de propriétés merveilleuses, s'était déjà fait jour chez les Grecs et, croit-on, chez les Gallois. Au moyen âge, comme le dit M. E. Hucher dans la savante introduction à sa publication *Le Saint Graal* (Le Mans, Monnoyer, 1874), « ce vase a été le saint graal, cette écuelle bénie, dans laquelle Jésus fit d'abord *son sacrement*, dans la mai-

dire commun de Gennes, et ce que j'en ay veu par lectre, fut la apporté par les Gennevoys en l'an mille cent et ung, et fut priz en la saincte cyté de Jherusa-

son de Simon le Lépreux, et que plus tard un juif recueillit et porta à Pilate. » Pilate le donna à Joseph d'Arimathie, qui s'en servit, lorsqu'il détacha de la croix le corps du Christ, pour y recevoir des gouttelettes de sang. Persécuté ensuite, enfermé, Joseph reçut la visite du Sauveur, qui lui apporta le *saint graal*, et, grâce à ce précieux talisman, Joseph put passer sans trop de douleur quarante-deux ans en prison. Délivré enfin, Joseph va prêcher l'évangile dans le monde et emporte le saint graal, qui est une source intarissable de miracles. Il suffit que Joseph, à genoux devant le saint vase, implore le secours de Dieu pour obtenir ce qu'il désire. Joseph place le saint graal sur une table, autour de laquelle se réunissent les nouveaux chrétiens. De cette table et de la table primitive de la Cène est née la Table ronde, qui a défrayé toute la littérature du moyen âge. Ce vase, selon la légende, s'appela *Graal*, comme le vase agréable et précieux par excellence : « Lou clameront lou Graal, que il agrée tant..... » (*Id.*, t. I, p. 256.) Cependant, *grasal, grazal, grasaus*, en français et en provençal, signifie *vase*. Joseph d'Arimathie vint évangéliser la Bretagne ; il y avait, dit-on, apporté le vase sacré, qu'une vision miraculeuse fit connaître à un ermite breton, au VIIIe siècle. On voyait aussi dans le saint graal la pierre précieuse qui brillait au front de Lucifer, d'où elle se détacha lors de la lutte contre l'archange saint Michel, et que les anges conservèrent jusqu'au jour de la Rédemption. On ajoutait que chaque année, au vendredi saint, une colombe descendait du ciel y apporter une blanche hostie, et, grâce à ce miracle périodique, les chevaliers préposés à la garde de la sainte émeraude pouvaient réparer leurs forces épuisées..... L'*Histoire du Saint Greal*, de Robert de Borron, a été imprimée en 1516 par Jean Petit, en 1523 par Philippe Lenoir. M. Eug. Hucher en a donné une bonne édition au Mans (3 vol. in-12, chez Monnoyer). V. aussi *le Roman du Saint Graal*, par Francisque Michel, Bordeaux, 1841, in-8º ; *Perceval le Gallois...*, par Ch. Potvin (Le Mans, 1886, 6 vol. in-8º) ; le *Glossaire* de Roquefort, vº *Graal* ; Heinzel, *les Romans français du saint Graal*, dans les *Denkschriften der K. Akademie der Wissenschaften*, Phil.-hist. classe, b[d]-XL (Vienne, 1892).

lem, en la maniere que vous orrez. En l'an susdit mille cent et ung, les Pizans, qui lors estoyent comme Roys en mer avecques les Venissyans et Gennevoys, furent outre mer, a tout grand navigage et grosse armée, et conquesterent sur les Turcz et sur le souldan plusieurs vislles (*sic*), isles et chasteaulx; et, entre autres, prindrent Anthioche et Jherusalem, et occirent tous les infidelles que la rencontrerent, ou gaignerent richesses innumérables et incomparables tresors.

Apres celle prise de Jherusalem, question fut, entre les conquerans, du butin, et appoincté entr'eulx, pour ce que a ce estoyent troys contendans, que en troys partyes seroit divisé : c'est assavoir, la seigneurie et dommaine pour une, les tresors, meubles et richesses pour l'autre, et le precieulx plat d'esmeraude pour le tiers. Lesquelles choses furent ainsi divisées et partyes. Et, pour ce que les Pizans, qui lors estoyent les plus fors et avantageux des troys bendes, et ausi que plus avoyent travaillé et faict de mises pour lesdites conquestes, fut accordé entre eulx que iceulx Pizans auroient le choix des partyes, et que premiers mectroyent la main au butin; lesquelz, apres avoir sur ce advisé, prindrent pour eulx la terre et seigneurie de Jherusalem, comme la plus honnorable partye des troys; et, pour monstrer de quoy, toutes les grandes portes de la saincte cyté prindrent, et firent mener a Pize; lesquelles ancores y sont, reservées deux que les Florentins depuys leur ont tollues et ostées. Pour revenir, toutes les forteresses, places et chasteaulx leur furent baillez, et la possession de la seigneurie mise entre les mains, laquelle ilz garderent par force contre le souldan longue espace de temps, et d'icelle jouyrent paisiblement ; ce qui leur fut et eust esté a jamais ung tiltre d'honnorable louange, si les meschans maleureux ne l'eussent, par leur avarice, vendue aux infidelles ; ce qu'ilz firent ; dont commyrent crime tant dampnable, que pour ce forfaict furent forclux de toute grace de bien faire, et de toute cure de profficter en vertus, tant que oncques puys ne firent honnorables faictz pour eulx, ne proffict a leur seigneurye, mais sont tousjours venus en decheent de bon loz et d'eureuse prosperité. Or, apres qu'ilz eurent ainsi choisi et priz, les Venissiains suyvirent, et comme convoyteulx de denare, embourcerent l'or et l'argent, et prindrent pierres précieuses, vaisselle, joyaulx, draps d'or et de soye et de laine, et, en somme, tout ce de valleur que emporter peurent, reservé seullement le sainct vaisseau, lequel demeura pour le partaige des Gennevoys[1], que dedans leur ville de Gennes apporterent, qui ores y est, comme je say pour l'avoir veu, ainsi que cy apres racompteray.

XXI.

La descripcion du sainct Graal de Gennes, du domme, ausi de Sainct Laurens, et de la chappelle de Sainct Jehan Baptiste, et d'autres nouvelles choses.

Celuy tres precieulx vaisseau, dont j'ay parlé par

---

[1]. Le saint graal, ou *sacro catino*, fut rapporté par les Génois en 1101 après la prise de Césarée. V. à ce sujet *Atto di consegna del Sacro Catino*, par L.-T. Belgrano, dans le *Giornale Lig.*, XVII, 306. D'après Alexandre Sauvage, Nicolo de Brignali, un des ambassadeurs génois près de Louis XII en 1499,

avant, est une esmeraulde faicte et entaillée en maniere d'ung grant plat, en largeur de deux palmes, que nous, Françoys, appellons *espans*, de si tres reluysant lustre, et tant verde coulleur, que toute autre esmeraulde aupres d'elle est obscurcye, effacée, et de nulle monstre, sans vertus[1], et contient en ront, au dessus du plus large, six palmes en quadrature. Au fons dudit plat, est ung autre petit ront faict au compas, scelon la porpocion de sa grandeur, et, des le bort de celuy rondeau jucques au hault du plat, sont six quareures faictes a la ligne. Et, pour soustenir celuy plat, au dessoubz, sont deux anees de mesme pierre, larges assez pour la passer la main d'ung homme. Ce qui est ung œuvre merveilleux a regarder, et faict par artifice, tant sumptueulx, que myeulx semble miraculeux que manuel; ausi est il, scelon le dire de plusieurs et l'ymaginer de chascun. Car Nostre Seigneur Dieu, au jour de sa Ceine, comme desproveu de riche vaisselle pour menger l'aigneau pascal, et voulant aux humains son pouvoir divin magnifyer, fist miraculeusement de terre ville celle precieuse pierre. O bon alquemiste! oncques n'en fut, ne ne sera de tel! Ores ont les Gennevoys ce precieulx joyau, que plus chier tiennent que tout l'or du monde. Et de vray, c'est

avait écrit une histoire, aujourd'hui perdue, de la conquête du saint graal par les Génois (*Atti della Società Ligure*, XIII, 384).

1. Le *sacro catino* passait pour une émeraude « de non pareille beaulté. » Au dire de Saint-Gelais, on conseilla, en 1507, à Louis XII de s'en emparer pour la Sainte-Chapelle, mais il refusa. Napoléon n'eut pas le même scrupule et fit apporter cette relique à Paris en 1809. On aurait constaté à cette époque que sa substance était simplement du verre. Une loi de 1476 interdisait d'y toucher, sous peine de mort.

bien ung tresor d'imcomparable richesse et d'inestimable preciosité, lequel est, dedans le sacraire du grant domme de Sainct Laurens de Gennes, soigneusement gardé.

En celuy domme sont mainctes autres choses recommandables, comme pevent avoir veu ceulx qui la ont esté. Et, pour en avertir les autres, a qui, par deffault de ne l'avoir veu, la chose seroit incogneue, en brief escript j'en diray ce que j'en ay peu adviser et rediger en memoire. Premierement, a l'entrée de ladite eglize de Sainct Laurens de Gennes, est ung grant portal faict et entaillé a menue ymagerye de mabre blanc et biz, auctentiquement ouvré[1]. Aux deux costez d'icelluy, sont enlevez deux grans lyons de pierre soustenans deux haultz pilliers de mabre blanc[2]. Le tabernacle, estant sur l'entrée des portes, est tout de marbre biz, et d'albastre, et de porphire, taillé a menu ouvrage, et painct de fin or et d'azur[3]. Le dedans de l'eglize est faict a troys belles nefz assez larges, a l'entrée desquelles, et des deux lez, bien pres de la porte, sont les voultes, soustenues de deux gros pilliers de marbre blanc et biz.

Aux deux costez de la grande nef, tirant vers le grant autel, sont XVI autres pilliers, huyt de chascun

---

1. C'est-à-dire de bandes de vrai marbre blanc et noir alternées.

2. Jean d'Auton est un guide un peu enthousiaste. Le portail de San Lorenzo, revêtu, comme toute la cathédrale, d'assises de marbre noir et blanc, est, en effet, fort élégant. Mais les deux lions qui l'ornent, suivant la vieille école dont on trouve dans le nord de l'Italie tant de spécimens, notamment à Vérone, ne sont pas du meilleur style.

3. On remarquera cette indication. Les colonnettes de la façade sont de marbres multicolores et de façons diverses.

rang, a dix pas loings l'ung de l'autre, lesquelz sont de porphire, semblant estre chascun d'une piece. Les voul[t]es du cueur sont soustenues a quatre autres pilliers de tout mabre. Tous les petiz pilliers, soustenans les arceaulx de la voulte du cueur, sont tous dorés et azurez, et faictz a histoires moult nouvelles. Le dessus de l'autel Nostre Dame est tant richement painct et de precieulx ornamens embelly, que c'est plaisante chose a regarder.

La table du grant autel est moult grande et large a l'avenant, et de mabre biz; le devant et au bas, couvert de fin argent; le dessus de drap d'or, et le tableau ouvré a ymagerye riche et sumptueuse.

A la main senestre du grant autel est la chapelle de Sainct Jehan Baptiste, et la dedans la chasse ou les sainctes cendres de son precieulx corps reposent, lequel l'empereur Julien l'Apostat, dixsiesme persecuteur de l'Eglize, fist jadys, par sa tyrannye, ardoir et brusler. Toutesfoys, le chief fut garenty par aucuns religieulx chrestiens, et translaté d'oultre mer en France, duquel une partye est en l'abbaye de Sainct Jehan d'Angeli, et l'autre a Sainct Jehan d'Amyens. Ausi fut sauf le doy indycyaire duquel il monstra au desert le Redempteur du monde, en disant : *Ecce Agnus Dei;* lequel, pour la dignité de son divin office, fut supernaturellement exempt de la puissance du feu et transporté, de dela mer, a Sainct Jehan de Morienne, en Savoye[1]; lequel j'ay veu par maintes foys,

---

1. V. *Acta Sanctorum*, Junii, IV, p. 776, ch. v. Les reliques et notamment les doigts de saint Jean ont été fort répartis. En Bretagne, sur la côte nord du Finistère, on construisit, de 1440 à 1513, l'église actuelle de Saint-Jean-du-Doigt, destinée à abriter

et avecques celuy se tient le moyen doy, ou aparoissent les nerfz, la peau et les ongles. Les sainctes cendres furent recueillyes par aucuns chrestiens, et portées dans une ville nommée Mirrée[1], ou, depuys, fut ensevely le digne corps sainct Nycholas, lequel fut de la par les Venissyains emporté en Ytalye; et par les Gennevoys, qui venoyent d'outre mer, ausi de Mirrée transportées les cendres sacrées, a Gennes, en l'eglize Sainct Laurens[2], et la faicte une mirifique chap-

l'index de la main droite de saint Jean. V. à ce sujet les dissertations des Bollandistes, *op. cit.*, p. 745 et suiv. La main droite de saint Jean-Baptiste, conservée à Constantinople, avait été envoyée au Grand-Maître de Rhodes par le sultan Bayezid (Caoursin, *De translatione sacre dextré sancti Johannis Baptiste Precursoris ex Constantinopoli in Rhodum,* cité par Thuasne, *Vie et aventures de Djem sultan,* p. 120).

1. L'antique Myra, dont les ruines se trouvent sur la rive droite de l'Andraki, près de son embouchure, en Caramanie.

2. Les reliques de saint Jean passent pour avoir été apportées à Gênes en 1099. L'histoire de leur translation a été écrite par Jacopo da Voragine, dont le récit a été publié par M. L. T. Belgrano (dans les *Atti della Società Ligure,* t. X, p. 465 et suiv. Cf. *Chronicon Genuense,* dans Muratori, IX, 31). Alexandre III et Innocent III approuvèrent le dépôt de ces reliques à San Lorenzo, et la preuve de leur authenticité fut fournie par des miracles. Les restes de saint Jean, ensevelis d'abord à Samarie, exhumés pendant la persécution de Julien l'Apostat, furent transportés à Jérusalem, puis à Alexandrie. Saint Nicolas les reçut à Mirrée. En 1099, les Génois tentèrent un coup de main sur *Patere,* port de *Mirrée* (*Stamira*) et profitèrent de leur victoire pour exiger qu'on leur remît le corps de saint Nicolas. Les fouilles pratiquées sous l'autel de Saint-Nicolas firent constater que son corps avait été enlevé précédemment par les gens de Bari, mais elles firent trouver le corps de saint Jean. La tête de saint Jean avait été envoyée en Gaule dès le début. La question des inventions et des translations de la tête de saint Jean-Baptiste a fait l'objet de travaux considérables, notamment d'un mémoire de Du Cange.

pelle ; laquelle est toute de mabre biz et blanc, voultée de mabre, ausi toute paincte a fin or et riche azur, et partout semmé de fleurs de lys. La place, pavée de carreau bien uny, et my party de blanc mabre et de bys. Pour entrer dedans, sont deux portes aux deux costez, et, entre my, venant de l'une a l'autre, est ung obstacle de mabre blanc, ouvré a la turque et percé a jour, pour veoir par la le dedans de la chappelle[1]. Au dessus, et joignant de celuy obstacle, sont dix ymages angelicques tenans entre les mains chascun ung chandelier, et le tout d'albastre.

Au dedans de celle chappelle, contre la muraille, a VIII piedz de hault ou entour, a destre et a senestre costez, sont six ymages enlevées, toutes de fin albastre, dont a la destre part sont Adam, Zacarye et Abacuth. A part senestre, est Eve viz a viz de Adam, l'ung et l'autre tous nudz, et moult bien entaillez ; Helisabeth au droict de Zacharie, et Balaam viz a viz de Abacuth. Au plus pres de l'autel, au rang des autres, sont deux sieges vuydes, pour y mectre quelques autres ymages. Au millieu de celle chappelle sont quatre grans candelabres de cuyvre pendus ; en chascun ung sierge tousjours ardant. Le tabernacle de l'autel est, dessus

V. *Acta Sanctorum*, Junii, t. IV, p. 711-745, ch. III. Les Bollandistes ont inséré une dissertation sur l'expédition des Génois à Myrre et le transport des restes de saint Jean, *Id.*, p. 780 et suiv., ch. IV.

1. La chapelle a été transformée et ne répond plus à la description de Jean d'Auton. Elle est aujourd'hui fermée par un arc triomphal, triple, à frontons gothiques, garni de compartiments sculptés, porté sur des colonnes un peu grêles, qui reposent elles-mêmes sur une balustrade. D'après Jean d'Auton, cette ouverture à colonnes aurait remplacé une fermeture ajourée.

et dessoubz, tout de fin argent. Au derriere et atouchant dudit autel, est la chasse enlevée du glorieulx sainct Jehan Baptiste, ou sont les cendres sanctifyées de son benoist corps, comme dit est. Et est celle chasse soustenue de quatre pilliers de blanc mabre richement ouvrez. Tout autour de la chasse, a l'endroit du hault du tabernacle de l'autel, son enlevez en ymages Ysaye et Zacarye au devant; au destre costé, Jheremye et Daniel; au senestre, David et Ezechiel; et au derriere, Symeon et Abacuth. Au dessus et autour de celle chasse sont quatre anges, tenans chascun en la main ung sierge de cire vierge[1].

Icelle chasse est de pierre de mabre blanc, dorée et paincte de riche estoffe, et entaillée tout autour a petites ymages et menus pilliers de singuliere fabrice et artifficieulx ouvrage; laquelle chasse est cloze et fermée soubz le loquet de doze clefz gardées par XII des plus suffizans cytoyens de Gennes. Dedans ladite chasse de mabre est encloze une autre petite d'argent, autentiquement ouvrée[2], et perliffyée richement, en laquelle sont les dignes cendres prophétiques honnorablement mises, precieusement gardées et divinement sollempnizées.

Ainsi est ladite eglize de Sainct Laurens de Gennes, de merveilleuse matiere embellye, des precieulx joyaulx emrichye et de dignes relicques sanctiffyée. Je n'en veulx plus autre chose dire, si n'est que, pour magnifyer la saincteté du lieu, je, qui, lors estoye dedans ladicte chappelle, a l'eure que la messe du Roy la se

---

1. Le baldaquin actuel est plus moderne.
2. Châsse d'argent, d'un travail très délicat, exécutée en 1438 (actuellement à la sacristie).

disoit, d'une passion collicque fuz actainct et touché jucques a perdre la veue, l'ouyr, l'aller et le parler; si que je fuz contrainct lesser le brevyaire, et m'apuyer contre ung des pilliers qui soutennent ladite chasse. Et ainsi d'angoisse tressuant, eu mon recours au glorieulx sainct plus que prophete, sainct Jehan Baptiste, duquel estoit ce jour la feste, et les relicques presentes. Et si tost que de pensée devote mon oraison eus perfinye, et ma priere faicte, soubdainement santé plainiere me revint; dont je rendy graces a Dieu devotement, et du benoist sainct feiz sollempnelle remenbrance.

Apres que la messe fut dicte, et la saincte esmeraulde monstrée, le Roy s'en alla a son logys, et par l'espace de dix jours fut la au sejour, ou plusieurs messagiers, ambaxadeurs de lieux divers et nacions estranges, furent envoyez, ouys et despeschez.

Des grans banquetz, et joyeulx conviz que, ce temps durant, furent la faictz au Roy, ne diray autre, si n'est qu'onques ne fut veue meilleure chere faire, ne prince plus honnorablement recueillir. Que fut ce, grans et petiz faysoyent la vye aux anges. Les ungs apres les autres, a tous enviz et a qui myeulx myeulx, s'efforçoyent de doulcement l'entretenir et le festyer a souhect. A la foys les dames de Gennes se trouvoyent aux banquetz, habillés a la mode millannoise[1], et a la foys a leur mode[2]. Et, entre autres, fut la une dame gene-

---

1. V. t. I, p. 102.
2. M. Belgrano, dans son curieux livre *Della vita privata dei Genovesi*, trace ainsi le portrait des aimables mœurs de Gênes : « Le *sigisbéisme*, dit-il (p. 459), s'était répandu à Gênes comme une maladie; c'était une espèce de culte platonique, publique-

voise, nommée Thomassine Espinolle, l'une des plus belles de toutes les Italles, laquelle gecta souvant ses yeulx sur le Roy, qui estoit ung beau prince a merveilles, tres savant et moult bien enparlé. Tant l'advisa celle dame, que, apres plusieurs regars, amour, qui rien ne doubte, l'enhairdya de parler a luy, et luy dire plusieurs doulces parolles; ce que le Roy, comme prince tres humain, prist en gré voluntiers; souvant diviserent ensemble de plusieurs choses par honneur [1],

ment voué à une dame, au su de son mari, qui consistait en empressements près d'elle, en gâteries pour ses enfants, en révérences à son mari. Les amants dans ces conditions s'appelaient à Gênes *braccieri* ou *patiti*..... La galanterie (p. 453) était fort à la mode et allait fort loin : les dames et demoiselles ne brillaient pas par un excès de pudeur..... Réputées pour leur grâce (p. 454), elles n'auraient pas osé paraître, si elles n'avaient pas eu chacune leur amant..... »

[1]. Le récit de ces relations, d'ailleurs toutes platoniques, de Louis XII avec la belle Tommasina Spinola, tel que l'a fait et que le fera Jean d'Auton par la suite, a excité la verve de bien des historiens. Malheureusement, il parait des plus exagérés. M. Kühnholz, dans son *Mémoire des Spinola de Gênes et de la Complainte depuis les temps les plus reculés jusqu'à nos jours, suivis de la « Complainte de Gennes sur la mort de dame Thomassine Espinolle, Genevoise, dame intendyo du Roy »* (Paris et Montpellier, 1852, in-4º), a soutenu le récit de Jean d'Auton par des commentaires plutôt que par des preuves. M. Achille Neri l'a combattu dans son opuscule *Osservazioni critiche intorno all' aneddoto di Tommasina Spinola e Luigi XII* (Genova, Sordo-muti, 1879, in-8º). M. Neri cite (p. 12) le témoignage de Lodovico Domenichi, qui, dans ses *Rimedi d'amore* (*Dialoghi*, Venegia, Giolito, 1562), paraît bien réduire l'incident à ses limites véritables. « Une dame Spinola, dit en résumé Domenichi, était célèbre dans toute l'Italie par son admirable beauté. Le roi Louis XII, qui ne se laissait pas prendre, comme tant d'autres, aux artifices féminins, voulut savoir quelle place tenait l'art dans sa beauté, et fit la plaisanterie suivante. Un matin, passant sous les fenêtres de son palais à une heure où la dame était encore

et tant, que celle dame soy voyant familliere de luy, une foys entre autres, luy prya tres humblement que, par une maniere d'accoincte, il luy plust qu'elle fust son *intendyo*[1] et luy le sien, qui est a dire accointance

couchée avec son mari, il fit demander s'il ne pourrait la saluer à sa fenêtre. Tommasina Spinola saute du lit et accourt en négligé. Ce fut un triomphe, car elle parut encore beaucoup plus belle en ce simple négligé qu'en toilette de bal. » Quelle était cette dame Spinola? Question difficile à résoudre. M. Neri a relevé sept dames du nom de Thomassine, mariées à des Spinola et existant à cette époque. On peut supposer que l'héroïne de cette petite anecdote fut la femme de ce Luca Spinola dont nous avons parlé, l'un des citoyens de Gênes députés au-devant de Louis XII. Luca, fils de Filippo Spinola, n'a pas, du reste, d'autres titres pour passer à la postérité; il est autre que Luca Spinola, jurisconsulte fort distingué, qui jouait, à la même époque, un rôle important dans le gouvernement de Gênes. Tommasina Spinola, fille de Guliano Grimaldi, appartenait au patriciat génois, et se trouvait bien en situation d'attirer l'attention du roi. Elle n'était plus très jeune, étant née vers 1464, et mariée en 1477, mais elle n'avait pas d'enfants; elle avait exactement l'âge du roi. Elle devint veuve en 1509 et testa en 1516. Elle ne mourut donc pas en 1503, comme le dira plus loin Jean d'Auton, mais aucune des sept *Thomassine Espinolle* ne mourut en 1503. Parmi les six autres, l'une était vieille, et veuve depuis 1486; l'autre, toute jeune, ne se maria qu'après 1510. En réalité, il n'en reste que quatre en rang utile, et la seule concurrente sérieuse de Thomassine Grimaldi aux yeux de l'histoire nous paraîtrait pouvoir être Tommasina Spinola, fille d'Antonio Spinola, née en 1479, morte en 1514, mariée à Gioachino Spinola; celle-là n'avait que vingt-trois ans; mais le genre d'amour peint par Jean d'Auton ne nous semble guère cadrer avec un âge encore si peu raisonnable. — Rappelons qu'en 1507 Louis XII rentra à Gênes sur un cheval dont le harnais portait, dit-on, le chiffre d'Anne de Bretagne.

1. Nicolo Giustiniano (cité par M. Belgrano, p. 455) dit : « È consuetudine nella patria mia che un giovine innamorato trovandosi in mano un mazzo di fiori, ora de gelsomini, ora di cedri, di naranci e simili fiori, di garoffoli od altri che porta a l'ora la

honnourable et amyable intelligence. Et tout ce luy octroya le Roy ; dont la noble dame se tint plus heureuse que d'avoir gaigné tout l'or du monde, et eut se don si cher, que, pour seullement se sentir bien vollue du Roy, tout autre mist en oubly, voire jucques a jamais plus ne vouloir coucher avecques son mary : ce qui pourroit donner a pencer ce qu'on vouldroit ; mais autre chose, scelon le vray dire de ceulx qui ce pouvoyent myeulx savoir, n'y eut que toute probité. Pour rentrer donçques a noz banquectz, dances en barboyres, nouvelles mommeryes, saultz et gambades venoyent en jeu, et tant d'autres joyeuses nouvelletez, que la n'avoit cueur qui eust cause d'avoir ennuyeulx soubcy. Les Gennevoys, contre la nature de leurs meurs, menoyent la leurs femmes et filles, seurs et parentes, pour donner joyeulx passetemps au Roy et a ses gens[1]. Et les aucuns de eulx prenoyent des plus belles et les presentoyent au Roy, en les baisant les premiers, pour faire l'essay ; et puys les baisoit le

stagione, incontrando per la strada od in porta la sua innamorata, a quella senza rispetto veruno la donerà, et ella medesima quei fiori che in seno o in mano si troverà avere, al suo *intendió* darà. Nè vi maravigliate di questo vocabolo genovese, per cio che, secondo che voi dite la tal donna ha per amante il tale, le donne nostre, che schiettamente parlano la lingua genovese senza mischiarvi vocaboli strani, sogliono dire *il tale è il mio intendio;* che anco uso messer Giovan Boccaccio ne la novella di fra' Rainaldo e madonna Lisetta da Ca' Quirino. »

1. Saint-Gelais montre les rapports du roi avec Gênes sous un jour un peu différent : « Il leur monstra aussi grand semblant d'amour et de fiance que il eust sceu faire à ceulx de Paris, d'Orléans ou de Blois, en allant chez eulx disner, souper et banqueter, et faire toutes autres honnestes cheres que un tel prince a accoustumé de faire avec ses tres loyaux subjects. »

jour vint que le Roy volut desplacer de sa ville de Roy voluntiers et dançoyt avecques elles, et prenoit d'elles tout honnorable deduyt.

Or se passa le temps en ce plaisant sejour[1], et le

[1]. Louis XII s'y fit un conseil intime, composé de Georges d'Amboise, de Louis d'Amboise, du maréchal de Gié et de Charles d'Amboise, seigneur de Chaumont (Ben. da Porto). Par *grida* du 30 août, il ordonna l'ouverture d'une enquête publique, pendant deux jours à Gênes et quinze dans la Rivière, pour quiconque aurait à se plaindre d'un notaire ou d'un fonctionnaire, ou surtout à signaler des concussions (Neri, *Atti della Società Ligure*, t. XIII, p. 928). Une grosse affaire résolue par un arrêt du Grand Conseil royal, du 10 février suivant (1503), prouva que la volonté du roi ne devait pas rester lettre morte. Sur la plainte du sénat (Ben. da Porto), le podestat de Gênes, Daniel Scarampa, fut poursuivi pour fautes, crimes ou abus commis dans l'exercice de ses fonctions : par Pierre *Compare,* dont le fils, Nicolas, avait été pendu aux fenêtres du palais de Gênes; par Jacques *Lomellin,* à cause de la mise en liberté d'un sodomite ; par les officiers de la monnaie, à cause de la mise en liberté de deux faux monnayeurs; par les censeurs de Gênes, à cause de la mort de sergents impunément tués par des bouchers dans l'exercice de leurs fonctions; par Raphaël Paron, syndic de Gênes, pour la mise en liberté d'un homme accusé d'attentats à la pudeur; par Angelo Cibo de Grimaldi, qui arguait de fausseté un exploit. L'affaire fut renvoyée par le roi au Grand Conseil, qui statua, le 10 février, sur rapport de deux sénateurs de Milan, du maître des requêtes Guillart et du conseiller au Grand Conseil Baudot, après une grosse procédure et plusieurs interrogatoires du podestat inculpé, Scarampa. Le Conseil déclara Scarampa coupable, destitué, incapable d'un office royal, le condamna à 100 ducats de dommages-intérêts envers Pierre Compare, à faire dire une grand'messe et trente basses de *requiem* pour Nicolas Compare, à fonder un service, le tout avec prise de corps jusqu'à parfait « paiement. » Il le déclara absous des autres conclusions. Toutefois, le condamné dut fournir caution de 12,000 écus d'or de se représenter pour le jugement des autres poursuites (poursuites des particuliers et du syndic), qui sont disjointes (ms. Dupuy 159, fol. 228). Le 9 décembre, les Génois avaient encore envoyé au roi deux délégués,

Gennes pour retourner en France[1]. Or estoit le Roy
lors tant recommandé entre les bienvollus de dame

pour lui rappeler cette affaire et leurs nombreuses requêtes relatives à l'administration de la ville ou aux questions pendantes avec Savone. Le 28 avril 1503, ils envoient encore à Milan « Jean de *Illice,* » docteur, poursuivre l'affaire de Scarampa, « qui fuit pretor » (Arch. du ministère des affaires étrangères de France, *Gênes* 2, fol. 227). Cf. fr. 17224, p. 375 à 383.

1. Jean d'Auton se borne à une description extérieure et ne dit pas un mot des graves questions agitées pendant son séjour à Gênes. Les Génois, cependant, lui présentèrent deux importantes requêtes, que nous allons analyser; elles se réfèrent à deux questions sur lesquelles Louis XII ne pouvait leur donner satisfaction : 1º le maintien de la neutralité de Gênes vis-à-vis de l'Espagne; 2º l'oppression de Savone par Gênes. — *Pétition* (en latin) *du 28 août 1502* : Protestation de dévouement et de respect pour le roi, ce bon père, qui vient « inter hec saxa et scopulos » non seulement les voir, mais s'enquérir de leurs besoins : 1º Il y a eu un traité de Gênes avec l'Espagne, d'après lequel on doit se traiter réciproquement en amis, avec pleine liberté de circulation. Sur sa foi, bien des Génois sont allés commercer en Espagne; c'est leur vie. Un dixième des biens de Gênes se trouve en terres espagnoles (Catalogne, Sicile, Sardaigne). Si on les arrêtait, si on les confisquait, ce serait un énorme dommage pour eux, une énorme force pour l'Espagne. La paix stipule en outre une amende de 100 ducats, que le roi d'Espagne peut tripler. Prière instante de donner un sauf-conduit aux Espagnols pour Gênes. Les Génois offrent d'ailleurs pour la guerre tous navires dont le roi voudra user chez eux. 2º C'est l'usage en France, sur les navires pris en guerre, de retenir les biens des Génois ou autres sujets qui s'y trouvent. De là un grand dommage; nous avons besoin de pouvoir faire des transports par des navires espagnols. 3º Qu'aucun navire ne soit armé ici contre les Espagnols, et qu'on demande fidéjussion à tout capitaine, selon notre usage, de peur de représailles. 4º Les Savonais, contrairement aux conventions, demandent de nouveaux *usus* et gabelles. Prière de les soumettre absolument aux juges génois. Ce sera tout pacifier et faire respecter le gouvernement. 5º Prière d'ordonner à tous les officiers de respecter les statuts et ordonnances de Gênes (Gênes, Bibliothèque de l'Université,

Fortune, que toutes les seigneuryes des Italles luy estoyent tributaires, et les Françoys tenus en telle reputacion, que leur florissant renommée volloit jucques outre mer. Et si n'avoit place ne chasteau en Lombardye, ne en Tuscane, ne en la pluspart d'Itallye, ou le lys ne fust en spectacle de triumphe, et le nom de France mys en cry commun[1]. Par quoy le Roy et ses Françoys, a la peine d'estre nommez ingratz, et dignes de maleur emcourir, n'en devoyent plus hault

ms. V⁣ᶜ, fol. 176-177). — *29 août 1502. Supplique supplémentaire à Louis XII :* 1º Intervenir près du pape, pour faire confirmer nos antiques privilèges pontificaux. 2º Le roi, comme duc de Milan, a promis que les créanciers génois de la Chambre des comptes de Milan seraient satisfaits, et l'an dernier, à l'arrivée du légat, la résolution, dit-on, en fut prise; prière de l'exécuter. Accorder une mesure de clémence aux fidéjusseurs pour le feu cardinal de Gênes et pour Ludovic Sforza. Le roi a fait avertir Avignon d'annuler la marque concédée contre Gênes; les lettres à ce sujet ont peu servi, parce qu'on les a dites écrites sur papier. Prière d'en concéder d'autres sur parchemin, avec sceau et solennités convenables. Prière d'obtenir le chapeau de cardinal à Nicolas de Fieschi, évêque de Fréjus, — d'inviter les officiers royaux à respecter scrupuleusement la juridiction de Saint-Georges. On recommande les Pisans à la clémence du roi. Prière d'ordonner que les lieux de « Novarum, Gavii et Vuade » (Novi, Gavi, Vado) soient de la juridiction royale. Recommandation en faveur de quelques vaisseaux pris : un par le duc de Valentinois (le faire rendre); un par le roi d'Espagne. Dans la paix future, stipuler sa restitution et la suppression de la défense du roi d'Espagne à tout navire génois de charger en Espagne (*Ibid.*, fol. 182). — Ajoutons que, le 16 août, les Génois avaient député à Gonsalve de Cordoue Bartolomeo Senarega (Archives de Gênes, *Istruzioni e Relazioni politiche*, filza 3, 2707 c).

1. Le 31 août 1502, Louis XII signa, à Gênes, une lettre de créance pour Claude de Seyssel, qu'il envoyait à Bologne avec la mission difficile de persuader aux Bolonais de se soumettre au pape, sans compter sur la protection de la France (Orig.; Archives de Bologne, *Instrumenti, Documenti*, nº 24).

lever les cornes, mais cognoistre que toute humaine prosperité vient seullement de celuy Dieu qui les victoires, triumphes, couronnes, ceptres, dyadesmes et richesses donne a quy luy plaist, et les oste quand il veust.

Pour rentrer en propos, le Roy, qui lors estoit en son pays de Lombardye, pour avoir la bienveillant amour des seigneurs de dela, et iceulx tenir en craincte, prist plusieurs de leurs enfans a sa pencion, desquelz estoyent Françoys Marye, preffect de Romme[1] ; Charles Marye, filz d'Anthoyne Marye de Sainct Severin[2] ; Jheronime de Flisque, filz de messire Jehan Louys de Flisque[3], hoste du Roy a Gennes ; Sacremolde Visconte[4], de Millan ; Jehan Louys Palvezin[5], et plusieurs autres, lesquelz mist tous de sa maison.

Les Gennevoys doncques, voyant l'approche du partement du Roy, avant ce luy firent, de leurs terres et seigneuryes qu'ilz tenoyent de luy a cause de sa ville de Gennes, leurs foyz, hommages, sermens de fidelité et promesses jurées de bien et leallement le servir envers tous et contre tous[6]. Et avecques ce,

---

1. Francesco Maria della Rovere. Naturellement, il ne s'agit pas ici de lui, mais de son fils.

2. Antonio Maria, seigneur de Gualfinara au marquisat de Salúces, frère de Galeazzo, du comte Caïazzo, du *capitan Fracassa*, du cardinal.

3. Comte de Lavagna.

4. Sagramoro Visconti.

5. Riche Génois, à qui Charles VIII avait acheté pour 16,000 écus un vaisseau, *la Agnela*, en 1496 (Sanuto, *Diarii*, I, 138). Cf. Litta, t. IV.

6. Ils n'avaient pas à prêter serment, cette cérémonie ayant été accomplie dès 1499, en vertu du *banno* suivant : « *Proclama pro iuranda fidelitate*. M CCCC LXXXXVIIII, die viii novembris.

pour descouvrir leur largesse et leur liberallité magnifyer, luy donnerent au partir quatre platz, quatre couppes et quatre aigieres, le tout d'or, vallant doze mille ducatz[1] ; au cardinal d'Amboise, ung plat et une

Preconàte vos, preco communis. Parte ill[i] et ex[si] d. Philippi de Cleves, d[ni] Ravastein, Regii Januensis Gubernatoris et admirati generalis, et magnifici consilii d[norum] antianorum communis Janue. Se notifica a ciascuna persona come dominica proxima chi sara x del presente mese se ha ad fare la fidelita generale in palatio ad epso ill. s. governatore in nome de lo chr[mo] Re signore nostro et per tanto se commanda expressamente a tutti et singuli citadini de qualunca grado, stado, dignita, preheminentia et condition se sia, da la eta de anni xvi fino a li lxx, che dicto di de dominica a hore xvii debian retrovarse in la sala grande del palatio a iurare dicta fidelita ne le mani del prefato illu. s. Governatore, sotto pena de fiorini xxv per ciascuno loquale manchasse di venire et presentarse personaliter a fare tale iuramento : et de questo se fara diligentissima inquisicion et se procedera irremissibiliter contra tutti quelli saran trovati desobedienti. Applicando dicta pena a le spese et opera del palatio. — In actis Benedicti de portu, cancellarii » (Archives de Gênes, *Litterarum cancellarie*).

1. Jean d'Auton exagère fortement. La *Descriptio* ne parle que de quatre plats, deux coupes, deux aiguières. Nous avons d'ailleurs l'état des dons faits au roi pour Gênes et pour Savone, et leur valeur totale se monte à 6,000 écus : « Inventaire de la vesselle d'or que ceulx de Jannes donnerent au Roy a son entrée de ladite ville, et icelle depuys donnée a la Royne en la ville de Lyon, fait ledit inventaire a Loches, le ixme jour de decembre mil cinq cens et deux, en presences de maistres Jehan Benard et Pierre Signac, contrerolleurs de l'argenterye et escuyrie d'icelle dame, et Arnoul de Viviers, orfevre.

« Ung bassin d'or poysant xi m. iii o. iii g.

« Ung autre bassin d'or poysant x m. vi o. vii g.

« Ung autre bassin d'or poysant x m. vi o. ii g.

« Ung autre bassin d'or poysant xi m. moyns demy g.

« Deux esguyeres d'or non couvertes, x m.

« Deux couppes couvertes, poysant xiiii m. ii o. di g.

« S. lxviii m. ii o. iiii g.

aiguiere d'or, du priz de deux mille cinc cens ducatz ; a messire Pierre de Rohan, mareschal de France, de vaisselle d'argent pour quatre cens ducatz ; a l'evesque d'Alby autant ; a maistre Florimond Robbertet, segretaire du Roy, troys cens ducatz ; aux mareschaulx des logys, cent palmes de velloux noir, et xxv de cramoisi ; aux varletz de chambre, cent palmes ou espans de velloux noir ; aux portiers, a chascun doze ducatz. Somme, il y eut bien peu d'officiers en la maison du Roy, qui du don d'iceulx Gennevoys ne fust de prou emrichy. Ainsi monstrerent leur noble vouloir et largesse liberalle.

Ce faict, le Roy, bien voulu de tous et amé de chascun, partit de Gennes[1] pour s'en returner en France. Plusieurs de Gennes eurent regret du Roy, qui si tost les lessoit, et entre autres dame Thomassine Espinolle, qui monstra bien par le degout de ses larmes que le cueur en estoit marry, en disant que jamais n'oblyeroit son *intendyo*. Ce que ne fist, comme je diray a temps. Or apres, grant nombre des seigneurs gennevoys le convoyerent long chemin, puys prindrent leur congé et s'en retournerent a leurs hostelz[2].

« Le don de la ville de Savonne.

« Ung bassin et une esguyere d'or non couverte poysant xv m. v g. par soy.

« Somme toute : iiii^{xx}iii m. iii o. i g., vallant, a la raison de lxxii escuz pour marc, vi^m iiii escuz. » (*Note ajoutée :*) « Dont a esté faict de la vaisselle » (Orig. sur papier, à la Bibliothèque nationale de Paris, ms. fr. 22335, fol. 211).

1. D'après la *Descriptio*, il toucha, la veille de son départ, de nombreuses écrouelles.

2. Le 17 novembre 1502, les Anciens et le gouverneur de Gênes proclamèrent le 26 août fête nationale, en commémoration de l'arrivée du roi (Neri, *Atti della Società Ligure*, XIII, 927 ; Th. et

De Gennes, le Roy prist son adresse a Pontedesme[1] et a Burguebusalle[2]. Et la, le duc Borgya de Vallentynoys print congé de luy, en promectant, sur sa foy, de tousjours estre bon serviteur de la coronne et loyal Françoys ; et ce dit, s'en retourna a Gennes, ou se mist en mer, et tira vers Romme : auquel luy arrivé, fist la marcher son armée pour le suivre a besoing et secourir en affaire. Et tantost que la fut arrivé, commança a courir sur les Ursins et leur faire mortelle haire, tant, que plusieurs d'iceulx fist cruellement mourir, et entre autres, le cardinal Ursin[3], lequel, peu de jours devant, estoit allé devers le Roy luy offrir plaisir et service ; mais pour ce, ne lessa a le faire prendre, et donner tant d'astrappes, que dedans celuy torment, mourut actaché a la corde. Ausi fist mourir l'evesque de Caille[4], bon homme viel et ancyen, lequel mist entre les mains d'ung sien satellite nommé Micquey[5], executeur de toutes ses cruaultez. Et, pour en faire une de passe, prist celuy bon evesque, et le mena sur le sommet d'ung hault rochier, et de la le fist p[r]ecipiter et gecter du hault en bas ; dont fut brisé, moulu et acravanté, et mort a martire. Pareillement fist mourir Levro Ursin[6], Vitelloche[7], le duc de Gra-

---

D. Godefroy, *le Cérémonial françois*, I, p. 700 ; ms. Dupuy 159, fol. 226).

1. Pontedecimo.
2. Busalla. Dans les textes de l'époque, on dit communément *Bourg de Busale* ou même *Bourg*.
3. Le cardinal Giov[i] Batista Orsini.
4. Cagli.
5. Ou Michel, son capitaine.
6. Liverot da Fermo.
7. Vitellozzo.

vynes[1], le duc de Fayence[2], et tout plain d'autres qu'il fist, par son Micquey, les ungs estrangler avecques servietes, et aux autres trancher les testes, en parlant avecques eulx, et en traïson. Plusieurs femmes et filles prist par force dedans la ville et autour de Romme.

Et tant d'autres tyrannyes, sacrileges et cruelles choses fist, que de le reciter seroit horreur. Par quoy je les lesse en la vengence de Celuy qui nul forfaict delesse impugny, ne deffault a chastyer[3].

Or, suyvons propos : droict en Ast s'en alla lors le Roy, ou illecques sejourna seullement deux jours[4], et

---

1. Francesco, duc de Gravina.
2. Astor de Faenza.
3. Cf. *Dispacci di Antonio Giustinian*, nos 222 et suiv., Guichardin. Au fond, et malgré ses concessions apparentes, Louis XII s'était pris d'exécration pour César Borgia et les siens. Une guerre contre eux, disait-il, serait œuvre aussi méritoire, sinon plus, qu'une croisade contre les Turcs. Trivulce se plaignait d'être espionné par César (Dép. de l'ambass. vénitien Dandolo, 10 déc. 1502. Arch. de Venise).
4. C'est d'Asti, le 7 septembre 1502, qu'il proclama son protectorat sur le marquis de Mantoue (déclaration insérée dans Dumont) et surtout qu'il lança une proclamation fort importante sur la guerre de Naples (ms. fr. 25718, 65). En même temps, il poursuivait activement ses négociations. Le sénat de Venise prit, le 2 septembre, la décision suivante : « Quod Oratoribus Cristianissime Majestatis ad propositionem ab eis factam et declaratam per relationem serenissimi principis, respondeatur in hac forma. Reverentes et Magnifici Domini Oratores. In prima expositione a vobis facta, ad omnes partes generales, sufficienter respondisse meminimus. Reliquum est ut cum Senatu nostro ad unam duntaxat essentialem a vobis propositam respondeamus, super ineunda nova confoederatione et liga inter Beatitudinem Pontificiam, Christianissimam Majestatem, Serenissimum Dominum Regem Hungarie, et Dominum nostrum, cum illa alia strictiori intelligentia inter Beatitudinem Pontificiam, Christianissimam Majestatem et Dominium nostrum pro statibus in Italia, et

puys se mist en voye pour retourner vers Lyon, ou
la autour estoit la Royne sur les champs, qui, de jour
en jour, luy mandoit nouvelles pour se haster, ce qu'il
fist. Car d'Ast ne demeura que six jours pour aller a
Grenoble, ce qui contient pres de cent licues de mon-

cum aliis particularitatibus a vobis declaratis. Premittimus hoc
firmissimum et indubitatum presuppositum foedus et alliantiam
nostram, quam cum eadem Christianissima Majestate habemus,
esse ejus soliditatis, fidei et constantie, sicuti plurimis utrinque
editis perigriensi argumentis plane constat, ut addita mutua animorum conjunctione et conformitate efficiant communem utriusque fortunam : cumque in vera amicitia sit probatissimum
imprimis et proficum libere et ingenue loqui et aperire sensum
cordium, hanc regulam nos semper servavimus et servaturi
sumus, cum Christianissima Majestate precipue, quoniam pre-
cipua et principalis est amica et confoederata nostra, et ab ea
sepius a principio usque initi foederis fuimus invitati et persuasi,
ad aperiendum in dies libere quicquid in rem communem expe-
diens nobis videretur. Dicimus ergo existimare nos : Quod in
presentibus rerum et temporum conditionibus, stante, prout stat,
dicto presupposito immutabili : Omnis tractatio novarum liga-
rum, preterquam quod non est necessaria, produceret etiam hos
malos fructus. Primo namque presupponeret infirmitatem sive
defectum aut alterationem presentis nostri foederis cum Christianissima Majestate, quod sicuti re vera est ita ab omnibus intel-
ligi et haberi cupimus pro syncerissimo, inconcusso et inviolabili.
Et hoc videtur nobis inservire ad mutuam statuum nostrorum
securitatem et reputationem. Preterea irritaret et accenderet
alios omnes Christianos Principes ad machinandum et procuran-
dum contra status nostros, quantum eis foret possibile, ob dubi-
tationem et suspitionem maximam que eis verisimiliter inferre-
tur ex tali tractatione et multo magis conclusione si sequeretur.
Sed hoc imprimis est consyderandum, quod pre ceteris est impor-
tantissimum siquidem comunis omnium Christianorum hostis
cuius viribus et primis ictibus nos ante alios sumus expositi. Nihil
studiosius satagit, nil cupit affectuosius, quam, per intestinas
Christianorum principum discordias, sibi struere aditum, ad ever-
sionem primum status nostri, et subinde totius Christiane Reli-
gionis. Cumque is intuebitur, novas nunc fieri confœderationes

taignes et malaisé pays[1], ou la pres trouva la Royne, comme je diray. Par la duché de Savoye ne voulut passer, pour montrer aux Savoziens, qui lors estoyent mauvais Françoys, que par ses pays, malgré leur vouloir, passeroit a son plaisir. Par quoy, fist commander par tout son pays du Daulphiné, que chascun mist la main a l'œuvre pour nectoyer les chemins et ampliffier les passées ; dont plus de cinquante mille paysans, pour cest affaire, furent embesoignez, et tant graterent, que les postes y courroyent plus tost, et les autres chevaucheurs et gens de pyé plus aisement y

inter aliquos ex Christianis Principibus, quos ipse arbitratur et scit esse colligatos, excludique alios complures Christianos Reges et Principes, quorum concursum una cum aliis contra se non ab re formidat. Invitabitur procul dubio ex hoc, et animabitur ad invasionem nostram facileque et rationabiliter sibi persuadebit quod etiam facilius (stantibus terminis) sibi posset evenire, de christianis victoriam. Timemus hec nos, quoniam ea probe cognoscimus, et experti sumus, cum gravi iactura status nostri, et adhuc in tam ardenti bello actualiter reperimur, cum maximo et evidenti discrimine rerum nostrarum. Facimus igitur hanc indubitatam conclusionem : Esse nos cum Christianissima Majestate tali foedere et alliantia colligatos, ut sit penitus immutabilis, et in ea perpetue sumus perseveraturi, cum omni synceritate et constantia, et dicant, scribant, sive agant quicquid velint comunes emuli Christianissime Majestatis et nostri. Sumusque in hac spe et certitudine, quod versa vice Christianissima Majestas eiusdem sit erga nos animi et dispositionis. Itaque non existimamus necessariam aliam confoederationem, cum sit inter nos unum foedus, una fides, et una eademque animorum nostrorum unitas et conformitas. — De parte, 168 ; de non, 2 ; non synceri, 0 » (Arch. de Venise, Secreto 39, fol. 30).

1. Le roi se trouvait en meilleure santé ; il était venu moins vite, et un détail de compte nous montre même qu'il était entré à Saluces à pied (fr. 2926, fol. 64). Il était d'ailleurs suivi de bagages portés par des mulets et d'une escorte nombreuse qui retardait sa marche.

alloyent que par la Savoye. Et ainsi le Roy prist son chemin droict a Villeneufve d'Ast, a Peignereulx[1], a Perouze[2], a Menton[3], aux Monasteres, a Brienson, au mont de Geneve, au mont de Lan[4], et au bourg Duisant[5], lequel est au conte de Dunoys; de la a ung bourg pres de Grenoble, de deux lieues ou environ, ou trouva la Royne qui l'actendoit avecques grande compaignye de gentishommes, de dames, damoiselles. Or, fut le Roy le tres bien venu, et moult joyeusement recueilli, comme celuy qui long temps avoit hors demeuré et esté a long voyage. La donna congé a ses gentishommes et pencionnaires, et a la pluspart des archiers de sa garde, pour eulx en aller reposer[6]. Et demeura avecques la Royne huyt jours entiers, en passant le temps a la chasse des grosses bestes, et a la vollerye, et a plusieurs autres esbatz divers et sollacyeulx deduytz. Et puys s'en alla a Lyon sur le Rosne, ou sejourna tout le moys d'octobre[7]. Et ce pendant, vindrent le duc Pierre de Bourbon et madame Anne de France, sa femme, qui furent la bien trectez

1. Pignerol.
2. Perosa.
3. Mentoulles, près de Fénestrelle.
4. Mont-de-Lans.
5. Bourg d'Oysans.
6. Louis XII ramenait d'Italie un orchestre de six musiciens, engagés à Milan, à raison de 120 livres par an chacun : « Berthélemy de Florance, Pietre Pagay, Philippe de Cosnet, Bénédic de Millan, Jehan Ozel et Georges de Cazal, sacquebutes et joueurs d'instrumens de haulxbois » (Fr. 2926, fol. 16). Il avait déjà deux trompettes italiens, Piétrequin de Tumbelli, Jacques de Cazal.
7. Sauf que, du 3 au 13, il resta en déplacement de chasse dans les environs (V. son compte d'Offrandes, ms. fr. 26108, fol. 391).

du Roy et de la Royne[1]. Plusieurs nouvelles furent lors en court, ambaxades, messagiers, postes et chevaucheurs des Italles[2], de Naples, et de mainctes terres.

Le xxviiie jour de septembre, le Roy eut lectres du Sr de la Londe, capitaine en mer, estant lors sur la coste d'Iscle, isle de Naples, lequel avoit trouvé sur mer cinc nefz d'Espaigne chargées de harnoys, de lances et hallebardes, d'artillerye et de pouldre a canon; lesquelles nefz avoit prises et destroussées, et une d'icelles mise a fons, et dedans l'une des autres trouvé cinc cens fustz de lances[3].

---

[1]. Les deux grandes autorités du royaume étaient en ce moment le cardinal d'Amboise et le chancelier G. de Rochefort (Dép. de l'ambass. vénitien Dandolo, Lyon, 27 sept. 1502. Archives de Venise).

[2]. Le texte porte *Italalles*.

[3]. Pendant que Machiavel négociait activement avec César Borgia et obtenait de lui le sauf-conduit annexé à sa dépêche du 21 octobre 1502, sur les nouvelles transmises par lui, une ambassade florentine, composée de Fr. Soderini et Aless. Nasi, fut envoyée, d'après l'instruction du 5 novembre 1502, pour entretenir Louis XII de la ligue italienne contre César Borgia (Desjardins, *Négociations*, II, 72). Voici la décision de Venise du 20 septembre : « Quod propositioni facte per Oratorem Christianissime Majestatis respondeatur in hac forma. Magnifice Domine Orator. La Magnificentia Vostra ne ha facta grandissima instantia che nuj respondiamo a la propositione ne havete facta : Se venendo da Fiume, over quelli luogi del serenissimo Re de Romani, alcune zente sue, o de le Catholice Alteze de Hispania per andar verso la Puglia per la via da mar, intentione nostra è prohibirli el transito, cum armata nostra. Et quantunque ve habiamo dichiarito, etiam cum lezer le proprie lettere del locotenente de la patria nostra de Friul, che nuj non habiamo alcuna noticia dal venir de tal zente : pur la Magnificentia Vostra non se ha satisfacto, et ha instato che omnino respondiamo : se adveniente casu de l'andata de le zente predicte, nuj volemo devetarli, ut supra, che le pos-

De Lyon, deslogerent le Roy et la Royne, avecques toutes leur gens, et se misrent en chemin pour retourner en France, et tant voyagerent que, entour la feste

sino passar. Pertanto per satisfar a la instantia vostra, nuj ve responderemo, et diremo ingenue quanto ne occorre. Et toccheremo prima questo passo : che, dapoi la venuta qui da monsignor de Rins, a nuj e parso per le forma de le parolle usate per Vostra Magnificentia, che quella se ritrova non senza umbreza et suspitione de nuy. Non sapemo za per quel causa, ma ben sapemo come conscii de la syncerita de tutti li progressi nostri, che de cio, ne vui, ne alcuno altro ha ne po haver alcuno rasonevole fondamento, procedente da colpa nostra; mai se siamo immutati de la observantia et confoederation nostra immutabile, quale habiamo cum la Christianissima Maesta. Li andamenti nostri sempre sono stati uniformi et ruti, senza alcuna minima variatione, et non ficti, simulati, ne subterranei, che non è ne maj fu de costume del stato nostro; la qualità del affecto et disposition nostra verso la Christianissima Maestà, ve dechiarissemo largamente per la riposta nostra facta a Monsignor de Rins; et tamen vedemo che vuy dimonstrate dubitatione de nuj, parendone che potius doveresti esser confirmato in quello che continuamente havete veduto per tante experientie et cussi manifeste. Credemo che ben non manchino hora, come non hanno maj manchato per el passato, de quelli che cerchano cum mille arte et astutie excogitar addur diversi figmenti per alterar le confoederation nostra cum la Christianissima Maesta. Ma per quanto in nuj sera, non haveramo maj forza de operar alcuno suo cativo disegno, et la experientia nel advenir demonstrera et la loro malignita, et la constantia et fede de la Signoria nostra. Al quesito ne ha facto la Magnificentia Vostra : Respondemo in questo modo : Che nuj se ricordamo, tuto questo superior tempo da la Christianissima Maesta per diversi mezi et potissimum per el mezo de la Magnificentia Vostra, esser sta confortati, et suasi, ad inceder cum el serenissimo Re de Romani cum tanta prudentia et dexterita, che nuj non prestassemo a Sua Maesta occasione rasonevole de provocarlo ad far novita contra el Stato nostro vicino per tanto spatio, et contermino al Stato de la Maesta Sua, la quale per molte vie, et de fornositi, de Milanesi et de altri Signori de Italia, erà stimulata et instigata ad moversi contra li luogi nostri cum subsequente disturba de le

Sainct Martin, furent a Loches, ou madame Glaude, leur fille, estoit, et demeurerent jucques apres la feste de Noel. Ou, ses jours durans, le Roy tinst ses Estatz[1],

cosse de la Christianissima Maesta. Vedemo quanta hora ne recerchate, che accorrendo per adventura el caso per vuj toccato, nuj cum armata nostra prohibiamo a le zente del Serenissimo Re de Romani et Catholice Alteze de Hispania de andar dai luogi soi in la Puglia. Et che ne par non seria altro che venir immediate nuy ad aperta guerra. Et ritrovandosi come facemo nel ardentissima guerra Turchesca, seria uno metter el stato nostro in apertissimo periculo, come ogniuno puol cognoscer et judicar : lassamo che questa accenderia tanto pius el signor Turcho contra de. nuj : lassamo el remover de i presidij de li dicti principi contra epso Turcho, dei quali non dovemo pur disperar, havendone veduto qualche notabile experientia per el preterito. Non dicemo de li commertii de l'Alemagna, et de la navigatione de le nave et galie nostre in Sicilia per formenti, et per tuto el Ponente. I qual tuti sono respecti, urgentissimi et importantissimi. Remettemo adunque ad Vostra Magnificentia el judicar, se tal partito ne seria periculoso, et se la dimanda nostra receve contradictione. Ve concludimo che maj, in alcun tempo, ne per niuno caso, non siamo in alcuna parte per manchar da la nostra syncerita observantia et confoederatione verso la Christianissima Maesta. Da la qual siamo certissimi ne sara per sua bonta ben et amorevelmente corresposta in ogni tempo, et occurrantia de cose. Et si come nuj facemo : cussi etiam la Maesta Sua non prestera orecchie a quelli che contra operano malignamente a cussi bon effetto. Et la Magnificentia Vostra come lha facto per el passato, cussi hora pius che maj vogli affirmar el nostro constantissimo animo verso la Christianissima Maesta, perche nuj de questa indubitatamente siamo per far honor a la Magnificentia Vostra. — De parte, 146 ; de non, 40 ; non synceri, 5 » (Archives de Venise, Secreto 39, fol. 39 v°).

1. C'est-à-dire qu'il s'occupa de la tenue des États. Dans la lettre aux États de Languedoc réunis au Puy (26 décembre 1502), les commissaires royaux exposèrent que, malgré un ardent désir de la paix, le roi se voyait obligé à la guerre par la déloyauté de ses ennemis. Le roi s'excusait très paternellement de ne pas diminuer les impôts. Toutefois, il maintenait sa remise antérieure de

et despescha les ambaxades qui lors estoyent en court. Ausi commança a tenir la legacion le cardinal d'Amboise, de laquelle n'avoit usé durant le voyage de dela les mons[1].

XXII.

D'ung nommé maistre Evrard, organiste du Roy, et commant en ce temps fu transporté de son sens et mené a Sainct Mathurin de Larchant.

Pour faire incident sur cas de nouvelleté advenu en ce temps, est vray que ung nommé maistre Evrard, tresorier de Sainct Martin de Tours et organiste du Roy, estoit lors a Clery ; lequel s'en voulut aller devers le Roy son maistre, et comme il fut prest a desloger,

---

deux sous par livre, soit 69,107 livres d'aide et 96,383 livres d'octroi. Les États votèrent spontanément 3,000 livres en sus (K. 77, nos 21, 21 *bis, ter, quater* et *quinque* : lettres de répartition).

1. Le 18 octobre 1502, à Lyon, en présence de deux témoins espagnols, Jean de Ortega, de Grenade, et Alvaro de Ledesma, de Salamanque, le célèbre professeur de théologie Standouk, flamand (exilé de France pour l'indépendance de ses opinions en 1499), présenta à Antonio Flores, évêque de Castellamare, auditeur des causes apostoliques, référendaire domestique du pape (italien, ancien nonce d'Innocent VIII et d'Alexandre VI), devenu régent de la chancellerie particulière du cardinal d'Amboise, les deux brefs de légation de 1501. Flores les fit authentiquement vidimer par deux notaires apostoliques (Arch. nat., L. 327, n° 8). Cette singulière mise en scène internationale trahissait assez ouvertement, il faut l'avouer, la candidature du cardinal à la tiare. Grâce à la réconciliation de César Borgia avec la France, le pape prorogea de quatre mois, à partir de la fin d'octobre 1502, la légation du cardinal (Archives du Vatican, reg. Vatican 868, fol. 165 v°).

ung de ses gens luy dist que a Sainct Mathurin de Larchant devoit ung voyage[1]; par quoy, veu qu'il en estoit assez pres, seroit son prouffict et s'aquiteroit d'aller audit lieu de Sainct Mathurin, premier que aller en court devers le Roy, et que obeissance estoit premiere deue a Dieu et es sainctz que es princes et autres humains, dont luy donnoit, par l'advys de ce conseil, ouverture du chemin de son voyage. A quoy ne s'aresta celuy maistre Evrard, mais dist que une autre foys accomplyroit bien son veu, et que sainct Mathurin n'avoit pour lors si grant haste d'estre de luy visité, comme il avoit besoing de veoir le Roy, a qui estoit plus tenu que a sainct de Paradis. Dont le benoist sainct, comme est a pencer, mal contant de ce parler improveu et vollage propos, pour luy monstrer ung tour du baston de quoy il frappe les foulx, luy donna sur la teste soubdain, et tel coup, que sens luy faillit, espritz luy troublerent, raison luy fuyt, savoir oublya, et mode ne sceut. Quoy plus? de tous pointz fut aux champs, si loings a l'escart, que, pour retourner en propos raciz, ne pouvoit trouver adresse, et, avecques ses parolles plaines de risée et resverye nayve, devint tant furyeulx que homme ne l'osoit approcher. Il estoit a son logys, et la, dedans une

---

1. Sur Saint-Mathurin de Larchant, son pèlerinage et son culte, nous ne pouvons que renvoyer à la monographie de M. Thoison, publiée dans les *Annales de la Société historique du Gâtinais*, t. V et VI. On se rendait surtout à Larchant (près de Fontainebleau) contre la rage. Anne de Bretagne avait une grande dévotion à saint Mathurin, et assista à l'ouverture de ses reliques. La dévotion à saint Mathurin était fort répandue, notamment en Bretagne.

chambre, tout en pourpoint, avoit en une main ung espieu, et en l'autre une dague courte pour garder la porte, et ainsi que depuys, moy estant a Lyon sur le Rosne, au logis de maistre René de Prye, evesque de Bayeulx et maistre de la chapelle du Roy, en la presence de celuy de Prye et de plusieurs, je sceu, par messire Gabriel de La Chastre, capitaine de cent archiers de la garde du Roy, qui, luy, comme il disoit, estoit lors a Cléry avecques cinc ou six de ses archiers, lequel, sachant le cas inconvenient, s'en alla avecques ses gens au logis de celuy maistre Evrard, et la le trouva en l'estat que j'ay dit, dont fut esbahy et compacient de son piteux affaire. La voulut parler a luy de sens, mais ce fut pour nyent, car il n'entendoit a ce ; ainsi, tout alteré en regard, estoit au devant de l'uys, et la vouloit jouer de main mise au premier qui de luy se vouldroit approcher ; dont celuy de La Chastre fist signe a quelqun de ceulx qui au dedans de la chambre estoyent, qu'il le saisist par derriere, ce qu'il fist, et en le prenant, ledit maistre Evrard faillit a luy donner de la courte dague. Toutesfoys, les archiers, avecques leurs hallebardes en main, entrerent, et le capitaine avecques eulx, lesquelz le prindrent et saisirent, et lierent bien a point. Ce faict, fut mené tout enferré a son voyage a Sainct Mathurin, et la fist sa neufienne, si a point, que le bon sainct oublya le meffaict du deffaillant, et envers Dieu grace impetra de guerison pour le percuz, son mal recognoissant, et ainsi receut don de santé, celuy qui, par langage mal advisé, avoit Dieu offencé, a qui ne se doit en nulle maniere homme jouer ; car troys choses sont, qui l'atouchement de jeu ne pevent souffrir : c'est assavoir, Dieu, l'ueil et la renommée.

XXIII.

Commant messire Berault Stuart, seigneur d'Aubigny, deffist grant nonbre d'Espaignolz en la Callabre[1].

En la Callabre estoit le sire d'Aubigny avecques deux cens hommes d'armes et huyt cens pietons, lequel, au commancement de ses faictz, employa ce qu'il avoit d'argent pour la delivrance des prisonniers françoys qui, a la deffaicte du seigneur de Grigny, avoyent estez priz; et, pour avoir Adryen de Brymeu, seigneur de Humbercourt, lequel tenoit a grosse ranson, luy faillit vendre toute sa vesselle d'argent. Et

1. Jean d'Auton s'étend peu sur les événements de Naples, dont on était pourtant fort ému à la cour. Le roi, à la fin de novembre, avait ordonné de secourir Trani; Barletta était bloquée et prête à se rendre si elle n'était secourue (Dép. de l'ambassadeur vénitien Dandolo, 10 déc. 1502. Arch. de Venise). Mais, à la cour, on affectait une sécurité que reflète le récit de Jean d'Auton, et qui a donné le change aux historiens. Croyant à cette sécurité, Guichardin ne comprend pas la réconciliation de Louis XII avec César Borgia. Le 23 septembre 1502, par une lettre de Lyon, Louis XII ordonna à Bologne de se soumettre à César (Arch. de Bologne, *Istrumenti*). La ville de Bologne, que Claude de Seyssel n'avait pu persuader, avait expédié au roi Vincent Budriolo, avec de longues instructions, en date du 17 septembre, où elle s'efforçait d'expliquer clairement sa situation juridique (mêmes Archives, *Litterarum*). Le 25 du même mois, les Seize expédiaient à Budriolo une longue dépêche, où ils analysaient leur discussion avec Seyssel, et insistaient sur la protection garantie par la France.

ainsi le bon chevallier mist ce qu'il avoit en avant pour le rachapt des detenus, et son corps a l'esploict des armes pour servir le Roy ; et, sitost que les prisonniers furent au delivre, les fist armer et remonter au myeulx qu'il peut. Et se faict, se mist aux champs, et la cherchoit de jour en autre ses ennemys, et tant les poursuyvit que, avecques ses gens, le propre jour de Nouel, devant la ville de Terrenove en Callabre, les approcha d'ung mille pres ; et eulx, sachant sa venue si prochaine, et qu'il tenoit les champs pour les vouloir combatre, et que ja estoit en leur veue, bien ordonné et a grosse puissance, prindrent la fuyte : ausquelz donna la chace jucques devant une ville nommée Yrache Condyane, ou l'une partye d'iceulx se retirerent ; les autres furent pris en eulx deffendant, et les autres en fuyant. Et est a noter que ledit seigneur d'Aubigny leur eslargist tant de pardon que, a nulz d'iceulx, a la deffence ou a la fuyte par luy vancuz, ne volut estre faicte mortelle force ; mais, tant a la prinse et a la prison humainement les trecta, que, par apres, eulx confyant en la doulceur des Françoys, n'eurent crainte de faire avecques eulx meslée, disant que, « Si des Françoys summes vaincus en bataille, piteulx nous seront, au detenir gracieulx, et au ranssonner trectables ; » ce qui leur osta la craincte du glayve et la peur de la peine de la geyne, dont les Françoys a la parfin se trouverent mal, comme sera dit. Que quessoit, le sire d'Aulbigny prist la pluspart d'iceulx et fut assieger les autres qui s'estoyent retirez a Irache Condyane et a La Rochelle en Callabre, lesquelz ne peut avoir, par deffault d'artillerye, dont estoit trop mal garny : par quoy se mist aux champs a la conqueste, et tant fist, que plus de soixante villes se rendirent a luy et luy apporterent les clefz, voire jucques aux portes de Rege fut gaigner pays. Et la devant, par tant de foys transmist coureurs, et mesmement ung nommé Yves de Malherbe, a tout ses gens, que ceulx de la ville habbandonnerent leurs maisons et s'enfuyrent tous en Cecille. Le sire d'Aubigny, voyant que les Espaignolz, qui tenoyent Irache Condyane et La Rochelle, ne pouvoit prendre d'assault, s'en alla a la Mothe Bouvelline, pres de la, et ses gens mist tout autour des ennemys pour les cuyder affamer, et la fut long temps. Ce pendant manderent les Espaignolz au Roy d'Espaigne que secours leur estoit tant neccessaire, que, sans cella, toute la Callabre seroit en brief entre les mains des Françoys, lesquelz avoyent ja la pluspart des Espaignolz, qui la estoyent, deffaictz, les autres tenoyent assiegez, et presque toutes les villes et chasteaulx avoyent conquestez, et prenoyent tout. Le Roy d'Espaigne, sachant cest affaire, mist dilligence en avant, qui est une telle ayde au faict de la guerre, que les vaincueurs faict tousjours prosperer et les vaincus souvant ressourdre. Doncques celuy Roy d'Espaigne sommerement mist sus trois cens hommes d'armes, quatre cens genetaires et quatre mille hommes de pié, nommez Galliegues[1], lesquelz mist en mer soubz la charge d'ung nommé Porte Carriere[2], espai-

[1]. On sait que les *Gallegos* (gens de la Galice) occupent en Espagne, pour les mœurs et le langage, une place assez particulière, dans le genre de celle qu'on attribue chez nous aux Auvergnats.

[2]. Don Luis de Portocareiro, capitaine espagnol, parent de Gonsalve de Cordoue.

gnol, lesquelz singlerent a voisle tendue vers le port de Rege en Callabre[1].

La feste de Noel passée, le Roy partit de Loches[2] et s'en alla a Bloys dedans son chasteau, que lors faisoit faire tout neuf[3], et tant sumptueulx, que bien sembloit

1. Les historiens présentent les faits sous une couleur un peu différente. Ce qui est certain, c'est que Louis XII n'attachait pas à la possession du royaume de Naples une importance majeure et n'y faisait la guerre, en quelque sorte, que par acquit de conscience, pour défendre les droits de la couronne. Il ne s'attachait véritablement qu'à posséder la Lombardie, qui lui appartenait personnellement, et qui, d'ailleurs, lui semblait la vraie conquête désirable, comme il l'avait soutenu en 1495. Aussi, à tout événement, l'ex-roi de Naples Frédéric était-il entouré de mille égards à la cour. Le roi veilla à ce qu'on lui fît délivrer exactement le comté du Maine (fr. 17224, p. 331), et lui donna diverses places, notamment la capitainerie de Saumur, dont (à l'instigation de la reine) il dépouillait le sire de Rohan, par suite d'intrigues dont nous parlerons plus loin (fr. 25718, 71). De son côté, le « Roy Phederic » offre des chevaux au roi. Au mois d'octobre 1502, il lui envoie, en témoignage de gratitude, un *coursier* noir et un *estradiot* bai (fr. 2926, fol. 12 v°).

2. Il était encore à Loches le 1er janvier 1503 (ms. Clairambault 782). Mais nous le trouvons le 8 à Pontlevoy (*Ordonnances*, XXI, 301).

3. Les travaux avaient commencé dès le début du règne, car le maréchal de Gié, chargé de conduire à Blois, en 1499, la comtesse d'Angoulême, obtint de la transférer à Amboise, parce que les travaux de maçonnerie rendaient le château inhabitable, ou, du moins, peu sûr. Cependant, Louis XII y passa le printemps de 1499 et les automnes et hivers de 1500-1501, 1501-1502. Il s'y trouvait suffisamment installé, puisqu'en 1500, il fait réparer ses tapisseries de Blois (KK 902, fol. 34), quoiqu'il fallût encore, en 1509, louer dans la ville de Blois des appartements accessoires (fr. 26111, 1015). D'après la dépêche d'un ambassadeur vénitien, dès le mois de juillet 1500, le roi faisait faire au château de très belles peintures, pour lesquelles on demandait à Venise du bleu d'outre-mer (V. notre ouvrage, *La diplomatie au temps de*

œuvre de Roy; et la, avecques la Royne et madame Glaude, sa fille, demeura jucques a la fin du moys de feuvrier.

En celle mesme année, mil cincq cens[1] et deux, la peste eut le cours par le Royaume de France, et mesmement en Bourbonnoys, en Berry, en Xantonge, en Poictou, en Touraine, en Anjou, et au pays de France,

---

Machiavel, t. II, p. 352). Aussi les vers de Fauste Andrelin, placés au portail sous la statue du roi, ont-ils pu porter la date de 1498. Un autre poète italien, Louis Hélien, composa, à propos de la même statue, les vers suivants, qui donnent à l'œuvre la date approximative de 1502, indiquée par Jean d'Auton :

De statua regia in porta castri Blesensis.

Qui Rex? bissenus Ludovicus nominis hujus.
  Quis fecit? Phidias. Qui posuere? duces.
Cur? quia bis Gallis Liguremque Padumque subegit
  Regnaque Parthenopes, hocque refecit opus.

Les travaux continuèrent plusieurs années et se complétèrent en 1503 par la réfection des jardins, où l'on fit des travaux de canalisation dirigés par fra Giocondo (Dép. de Mauroceno, du 18 novembre 1504. Arch. de Venise). On y plaça des fontaines de marbre sculptées à Tours (K 78, n° 2). Hélien célébra cette œuvre par les vers suivants :

Ludovici Heliani, in hortos regios Blesis.

Rex duodenus aquas Ludovicus nominis hujus
  Et dedit hos fractis rupibus Helisios.
Castra voluptati genioque paravit et hoste.
  Hic Venus, hic posset vivere Pytagoras :
Rupit at hoc Xerses, Alpes ferus Hannibal, hortos
  Hic colit arctois cantibus Hesperidum.
                                 (Fr. 1717, fol. 89.)

Quant à Amboise, on se contentait d'achever la maçonnerie des remparts, afin de ne pas laisser le château ouvert et à la merci d'un coup de main (Not. fr. 26107, n°s 274, 275, 276; fr. 26108, n° 380).

1. Texte : *Cenens*.

comme a Paris[1], a Orleans et en plusieurs autres lieux ; et tant, que les aucunes villes et villages demouroyent inhabitées, et s'enfuyoit le peuple par les boys et desers, pour illecques se loger et garentir leurs vies, ou souvant se mouroyent sans secours[2], sans adjutoire, et desconfex, comme bestes brutes, demeurans estandus sur la dure, en danger des chiens et des loups, qui souvant, a pence plaine, en faisoyent leur pasture : tellement que, apres que acharnez et queureez[3] en furent, se prindrent aux petiz enfens par les champs, et a la parfin aux hommes ; si que plusieurs en devorerent, et eussent plus a plain, si le Roy et les seigneurs de France n'y eussent pourveu par chaces continuelles, dont ilz en netyerent le pays.

XXIV.

Comment Phelippes, archiduc d'Autriche, retorna d'Espaigne en France, et des ostages qui luy furent baillez.

Entour la feste Sainct Hylaire[4], l'archiduc Philippes

---

1. A Paris, le Parlement ordonna de déposer les requêtes sur un coffre, afin d'éviter tout contact, et suspendit ses séances, ce qui ne s'était pas vu de temps immémorial.

2. L'historien d'Orléans, Lottin, confirme ces détails (I, 351). Cf. le compte municipal de Compiègne rendu en 1502, cité par M. le comte de Marsy, *la Peste à Compiègne*, Amiens, 1884, in-8°. La peste, d'ailleurs, sévit presque tous les ans de 1499 à 1504. En 1502, elle frappa surtout le sud-ouest (Bordelais, Saintonge, Poitou). V. notamment la *Chronique de Blaye*, dans les *Archives historiques de la Gironde*, XII, 20. Cf. Laval, *les Médecins de Nimes*.

3. *Queurés*, en curée.

4. 14 janvier.

d'Autriche, qui lors estoit en Espaigne, voulut retourner en ses pays ; lequel manda au Roy que, pour le bien et amytyé de luy et dudit Roy d'Espaigne, avoit charge et procuracion expresse pour trecter de la paix d'entre eulx, et d'icelle jurer et accorder, comme il monstreroit par sadite procuracion, signée du Roy et de la Royne d'Espaigne[1], et pour ce voulloit passer en France pour trecter de cest affaire. Mais, premier que voulloir entrer es pays du Roy, demendoit pour la seurté de luy avoir ostages ; ce que le Roy trouva assez estrange, veu l'alyence qui, entre luy et ledit archiduc estoit, et le bon trectement que, a son allée d'Espaigne, avoit eu en France ; dont plusieurs y pencerent ce qu'ilz voulurent. Toutesfoys pour ostages luy furent baillez René, duc d'Allençon[2], Anthoyne, conte de Foix, Charles de Bourbon, conte de Vandosme, et Loys de Bourbon, conte de Monpencier, lesquelz furent menez a Vallencyennes en Henault ; et la au devant desdits hostages fut, pour les recepvoir, le conte de Cymays[3], avecques grande noblece de Flandres, lesquelz les enmenerent audit lieu et les trecterent honorablement[4]. Ce faict, l'archiduc partit d'Espaigne et se mist en voye pour revenir devers le Roy,

1. Ce pouvoir, comme nous le dirons plus loin, fut signé le 13 janvier.
2. Charles d'Alençon. Le duc René, son père, était mort en 1492.
3. Charles de Croy.
4. Un crédit important fut alloué par l'archiduc pour leur assurer, pendant leur séjour, des fêtes et des plaisirs. Philippe donna personnellement l'ordre d'organiser pour eux des chasses permanentes au vol ou au lévrier (Ordre du 8 février, Le Glay, *Négociations diplomatiques entre la France et l'Autriche*, I, 60, 64).

qui lors estoit a Bloys, et, sachant le partement dudit archiduc, prist le chemin de Lyon, et la Royne quant et luy, avecques leur train, tirerent celle part.

Icy me fault rentrer aux faictz de Napples qui, durant ce temps, furent exploictez.

XXV.

Commant messire Jacques de Chabbanes, seigneur de La Pallixe, estant en Poille avecques quatre cens hommes d'armes, presenta la bataille par plusieurs foys a Gonssalles Ferrande et a toute son armée estant dedans Barlete, et de plusieurs courcesetprises que les Françoys firent lors sur lesdits Espaignolz.

L'armée de France estoit lors tout autour de Barlete en Poille, ou le capitaine Gonssalles Ferrande et grosse armée d'Espaignolz, estant la, sans cesser se donnoyent, les ungs aux autres, allarmes et assaulz, et se batoyent a bras estandus. Le duc de Nemours, visroy au Royaume de Naples, apres la prise de Canoze, dont j'ay icy dessus parlé, bailla a messire Jacques de Chabbanes, seigneur de La Pallixe, quatre cens hommes d'armes et deux mille hommes de pié, pour tenir frontiere aux Espaignolz qui estoyent a Barlete et a Andre; lequel, avecques ses gens, fut plusieurs foys chercher ses ennemys, et, pour la premiere, jucques devant les portes de Barlete, leur fut presenté la bataille. Et la se tint si longuement, que bon loisir leur donna de courir aux armes, de monter sur leurs chevaulx et de saillir aux champs ; car, plus de quatre heures durans, la lance sur la cuisse, la les actendit. Mais trop long actendre luy feist a cognoist[r]e que les Espaignolz pour l'eure n'en vouloyent menger. Dont avecques ses gens s'en alla prendre garnison dedans troys villes assez pres de la : c'est assavoir : a Rouvre, ou luy, avecques ses gens d'armes et ceulx du duc de Savoye, qui estoyent cent cincquante hommes d'armes, prindrent logys ; a Corastre mist ceulx de messire Françoys[1] de La Trimoille, seigneur de Mauléon, et ceulx de messire Aymar de Prye ; et a Treillys[2] ceulx de Françoys d'Urfé, seigneur d'Orose, et ceulx de Aymer de Villars, dit Poquedenare ; lesquelz estoyent en tout nombre quatre cens hommes d'armes. Les pietons departit, a chascune desdites garnisons huyt cens et peu plus. Quelque peu de temps apres ce, la peste se mist a Corastre, dont ceulx de messire Aymar de Prye, qui la estoyent, deslogerent et s'en allerent a une autre ville, pas trop loings de la, nommée Castallanet[3].

Et ses jours durans, celuy messire Jacques de Chabbanes, tenans lors garnison a Rouvre, a quatre mille pres de Barlete, estoit de jour en jour devant ladite ville, ou souvant trouvoit a qui parler ; car la dedans estoit le capitaine Gonssalles, lieutenant general du Roy d'Espaigne ; domp Diego de Mandoxe, le dispencer majour ; Petre de Pas, et d'autres bons capitaines espaignolz grant nombre, et force bons souldartz, les-

---

1. Erreur : il faut lire *Jacques*.
2. Ruvo, Corato, Terlizzi.
3. Castellaneta, au sud, dans la direction de Tarente.

quelz estoyent souvant dehors. Ainsi estoit bien a point la guerre mise au reveil. A la foys le seigneur de La Pallixe, avecques grosse conpaignye les alloit veoir, a la foys, a petite escoadre sur chevaulx legiers, pour diversifyer la guerre, et aucunes foys leur envoyoit peu de nombre de coureurs, pour les retirer aux champs, et si d'avanture ilz esloignoyent la ville pour chacer les coureurs, jamais ne failloit de leur donner une amorce et de les surprandre par ambusche, et rambarer a leur mortelle perte. Ainsi a divers tours de vielle guerre les endomageoit, et tellement conduisoit ses emprises, que sur ses ennemys avoit tousjours avantageulx eschec. Souvantes foys les ramenoit des champs batant et tuant jucques devant les portes de la ville, sans faire que bien peu de perte ; et, quant venoit a l'assembler, de son costé faisoit tel chaplyz[1] (comme j'ay sceu par ceulx qui souvant l'ont veu aux coups departir), que nul des ennemys, s'il ne vouloit estre mys a l'ostrance, l'ozoit actendre. Qu'en diray je plus ? Tant fut lors, par l'excessif exploict de ses continuelles armes, de ses ennemys redoubté, que, pour magnifyer son loz, le chevalleureux tiltre de *second Hector* luy actribuerent, et tous ainsi a voix commune le nommerent. Dont luy et les siens qui ses gestes ensuyvront, auront a jamais, au spectacle des vertueulx, ung arc triumphal de recommandée memoire. Ce neantmoings, le capitaine Gonssalles, envyeulx de ses biensfaictz, comme son mortel ennemy sur tous

---

1. *Chaplis*, *chaple*, ou *chablis*, terme affectionné de Jean d'Auton (combat, tumulte, abatage ; en langage forestier, on appelle encore *chablis* le bois abattu par l'orage).

les autres Françoys, l'avoit en continuelle hayne, et a toute eure pencoit la maniere de le deffaire, et commant il le pourroit surprandre.

Ung jour entre les autres, avecques quatre cens hommes d'armes, fut de rechief devant Barlete, et la presenta la bataille a toute la puissance des Espaignolz qui la estoyent, et, ainsi que depuys ung capitaine espaignol, nommé Petre de Pas, recita et dist en la presence de plusieurs Françoys, le seigneur de La Pallixe estant devant Barlete en armes, comme j'ay dit, et comme il presentast le conbat aux Espaignolz, qui la estoyent a grant effort, et que nul d'iceulx s'esmeust pour y respondre, la fut ung capitaine espaignol, nommé domp Diego de Mandoxe, qui, en l'audience de plusieurs Espaignolz, dist a Gonssalles Ferrande que grant honte et peu de vertus leur estoit de ce que ledit seigneur de La Palixe, ainsi mal accompaigné qu'ilz le veoyent, n'estoit par eulx conbatu ; veu que tant de foys les avoit appellez a bataille, et que on ne l'alloit combatre ; veu ausi la puissance adventageuse que sur luy avoyent, qui a double nombre estoyent. Ce que ne voulut permettre ledit Gonssalles, disant que a la requeste et entreprise de son ennemy ne se doit nul avanturer au combat, quelque pouvoir qu'il aye, si neccessité ne le contrainct. Et voyant celuy domp Diego de Madoxe les Espaignolz refroidiz, dist : « Certes, j'aymeroye myeulx estre le seigneur de La Pallixe, doué du priz de sa louable renommée, que roy d'Espaigne paisible de tous ses pays, ne Gonssalles Ferrande avecques son bruyt florissant. » Et ce compte fist ledit Petre de Pas, estant dedans la grant carraque du Roy, *la Chairante*, en hostage, pour la conposicion de Gayete, comme sera dit apres, en la presence du nepveu de Gonssalles, qui la estoit avecques luy, du seigneur de Sainct Amadour[1], de Pierre de Bayart, et de plusieurs autres qui la estoyent, desquelz je l'ay sceu. Toutesfoys, pour mectre a chief ce propos, le seigneur de La Pallixe, qui devant Barlete actendoit la venue des Espaignolz pour les combatre, voyant que nul ne sortoit, s'en retourna sans coup frapper, luy et les siens, et s'en allerent chascun a sa garnison.

XXVI.

D'une course que fist lors messire Robert Stuart, Escossoys, devant Barlete, ou prist plusieurs Espaignolz avecques peu de nonbre de Françoys.

Devant Barlete faisoient les Françoys courses a desroy, et tant, que des ce que les ungs y estoyent allez ung jour, les autres y estoyent le lendemain, ou les Espaignolz a pareil relays faisoyent leurs courses et saillyes, et souvant escarmouchoyent. Ainsi les Françoys avoyent peu de sejour, et les Espaignolz moings

---

1. François de Saint-Amadour, chambellan du duc de Bretagne, capitaine de Nantes, ancien chambellan de Louis d'Orléans. Selon Du Paz (p. 793), il fit son testament le 22 janvier 1501, anc. st., et mourut vers ce moment, laissant deux filles; son frère, Jean de Saint-Amadour, vicomte de Guignen, seigneur de Touaré et de la Ragotière, est peut-être celui dont parle Jean d'Auton.

de repos. Que fut ce ung jour? messire Robert Stuart, capitaine escossoys, fist une saillye de la Cherignolle, ou il tenoit garnison, et avecques LX hommes d'armes fist une course vers Barlete, dont a toute heure sortoyent Espaignolz. Ses avancoureurs furent descouvrir, et luy se mist a leur queuhe pour les recueillir au besoing. Tant allerent que, a ung mille pres, les premiers coureurs rencontrerent deux cens genetaires, lesquelz de premiere poincte adresserent aux François, et a bride abatue les commancerent a chacer droict par ou venoit le surplus des Françoys. Messire Robert Stuart vit de loings la poussiere des chevaulx, et ses coureurs mys a la chace. Dont fist arrester tous ses gens, et pres du chemin tous au couvert embuscher. Les genetaires chacerent tant lesditz avancoureurs, que l'embusche outrepasserent, sans riens adviser : et sitost qu'ilz furent outre, trompetes sonnerent, et l'embusche sort. Les avancoureurs, oyans leurs trompetes, soubdainement tournerent bride, et adresserent aux genetaires, qui ja avoyent l'embusche au doulx. La avoit hayes et fossez, et chemins emconbreulx, par quoy iceulx genetaires ne pouvoyent fuyr ; si furent devant et derriere chargez si lourdement pour eulx, que au premier choc allerent plus de XXV par terre. Les Françoys de rechief les rechargerent, et mirent a bas plusieurs, et en tuherent aucuns. Les autres cuyderent fuyr ; mais les chevaulx estoyent las de la longue trecte que apres les coureurs avoit faicte, dont furent tous prins, sans ce que bien peu s'en sauvast. Somme, de deux cens qu'ilz furent aux champs, ne s'en alla que dix, lesquelz estoyent montez a l'avantage; les autres furent menez prisonniers a la Cherignolle, et payerent leur ranson : c'est assavoir chascun ung cartier de leurs gaiges, avecques leur defferre et monture, ainsi que par les capitaines françoys et espaignolz avoit esté dit et ordonné. Toutesfoys Gonsalles Ferrande ne voulut a son advantage tenir ce trecté, mais tous les Françoys que depuys eut entre ses mains ne voulut rendre par ransson, comme vous pourrez ouyr cy apres.

Gaspar de Colligny, lieutenant du duc de Nemours, fist pareillement courses et prises sur les Espaignolz de Barlecte et d'Andre, lesquelz garda bien souvant de dormir. Ung aut[r]e capitaine françoys, nommé Loys de Sainct Bonnet, avecques cincquante hommes d'armes, fist une course devant Andre, ou estoit grant nonbre d'Espaignolz; lesquelz a la venue des Françoys ne faillirent a sortir, mais a tout grant nonbre de genetaires et gens de pié se trouverent au champs, et la se commancerent a charger a tour de bras, et tant que les Espaignolz furent repossez jucques contre leurs portes, et la moult pressez; et n'eust esté une sallye que ung autre nonbre de gens a cheval espaignolz firent sur noz gens, la retraicte leur eust esté tarde; mais grant force de secours leur survint a besoing; et tellement que les Françoys furent rechacez et aucuns d'iceulx pris, et des Espaignolz ausi. Ainsi que les Françoys se retiroyent le petit pas, et les Espaignolz pareillement, chascun avecques son butin, la fut des derreniers a la retrecte ung homme d'armes, nommé Françoys Morin, de ceulx de Loys de Sainct Bonnet, lequel advisa ung Espaignol un peu a l'escart de ses gens, qui derriere luy sur son cheval en enmenoit ung Albanoys françoys. Et, sans dire mot, s'en part tout seul, et se mect au cours apres celuy Espaignol, tant qu'il l'ataignit; et, lorsqu'il se vit assez pres pour donner, baissa sa lance, et en assenna ledit Espaignol au travers du corps; dont alla par terre. Et, ce faict, a la veue de plusieurs autres Espaignolz et des Françoys qui ce regardoyent, fist descendre ledit Albanoys, et audit Espaignol luy fist devant luy trencher la teste, et en enmena l'Albanoys, et le cheval de l'Espaignol. Et, ce faict, chascun se retira en son cartier.

Le capitaine Loys d'Ars n'avoit lors heure de repos, mais, sans cesser, gaignoit pays sur les ennemys, et, a toutes rancontres, les destroussoit. Françoys d'Urfé, le seigneur de Chandée, Poquedenare, La Lande, et, en somme, tous les capitaines françoys, estoyent nuyt et jour aux champs.

Et ung temps fut, comme chascun au tour a le sien, que les Françoys eurent bonne fortune contre leurs ennemys, tant a gré, que chemin ne tenoyent devant eulx, et, tant mal furent menez, qu'ilz ne savoyent a quel sainct faire offrande. Les vivres leurs furent si chiers, que ailleurs que par la mer n'en avoyent, dont souvant en estoyent jusques a l'extremité suffrecteulx. Toutesfoys, comme gens de cueur, pour ce ne laissoyent a deffendre leurs fors et saillir aux champs.

XXVII.

D'UNG COMBAT A L'OUSTRANCE FAICT LORS PAR XI FRANÇOYS CONTRE XI ESPAIGNOLZ DEVANT LA VILLE DE TRANE, EN POILLE[1].

Bien souvant, comme j'ay dit, alloyent les Françoys courir devant Barlete, et a Andre; aussi, a la foys sortoyent les Espaignolz, et alloyent courir sur leurs adverses; et, souvant furent a l'estrade les ungs et les autres, sans eulx rancontrer. Dont les Espaignolz disrent que a eulx ne tenoit. Ausi faisoyent les Françoys; et vray estoit, car, lorsque les Espaignolz faisoyent d'ung costé leurs courses, les Françoys estoyent de l'autre. Et ce nonobstant que par avant se fussent plusieurs foys essayez aux armes, si estoyent les Espaignolz, qui avoyent estez foulez, envyeulx de recouvrer. De quoy furent les Françoys advertys, et, pour leur en vouloir donner sans faillir, ung capitaine nommé François d'Urfé, estant en garnison a Treillis, leur envoya une trompete, pour leur dire que, si bonne volunté avoyent de rancontrer les Françoys, affin que a ce ne faillissent, s'ilz estoyent dix Espaignolz contre dix Françoys, ou XI contre XI, que, en champ clos, les trouveroyent a tel jour que par eulx seroit advisé. Ce que ne reffuzerent les Espaignolz, mais accepterent ce party, et dirent que il se trouveroyent onze d'eulx contre autant de Françoys. Or alla la chose tant en avant, que d'ung costé et d'autre

---

[1]. Une miniature représente la scène (fol. cxxII v° du ms.).

fut accepté le combat, et dit entre eulx que le champ seroit faict devant la ville de Trane, terre des Venissiains; ce qui fut faict, et tant pres de ladite ville de Trane, que d'ung costé les fossez du champ de bataille estoyent joygnant des fossez de la ville, le chemin seullement entre deux. Or avoit celuy champ, en carreure, de coing a autre, huyt vings pas, et estoit fossoyé d'ung costé et d'autre, cloz a pierre sur pierre d'ung pié de hault, ou peu plus, pour cognoistre seullement les mectes de la lice. Françoys d'Urfé, qui les armes avoit mises en jeu, envoya par devers le seigneur de la Pallixe l'advertir de la besoigne, et pour, scelon son advys, y ouvrer a l'onneur et proffict des Françoys; lequel choisit par les garnisons pres de luy les hommes d'armes qui luy sembloyent myeulx adroictz pour devoir faire bon exploict d'armes, et grant labeur soustenir : desquelz eslut premierement[1] celuy Françoys d'Urfé, seigneur d'Orose; Pierre de Bayart, Pierre de Poquieres, dit Bellabre; Hector de la Riviere, Pierre Guiffray[2], Noël du Fahys, Loys de Sainct Bonnet, René de la Chesnaye, Clermont[3], Mondragon[4] et Bouvant[5]. Je n'ay point sceu les noms des

1. Le Ferron et Beaucaire donnent d'autres noms; ils indiquent un s^r de Torcy, un s^r de Chabannes; mais ces deux historiens de seconde main, bien postérieurs, et dont on est toujours trop porté à accepter la douteuse autorité, écrivent ici d'après des auteurs italiens (Cf. *Chronique du Loyal Serviteur,* p. 114).

2. Pierre Guiffrey, seigneur de Boutières, dauphinois, fils d'Aynard Guiffrey. Il épousa Claude Guiffrey. Son fils aîné, François Guiffrey, périt en Italie, sur le champ de bataille.

3. Antoine de Clermont, seigneur de Tallard, frère du sire de Montoison.

4. Jacques de Montdragon.

5. Claude de Bouvens, seigneur de Ciriès, mort en 1500, ou

Espaignolz, que d'ung seullement que je nommeray a heure deue[1]. Que quessoit, entre les autres furent choisis iceulx pour les myeulx montez, et plus avantageulx aux armes. Le jour assigné pour combatre vint[2], et les champions au lieu se trouverent. Les Françoys avoient leurs chevaulx bardez, reservez troys, et tous ceulx des Espaignolz l'estoyent. Pour deffendre et garder le champ, furent ordonnez, d'ung et d'autre costez, nombre pareil et grant puissance de gens d'armes, lesquelz se tindrent pres des lices, tous la lance sur la cuisse. Sur les murailles de la ville de Trane estoyent plus de dix mille hommes pour veoir celuy combat, lequel se commança sur les dix heures du matin, que les Françoys premiers entrèrent en champ, la lance sur la cuisse et la visiere baissée. Apres entrerent les Espaignolz en mesme arroy qu'estoyent les Françoys. Lorsque tous furent en ordre, et pres de donner, trompetes et clairons commancerent a sonner a toute force, et gens d'armes tous en foulle donnerent des esperons, et baisserent lances. Au partir des chevaulx, sembloit que terre

---

James de Bouvent, seigneur du même lieu, chambellan du duc de Savoie.

1. Jean d'Auton ignore le nom des Espagnols, sauf un, Gonsales d'Ales. Le *Loyal Serviteur* n'en donne aucun.

2. Jean d'Auton ne donne pas cette date. D'après la *Chronique du Loyal Serviteur* (p. 110), ce combat n'aurait eu lieu qu'après le duel de Sotomayor (1er février 1503), dont on trouvera le récit ci-après; de plus, le *Loyal Serviteur* donne par erreur le chiffre de treize Français et treize Espagnols (au lieu de onze). La *Chronique* ne mérite pas une foi absolue (V. notre t. I, p. 226, n. 1), et, dans cette circonstance spécialement, son récit, assez sommaire et un peu confus, est visiblement moins rigoureux que le récit précis et officiel de Jean d'Auton.

soubz leurs piedz tramblast, et alloyent si rudement, que, au choquer des lances, troys Espaignolz furent par terre, et quatre chevaulx des Françoys tuez : dont les maistres demeurerent a pié, les ungs soubz leurs chevaulx, les autres affollez. Toutesfoys, deux se releverent sur bout, l'espée au poing. A ceste premiere venue, Pierre de Poquiere, seigneur de Bellabre, et ung Espaignol nommé Gonsalles d'Allez, se rancontrerent de tant rude force, que lances allerent par esclatz, et celuy d'Allez, homme et cheval, tumberent par terre. Dont se releva ledit d'Allez, et comme tres hardy qu'il estoit, revint contre son homme l'espée au poing, et se veult revencher : mais a l'approcher, celuy Bellabre, a la poincte de l'estoc et a poux de cheval, mena son Espaignol si tost, que a vive force luy fist vuyder le champ, et l'en mist hors, dont fut vaincu. A ce mesme hurt, ung Françoys se trouva soubz son cheval, qui luy mourut entre les jambes, et fut priz par ung Espaignol qui le volut tuer : mais se rendit, et fut enmené. Lequel, apres la foy baillée, eschappa a son homme, et reprist une lance au poing, puys s'en alla renger avecques les Françoys, en vouloir deliberé de ne se faindre. Et ce voyant, les Espaignolz demanderent leur prisonnier, disant que plus n'estoit recepvable au combat, et que sa foy avoit baillée. Dont le seigneur de Bellabre, l'ung des champions françoys, a qui premier s'adresserent les parolles, voyant la juste demande d'iceulx, ce nonobstant que le Françoys, dont question estoit, fust sain et entier, et que grant secours pouvoit donner a ses compaignons, qui besoing en avoyent, et ausi que eschappé leur fust, tout ce mys arriere, leur renvoya. Ung autre

Françoys, nommé Clermont, a celle première charge, fut mys par terre, lequel, a la choyte, se rompit ung bras. Ainsi ne demeurerent plus des Françoys a cheval que sept, et deux a pié, qui deffendre se peussent : desquelz les ungs de ceulx de cheval avoyent lances, les autres espées. Les Espaignolz, a ceste premiere venue, avoyent donné sur les chevaulx des Françoys, disant : « S'ilz sont une foys desmontez, peu de resistance feront apres ; » et en ce faisant, n'avoyent rompu que peu de leurs boys; par quoy avoyent commancement d'avantage. Les Françoys qui a cheval estoyent, et qui leurs boys avoyent rompus, voyans leurs ennemys entiers et garnys de lances, pour leur vouloir rompre leurs coups, et les embesoigner tous en foulle, s'entremeslerent avecques eulx; et a coups d'espée leur donnerent tant aspre et si long combat, que les ungs et les autres furent plusieurs foys a mectre leurs chevaulx en alaine, et eulx reposer; et ce faict, recommançoyent de plus en plus fort. Et voyant les Espaignolz, que la savoir et pouvoir leur failloit avancer, durant le combat des espées, aucuns d'eulx sortirent de la meslée, et se tirerent a cartier, en advisant les chevaulx des Françoys au descouvert, et donnerent a travers tant de foys, et si a point, que peu a peu les desmonterent presque tous. Les Françoys, qui ancores aucunes lances avoyent, ne chargeoyent nulle foys sur les chevaulx desdits Espaignolz, mes sur les hommes, qui, si bien armez estoyent, que, au choquer, ne demeura ausdits Françoys lance qui n'allast par esclatz, et eulx a bas, ou qui le valloit, si la merveilleuse resistance qu'ilz faisoyent ne les eust ressours. Car, quant l'ung d'eulx estoit a pié, aux autres se retiroit l'espée au poing, et autour de leurs chevaulx mors, et entre le surplus de leur gens de cheval se garantissoyent. Leurs ennemys, voyant la pluspart d'eulx estre a pié, dirent que a ceulx la failloit parler, ou a lance baisée adresserent. Les aucuns des Françoys estoyent ancores montez, et entre autres Pierre de Bayart et Françoys d'Urfé, lesquelz avoyent mys entre eulx les desmontez, pour supporter la charge des chevaulx. Et eulx voyant venir la route de leurs ennemys, s'eslargirent, et ainsi que a leurs compaignons voulurent aprocher pour les cuyder rompre, celuy d'Urfé et de Bayart croiserent sur eulx, et leur rabbatirent le choc; si, passerent oultre les Espaignolz sans riens mesfaire. Et, a la passée, Françoys d'Urfé leur monstra ung tour dont peu de gens se savent bien ayder : ausi en estoit il mestier, car, a la traverse et en courant, saisit la lance d'ung d'iceulx Espaignolz, et par force la luy osta du poing, et la bailla a ung Françoys nommé Pierre Guiffray, l'ung de ceulx qui estoyent a pié. A ceste rancontre, fut tué le cheval de René de la Chesnoye, lequel, voyant soubz luy chanceller, mist une jambe hors de la selle, et cuydant mectre pié a terre, en devallant, tira sondict cheval en maniere que tout mort tumba sur luy, dont ses compaignons, qui, pour mourir, ne l'eussent habbandonné, eurent grant peine a le relever; car les Espaignolz, qui viz a viz d'eulx estoyent a cheval, la lance sur la cuisse, leur coururent moult rudement, et n'eust esté l'ayde que leur faisoyent les deux Françoys a cheval, qui tousjours rompoyent le coup des Espaignolz, ilz eussent estez affollez. A celle course, Françoys d'Urfé desarma de rechief ung autre Espaignol de la lance, et icelle bailla a ses compaignons de pié, lesquelz en avoyent ja deux. Une autre course firent coup sur coup les Espaignolz sur les Françoys, mais, a la traverse, avoyent en barriere les deux Françoys de cheval, dont Pierre de Bayart, a celle foys, empoigna une lance d'ung des Espaignolz, et, malgré luy, la luy mist hors de l'arrest; tant qu'elle luy demeura, et la bailla aux autres des siens. Ce fut bien deslyé prouesse, moult eslargy vertus, fort rainforcé ses amys, et trop affebly ses ennemys, lesquelz pourtant adresserent sur les pietons de tant, que ung Françoys, nommé Pierre Guiffray, a qui Françoys d'Urfé avoit devant baillé une lance, assenna d'icelle ung Espaignol au fault de la cuyrasse, telle venue, que, au travers de la lame, plus d'ung pié dedans le corps luy mist le fer, dont fut celuy Espaignol emporté hors du champ comme mort. Ainsi, avoit deux Espaignolz vaincus, et ung Françoys priz, l'autre affollé. Toutesfoys, ancores n'y avoit jeu party. Car sept Espaignolz estoyent a cheval, et deux a pié, et sept Françoys a pié, et deux a cheval, dont les Espaignolz avoyent cinc lances, et les Françoys quatre, qui a diverses foys avoyent ostéez aux Espaignolz. Or, avoyent iceulx Espaignolz, qui a cheval et avantageux estoyent, ung extreme despit d'avoir ainsi perdu leurs lances, et les Françoys estoyent comme enragez d'estre desmontez par les Espaignolz et si mallement trectez. Par quoy chascun d'eulx avoit le cueur emgrossé de hayne mortelle contre son ennemy. Que fut ce, de rechief recommancerent les Espaignolz leurs courses a l'une foys sur les gens de cheval, qui tousjours a la traverse les ennuyoyent; et si lesdits Espaignolz aprochoyent jucques a pouvoir saisir leurs lances, cella estoit crocqué. Et de faict, a celle foys, furent tant maleureux, que deux de leurs lances perdirent. Car Pierre de Bayart, a la passée, saisit la sienne; et, ainsi que sur ceulx de pié cuyderent charger, ung Françoys, nommé Noel du Fahys, estant a pié, a tout ung tronçon de lance, a ung Espaignol qui luy couroit, rua ung coup le long du bras et sur l'espaule, de telle vertus, que la lance luy fist voller du poing, et mist son cheval du cu, lequel fut puissant, et se releva.

De nouveau recommancerent le hutin sur les Françoys, sans riens plus y savoir gaigner, et tant y perdirent, que, de neuf d'iceulx qui apres le premier choc eurent tous lances en main, a la parfin n'en demeura que dueulx qui en eussent; et, de tous les Françoys qui au commancement du combat rompirent toutes les leurs, a la fin s'en trouverent sept sur leurs ennemys conquestées, comme dit est; ce qui fut vigoureusement ressours la perte de leur malleureux affaire, et vertueusement abbatu la chance prospere de leur parties adverses. Somme, les Espaignolz ne voulurent plus assaillir les Françoys, mais se tindrent tous d'ung costé, sans faire bruyt. Les deux des Françoys qui a cheval estoyent, voyant leurs ennemys, qui tout le jour avoyent eu le hault parler, sur la fin du jeu tenir sillence, leur disrent que deux contre eulx deux se trouvassent en champ, ou qu'ilz descendissent a pié pour achiefver leur bataille; par tel party, que les vainqus seroyent prisonniers aux autres; et se trusfoyent d'eux en disant : « Vous avez tuez les chevaulx ; mais les hommes vous ont osté les lances. Quel avantage avez vous d'estre a cheval, desarmez de la meilleur de voz pieces, contre ceulx qui sont a pié, garnys de leurs glayves et des vostres? Advisez si, en ceste maniere, voulez mectre a chief les armes emcommancées. » Les Espaignolz ne voulurent plus en nulle façon combatre, mais se tindrent ensemble sur le champ jucques a deux heures de nuyt. Les Françoys, de leur part, tous amoncellez, chascun la lance au poing, leur presentoyent la joxte. Finablement, les Espaignolz, ennuyez de la longue actente de leur desavantageulx combat, demanderent aux Françoys s'ilz s'en vouloyent sortir ne vaincus ne vaincuers, et que ainsi le feroyent de leur part; dont les Françoys, voyant le party humain et non a leur perte et deshonneur, furent de ce contantz; mais a l'aller devant, fut la question, et là se cuyderent batre. Toutesfoys, d'ung commun accord, les ungs quant et les autres marcherent jucques au millieu du champ, et la se firent bonne chiere et s'entre embrasserent l'ung l'autre, et ung pié quant et l'autre sortirent hors, et les priz et vaincus furent remys a leur party, et ainsi s'en allerent a leurs garnisons.

Depuys le matin jucques a deux heures de nuyt avoit duré le combat, a la veue des gardes et de ceulx de Trane, et de plusieurs Venissiains, qui tenoyent ladite ville : et la, sur leurs murailles, furent plus de dix mille hommes pour adviser des coups; dont, apres que tout fut faict, iceulx Venissiains voulurent avoir les noms des conbateurs; et tout ce qu'ilz en avoyent veu et peu cognoistre, par escript redigerent et amasserent les esclatz et fers des lances rompues, et les porterent dedans ladite ville de Trane. Et tout ce ay je sceu par aucuns de ceulx qui estoyent a l'affaire, et autres presens audit combat.

Avecques le capitaine Gonssalles estoit lors ung nommé le seigneur Alphonce de Sainct Severin, frere du cardinal de Sainct Severin[1], du conte de Gayace et du prince de Melphe, lesquelz tenoyent pour le Roy, et pour ce, avecques lectres closes et messagiers segretz, trouverent moyen de luy faire prendre le party du Roy; et tant fut, que le XXIIIe jour du moys de janvier, en l'an susdit mille cinc cens et deux, celuy Alphonce de Sainct Severin se rendit françoys au duc de Nemours avecques cinquante hommes d'armes que ledit Gonssalles luy avoit baillez.

XXVIII.

D'UNG AUTRE COMBAT FAICT LORS A L'OUSTRANCE PAR UNG FRANÇOYS NOMMÉ PIERRE DE BAYART, DONT J'AY PARLÉ CY DESSUS, CONTRE UNG ESPAIGNOL NOMMÉ DOMP ALLONCE DE SOTEMAIOUR, FAICT ENTRE ROUVRE ET ANDRE, EN POILLE.

Long temps devant ce, avoyent eu querelle de combat ung Espaignol, nommé domp Allonce de Sotemaiour, et ung Françoys nommé ausi Pierre de Bayart, et, sur ce, gectez et levez gaiges de bataille. Mais, pour l'empeschement des guerres continuelles lors en Poille par les Françoys et Espaignolz faictes, ou chascun trouvoit assez a quoy exploicter les armes, ne peurent ou ne voulurent vaquer a parachever leurdit combat

---

1. Federico, cardinal du titre de Saint-Ange, par création d'Innocent VIII.

mys en avant, jucques a la vigille de la Purification Nostre Dame[1], six moys ou antour apres les gages levez, que les champions dessus nommez se trouverent en champ, comme sera dit.

Le seigneur domp Allonce de Sotemaiour, espaignol, estant alors a Barlete avecques le capitaine Gonssalles, manda a Pierre de Bayart, françoys, qu'il vouloit que la querelle dont entre eulx deulx estoit question fust mise a chief, et que heure en estoit, veu le long temps qu'elle avoit esté en suspens; et, avecques ce, pria par lectres, celuy domp Allonce, ledit de Bayart, qu'il vousist bien sur ce estre demandeur, et souffrir que luy fust deffendeur, suposé que celle querelle eust reveillée et mise sus; et se faisoit il pour avoir loy de choisir et ordonner la maniere du combat, et bailler les glaives; ce que doit faire tout deffendeur en querelle d'oustrance. Que quessoit, celuy Pierre de Bayart, voyant ce que par l'Espaignol mandé luy estoit, octroya tout, disant : « Sur bone querrelle, ne me chault d'estre deffendeur ou demandeur; » et ainsi fut content d'estre le demandeur. Par quoy ledit Espaignol, sachant celuy Françoys estre a cheval l'ung des plus adroictz qu'on sceust, et commant au combat faict devant Trane avoit a cheval faict merveilles d'armes, ne le voulut combatre autrement que a pié, armé de toutes armes, reservé d'armet et de baviere, a visage descouvert, avecques l'estoc et le poignart; dont luy envoya deux estocz et deux poignartz, pour choisir et prendre les meilleurs, scelon son advys. Si prist celuy Françoys les quatre glayves bien acerez, beaulx et

---

1. 1ᵉʳ février.

dorez richement, desquelz regarda la poincte, le tranchant, la poignée et la croisée, et les essaya tout a son plaisir; lesquelz veist tous d'une forge, d'une grandeur et d'une mesme façon. Dont il prist les deux qui plus luy furent a gré, et de ceulx baisa la croix, puys les saignist et porta pour s'en ayder a temps. Or avoit il les fievres, dont se sentoit ung peu affoibly; toutesfoys, ne voulut pour tant esloigner l'affaire; mais, d'ung accord, luy et son querelleur ordonnerent que, ung jour bien tost apres ce, qui estoit vigille de Puriffication Nostre Dame, se trouveroyent en champ cloz, ainsi armez, comme j'ay dit, pour veoir qúi l'emporteroit.

Messire Jacques de Chabbanes, seigneur de la Pallixe, qui la avoit toute charge pour le duc de Nemours, visroy, donna le champ, pour combatre entre Rouvre et Trane, et congé a celuy Pierre de Bayart de faire ses armes. Domp Allonce de Sotemaiour s'en alla parler au capitaine Gonssalles, auquel compta de sa querelle ce qu'il voulut, en luy demandant congé de faire sur ce son devoir, et de parachever les armes. Lequel Gonssalles, qui par quelques autres avoit sceu de son tort, ne luy voulut octroyer le champ, disant que a bon droict, ne a juste querelle, n'avoit entrepris ses armes, dont luy en pourroit mal advenir, se qui ne seroit seullement pour luy domageable, mais au rabays de l'onneur d'Espaigne et descry du vice de toute leur nacion. Par quoy luy deffendit qu'il ne se mist en ce dangereux hazart, veu ausi que affaire avoit a l'ung des plus renommez Françoys qui fust en toute leur armée. Toutesfoys, pour ce, n'amollist son propos esgairé celuy domp Allonce, mais, de belle nuyt, dont le lendemain devoit combatre, sortit pardessus les murailles de Barlete, et s'en alla a Andre, ou estoyent deux mille Biscayns et Navarroys, soubz la charge d'ung capitaine espaignol nommé Ascallade, et la trouva ledit Allonce, qui luy bailla arnoys pour faire ses armes. Le champ fut faict de soixante pas en largeur, et en longueur d'autant, ou environ. Quant le jour fut venu pour devoir combatre, les champyons se trouverent sur le lieu, armez et acostrez, le glayve au poing. Le parrain de Pierre de Bayart estoit Pierre de Poquieres, seigneur de Bellabre, et le juge Françoys René de la Chesnaye. Le parrain de domp Allon[c]e estoit le capitaine Ascallade, et le juge estoit ung autre Espaignol. Le seigneur de la Pallixe, avecques cent hommes d'armes, se tinst pres de la, affin de garder que par les Espaignolz ne fust au champ faict quelque force au champion françoys. Apres les sermens et autres cerymonyes a gage de bataille appartenans, faictz, Pierre de Bayart, demandeur, comme j'ay dit, entra en la lice tout allegrement, sans muer coulleur, ne contenance changer, armé de toutes pieces, le visage seullement descouvert, l'estoc tout nu en la main dextre, et le poignart en l'autre, les faultes actachées entre les jambes, en maniere d'unes brayes. Domp Allonce de Sotemaiour entra apres, armé en la façon de l'autre, si n'est que ses faultes devalloyent en bas, l'estoc en main et le poignart a la sainture; et luy ainsi entré, avisa que les faultes de Pierre de Bayart estoyent liées entre les cuisses, dont luy dist que a l'avantage estoit armé. Par quoy celuy de Bayart, sans actendre, avecques le poignart trancha l'aiguillete qui tenoit les faultes serrées, et icelles mist bas. Ce faict, ledit Espaignol s'adressa au Françoys, en luy disant en langage espaignol : « *Seignor Petre de Bayart, que me quieres[1] ?* » Auquel fist ceste responce : « Domp Allonce de Sotemaiour, je quiers deffendre contre toy mon honneur, dont faulcement et mauvaisement m'as accuzé. » Et ce dit, aprocherent l'ung de l'autre, et a grans estocz se cherchoyent partout, et plusieurs foys faillirent l'ung et l'autre a eulx rancontrer au visage, qu'ilz avoyent tout a nu. L'Espaignol, qui moult puissant et allegre estoit, tousjours avoit l'ueil au guect, pour cuyder assenner son homme a droict, et le vouloir saisir ; et a ceste cause tenoit la main senestre au delivre. Mais, a tous ses effors, luy estoyent ses coups par le Françoys rabbatus : et luy souvant tasté de bien pres. Comme deux lyons eschauffés s'entrebatoyent ses deux champions, lesquelz escumoyent comme sanglier aux abboys. Que fut ce, long temps combatirent, sans pouvoir savoir qui des deux avoit le meilleur, et n'y avoit celuy d'iceulx qui en mortel dangier ne fust. Le[s] Françoys qui la estoyent avoyent grant doubte de leur homme, qui ancores n'estoit bien guery des fieuvres : mais pour ce ne perdoit coup a ruer. Les Espaignolz ausi n'estoyent si asseurez de leur champion, qu'il n'y avoit celuy de ses amys qui ne l'eust voulu pour son proffict en Sarragosse. Chascun d'eulx coustoyoit son ennemy, et approchoit de la longueur du glayve, pour le cuyder trouver au descouvert, et donner dedans. Et a l'une des foys, Pierre de Bayart, au rabbatre d'ung des coups de l'Espaignol, l'aproucha de tant,

---

1. « Señor de Bayart, qué me quereis? »

que, en luy cuydant donner de toute puissance de l'estoc au travers du visage, comme celuy Espaignol flanchist la teste en arriere, le coup fut assenné en sa gorgerete, de telle force, que, au travers des mailles, luy entra en la gorge plus quatre doiz, tant que, au tirer de l'estoc, grant habondance de sang commança a ruisseller pardessus le harnoys, jucques a terre. Dont celuy Espaignol, comme forcenné de cest oultrage, a toute force se veust revenger; et, pour ce faire s'approcha tant de son homme, que chascun pencoit qu'il le vousist saisir au collet, et la s'essaya souvant et menu de luy rendre autant qu'il luy avoit baillé. Mais, tant perdoit de sang, que la terre ou ilz estoyent en estoit toute emrougie, et de moult s'affoiblissoit. Toutesfoys, pour ce, ne desmarchoit ung seul pas ; mais, plus que devant, se serroit contre le Françoys, et tant, que a la parfin se joignit a luy. Et ainsi, a belle poincte d'estoc, se tasterent longuement l'ung l'autre, et comme si pres l'ung de l'autre fussent, que de la main au visage se peussent toucher, Pierre de Bayart, françoys, avisant son coup, luy rua soubdainement le poignart qu'il tenoit a senestre main de toute sa force contre le visage, et entre l'ueil senestre et le bout du nez luy mist jucques a la poignée, tant que dedans le cerveau luy entra[1]. Dont pour l'angoisse de la mort, dont estoit celuy Espaignol actainct, tumba a la renverse, et ledit Pierre de Bayart dessus, sans luy tirer le glayve de la teste. Et voyant que assez en avoit, ne luy voulut donner autre coup, mais demanda aux juges

---

1. D'après Symphorien Champier, qui a laissé de cet exploit un récit très détaillé, le coup fatal atteignit Sotomayor au bas de la gorge et lui coupa la trachée-artère « vers le polmon. »

qui la estoyent s'ilz le tenoyent pour vaincu, lesquelz disrent tous que oy, et que mestier ne luy estoit de plus en avoir. Et ce dit, luy esracha le poignart de la playe, dont sang et cervelle entremeslez sortirent hors, et l'ame du pauvre meschant corps s'en va a qui elle estoit. Or avoit celuy cherché se perilh comme foul, dont en encourut mortelle peine comme malleureux.

Apres ce qu'il fut mort, le françoys le prist par les jambes, et a grant peine, comme las et en mauvais point qu'il estoit, le trayna hors de la lice. Trompetes voulurent la sonner, pour donner louange au vainqueur, lequel ne voulut oncques, pour ce que en trompete ne en claron fust soufflé : mais mist les genoilz bas et alla baiser la terre[1], en louant Dieu de la victoire que par son ayde avoit obtenue. Ce faict, les Françoys s'en retournerent joyeusement, et les Espaignolz bien courroucez, et firent le corps mort enterrer ou bon leur sembla[2].

XXIX.

D'UNE AUTRE QUERELLE ET COMBAT FAICT PAR TREZE FRANÇOYS CONTRE TREZE ITALLYENS ET LOMBARS[3].

En ce mesme temps, fut faict ung autre combat de

1. Bayard baisait la terre tous les jours, en faisant sa prière.
2. Ce récit, si précis, est confirmé, dans ses traits principaux, par celui de la *Chronique du Loyal Serviteur,* p. 104 et suiv., par Symphorien Champier et Paul Jove (V. *Ibid.,* p. 108).
3. Cette passe d'armes chevaleresque est devenue légendaire et a été souvent racontée. Elle a inspiré à Massimo d'Azeglio son célèbre roman historique, *Ettore Fieramosca o la Disfida di Barletta.* D'Azeglio s'est servi pour construire son roman d'une relation contemporaine, imprimée à Naples en 1633, et réimpri-

treze Françoys contre autant d'Itallyens et Lombars[1] : dont la querelle fut telle, que ung homme d'armes françoys, nommé Charles de la Mothe en Bourbonnoys, de ceulx du seigneur de la Pallixe, a une course qu'il fist devant Barlete, fut priz par domp Diego de Mandoxe, espaignol, et mené prisonnier audit lieu de Barlete; et luy estant ung jour au logis du capitaine Gonssalles Ferrande, en soupant a sa table, en la presence de luy, de domp Diego de Madoxe, a qui il estoit prisonnier, de plusieurs autres capitaines lombars et itallyens, qui la estoyent au service du Roy d'Espaigne, mist la langue tant a l'escart, que, apres plusieurs propos de guerre, dist que si les Françoys, qui avoyent a Trane combatu avecques les Espaignolz, eussent eu a besoigner avecques Lombars et Itallyens, que la bataille n'eust gueres duré a l'avantage desdits Lombars, mais bientost eussent estez vaincus et mys a la raison. A quoy fist responce ung itallyen nommé Hector de Ferramosque, de Cappe, que en Itallye et en Lombardye avoit d'aussi gens de bien pour la guerre qu'il y avoit en France, et qui ne vouldroyent, pour mourir, leur honneur mectre en arriere non plus que Françoys. Dont celui de la Mothe dist que non, et

mée au même endroit en 1721, sous ce titre : *Historia del combattimento de' tredici Italiani con altretanti Francesi, fatto in Puglia tra Andria e Quarati. E la vittoria ottenuta dagl' Italiani nell' anno 1513 à 16 di febraro, scritta da autore di veduta, che v' intervenne.* A cette plaquette on peut joindre le récit de Guichardin, dont celui de Jean d'Auton se rapproche beaucoup. On a souvent confondu ce combat des Treize avec le combat des Onze mentionné précédemment (V. not. *le Loyal Serviteur*).

1. Le Notar Giacomo, dans sa *Chronica di Napoli*, attribue le défi des Treize au 12 février 1503, et le combat au 13. Ces dates ne semblent pas exactes.

avecques ce, que Lombars et Itallyens estoyent tous traistres, empoisonneurs de gens et bougerons. Par quoy ledit Hector de Ferramosque, mal contant de ses parolles mises au vent, dist tout froidement que c'estoit a luy tres mal dit, et que s'il vouloit soustenir son propos, que dix, vingt ou trante Itallyens et Lombars, contre autant de Françoys, jucques a la mort soustiendroyent le contraire, et que luy mesmes seroit l'ung des combateurs itallyens. Tant allerent paroles en jeu, que ledit de la Mothe promist, luy hors de prison, faire nombre de Françoys pour soustenir sa querelle et se trouver en champ de bataille au jour que avisé seroit. Dont ledit Itallyen prya domp Diego de Mandoxe eslargir le Françoys, pour chercher ses gens et faire les armes. Pour ce, fut celuy Françoys delivré jucques a temps, lequel s'en alla en plusieurs compaignyes de la autour, ou fist compte de sa querelle, sans toutesfoys dire tout le vray du propos dont sortoit la question; mais dist que les Lombars et Itallyens se vantoyent qu'en leurs pays avoit de plus gens de bien et meilleurs gens d'armes qu'il n'y avoit en France. Dont tout a coup se trouverent prou Françoys pour dire du contraire, et sur ce combatre a l'ostrance. Et tant fut, que treze hommes d'armes françoys se presenterent pour faire ledit combat, lesquelz estoyent Charles de la Mothe, premier querelleur; Marc du Fresne[1], bourbonnoys; Chastelart, bourguynon[2]; Pierre de Chals, savozien; La Fontaine, Forsays, Bartault, gascon, françoys, savozien; Jehan d'Ast[3]; Ri-

1. Notar Giacomo le nomme « Marc de Frange de Forsgiraut. »
2. Par opposition à Jacques de Laÿ, qui était dauphinois.
3. « Gran Joan d'Asti » (N. Giacomo).

chebourg, La Fraxe, savozien; Casset, savozien; et Le Landays[1]. D'autre costé estoyent Hector de Ferramosque, de Capua; Hector de Papacode[2], de Naples; Troyen Mormye[3], de Naples, et dix autres dont je n'a sceu les noms[4]. Toutesfoys, il y en avoit troys nappolitains, troys romains, troys callabroys et quatre lombars; lesquelz, d'ung costé et d'autre, s'appresterent pour la joxte, laquelle ilz ordonnerent estre faicte entre Barlete et Corastre, pres l'une de l'autre de cinq mille, ou environ, et assignerent leur combat au XVIe jour de feuvrier, ou la furent tous montez et armez. Leur camp estoit faict de pierres l'une sur l'autre, et de fagotz d'ung pié de hault, ou environ, en la maniere de celuy de Trane, ung peu plus long que large. Quatre Françoys conduyteurs et juges

1. Les noms recueillis par d'Azeglio dans son roman (p. 77 de l'édition de Paris, 1858) se rapprochent de ceux de Jean d'Auton. Outre l'autorité que porte en soi le témoignage de d'Auton, sa liste nous paraît vraisemblable, parce qu'elle correspond exactement aux indications du combat. Le combat n'eut pas lieu entre des hommes célèbres, élite des deux armées : il fut improvisé sur place, entre les hommes d'armes qui se trouvaient là, comme une sorte de passe-temps chevaleresque.

2. Pappacoda, famille importante de Naples, dont Amirato cite plusieurs membres.

3. Maramonte, Maremonti? Marramaldo? Ne serait-ce pas le personnage appelé par Guichardin « Miale, de Troia, » — de son nom exact « Miale Brancaleone? »

4. Les treize Italiens étaient, d'après Guichardin, Hector Fieramosca, de Capoue; Jean Capoccio, Jean Brancaleone, Hector Giovedale, de Rome; Mariano, de Sarni; Romanello, de Forli; Ludovic Aminale, de Terni; François Salomone, Guillaume Albimonte, siciliens; Miale, de Troja; Riccio, Fanfulla, de Parme. Grumello (édit. Müller, p. 77) cite : Paulo Romano, Rizo, de Parme; Fanfulla, de Lodi; Romanello, tous hommes d'armes du duc de Termini.

estoyent la ordonnez, c'est assavoir : Aymer de Villars, Lyonnet du Brueil[1]; Glaude de Monrambert, bourguynon; et ung nommé Le Meuble[2]. Ung Espaignol, nommé Petre de Pas, petit et contreffaict, mais bien advisé aux armes, avecques troys autres, conduysoyent les Lombars et Itallyens. Tous ensemble doncques se trouverent au jour assigné pour combatre : ou, entre eulx, premier que entrer en lice, fut faicte convencion, et promys que les perdans bailleroyent cent escus chascun, et perdroyent harnoys et chevaulx. La fut dit aux Françoys, par leurs partyes, la querelle du combat, tout ainsi que Charles de la Mothe et Hector de Ferramosque l'avoyent eue devant Gonssalles et autres, comme est escript, dont les conduiseurs des Françoys, et eulx ensemble, disrent que en ceste maniere ne leur avoit esté declairé leurdite querelle, mais leur avoit esté seullement dit que Lombars et Italliens vouloyent maintenir que ausi gens de bien ou plus pour la guerre estoyent que les Françoys. Lesquelz vouloyent prouver le contraire a la poincte de glayve, mais toutesfoys myeulx amoyent en quelque querelle que ce fust, puysque a tant en estoyent, combatre au danger de tous perilz que retourner au descriz de la commune voix. Et ainsi les Françoys et Espaignolz tournoyarent le camp, et entrerent les ungs d'ung costé et les autres d'autre. Dont les Espaignolz entrerent du costé de Barlete, et les Françoys du costé de Corastre, armetz abbatus, et la lance

1. Du Paz (*Histoire généalogique*, p. 771) ne mentionne aucun Lyonet dans la famille du Breil.
2. Homme d'armes de la compagnie La Palisse, comme on le verra plus loin.

sur la cuisse. Or, avoyent dit les Lombars entre eulx que, pour plus aisement vaincre les Françoys, leur donneroyent une strageme telle que, quant ce seroit au choquer, ilz se tiendroyent pres du bort du camp, pour lesser passer oultre quelque nombre d'iceulx, affin qu'ilz fussent d'autant affoibliz : ce qu'ilz firent. Et ainsi que trompetes sonnerent, les Françoys donnerent des esperons, courant de droict fil, voulant rancontrer leurs gens, qui firent semblant ausi de courir ; lesquelz s'arresterent court, et au choquer, se ouvrirent tellement, que, de la roydeur du cours, ung nombre des Françoys sortirent hors le camp, qui plus ne furent receups au combat. Les autres se remirent a la foulle, et a bride abbatue, et lance baissée, coururent les ungs contre les autres, et si rudement se choquerent, que toutes leurs lances, ou presque, a ce hurt, furent brisées et mises par pieces : dont misrent la main aux espées, et eulx entremeslez se donnerent coups a tour de bras. Plus de deux grosses heures dura celuy chappliz, sans savoir qui en avoit du meilleur. Si bien armez estoyent les ungs et les autres, que, a coups d'estocz et de tranchant, ne se pouvoyent entamer : dont se donnerent des pommeaulx des espées sur les armetz et contre les visieres. Apres que bien troys heures ou plus eurent ainsi combatu, ung Callabroys et ung Itallien se misrent a pié, chascun ung espieu de chace au poing, et ainsi a pié furent couvers de leurs gens de cheval, pour les garder de choquer, et, en approchant, donnerent de leurs espieulx soubz le ventre des chevaulx des Françoys dessoubz les bardes ; et la ou au descouvert les voyoyent, les actaignoyent a grans estocz, et tant que a la parfin la pluspart de leurs chevaulx moururent entre leurs jambes, et eulx allerent a bas. Dont furent pressez par la foulle de leurs ennemys a cheval, et tenus si a destroict, que l'ung apres l'autre, en eulx deffendant, furent oultrez et priz. Et le derrenier d'eulx qui demoura en champ fut ung Savozien nommé Pierre de Chals, qui, a grans coups d'espée, tout seul contre tous ses ennemys, tint le combat moult longuement, et tant, que les juges furent contraingtz luy dire qu'il cessast, et qu'il ne pourroit contre tant de gens avoir durée. A quoy ne vouloit entendre, mais a ruer coups au desesperé, et tant que Lyonnet du Brueil, ung des juges françoys, luy dist : « Mon compaignon, assez en avez faict pour donner a cognoistre a chascun si que les autres, voz compaignons, eussent estez de voustre vouloir, l'affaire fust autrement allé ; mais myeulx vous vault rendre par bon advys, que vous faire tuer par oultrecuydance. » Ung des juges mesmes des ennemys dist que trop grant dommage seroit de perdre ung tant gaillart homme d'armes. Par quoy celuy Lyonnet du Brueil le fist cesser, et, malgré luy, le mist hors du camp.

Les Françoys, comme j'ay dit, furent vaincus et enmenez, sur petitz courtaulx, a Barlete, et detenuz jusques ilz eussent fait finence de leur ranson. Ainsi furent, ses effrennez, par loyalles armes vaincus, qui, soubz la foy de rapport mensonger, voulurent faulce querelle soustenir ; ce qui fut a eulx commancement de maleureuse chance, et entrée de bonne fortune pour leurs ennemys.

XXX.

D'UNE COURSE QUE, DURANT CE COMBAT, MESSIRE JACQUES DE CHABBANNES, SEIGNEUR DE LA PALLIXE, FIST DEVANT LA VILLE DE BAR, EN POILLE.

A l'eure que ledit combat se commansa, messire Jacques de Chabbannes, seigneur de la Pallixe, sortit de Rouvre avecques vingt et cincq hommes d'armes des siens, et deux autres, c'est assavoir, Françoys d'Urfé, seigneur d'Oroze[1], et le seigneur de la Costure, lieutenant du seigneur de Mauléon; et, de ceulx accompaigné, s'en alla faire une course devant une ville que tenoyent les Espaignolz, nommée Modoigne[2], a quatre mille pres de Bar, ou la duchesse estoit. Devant Modoigne ne trouva a qui parler, dont avecques ses gens passa oultre, tirant vers la ville de Bar, et devant envoya dix hommes d'armes, puys se mist avecques le surplus des siens sur leur queuhe. Ses avant coureurs rancontrerent a ung mille pres de Bar deux cens chevaulx legiers, lesquelz ne voulurent actendre le choc, mais se retirerent dedans ung chemin bas, pres de la ville d'ung gect d'arc, ou estoyent embuschez cincq ou six cens hommes de pié, aux deux costez de la passée, la picque au poing. Ses coureurs estoyent arrestez tout court, pour l'embusche que bien voyoyent devant eulx, et lorsque ledit seigneur

---

1. Ce même sire d'Oroze, un des combattants du combat des Onze.
2. Modugno, village au-dessus de Bari.

de la Pallixe les approcha, et les vit arrestez, leur demanda pourquoy ilz ne marchoyent : lesquelz l'avertirent de l'embuche qui pres de la estoit; mais pour tant ne se voulut arrester, et dist au seigneur d'Oroze, qui ce compte m'a faict : « Ja ne plaise a Dieu que au seigneur de la Pallixe soit reproché d'estre venu si pres de Bar, que la duchesse, qui dedans est, ne soit par luy visitée jucques devant ses fenestres. » Et, ce dit, se mist au travers de l'embusche avecques ses gens tant rudement, que parmy les gens de pié passa tout oultre, et mena les gens de cheval batant jucques devant et encontre les fossez de Bar. Et, ce faict, s'en revint par le mesme chemin qu'il avoit tenu, et, en s'en retournant, retrouva ancores les gens de pié, et quelques genetaires, hors icelz pietons qui, sur les deux costez dudit chemin, avecques force traict et longues picques, estoyent arrengez, lesquelz luy voulurent empescher le passage; mais avecques ses gens se mist a la traverse des premiers, ou receut mainctes venues de picques et de trect, et fut blecyé en deux lieux; car il estoit legierement armé et en coureur. Luy et tous ses gens, sans riens perdre, malgré leurs ennemys passerent oultre, ou a la passée eurent plus de cent coups de trect et autant de picques a leur devant : toutesfoys passerent outre, ou tuerent deux genetaires et en prindrent ung. Et, ce faict, s'en retournerent chascun a son cartier.

XXXI.

Commant les gens d'armes de messire Aymar de Prye furent priz au Castallanet par les villains dudit lieu.

Dedans la ville de Castallanet estoyent lors les cinquante hommes d'armes de messire Aymar de Prye, soubz la charge d'ung nommé Loys de Sainct Bonnet, lieutenant de celuy de Prye. Lesquelz gens d'armes avoyent des villages de la pres ordonnez pour les approvisionner, et si prenoyent en la ville ce qui mestier leur faisoit, et tout en taille, par deffault d'argent : dont furent, ainsi que par aucuns d'eulx j'ay sceu, plus de dix mois sans estre payez, et ce par le deffault de ceulx qui leur argent avoyent, et la charge pour le Roy de faire le payement. Ce qui du tout desnue et descourage les gens d'armes et mutine les pays contre eulx, et faict le peuple rebeller ; comme en advint audit lieu de Castallanet, ou avoit lors quatre ou cinc des plus notables des habitans de la, lesquelz ne se peurent contanter de la maniere de vivre des François, qui ne payoyent qu'en promesses ou en papier, ce que ne demandent ceulx de par dela. Que quessoit, iceulx mal contantz s'en allerent aux Espaignolz, et leur promyrent de les mectre dedans leur ville du Castallanet, et leur livrer les François qui dedans estoyent, et que par une porte, qui estoit droict a la venue de Tarente, les feroyent entrer. Dont les François par quelque voix en sceurent nouvelles ; ce qui les advisa de faire la nuyt bon guect a ladite porte ;

ce que firent, et le jour se tindrent tous ensemble et tousjours armez; et pour avoir rainfort, manderent au duc de Nemours leur dangereulx affaire. Lequel, pour ce, ne fist autre chose, mais leur manda que, sur leur vie, ne fissent bruyt ne chose dont la ville eust cause de faire plaincte. Ainsi demeurerent noz pauvres gens d'armes sans argent pour payer leur escot, sans secours pour obvier aux ennemys. Dont en advint que le vingt et troisieme jour de fuevrier, ainsi qu'il estoyent au disner chascun a son logys, les villains, tous armez, avecques grant bruyt, se misrent par grosses bandes, et tous a la foys donnerent sur les logys des Françoys, et par force entrerent sur eulx, et les prindrent tous, puys les misrent entre les mains des Espaignolz, lesquelz les emprisonnerent estroictement, sans plus les vouloir rendre par quelque ranson, mais les garderent si long temps que apres pourrez ouyr.

XXXII.

Commant messire Jacques de Chabbanes, seigneur de la Pallixe, fut priz dedans Rouvre par Gonssalles Ferrande, et de la merveilleuse repulse qu'il fist, et excessives armes.

La prise de ceulx du Castallanet venue a la cognoissance du duc de Nemours, visroy a Naples, incontinant manda les gens d'armes qui estoyent a Treillys et a Corastre, pour aller audit Castallanet, et, en ce faisant, desnua de gens le seigneur de la Pallixe, qui estoit a Rouvre, quatre mille pres de Barlete, ou estoit Gonssalles Ferrande avecques grosse armée. Par quoy celuy seigneur de la Pallixe s'en alla a une ville nommée Gravynes[1], où estoit lors le duc de Nemours, et la luy remonstra comment les Espaignolz de Barlete a grant puissance luy pourroyent donner le siege, et par avanture le prandre, comme ceulx qui avoyent la dent sur luy, et estoyent puissans a l'avantage; et ainsi demeurer tout seul a Rouvre n'estoit pas bonne seurté pour luy et pour ceulx qui la estoyent, qui n'y pourroyent resister; car artillerie ne trect n'y avoit, ni muraille qui riens vallust; par quoy le prya ne le laisser ainsi desproveu. Le visroy luy dist que a sa garnison s'en retournast, et que, pour l'eure, ne luy bailleroit autre rainfort, disant : « Si les Espaignolz vous mectent le siege, faictes le moy savoir, et je vous asseure de bon et brief secours vous envoyer. » Tout ce dit, ledit seigneur de la Pallixe, voyant que autre ayde n'en auroit, tout en l'eure despescha une poste, laquelle envoya de Gravynes devers le Roy, auquel escripvit toute la chose, et que, si, par le deffault de ce, mal en advenoit, que a luy ne s'en prist, car il obbeyroit au visroy en toutes choses, comme commandé luy estoit, et demeureroit la au danger de fortune. Ainsi entroyent, et de long temps, en division les capitaines de l'armée des Françoys; ce qui est ung tant domageulx destourbier, et mesmement quant ambicion d'estatz, convoitize d'avoir, et envye de gouverner s'entremeslent du faict de la guerre, que, la ou ses vices ont lieu auctorizé, n'ad-

1. Gravina, grosse bourgade, près d'Altamura, dans les montagnes appelées Murgie d'Altamura, sur le bord du ruisseau Gravina, affluent du Bradana, qui se jette dans le golfe de Tarente.

vient que desollacion de royaumes, rebellyons de peuples, confuses entreprises, desordre de gens d'armes, pertes de batailles et finalles ruynes. Mais, pour revenir au propos, le visroy ne voulut donner autre rainfort au seigneur de la Pallixe; dont en advint que, apres que ledit visroy avecques ses gens fut devant le Castellanet, pour le cuyder reduyre pour le Roy, le seigneur de la Pallixe s'en alla a Rouvre, ou n'eust demeuré deux jours, que le capitaine Gonssalles, qui bien savoit que les garnisons d'autour de Rouvre estoyent deslogées, avecques grosse puissance de bonne artillerye fut la devant, et y mist le siege tout au plus pres, et a toute force fist batre la muraille a troys costez assez pres l'ung de l'autre; et tant que, en moings de quatre heures, y eut breche large de plus de deux cens pas. Et est a scavoir que la garde de la ville estoit mise en troys, dont le seigneur de la Pallixe, avecques ses gens, en gardoit l'une, ou estoyent les breches, et les Savozyens gardoyent les autres deux; dont y avoit troys chefz, c'est assavoir : Pierre de Couldrez, Lyonnet-du Brueil et Jacques de Monsenayns; lesquelz avoyent chascun xx hommes d'armes pour garder le cartier a eulx ordonné. A la plus grant passée, du costé du seigneur de la Pallixe, s'adresserent les Espaignolz a moult grant foulle. Le seigneur de la Pallixe, armé de toutes pieces et monté sur ung courtault pour courir aux deffences de lieu a lieu, avoit mys ses gens a la garde des breches; mais ceulx qui a la passée plus ample estoyent furent, par les Espaignolz, tant chargez que, malgré leur deffence, ung enseigne des ennemys, avecques grosse route d'iceulx, entra. Et, ce voyant, ledit seigneur de la

Pallixe, et que ses gens perdoyent place, soubdaynement mist pié a terre, et a tout une hallebarde au poing, adressa a l'enseigne des Espaignolz, et a tour de bras luy assenna tant a point que par terre le mist, les piedz contre mont; et ce faict, recouvre force, et, a coups desesperez, commança a charger et recharger sur les autres, tant, que hors la breche les repossa, tuant et batant. Et ses gens, qui, devant sa venue, estoyent comme vaincus, reprindrent vigueur, et la, a ceste breche, tindrent pié ferme longuement, si que les Espaignolz n'eurent par ung temps du meilleur. Le seigneur de la Pallixe, voyant les Espaignolz hors la breche, mist des gens froix pour icelle garder, et puys se retira ung peu pour prendre allaine. Le seigneur de Cornon, lieutenant des Savoziens, voyant l'affaire, transmist dix hommes d'armes de ceulx qu'ilz avoit mys aux deffences de la muraille pour rainforcer l'assault. De rechief recommancerent les Espaignolz leur assault plus dur que devant, si que noz gens a force resposserent et leur firent perdre place. Dont le seigneur de la Pallixe, qui estoit bas contre le rampar, remonta amont par une eschelle, et luy monté, comme tout forcenné, au premier des siens mesmes qu'il raincontra erracha une lance du poing, et comme ung sanglier se mist a la deffence, et la fist ce que oncques homme de nostre temps ne fist; car tout seul, les ennemys, qui a grant nombre estoyent entrez, de rechief repossa et mist hors, et fist tel effort d'armes, que nul Espaignol, tant fust hardy, l'ozoit approcher pour le combatre, ne actendre pour ses coups soustenir; car tout autour de luy n'y avoit que Espaignolz estandus. Contre luy firent ung tiers rainffort, et luy baillerent gens a relays qui, a coups de picque et de lances, le blecerent en plusieurs lieux, et tirerent force coups d'artillerye contre luy, sans le grever, de tant que ung seul pas luy fissent desmarcher. Et voyant iceulx Espaignolz que sur luy ne pouvoyent riens gaigner, et que, tant que a la deffence seroit, ne pourroyent entrer, furent querir une caque plaine de pouldre a canon et de feu, et a la foulle l'approcherent de si pres, que sur la teste la luy gecterent, de telle roideur, que luy et sa caque, pouldre et feu, tout ensemble, cheurent du rampar a bas, ou se trouva tout foullé et en feu tellement que, par la visiere de sa sallade, par le dessus de sa cuyrace et par tous les lieux descouvers de son harnoys, luy entra la pouldre et le feu sur luy, tant que, aux enseignes de la fumée qui par son harnoys sortoit hors, apparoissoit clerement que dedans y avoit du feu : si y avoit il, voire du feu de vertus qui, par force de fortune, ne pouvoit estre estainct, et du feu ensulphuré, que ses gens, a flac de vin et d'eau que sur luy espandirent, a toute peine amortirent. O le tres heureulx et louable labeur, digne de florissant renon et recommandable memoire ! C'estoit bien voué son corps aux sainctz du temple d'honneur et habandonné sa vye pour la deffence de la chose publicque. Que fut ce, apres que, a foison de lavage qui dedans les yeulx luy fut gecté, peut regarder, il advisa les Espaignolz de tous costez entrer en la ville, et, voyant que plus ne pouvoit nuyre a iceulx, ne ayder aux siens, comme blecyé et las qu'il estoit, s'apuya sur deux Françoys qui la estoyent, nommez, l'ung Jehan Pin, et l'autre Le Meuble, de sa compaignye, et l'espée au poing, le petit pas, en la veue des

Espaignolz, sans ce que nul d'eulx fust si hardy de l'approcher, s'en alla jucques devant le chasteau. En ce faisant, les Espaignolz entrerent a la foulle de tous costez, et a l'entrer, du costé des Savoziens, en prindrent aucuns, et les autres se retirerent au chasteau, qui pres de la estoit; et a celle entrée, l'ung des bandolliers[1] françoys, nommé Jacques de Monsenayns, apres avoir baillé la foy a ung Espaignol, pour la division de sa prise, fut par lesdits Espaignolz tuhé. Le seigneur de la Pallixe avoit ja marché jucques devant le chasteau, ou ja estoyent retirez une partie des Savoziens et la pluspart de ses gens, qui la fut assailly de plus de troys cens hommes espaignolz; lequel recouvra une hallebarde et mist le dos contre ung rampar, pres dudit chasteau, et la de rechief, comme sanglier abboyé, se mist en deffence telle, que, tant que son glayve tenoit de tour, n'avoit que gens mors et affollez. Aucuns de ses ennemys, voyant le merveilleux exploict de ses armes, disoyent que toute noblesse seroit interessée de la mort d'ung si vaillant chevalier, et ne s'efforçoyent de le vouloir tuher, mais luy cryoyent : « Rendz toy, françoys, pour ta vye garentir, ou vaincu seras pour encourir la mort! » Mais a ce ne a autre chose n'entendoit que a charger a bras desplyez. Entre luy et l'ost des Espaignolz, qui hors la ville estoyent, au droict de luy avoit ung fossé qui

---

1. *Bandolier, bandouiller*, signifie souvent *brigand*. D'après Lacurne de Sainte-Palaie, on appelait ainsi sous Louis XII les archers de la garde du roi, à cause de la *bandolière* qu'ils portaient, explication qui nous paraît extrêmement douteuse. Nous pensons que cela signifie plutôt homme des bandes de pied, ce qui comporte une nuance distinctive des hommes d'armes.

venoit joindre a celuy du chasteau, et, sur le bort de celuy, estoyent grant nombre d'Espaignolz qui regardoyent commant ung homme seul tenoit contre tant d'autres, dont eurent merveilles de ses armes et pitié de son labeur; entre autres ung capitaine de genetaires, lequel crya a ceulx qui mortellement l'assailloyent, qu'ilz ne le tuassent, dont cesserent ung peu, et tant, qu'il parla a luy et luy demanda s'il se vouloit rendre a luy : lequel de la Pallixe dist que non; et l'autre luy dist de rechief qu'il se rendist, et qu'il estoit gentilhomme, capitaine de genetaires, en luy promectant de le sauver et trecter bien appoint. Lequel, voyant que gentilhomme et capitaine estoit, fut content; dont celuy Espaignol se mist a courir vers la porte de la ville, qui plus d'ung gect d'arc estoit loings de luy, dont ne peut estre a temps pour l'avoir, comme vous orrez : car les gens de pié, voyant que a eulx ne se vouloit rendre, dirent qu'ilz le tueroyent, et a tous effors l'assaillirent, toutesfoys ne le pouvoyent joindre, pour les horribles coups qu'il donnoit, et bien cher leur vendoit le priz de sa mort, a laquelle a toute force ilz tendoyent; et tant, que ung d'iceulx luy donna d'une hallebarde sur la sienne, aupres du poing, si grant coup, qu'elle luy cheut a terre; dont ung autre espaignol luy rua sur le coing de la sallade si pesant coup, comme celuy qui le vouloit assommer, que plus d'ung espan luy fist de playe en la teste, et tumber des mains a terre. O, vecy merveilles ! car, a la choite, rancontra la hallebarde qui luy estoit tumbée, et, comme ung autre Anteus[1], filz de la Terre, qui, pour l'avoir baisée,

---

1. Antée, géant de Libye, fils de Neptune et de la Terre; il

redoubloit sa force, reprist vertueulx vouloir et vigoureulx courage, et, ainsi armé de ses necessaires pieces et de sa hallebarde, soubdainement se relieva, et, tout couvert de sang, recommainça a frapper et ruer coups a l'enragé, et faire carriere autour de luy plus que oncques mais ; et tant, que ses ennemys n'ozerent mectre le pié sur son ombre, a peine de la mort. Que diray je de cestuy pour deuement honnourer ses vertus, amplement louer ses gestes, dignement perpetuer son regnon, et a jamais recommander sa memoire? Soubz le poix de ceste charge plye mon pouvoir, mon savoir deffault, mon sens s'i esgare, ma plume ne peult, et mon œuil n'y voit. Quelle chose plus digne de loz firent jadys le duc Sceva, le constant Scevola, le preux Regulus, le loyal Actillius, ni le ferme Curtius, dont les Romains ont faict escriptz de merveilles, spectacles d'honneur, exemples de vertus, et arcz de triumphe? Or, soit doncques cestuy mys au nombre des preulx, au rang de la Table Ronde, au siege de la salle d'honneur et en curre triumphal !

Autre chose ne veulx a ceste conclusion adjoxter, si n'est que le bruyt de ses œuvres meritoires doit avoir lieu en la bouche des meilleurs. Si say je bien que les ambicieulx, qui le loyer de vertus souvant possident, sont envyeulx sur la louange d'autruy et sur les biensfaictz de chascun ; par quoy doubtant les ennuyer, et ausi que Senecque me deffend le trop louer, de cestuy ne diray plus, fors que, ainsi qu'il estoit environné de ses mortelz ennemys, ja las et

---

fut étouffé par Hercule. Au xvie siècle, on croyait beaucoup aux *fils de la Terre*. Nicolas Barthélemy de Loches s'étend longuement à leur égard et fait descendre les Bretons de l'un d'eux, Brito.

affoibly pour le sang qu'il avoit toute jour perdu a la paine de assaulx, et du combat que sans cesser avoit soustenus, comme ses ennemys missent toute force a le voulloir deffaire, ung homme d'armes espaignol, de ceulx de domp Diego de Madoxe, regardant ses coups immoderez et la merveille de ses armes, dist que trop grande perte seroit de la mort d'ung tel chevallier, se print a dire tout hault que on ne le tuast. Ausi mectoit il bonne peine d'y obvyer; mais en grant danger estoit, quant ledit homme d'armes se mist a percer la presse. Si le vint approcher, et fist cesser ceulx qui l'assailloyent, puys luy demanda s'il luy vouloit bailler la foy et se rendre a luy. Auquel ne se voulut rendre; mais luy demanda a qui il estoit. Si luy dist que a domp Diego de Madoxe. Et ainsi audit capitaine domp Diego se rendit; ne oncques audit homme d'armes, ne a autre ne voulut bailler son espée, mais, voyant que pressé estoit de la bailler, la gecta loing, en disant : « Ne toy ne autre ne l'aura jamais de ma main! » Toutesfoys, premier que l'autre capitaine de genetaires a qui il avoit promys se rendre fust la venu, il fut entre les mains de plusieurs gens d'armes qui le menerent au capitaine Gonssalles, qui estoit devant la place, lequel en fut plus joyeulx que d'avoir pris la plus forte place du Royaume de Naples; car c'estoit la craincte des Espaignolz et la seurté des Françoys. Quoy plus? Celuy Gonssalles luy dist qu'il failloit sur sa vye que le chasteau, où s'estoyent retirez une partye de ceulx du duc de Savoye et ceulx qui gardoyent ladite place et aucuns des siens, fist rendre; et pour ce le mena, tout ainsi affollé qu'il estoit, devant ledit chasteau pour faire

mectre entre ses mains. Dont ledit seigneur de la
Pallixe appella ung nommé Cornon, lieutenant du
duc de Savoye, et luy dist : « Cornon, vous voyez
le malleureulx affaire ou nous sommes, et commant
ceste ville avons perdue. Au regard de moy, je voys
bien que je suys mort ou qui le vault. Je suys em-
chargé de par Gonsalles Ferrande, que vecy, de vous
dire que la place ou vous estes vuydez, et la luy
rendez. Mais toutesfoys, se vous voyez que tenir la
puissez et faire service au Roy, ne la rendez, mais
tenez bon ! » Or avoit il bien cueur de lion, or estoit
il bien glout d'honneur, quand, pour craincte de mourir, ne voulut son propos changer ne son vouloir
amollir. Que fut ce? le capitaine Gonsalles, voyant
son vertueulx courage, ne luy voulut plus de mal
faire, mais le fist mener tout doulcement a Barlete, et
la luy bailla medicins et cirurgiens pour pencer de
luy; lesquelz visiterent ses playes, et luy osterent
onze petitz os du test de la teste, et si bien le visiterent que tout sain guery a la parfin le rendirent.

Le capitaine Gonssalles fist assieger et batre le chasteau de Rouvre, et tant que ceulx qui dedans estoyent
se rendirent. Si furent priz, et tous menez a domp
Diego de Madoxe, lequel eut leur defferre, et ce qu'ilz
avoyent, et les tint en prison dedans Barlete, sans ce
que jamais ne eulx ne les autres priz au Castellanat,
pour quelque ranson que bailler vousissent, volust
rendre, ne le seigneur de la Pallixe, qui grosse ranson
vouloit bailler. Les Brussiens, dont il estoit visroy,
sachant sa prise, comme ceulx qui moult l'amoyent,
manderent a Gonssalles que, si le vouloit délivrer, que,
oultre sa propre ransson, luy donneroyent quinze mille

ducatz. Mais ce nonobstant, ne le voulut eslargir ne delivrer; toutesfoys le trectoit assez bien, comme j'ay sçeu par aucuns de ceulx qui avecques luy estoyent. Et vela commant ce continuoit le malleur des Françoys. Durant celuy affaire, Aymer de Villars, qui lors estoit a Trelys, ung mille pres de Rouvre, avecques ses gens, se mist aux champs et approcha pres d'ung hospital entre Rouvre et Trelys, cuydant donner secours a Rouvre; mais pour la puissance grande des Espaignolz ne peut passer oultre. Le duc de Nemours, visroy, sachant la prise de Rouvre et de ceulx qui dedans estoyent, avecques tous ses gens hastivement marcha la, ou ja trouva ladite ville prise et le chasteau; dont s'en alla a Canoze tenir garnison, et mist ses gens dedans les villes pres de luy. Ainsi en advint par le deffault du rainffort que ledit duc de Nemours ne voulut lesser; lequel, ainsi que depuys plusieurs m'ont dit, estoit des capitaines mal obbey, et eulx de luy mal secouruz. Ce qui fut le moyen de leur perte, et le remede de l'avancement de leurs ennemys.

Après la prise du seigneur de la Pallixe, ceulx des siens et du duc de Savoye, qui a Rouvre furent priz, furent mys les ungs a Mont Fredoigue, et les autres au Mont Saint Ange[1], fortes places, desquelz XXVI furent mys en basse fosse, et XIII dedans le chasteau du Mont Sainct Ange, en la garde d'ung espaignol nommé Laussou, lequel beuvoit et mengeoit avecques les XIII françoys, qui estoyent enferrez deux a deux,

1. Monte Sant' Angelo, près de Manfredonia, château fort, ville et lieu de pèlerinage à saint Michel, dans le massif du Monte Gargano.

ausquelz parloit souvant de plusieurs choses, et de parolles les chastyoit de leur deffault, en leur disant qu'il avoit autresfoiz demeuré en France, et veu leur maniere tant oultrageuse qu'il leur sembloit advys qu'il deussent prendre la lune avecques les dens, et que a ce qu'ilz pençoyent n'avoit contredit. A quoy ne disoyent mot les françoys, mais estoyent demy forcennez d'estre trectez en telle guise, et eulx, voyant souvant le chief de leur garde mal accompaigné, et la place ou ilz estoyent bien forte et garnye de vivres, delibererent le mectre en basse fosse ou le tuher, et gaigner la place; ce qu'ilz pouvoyent faire de legier; car ses gens sortoyent souvant du donjon pour aller repaistre, et le laissoyent tout seul avecques les françoys. Or advint que ceulx du Mont Fredioigue avoyent faict mesme entreprise et telle machinacion, a quoy faillirent et furent avant surpris. Dont ung nommé Jacques de Scenon, françoys[1], estant la prisonnier et inventeur de la chose, eut par les Espaignolz tranchée la teste, et tous les prisonniers du Mont Fredioigue et du Mont Sainct Ange furent mys en basse fosse, et tant malmenez que plusieurs y moururent; et entre autres le seigneur de Cornon, lieutenant du duc de Savoye.

Long temps furent ainsi detenus en fosse et en fers, sans que nul eust pitié de leur affaire, fors les femmes, qui tousjours ont le vouloir humain et le regard piteux; lesquelles, oyant parler du maleur de ses pauvres françoys, leur portoyent souvant a menger et leur deval-

---

1. Serait-ce le même que Jean d'Auton a précédemment appelé Bernard de Scenon? Bernard était homme d'armes de la compagnie Lanque.

loyent de grans pains blancz et de la vyande dedans paniers attachez a cordes ; et, a la fin, a ceulx du Mont Sainct Ange mirent des limes courtes dedans leur pain ; tellement qu'ilz lymerent leurs fers si a point, qu'il peurent sortir ; ce qu'il firent, et tuerent leurs gardes, puys se firent guyder et mener par lieux couvers jucques a Sainct Lyenart ; et fault entendre qu'il n'alloyent que de nuyt, logeant le jour par les fenoillières[1], qui lors estoyent grandes, et la ne mengeoyent que l'espy du blé qu'ilz esgrunoyent ; ainsi vesquirent troys jours, sans menger de pain, qui moult les affoiblit. La estoyent deux françoys, nommez l'ung Lyonnet du Brueil et l'autre Barrault ; lesquelz prindrent chascun une bende de leurs gens, et, pour cuyder passer plus ayséement, suyvirent deux chemins, tirant, l'ung vers Sainct Lyenart, et l'autre a Canoze. Ainsi qu'ilz cheminoyent, celuy Barrault advisa une grosse route de paysans avecques asnes chargez de boys, et, comme il fust enuyé d'aller a pié, laissa ses compaignons arrière, et dist qu'il monteroit sur l'asne ; tant que la charge qui estoit dessus mist a bas, et, malgré le bonhomme, monta dessus, disant qu'il estoit las et affamé, et commança a tropter, dont celuy paysant et ses compaignons luy coururent sus, et, avecques gros bastons et a coups de pierre, le devallèrent, et la, premier que ses compaignons le peussent secourir, l'assommerent. Et ce faict, sesdits compaignons s'en allerent vers Canoze, ou trouverent le capitaine Loys d'Ars, qui leur donna chevaulx et harnoys, et les mist en besoigne.

1. Champs de fenouil.

Les autres, que menoit Lyonnet du Brueil, se rendirent a Sainct Lyenart, disant que miraculeusement estoyent sortiz de prison, par l'intercession du glorieulx sainct, et que la alloyent faire leur voyage, dont l'abbé les recueillit doulcement, et les trecta bien a point, puys leur demanda ou ilz vouloyent aller; lesquelz disrent que a Canoze vouldroyent bien estre, si possible estoit d'y aller seurement. Dont, pour ce faire, celuy bon abbé leur fist bailler robbes d'espaignol, et mectre dedans une charrete; puys les fist, comme pellerins, conduyre jucques audit lieu de Canoze, ou furent, comme les autres, receuz par le capitaine Loys d'Ars.

Pour la perte que par cy devant avoient faicte, les Françoys ne lesserent a faire bonne guerre a leurs ennemys, et se serrerent les ungs près des autres, en courant tous ensemble, ou a grosses bendes, sur les garnisons contraires; et tant que souvant les destrousserent et leur empescherent les vivres. Messire Yves d'Allegre, seigneur dudit lieu, et Jacques d'Allegre[1], son filz, firent lors mainctes courses et allarmes aux Espaignolz; si firent les autres capitaines françoys, et tant, que tousjours estoyent maistres des pays et seigneurs des vivres. Ledit seigneur d'Allegre estoit dedans une ville nommée Sainct Sever[2], au capitainat en Poille, où long temps avoit demeuré, et la faict labourer terres, comme si arrest perpetuel y eust

1. Fils aîné d'Yves d'Alègre et de Jeanne de Chabannes La Palisse. Il périt à la bataille de Ravenne, sous les yeux de son père, en 1512.
2. San Severo, ville importante, à la racine de la pointe de Gargano, sur le versant nord.

voulu faire, et mys navires et galleres en mer, qui destrousserent plusieurs, sans regarder ou, ne a qui, dont plainctes furent a tous costez, tant, que repriz en fut par le visroy, qui luy dist que a ses besoignes privées ne aux affaires urgentes du Roy ne povoit ensemble bonnement vaquer, pour ce qu'il est dit, que tout loyal souldart en faict de guerre ne doit lesser l'ouneur d'icelle pour son singulier prouffict; dont les choses furent en myeulx adoulcyes et mises a raison.

Nouvelles furent lors du secours que le Roy d'Espaigne envoyoit en Callabre, et que le seigneur d'Aulbigny, qui la estoit pour le Roy, mal accompaigné, estoit pour l'actendre. Dont le duc de Nemours y transmist messire Jehan Stuart et le seigneur Honorat, frere du conte de Besignane, a tout cincquante hommes d'armes; et est a savoir que lors plusieurs Italliens et Napolitains estoyent avecques le duc de Nemours, aux gages du Roy et a son service, comme le seigneur Honorato Gayetano, duc de Trayete[1]; Troian Caraiche[2], prince de Melphe; Robert de Sainct Severin, prince de Sallerne[3]; Bernardin de Sainct Severin, prince de Besignane[4]; Zismond Quantelme,

---

1. Onorato Gaetano, comte de Fondi, duc de Traietto. V. sur lui Amirato, t. II, 259, 210.

2. Troiano Caracciolo. V. une notice sur lui dans Amirato, pars secunda, p. 128. V. aussi les détails sur la famille Caracciolo, donnés par Amirato, *Famiglie Neapolitane*. Cf. Delaborde, *Expédition de Charles VIII*.

3. Il avait épousé Dianora Piccolomini, fille d'Antonio Piccolomini, premier duc d'Amalfi (*Melphes*).

4. Comte de Tricarico, prince de Bisignano. Quelques lignes plus haut, Jean d'Auton le qualifie de « comte de Bisignano. » D'après Amirato, il était seigneur de vingt et un villages.

duc de Sore[1]; Jacques de Sainct Severin, conte de Mellite[2]; le marquys de Licite et grand nombre d'autres.

XXXIII.

De la venue de Phillippes, archiduc d'Autriche, et d'une paix fourrée faicte entre le Roy et Roy d'Espaigne et la Royne, sa femme, accordée et jurée par ledit archiduc, comme procureur des su[s]dits Roy et Royne d'Espaigne.

A Lyon, sur le Rosne, estoit lors le Roy, lequel actendoit la venue de Phillippes, archiduc d'Autriche, duquel avoit eu nouvelles, comme j'ay dit devant, et baillez ostages[3] pour sa seureté; lequel

---

1. Giov. Paolo Cantelmo, duc de Sora. Il avait épousé Caterina, fille de Francesco del Balzo, duc d'Andria (Amirato, II, 244).
2. Melito.
3. Ces otages étaient les comtes de Foix, de Vendôme et de Montpensier. La circonstance inspira au poète Molinet l'envoi suivant : « *Lectres de Molinet envoyées a maistre Florimont Robertet, secretaire des finances du Roy et tresorier de France, Messires de Fouez, de Vendosme et de Montpencier, jeunes princes estans en ostage en Flandres ou lieu de Monseigneur l'Archiduc.*

>   Chef d'euvre exquis, sintilant Florymont,
> Soleil luysant au franc asuré throsne,
> Les grans vertuz de ton champ Florymont
> Boute en train, si qu'a ton Florymont
> Mon epistolle indigne se patrone.
> Ton pere estoit filz de nostre matrone,
> La rethorique, et je croy que tel es :
> *Nam sequitur patrem sua proles.*
>
>   George mon maistre, et ton elegant pere,
> En temps prospere, eurent loz autentique

fut en court le IIIe jour d'apvril, en l'an susdit[1].

Le Roy et la Royne luy firent joyeuse chere, et doulcement l'accueillirent; si firent tous les seigneurs de France qui la estoyent. Or avoit il lectres du Roy et de la Royne d'Espaigne, signées de leurs propres

> De bien dicter, qui sur tous ars impere.
> Mais toy, j'espere, es en plus haulte sphere
> Qui recupere, et passe rethorique.
> Ton angelique engin du tout s'applique
> Au bien publicque; et ou ton salut gist,
> *Gloria, Laus, et Honor tibi sit.*
>
> Familier es du tres chrestien Roy,
> Qui est, je croy, le plus grant de ce monde :
> Il fait trembler maint chasteau, maint beffroy,
> Par son effroy; nul autre avoir ne voy
> Si grant envoy, ne gloire si fort monde,
> En terre ronde, en aer, en mer parfonde
> Son bruit se fonde, on l'ot tonner et bruyre.
> Ce que Dieu ayme, ame ne luy peult nuyre.
>
> Trois jouvenceaulx vistes, bien affinez,
> En France nez, veons a nostre choez
> Par gens discretz fort bien morigenez,
> Endoctrinez, fessez, disciplinez
> Et gouvernez, soubz notables François :
> Mais toutesfois, Montpencier, a la fois,
> Vendosme et Foix, sentent les vergeonceaulx :
> Au mois de mars ploye on les vers rainceaulx.
>
> Escript ce jour Saincte Croix,
> Par le petit Molinet,
> Qui de vieillesse a tel surcroix
> Que plus n'a d'ancre en son cornet.
>
> Vive ton nom, Florimond Robertet!
> Dieu te doint gloire ou le Roy Robert est! »
>   (Ms. fr. 1717, fol. 64.)

1. D'après une relation contemporaine publiée au tome II de

mains et scellées de leurs seaulx royaulx, par lesquelles ilz luy avoyent donné et donnoyent pouvoir auctorizé a suffire et procuracion expresse de trecter, en nom d'eulx, avecques le Roy de l'appoinctement final de leur question de guerre, et d'estre le moyen de la paix d'entre eulx touchant le differant qu'ilz avoyent a cause du Royaulme de Naples, et de toutes autres questions et querelles, et pour icelles choses accomplir, pouvoit faire le serment sollempnel et jurer promesse pour et en nom d'eulx, et comme leur procureur espicial, expressessement par eulx ordonné en ceste matière. Et, avecques ce, estoyent contantz lesdits Roy et Royne d'Espaigne, et promectoyent par icelles lectres lesser et transporter le droict qu'ilz se disoyent avoir sur ledit Royaume de Naples a l'archiduc, qui leur fille aisnée avoit esposée, si le Roy ausi, de sa part, vouloit laisser le droict par luy pretendu audit Royaume de Naples a madame Glaude, sa fille, laquelle le filz de celuy archiduc avoit pareillement par procureur fyancée. Les lectres de procuracion furent par ledit archiduc baillées au Roy[1], pour icelles veoir et

---

l'*Histoire littéraire de Lyon* du P. Colonia, citée par le bibliophile Jacob, *Histoire du XVIe siècle*, t. II, p. 288, l'archiduc arriva à Lyon le 22 mars et fut accueilli par des fêtes et des mystères, et le roi n'y arriva que le 29. Cette indication est confirmée par les Archives de la ville de Lyon, *Actes consulaires*, BB 24, fol. 400.

1. Ce pouvoir, qui fut violé par Ferdinand et Isabelle, consiste dans un engagement officiel, en espagnol, sur les saints évangiles, sous forme de lettre à l'archiduc Philippe, d'approuver et de confirmer tout ce qu'il stipulera pour le mariage de son fils l'infant don Carlos, duc de Luxembourg, avec Claude de France, pour le bien de la paix et de la chrétienté. Il est signé, régulièrement : « Yo el Rey. — Yo la Reyna, » et daté de Madrid, le

visiter, lesquelles apres les avoir veues et lues, mist en conseil et fist debatre la chose a l'equité et deuement consulter. Si fut conclut que, pour le bien de la paix, unyon des princes et salut de la chose publicque, le trecté estoit bon, juste et raisonnable. Par quoy, le cinquiesme jour dudit moys d'apvril, le Roy et l'archiduc firent conclusion sur ledit appoinctement et jurerent ensemble icelluy tenir ferme, estable et sans emfraindre, et que, de la en avant, pour celle cause, le Roy et le Roy d'Espaigne n'auroyent ensemble guerre, division ne discord[1], mais laisseroyent ledit

12 *enero* (janvier) 1503 (K 77, 23 *bis*). Rien ne peut excuser le manque de foi si complet des souverains espagnols dans cette circonstance, et il fut universellement reconnu. Cependant, nous devons constater que, forcé par la reine et par les circonstances de souscrire au mariage, Louis XII faisait ses réserves secrètes. Par une déclaration secrète, rédigée en vue de sa mort éventuelle, datée de Lyon le 30 avril 1500, signée *Loys*, sur parchemin, et revêtue du grand sceau jaune de majesté, Louis XII, après avoir énoncé que sa fille pourrait être demandée par des rois ou des princes, ajoutait qu'engagé plus anciennement par les promesses et le serment solennel du sacre, il déclarait nulle, comme contraire à ses premiers engagements et serments solennels, toute promesse de mariage qu'il pourrait souscrire avec un autre qu'avec François d'Angoulême, — si elle est moins utile ou bonne, fût-elle jurée — : « Non obstant et sans avoir aucun regart a quelzconques traictiez, cappitulacions et promesses que pourrions cy apres faire avec quelconque autre prince ou personne que se soit » (J 951, orig.). Cette déclaration fut encore renouvelée. Mais il faut bien en comprendre le caractère : elle n'était qu'éventuelle, pour le cas où le roi mourrait, et mourrait sans héritier mâle. Louis XII acceptait le mariage en principe, mais il réservait le cas où ce mariage eût équivalu au démembrement de la France.

1. Le revenu des douanes des troupeaux, un des objets principaux du litige né de l'ordonnance que nous avons indiquée plus haut, devait être divisé annuellement par les deux gouver-

Royaume de Naples a leurs enfens, comme dit est[1].

Apres celle confederacion et accord, a Lyon sur le Rosne, ou le Roy estoit et toute la court, en furent faictz les feux de joye et les nouvelles semées par tout le Royaume de France[2].

Le Roy, sur ce, despescha la poste, par laquelle envoya ledit appoinctement au duc de Nemours, visroy pour luy a Napples[3]. Et si tost qu'il l'eut veu le double

---

neurs. Louis XII abandonnait Naples à sa fille. Une convention secrète avait pour objet la réforme immédiate de l'Église.

1. Cf. Guichardin, liv. V, ch. v (Guichardin dit, par erreur, que le traité fut signé à Blois) : Recueil de Léonard, II, p. 9 : Saint-Gelais.

2. Cette nouvelle fut accueillie partout avec joie. Le 10 avril 1503, la ville de Bologne elle-même adresse au roi des protestations de dévouement et de chaudes félicitations pour la paix, « alquale se e publicato el tutto cum gram festa et sonare de infinite campane, trombe, piffare, bombarde » (Archives de Bologne, *Litterarum*). La situation politique générale devenait des plus difficiles. En février, Venise avait formellement refusé d'aider la France à Naples (Dép. de Dandolo, du 15 février 1502-3. Archives de Venise). Le roi commençait à être très las de ses rapports avec les Vénitiens, et on parlait tout bas de leur reprendre Crémone (Dépêche du même, du 24 janvier. *Ibid.*). A la cour même, on n'était pas d'accord sur la politique à suivre à l'égard du duc de Valentinois. La reine le détestait : le cardinal d'Amboise, au contraire, était d'avis de le subir, ne voulant pas se brouiller avec la cour de Rome, politique qui prévalut jusqu'à la mort du cardinal. Cependant, on parlait assez mal de Valentinois. Le milanais Visconti dit un jour au roi, avec beaucoup de liberté, que S. M. laissait tellement lever *la cresta* à Valentinois qu'il devenait à craindre. Le roi ne s'offensa pas et répondit qu'on ne laisserait jamais le duc réclamer un *merlo* ou un fétu des domaines de Venise, Florence, Sienne, Bologne ni Ferrare... (Dép. de Dandolo, du 18 février 1502-3. Archives de Venise). Le duc de Valentinois reçut de Louis XII, en 1503, 20,000 liv. (K 78, n° 2), une fois données.

3. Il en informa le 3 avril les Florentins, d'après Desjardins,

de celuy appoinctement, l'envoya au capitaine Gonssalles, lieutenant general du Roy d'Espaigne, pour celuy tenir, comme entre les princes estoit appoincté. De quoy ne volut riens faire ledit Gonssalles, disant que dedans celuy appoinctement n'estoit compriz, ne de luy nullement parlé, ne n'en avoit eu aucunes lectres du Roy d'Espaigne, son maistre, par quoy n'en tiendroit riens, combien que l'archiduc en escripvist audit capitaine Gonssalles, et tout a cler l'en advertist. Ce qui estoit a luy mal obbey au vouloir de son souverain seigneur, ou bien donné a chascun pour entendre que entre elz avoit intelligence d'effaict contraire au dire de l'appoinctement juré[1]. Que quessoit, en advint ce qui a temps sera dit. Et cy finist la revolucion du temps de l'an mille cincq cens et deux, avecques la descripcion des gestes gallicannes de l'an susdit.

Négociations, II, 75. Mais cette date est certainement inexacte, puisque le traité ne fut conclu que le 5. Or, la lettre de Louis XII est la notification officielle que le traité a été « juré et promis. »

1. « Ce refus, dit Guichardin, était fondé sur ce que le roi de France... avait interrompu ses préparatifs et même contremandé 3,000 hommes de pied, qui avaient ordre de s'embarquer à Gênes; il avait suspendu aussi la marche de 300 lances... Au contraire, les 2,000 lansquenets que l'empereur avait permis à Gonsalve de lever en Allemagne étaient arrivés à Barlette, après avoir traversé sans obstacle le golfe de Venise : le roi de France se plaignit beaucoup des Vénitiens dans cette occasion. »

S'ENSUYT

LA CRONICQUE DE FRANCE

DE L'AN MILLE CINCQ CENS ET TROYS,

I.

TOUCHANT AU PREMIER DE L'AFFAIRE DE MESSIRE BERAULT STUART, SEIGNEUR D'AULBIGNY, ET DE SES GENS EN CALLABRE.

Pour ne vouloir donner œuvre au vice d'ociosité, qui est commancement de vye voluptueuse, moyen de perdicion de bon temps, et fin de dampnable misere, mais a quelque excercice vertueulx employer mon sens et mon pouvoir applicquer, j'ay voulu sur les faictz des Françoys continuer propos et descripcion ensuyvre, sans toutesfoys vouloir par amour favorizer les ungs, ne par hayne desdaigner les autres, mais avancer les vertueulx scelon le merite de leurs biensfaictz, et reprouver les vicieulx scelon le reproche de leurs deffaultz : si say je bien que chascun ne sera contant de la porcion des honneurs, ne rappaisié au distribuer du vitupere; mais a celuy doit estre tout ung, qui, des louez a bon droict, n'actend loyer proffictable avoir, ne, des blasmez a juste cause, ne crainct excès demageulx emcourir : ausi est il convenient a

celuy qui se gloriffye en la louange de son bienfaict
de prendre en pacience le chasty de son vice. Doncques, pour entrer en propos, est vray que, au commancement de ceste presente année de grace mille cinc
cëns et troys, au port de Rege en Callabre, arriva le
secours d'Espaigne, mais ce ne fut pas troys jours
apres la journée, comme nous autres Françoys disons
voluntiers. Que quessoit, la furent Espaignolz au
nombre de troys cens hommes d'armes, quatre cens
genetaires et quatre mille hommes de pié, nommés
galliegues, avecques haultz bonnetz, presque tous deschaulx, targuetes et pavoys en main, lesquelz tous descendirent et dedans Rege se reposerent par l'espace
de quinze jours; et la cependant leur capitaine,
nommé Porte Carriere[1], parent du roy d'Espaigne,
mourut audit lieu de Rege; et demeura en son lieu
ung autre espaignol, nommé domp Ferrande d'Andrade, capitaine des galliegues et de tout ledit secours.
Messire Berault Stuart, seigneur d'Aubigny, sachant
par espies la venue de celuy secours, s'en alla en la
plaine de Terrenove, ou luy vindrent a ramfort ung
sien nepveu nommé Jehan Stuart et le seigneur Honorat de Sainct Severin, frere du prince de Besignane,
comme est dit dessus, a tout cincquante hommes
d'armes. Avecques le seigneur d'Aubigny estoyent
Adrien de Brymeu, Jannot d'Arbouville, Bernard de
Sainct Souldain, messire Jehan Ghapperon, Françoys
Morin, seigneur de la Grimauldière, et plusieurs autres
gentishommes; et ausi y estoyent Yves de Mallerbe,
Pierre Loys de Constance, La Roche et Fontaines,

1. Porto Carrero, seigneur de Palma.

capitaines de gens de pié; en tout pouvoyent estre deux cens xxx hommes d'armes et viii cens pietons ou environ, que françoys, que italliens, et là, entour la feste de Pasques, tindrent les champs, en actandant la venue des Espaignolz; et cependant les Espaignolz qui dedans Yrache Condyane et Sainct George[1] estoyent, s'en allerent a la ville de Terrenove[2], et se misrent la en garnison, ou le seigneur d'Aulbigny les assiega et prist le bourg sur eulx; toutesfoys, ne sortirent de la ville pour l'eure, mais se tindrent tout coy. Le secours qui estoit a Rege se mist aux champs lors et s'en vint a Semynerre, quatre mille pres de Terrenove; par quoy le seigneur d'Aulbigny leva son siege et s'en alla a ung village nommé Sainct Martin[3], ung mille pres des ennemys, et, avecques tous ses gens, de Sainct Martin s'en alla courir devant Semynerre, ou les Espaignolz estoyent, lesquelz envoya sommer de combatre : ce que ne voulurent, mais sortirent a l'escarmouche, et la se commancerent a pincer bien estroict; toutesfoys, voyant, le seigneur d'Aulbigny, qu'il ne luy vouloyent donner le conbat, s'en alla a une autre ville nommée Roserne, et la fist ses pasques avecques ses gens. Le lendemain, sortit de Roserne, et, pour approcher ses ennemys, s'en tira a Joye[4], et la fut les feryes de Pasques, actendant que aux champs se missent les Espaignolz, dont ceulx qui a Terrenove estoyent se joignirent avecques leur secours, qui lors estoit a Semynerre, et ainsi estoyent plus de

1. San Giorgio.
2. Terranova.
3. San Martino.
4. Rosarno, Gioja.

quatre cens hommes d'armes et grant nombre de gens de pié, et elz ainsi assemblez, se misrent aux champs, et les François ausi : lesquelz se trouverent d'ung costé et d'autre ung vendredi apres Pasques, XXI⁰ jour d'apvril, entre Joye et Semynerre, et la, a belle champaigne, se voyoyent les ungs les autres de plus d'ung mille loings. Le seigneur d'Aulbigny, voyant que eure estoit de besoigner, mist ses gens en ordre[1], et bailla l'avangarde a Adryen de Brymeu, seigneur de Humbercourt, tres hardy et moult adroict homme d'armes, auquel bailla soixante hommes d'armes escossoys; il voulut conduyre la bataille, ou mist quatre vingtz hommes d'armes pour soustenir les premiers, s'il estoyent repossez, ou les rainforcer s'il entroyent dedans les ennemys; l'arriere garde bailla au seigneur Honorat de Sainct Severin, itallien, ou estoit le demeurant des Françoys a cheval : tous les pietons furent mys entre la bataille et l'arriere garde, a cartier et viz a viz des gens de pié espaignolz, pour servir a besoing.

Les Espaignolz se misrent en troys batailles, dont deux de cheval estoyent, et une de pietons. Les capitaines de gens de pié françoys estoyent tous a cheval devant le front de leurs gens, pour les mectre en besoigne aux lieux ou mestier seroit; et eulx, ainsi mys en bataille, s'approcherent moult fierement, et tant que question fut de donner, dont le seigneur de Humbercourt, qui menoit l'avangarde des Françoys, pour monstrer a ses gens ou devoyent aller, se mist

1. D'après Guichardin, il s'était retranché avec quatre pièces de canon sur le bord du Marro. Mais Benavides, l'amusant par un rideau de troupes, avait franchi la rivière à un mille plus bas.

au front de son avangarde, et la, non comme capitaine, pour seullement ses gens arranger, mais comme souldart, pour executer la guerre, prist une grosse lance et voulut prendre le cours pour commancer le bruyt; mais le seigneur d'Aulbigny, doubtant que par trop se hastast, luy escrya, en disant : « Ne vous hastez, mons^r d'Humbercourt, car ancores ne sont ilz assez pres pour joindre a eulx; je vous prye que, par ung peu trop nous avancer, ne retardons tout nostre affaire. » A ce ne voloit entendre, mais charger a toute force; dont luy dist ancores le seigneur d'Aulbigny tout doulcement : « Monsr d'Humbercourt, vous perdrez tout si vous marchez; » dont s'arresta, et, ainsi que m'ont dit aucuns de ceulx qui la estoyent, ilz beurent ensemble sur le champ, en actendant que les ennemys fussent en lieu pour leur devoir donner, et, lorsqu'ilz furent en place marchande, ledit seigneur d'Humbercourt, sans plus actendre, avecques tous ses gens, donne des esperons, et alors luy dist le seigneur d'Aulbigny : « Or, allez, que Dieu vous vueille conduyre! »

Tant rudement allerent les ungs contre les autres, que, au rancontrer des lances, les Françoys firent ouverture grande entre les ennemys, telle que, par le millieu d'eulx fut veue la place vuyde, et, ainsi que Yves de Mallerbe, qui la estoit pour embesoigner ses pietons, me dist depuys, les Françoys donnerent si dur choc, que ceulx qu'ilz rancontrerent allerent, hommes et chevaulx, piedz contre mont, tellement que luy mesmes, comme il dist, veist les fers de leurs chevaulx en l'air renversez. Le seigneur d'Aulbigny, qui avoit la bataille, transmist Jehan Stuart avecques la pluspart de ses gens, pour rainfforcer[1], et, ainsi qu'il fut a donner, il veit les gens de pié espaignolz pres de leurs gens de cheval, et doubtant qu'ilz ne defficent les Françoys, qui premier avoyent donné, se mist au travers d'eulx avec quarente hommes d'armes ou environ, ce que ne devoit faire, scelon commune oppinion, mais charger sur les gens de cheval, car eulx deffaictz, des pietons eussent eu bon marché. Que fut ce, les hommes d'armes de la seconde bataille des Espaignolz virent que autre rainffort n'avoit de Françoys : tous ensemble chargerent sur le seigneur de Humbercourt et ses gens, tellement qu'ilz les mirent par terre et commancerent a cryer : *Victori! Victori! Sainct Jacques! Sainct Jacques!* a haulte voix. Le seigneur d'Aulbigny, voyant celle roupture, voulut mectre l'arriere garde en avant pour secourir les premiers, dont le seigneur Honorat, itallien, ne recula, mais de luy fist ce qu'il peut; celuy qui portoit l'enseigne du seigneur Troian Papecoulde[2], comme lasche, meschant et efféminé, s'enfuyt avecques le surplus de l'arriere garde, lesquelz, en fuyant, rompirent noz gens de pié et se retirerent a Joye[3]. Les Espaignolz, qui avoient deffaicte l'avangarde, s'en allerent joindre, avecques les pietons, ou Jehan Stuart et ses gens s'estoyent meslez, et la, chargerent sur les Escossoys, tellement, que xxxvi hommes d'armes desdits Escossoys, et soixante archiers, que la que a l'autre cousté, y moururent, et, entre autres, ung qui portoit l'enseigne, nommé

---

1. Ou *ramforcer*. Le texte peut, ici et ailleurs, autoriser les deux lectures.
2. Pappacoda.
3. Gioja.

Gilbert Tournebul, et six de ses parens, lesquelz furent tous trouvez mors autour de l'enseigne, laquelle ne voulut oncques lascher; mes, apres qu'il fut mort, fut trouvé dessus, la lance ou estoit actachée la banyere entre les bras et la banyere entre les dens. Bien sont telz, dignes de louange, qui myeulx ayment mourir pour honneur garder, que vivre en honte, reprochez de tache de lascheté! Les autres furent trouvez estandus, l'ung ça, l'autre la, pres de leurs chevaulx mors soubz eulx, et si ung Escossoys estoit mort d'ung costé, ung Espaignol ou deux estoyent de l'autre : ainsi eurent iceulx une partie de la perte, mais la victoire leur demeura. Noz gens de pié furent de tous costez assailliz, dont les aucuns voulurent tournez le doulx, mais ceulx qui fuyrent furent tous tuez par les genetaires ; les autres tindrent tant qu'il peurent, et mesmement ung nommé Jehan de Montauban, lieutenant de ceulx d'Yves de Mallerbe, qui oncques, pour craincte de mort, ne voulut tourner le doulx, mais, avecques son enseigne, demeura pié coy et la mourut, la hallebarde au poing, tres vertueusement, avecques huyt cens d'autres, ainsi que m'a raconté ledit Yves de Mallerbe, qui la estoit. Adryen de Brymeu, Jannet d'Arbouville, messire Jehan Chapperon, Jehan Stuart, Françoys Morin, et plusieurs autres, furent la priz et enmenez par lesdits Espaignolz.

Le seigneur d'Aulbigny, comme hors du sens, voyant une partye de ses gens mors, les autres priz et les autres fuyr, couroit par cy et par la, cuydant ralier aucuns Françoys avecques luy, et souvant fut entre ses ennemys, qui point ne le cognoissoyent, pour la poussiere dont il estoit tout couvert, et sachant que aultre chose pour l'eure ne pouvoit, se retira ung peu a part pour se vouloir reposer, comme celuy qui bon mestier en avoit. Et la rancontra Bernard de Sainct Souldain qui avoit donné sur les gens de pié, avecques Jehan Stuart, et estoit eschappé tout blecyé avecques quelques autres. Auquel se complaignit ledit seigneur d'Aulbigny, de ceulx qui si laschement avoyent fuy, et de la perte qu'il avoit faicte, disant : « J'ayme myeulx mourir icy par la main de mes ennemys, en me deffendant, que m'en retourner vaincu entre mes amys, comme fuytif; et de ma mort ne me chault, mes que a quelque Espaignol j'aye a mon appetit donné ung coup de lance ! » Et, ce dit, vouloit aller tout seul assaillir ses ennemys, dont celuy Bernard de Sainct Souldain l'aresta et luy dist : « Capitaine, si je savoye que a noz ennemys courussiez pour vous faire tuher, je vous jure que plus tost de ma propre main je le feroye; et, pour ce, ne parlés plus de si folle entreprize; car, ja que je puisse, espaignol, pour ceste foys, ne soilhera sa main de vostre sang. Il ne fault plus tenir ce propos, mais nous retirer autre part, en actendant meilleur fortune, qui tousjours adverse ne nous sera. » A ses parolles, se remist ung peu ledit seigneur d'Aulbigny, et, avecques huyt ou dix chevaulx, se retira a Presane, ou se repoza ung peu ; puys s'en alla a Mellite[1], et de la a la Roque d'Angite [2], ou apres fut assiegé comme sera dit.

Apres la victoire qu'avoyent eu les Espaignolz, ce jour mesmes poursuyvirent les Françoys qui s'en estoyent retirez a Joye, et la les assiegerent, lesquelz

1. Melito, ou Mileto.
2. Rocca d'Angitola.

se rendirent, par composicion d'ung cartier de leurs gaiges, et la firent iceulx Espaignolz une crudelité qui ne se doit oublyer; telle, que, apres que les Françoys se furent par composicion renduz, ilz les misrent tous en basse fosse et en gallere; et eulx, pour magnifier leur meschant vouloir, apres qu'ilz eurent bien souppé, se misrent a jouher leurs prisonniers les ungs contre les autres, et, entre autres, jouherent ung jeune homme d'armes escossoys nommé Baslon; et, apres que son maistre l'eut joué et perdu, ceulx qui l'avoyent gaigné eurent debat a qui l'auroit, et dirent chascun qu'il en auroit sa part, tellement que a coups de raspiere departirent leur butin, et desmenbrerent le pouvre gentilhomme, et ce faict, chascun en prist sa piece, a quant coups en eussent faict autant les Françoys. Je laisse ce propos pour l'orreur du compte et la villenye de l'exploict, et ditz que, apres ce, tout chauldement poursuyvirent le seigneur d'Aulbigny, et devant la roque d'Angite allerent mectre le siege, qui dura long temps.

Icy me fault sincopper ce propos jucques a temps, pour retourner aux faictz de la Poille, qui, ce temps durant, furent exploictez.

II.

Commant Loys d'Armaignac, duc de Nemours et visroy a Naples pour le Roy, fut deffaict et mort devant la Cherignolle, en Poille, et plusieurs autres Françoys et Allemans mors et pris par les Espaignolz, scelon le rapport d'aucuns Françoys qui la estoyent, et comme,

PAR LA TENEUR D'UNES LETTRES ENVOYÉES A ROY
D'ESPAIGNE PAR GONSALLES FERRANDE, SON LIEUTE-
NANT, APPERT.

Fortune, qui en toutes choses, fors au pouvoir de vertus, seigneurist, m'a cy taillé de la besoigne, mais c'est a l'avancement des Espaignolz et au desavantage des Françoys : dont, pour esclarcir le faict, pour les ungs ne veulx user de mensonge, ne pour les autres taire verité, mais dire que, pour la deffaicte de messire Berault Stuart, seigneur d'Aulbigny, toute la Callabre fut pour le Roy d'Espaigne revoltée et mise en son obbeissance, exceptez les pays du seigneur Jehan Baptiste de Marsane, prince de Rossane en Callabre et duc de Sesse en terre de Labour, qui grant nombre de bonnes villes et fortes places tenoit, comme Rossane, la cyté de Saincte Severine, la place Seresye, Longue Bocque, la Scalle[1] et plusieurs autres en Callabre, lesquelles garda et tint pour le Roy jucques a l'extremité, comme je diray au rang du propos; mais, pour ensuivre l'istoire, fut vray que les Françoys qui pour lors estoyent en Poille, pour toutes leurs infortunes, ne lesserent a tenir les champs et a plus aigrement que en prospere chance guerroyer leurs ennemys; si que leurs courses, a force de les chacer, leur deffendirent, et les vivres a puissance d'armes leur empescherent; tant que, ung jeudy, XXVIIIe jour du moys d'apvril, en l'an susdit, comme l'armée des Françoys fust aux champs a troys mille ou environ de la Cherignolle, le capitaine Gonsalles Ferrande, voyant que dedans Barlete ne aux autres villes que tenoyent

1. Rossano, San Severino, Cerisano, Longobuco, Scalea.

ses gens n'avoit plus de vivres, et mesmement a Barlete que pour troys jours, ainsi que par ses mesmes lettres disoit, et que par force luy en failloit recouvrer ou mourir de fain avecques toute son armée, ou avoit troys mille Allemans, quatre mille Espaignolz et Biscayns, six cens hommes d'armes et huyt cens genetaires, sortit de Barlete, et se mist en voye pour vouloir gaigner des vivres. Or n'en pouvoit il avoir pres que a la Cherignolle, ou avoit dedans cent cinquante Gascons pour la garder, dont adressa celle part; devant fist charryer son artillerye et marcher une partye des pietons, une partye des hommes d'armes et des genetaires mist a la bataille, au derriere l'autre partye des gens d'armes et gens de pié avecques tout le bagage; en tel ordre prist la campaigne, et tant alla que, le lendemain, ung vendredy, XXIXe jour d'apvril[1], passa a deux mille près de l'ost des Françoys, tirant vers la Cherignolle, et ja avoit ce jour, scelon sa lectre, faict plus de XIIII mille de pays en terre seche et sans eau, a si grande challeur que deux hommes d'armes et quatre Allemans et deux Espaignolz de pié moururent de chault et de soif. Sur l'eure de vespres basses, passerent les Espaignolz, et eulx approchant la Cherignolle, le capitaine Gonsalles se mist devant pour faire les logys et ordonner de son artillerye. Les Françoys, qui ja savoyent leurs ennemys si pres d'eulx, monterent a cheval et firent leurs batailles marcher, et devant envoyerent leurs coureurs, lesquelz furent tantost a la veue de Gonsalles, tant pres, qu'il fut contrainct de chercher moyen

---

1. 28, à en croire le N. Giacomo.

a sauver partie de ses pietons : car tant las estoyent pour le grant travail que ce jour avoyent pris, que plus n'en pouvoyent; a cause de quoy, delibera de les mectre en seureté : dont les logea dedans une vigne pres de la, tout a l'entour bien fossoyée et fortiffyée a l'avantage, et illecques avecques son artillerye qu'il mist sur le bort des fossez et quelque nombre de genetaires, les emparqua. Apres ce, retourna derriere, ou vit de loings l'armée des François venir en bel ordre, et ses Allemans, qui au derriere estoyent, tant travaillez qu'ilz se laissoyent tumber et ne se pouvoyent tenir; dont fist monter les plus lassez derriere les hommes d'armes sur la cruppe de leurs chevaulx; et, ce faict, avecques tous les autres des siens s'en alla jucques au lieu ou ses pietons et artillerye estoyent fortiffyez, et la dedans se mist et fist deux escoadres de ses hommes d'armes, lesquelz mist a deux costez, et tous ses gens de pié et genetaires au millieu et autour de la deffence de leur fort, avecques treze pieces d'artillerie qu'il fist charger et atiltrer droict a la venue des Françoys, lesquelz marchoyent tout a droict. Or estoit Loys d'Armaignac, duc de Nemours, visroy, au front de devant, et, comme celuy qui vouloit mectre les autres a chemin, menoit l'avangarde ou pouvoyent estre deux cens cincquante hommes d'armes; messire Yves d'Allegre avoit la charge de l'arriere garde, ou avoit entour quatre cens hommes d'armes; au millieu estoyent les gens de pié en nombre de quatre mille, dont estoit chief le seigneur de Chandée, et treze pieces d'artillerie tout a la queuhe de l'avangarde, lesquelz furent a la veue de leurs ennemys une eure de soulleil ou

environ; et, lorsqu'il fut question de vouloir faire
meslée, voyant les Françoys que l'eure estoit tarde et
leurs ennemys en place avantageuse, tindrent conseil,
dont le duc de Nemours appella Françoys d'Urfé, lieutenant du grant escuyer de France, et Gaspar de Colligny, son lieutenant, et le seigneur du Chastellart,
lieutenant du seigneur de Chandée, lesquelz estoyent
de l'avangarde, et avoyent tenu garnison a la Cherignolle, dont cognoissoyent le fort des ennemys qui
pres de la estoit; lesquelz firent rapport au duc de
Nemours que le lieu ou estoyent les Espaignolz estoit
si fort, que quant, durant la guerre, les gens du pays
vouloyent tenir leur bestail en seureté, la le mestoyent
et dirent que bien le pouvoit savoir le seigneur d'Allegre, car souvant y avoit esté; dont ledit duc de Nemours le transmist querir, et, sur ce, luy demanda
son advys. Lequel dist que, sans point de faulte, le
lieu estoit bien fort; mais toutesfoys qu'il n'estoit eure
de plus dissimuller, mais donner dedans, et la raison,
car le lieu ou ilz estoyent estoit sec, et n'y avoit de
plus de six mille pres nulles eaues; par quoy les chevaulx seroyent moult lasches et trop affoibliz, qui la
demeureroit jucques au lendemain; et ausi, qui
desempareroit, veu que c'estoit ja pres de nuyt,
quelque desordre ou roupture se pouroit faire en
leur ost. Ausi survint la le seigneur de Chandée,
capitaine des Allemans, lesquelz l'avoyent la envoyé
pour dire au duc de Nemours que, s'il ne donnoit la
bataille aux ennemys qui estoyent en rancontre, que
jamais ne se trouveroyent au service du Roy; lequel
de Chandée fist son rapport, disant en oultre que iceulx
Allemans estoyent deliberez avant donner dedans

avecques leur bende. La fut pareillement ung Roy d'armes françoys, nommé Martin Godebyete, Roy d'armes de Champaigne, qui dist audit duc de Nemours que, s'il ne donnoit la bataille, qu'il en feroit le rapport au Roy, et que, s'il ne le faisoit, ce seroit le plus mal servy le Roy que fist oncques capitaine.

Aucuns autres capitaines françoys ne furent de cest advys, et mesmement Loys d'Ars, qui estoit a l'avangarde, disant que l'eure n'estoit bonne, ne le lieu advantageulx, et que ja avoyent les ennemys troys choses pour eulx, qui, communement, font gaigner les batailles, c'est assavoir : arroy, allaine et place choisie, ce que n'ont pas ceulx qui veullent assaillir; et oultre, dist que l'actente jucques au demain ne pouvoit plus proffiter aux ennemys que a eulx; car, s'ilz avoyent deffault d'eaues pour leurs chevaulx et suffrecte de vivres pour eulx, ausi en avoyent les autres qui ce jour avoyent travaillé et n'avoyent nulles victualles, dont en auroyent tousjours du pys. A quoy contredisoit le seigneur d'Allegre, disant, en conclusion, que ceulx qui differoyent n'en vouloyent point menger. Dont le capitaine Loys d'Ars et luy eurent grosses parolles. Par quoy ledit Loys d'Ars finablement luy dist que, au tost besoigner, se monstreroyent les chaulx ouvriers, et, a l'ounourable affaire, les vertueulx vouloirs. Ce pendant que ce conseil tint, la nuyt approcha; toutesfoys, fut dit, et arresté et commandé de charger sur les ennemys; et fut, a l'eure, dit au duc de Nemours, par aucuns des siens, qu'il representoit la la personne du Roy, et qu'il n'estoit pas convenable qu'il fust du premier dangier, veu que l'artillerye des ennemys estoit a la droicte advenue dès premiers; a quoy fist responce que au plus poureulx survient le plus grant peril, et de luy, puys qu'il plaisoit au Roy qu'il fust chief de son armée, que pour ce jour il en feroit a son appetit, et qu'il monst[r]eroit a tous qu'il avoit sy bon vouloir de servir le Roy que craincte de mort ne le feroit ung pas desmarcher. Toutesfoys, premier que vouloir commancer, despescha sur le camp une poste qu'il envoya au Roy pour l'advertir commant Gonsalles Ferrande et ses gens, nonobstant l'appoinctement faict entre luy et le Roy d'Espaigne, dont bien les avoit avertys, luy presentoit la bataille, qui ne leur seroit refusée. Par quoy fist sonner trompettes et s'en va avecques son avangarde joindre a ses ennemys, lesquelz actendirent pié ferme dedans leur fort, et la furent assailliz moult rudement, car, avecques les gens d'armes de l'avangarde, l'artillerye nostre donna d'ung costé et les gens de pié; mais peu leur pouvoit nuyre l'artillerye pour le rabbat du bort du fossé ou ilz estoyent, lesquelz, de leur costé, tirerent tant de coups d'artillerye contre noz gens que grant domage leur firent, et plusieurs en amacerent. L'ung de leurs cannonnyers, itallyen, eut telle frayeur de ce bruyt que, en cuydant recharger leur artillerye, mist le feu en deux charretes de troys cens barrilletz de pouldre, ou y eut si grant feu qu'il sembla aux François que tous les Espaignolz fussent brullez : mais peu de dommage leur fist. Or, estoit ja la nuyt si obscure que on ne voyoit combatre que a l'esclair du feu de l'artillerye, qui tiroit si tres menu que tonnerre n'eust la esté ouy, et tant que a la parfin les Françoys furent moult blecez de trect d'acquebutes et grosse artillerye, et si mal alla le cas que le duc de

Nemours, chief de l'armée de France, eut dedans le corps troys coups de hacquebute, dont fut tant affoibly que sur son cheval ne se pouvoit tenir.

Les hommes d'armes espaignolz sortirent et vindrent charger a la course sur les Françoys qui assailloyent le fossé, et tant rudement qu'ilz les rompirent. Pas ne sont a oublyer aucuns des Françoys dont le compte m'a esté faict, tel que, au premier choc, plusieurs allerent par terre, qui se releverent, et contre le fort des ennemys firent merveilles d'armes, desquelz furent Pierre Guiffray et Clermont, lesquelz furent du combat de Trane, comme j'ay dit, et la, apres merveilleux combat, par deffault de secours, moururent l'espée au poing; avecques eulx mourut ung autre jeune gentilhomme, moult gaillart homme d'armes, nommé Anthoine de Chavannes, nepveu du seigneur de Chandée, et ung allement nommé Hayne Rout, avecques plusieurs, lesquelz doyvent bien estre, par mes escriptz, commemorez. La se trouva ung autre françoys, nommé Pierre de Bayart, duquel j'ay souvant, par ses bienffaictz, tenu bonne bouche; qui ne faillit a se monstrer entre les autres : car, a la premiere charge que firent les Espaignolz, ung d'eulx, monté et bardé a l'avantage, hors du rang des autres, se presenta au premier venant, dont celuy de Bayart ne luy faillit, mais s'adresserent l'ung contre l'autre, de telle force, qu'il sembloit qu'ilz se deussent, a l'actaindre, fouldroyer, et, ainsi que les presens m'ont raconté, de si vive actaincte l'assenna celuy de Bayart, que, au joindre des boys, de la force du coup desmesuré, brisa, jucques auprès de la poignée, sa lance, rompist l'arrest et ranversa homme et cheval tout en ung monseau, dont puys ne se relieva. Le capitaine Loys d'Ars se trouva a cest affaire si appoint que, a le veoir, sembloit qu'il y eust bien esté, car il y fut blecé, et son cheval en troys lieux, dont puys mourut entre ses jambes. Aymer de Villars s'en approcha de tant que au travers du visage eut une ballaffre qui tousjours sera tesmoing que a celle foys ne tourna le cousté a son ennemy. Tout plain d'autres y besoignerent vertueusement. Qui me demanderoit que faisoit lors l'arriere garde, plusieurs, dignes de foy, m'ont dit que si tost que les Espaignolz eurent faicte la premiere roupte sur l'avangarde des nostres, que, sans autre secours leur donner, se retirerent le couvert; or, ne say je se messire Yves d'Allegre, qui, au commancement, eut le bon bruyt, laissa ainsi laschement fuyr ses gens, par deffault de les mectre en avant pour les foullez secourir, ou s'il s'en allerent en ce point pour chercher ung jour de seurté et acquerir perpetuelle honte. Ha, les meschans! si, du temps des peres conscriptz romains, eussent estez actainctz d'ung deffault tant vicieulx, jamais plus n'eussent a leurs gages monté a cheval, mais de pionniers ou a quelque autre vil office ou bas mestier eussent servy! Je n'en diray plus, si n'est qu'ilz s'ousterent du chemin a leur deshonneur, au dommage de leurs compaignons mors, et a la perte du royaume de Naples pour le Roy.

Que quessoit, le seigneur de Chandée, capitaine des Allemans, y mourut sur le champ; le seigneur de Maubranche, maistre d'ostel du Roy, ung autre nommé La Cousture, et plusieurs autres gens d'armes françoys, et bien quatorze cens Allemans et autres gens de pié, et bien quinze ou xx Italliens qui ne fuyrent point comme lasches, mais y moururent comme tres vertueulx. Le duc de Nemours, pour l'angoisse des coups mortelz qu'il avoit, tumba de dessus son cheval, et fut ce ainsi que les Espaignolz commancerent a donner la chace aux Françoys, dont quelqun le vit par terre et en advertit Françoys d'Urfé, lieutenant de mons[r] le grant escuyer de France, lequel fist retourner vingt hommes d'armes des siens et quelques archiers pour le relever; et, pour donner temps de ce faire a ses gens, se mist entre eulx et les Espaignolz avecques une partie desdits vingt hommes d'armes, et la soustint le faix jucques il fut remonté, puys parla a luy, en luy disant qu'il eust bon cueur et que ancores n'estoyent les Françoys deffaictz; et en ce disant, grant flote d'Espaignolz survindrent et leur commancerent a donner la chace, mais le tres vaillant duc de Nemours ne voulut oncques tourner le doulx; ains estant ainsi blecyé, comme j'ay dit, ses playes luy recommancerent a seigner et luy a affoiblir, tant que au meillieu de ses ennemys tumba mort a terre, l'espée au poing.

Que se doit dire de se bon chief, qui, pour loyallement servir son seigneur, voulut honnorablement mourir, si n'est que son nom doit demeurer en bruyt perpetuel, ses faictz florir en memoire pardurable, sa vye en louable recommandacion et sa mort en spectacle d'honneur et exemple de vertus? Et a tant le lesse pour l'exaltacion de la gloire des preux et au chasty de l'obprobre des meschans. Pour dire plus, les Françoys furent chacez par les Espaignolz plus de troys mille de pays, ou aucuns furent priz, et mesmement Gaspar de Colligny, seigneur de Fremente, lequel, en se deffendant, fut abbatu et pris; au seigneur de Chastellart furent la soubz luy tuez deux chevaulx, et luy recoux et remonté par Françoys d'Urfé, seigneur d'Orose, qui moult soustint de faix pour ce jour. Et est assavoir que les Françoys ne fuyrent pas a bride abbatue, mais tout a loisir, en faisant fuyte de lou, car tousjours regardoyent qui le suyvoit, et souvant en actaignoyent quelqun; mais a la parfin se retirerent et lesserent leurs logys et vivres a leurs ennemys, et perdirent leur artillerie dont il y avoit treze bonnes pieces. Les seigneurs italliens, qui avecques les Françoys estoyent, s'en allerent a leurs maisons, ou la pencerent estre en seurté, dont les aucuns furent blecez a la rancontre, les autres deslogerent de bonne eure. Des hommes d'armes du party des Françoys moururent environ cincquante, et quarante furent pris; en ceste maniere perdirent les Françoys la bataille de la Cherignolle pour trop se haster de donner sur les ennemys, et par deffault d'estre de leurs amys secourus. Les Françoys a la fuyte ne prindrent tous ung chemin; mais, les ungs ça, les autres la, s'en allerent ou ilz peurent. Le capitaine Loys d'Ars, tout blecié et a pié, se sauva de la bataille; nonobstant la deffaicte des Françoys, ne voulut reculler pour entrer en pays de seurté, mais retourna au millieu des pays des ennemys pour la demeurer au danger de fortune, et s'en alla a Venoze, terre du conté de Ligny, son maistre, ou depuys fist merveilles, comme sera dit.

Messire Yves d'Allegre, le seigneur de Saincte Colombe, lieutenant du duc de Vallentinoys, Françoys d'Urfé et d'autres, jucques au nombre de quatre cens chevaulx, se retirerent a Melphe, ou arresterent ung jour seullement, qui fut ung sapmedy, xxx° jour d'apvril, dont deslogerent le dymenche et s'en allerent a la Tripaulde, ou demeurerent huyt jours, et là vindrent Jacques d'Allegre, filz du seigneur d'Allegre, Aymer de Villars et quelques autres Françoys et Itallyens, jucques au nombre de soixante hommes d'armes et peu de gens de pié. Ce pendant, le capitaine Gonsalles fist porter a Barlete et enterrer le duc de Nemours, et l'a tres honnorablement servi comme a prince du sang royal de France appartenoit; lequel duc de Nemours fut trouvé entre les mors, et cognu, comme aucuns m'ont racompté, par le roy d'armes de Champigne, qui avoit esté du conseil de donner la bataille, comme j'ay dit dessus; lequel, en le voyant nu entre les autres, se prist a plourer et dire aux Espaignolz tout plain de grosses injures, en les reprenant de ce que ainsi trectoyent le sang royal de France, auquel ne leur appartenoit de toucher ne faire telle injure que de tout nu le laisser. Lesquelz Espaignolz disrent a celuy roy d'armes françoys, que si pitié luy faisoit nu, que de sa robbe le couvrist; dont se despoilla de sa cote d'armes semée de fleurs de lys, et sur luy la gecta. Par quoy les Espaignolz, voyant celuy estre desarmé de son lys, le tuerent, disant que plus de franchise n'avoit; dont firent œuvre de crudelité, et luy emprise de foulye. Le seigneur de Chandée et les autres gentishommes françoys, qui la moururent, furent enterrez a la Cherignolle.

Le capitaine Gonssalles, sachant que les Françoys se retiroyent vers Naples, leur envoya pour les suyvre Petre de Pas avecques cinc cens chevaulx, lesquelz s'en allerent vers la Tripaulde, ou les Françoys estoyent; lesquelz, tantost qu'ilz sceurent estre poursuyviz, deslogerent, tirant le travers de Terre de Labeur sans aller à Napples, mais allerent a Verse, ou demeurerent deux jours, et tousjours a la queuhe les Espaignolz. De Verse furent a Cappe, ou les Cappuans les firent passer par la entre tous ceulx de la ville, qui estoyent armez et a grant nombre, pour les assommer s'ilz eussent mot sonné. De Cappe, s'en allerent droict a la riviere du Garillant, entre Sainct Germain et Gayete, et la firent ung pont sur bateaulx et passerent oultre; ce faict, eurent les Espaignolz a la queuhe, mais leur deffendirent le pont.

III.

COMMANT MESSIRE GABRIEL D'ALBRET, SIRE D'AVANNES, VINT AU SECOURS DES FRANÇOYS, CHACEZ DE LA CHERIGNOLE, AU GARILLANT.

Partout coururent nouvelles de la deffaicte des Françoys a la Cherignolle, dont messire Gabriel d'Albret, qui lors estoit a Romme avecques le duc de Vallentinoys, qui sa seur avoit espousée, prya celuy duc de Vallentinoys qu'il luy baillast des gens d'armes pour aller au secours des Françoys; ce qu'il fist, et luy bailla cent cincquante hommes d'armes et deux mille hommes de pié; dont celuy seigneur d'Avanes, tant tost comme il peut, se mist au champs et s'en alla a ladite riviere du Garillant, ou la trouva les Françoys, lesquelz rainforça de tant que les Espaignolz, qui s'estoyent la trouvez et amassez a grant puissance, n'ozerent approcher de long temps le bort du pont qui estoit entre les Françoys et eulx, mais furent la longuement sans autre chose faire.

IV.

Commant messire Berault Stuart, seigneur d'Aulbigny, qui, durant ce temps, estoit assiegé a la roque d'Augite en Callabre, fut priz par les Espaignolz.

Dedans la roque d'Angite, en Callabre, estoit lors assiegé messire Berault Stuart, escossoys, par les Espaignolz, lesquelz batirent la muraille et y donnerent aucuns assaulz, mais tousjours estoyent respossez ; car, avecques le seigneur d'Aulbigny, s'estoyent la assemblez bien deux cens hommes françoys, qui tindrent plus de troys sepmaines apres la desfaicte de la Cherignolle, dont ancores ne savoit riens ; mais, a la fin, par les Espaignolz tenans le siege en fut adverty, ce que ne voulut croyre, et, pour le savoir au vray, demanda sauf conduyt pour deux de ses gens, voulant la les envoyer ; ce qu'il eut, dont y transmist Yves de Mallerbe et ung autre nommé Françoys Chambellant, lesquelz furent jucques a la Cherignolle, et la sceurent comme les Françoys estoyent deffaictz et chacez ; dont s'en retournerent et tout ce compterent audit seigneur d'Aulbigny, lequel, voyant que secours ne pouvoit plus avoir et que vivres luy failloyent, se rendit au Roy et a la Royne d'Espaigne, et ainsi fut priz et mys entre les mains des Espaignolz. Le capitaine Mallerbe et tous ses autres souldartz furent mys en gallere et bien mal trectez, comme depuys j'ay sceu par plusieurs d'iceulx.

V.

COMMANT LE CAPITAINE GONSSALLES S'EN ALLA A NAPLES, ET DE LA PRISE DU CHASTEAU NEUF ET D'AUTRES PLACES DUDIT PAYS.

Tantost apres que les Françoys furent chacez de la Poille, toutes les villes et chasteaulx du Royaume, reservez Gayete, le Chasteau Neuf et celuy de l'Ofve, Venouze et quelques autres villes que tenoit le capitaine Loys d'Ars, et une ou deux en Brusse, pour les Espaignolz se revolterent; dont le capitaine Gonssalles, estant au dessus du vent avecques son armée, s'en alla a Napples, ou enmena le seigneur de la Pallixe prisonnier et les autres Françoys pris par cy devant, lesquelz fist mectre autour de Naples dedans les villes et chasteaulx qui la estoyent; auquel lieu de Naples fut receu sans contredit de ceulx de la ville[1]; mais deux chasteaulx moult fors y avoit, c'est assavoir : le Chasteau Neuf et le chasteau de l'Ofve en la mer, que tenoyent les Françoys ; et, tantost que la fut arrivé, sceut que les Françoys qui estoyent oultre le Garillant avoyent eu secours du seigneur d'Avannes; dont, pour ranforcer les siens, y transmist le duc de Terme, itallien, avecques grant nonbre de gens d'armes, lesquelz se allerent ranger avecques les autres Espaignolz qui la estoyent.

1. Le 14 mai, d'après Guichardin ; son entrée eut lieu le 16, d'après le N. Giacomo, plus exactement renseigné à cet égard.

En ce mesme temps, ung capitaine de mer françoys, nommé Pregent Le Bidoulx, avecques quatre galleres, par force faisoit sur mer bonne guerre aux Espaignolz, et moult souvant les chassoit et destroussoit; lequel coustoyoit souvant la mer de Naples; et luy, sachant la rancontre de la Cherignolle, se doubtant que Gonssalles ne vousist prendre les chasteaulx de Naples, malgré tous les Espaignolz de mer qui le voulurent empescher, les advitailla, et grant nombre de Turcz, qu'il avoit pris sur mer au voyage de Methelin, mist dedans, pour ayder aux Françoys, qui la estoyent, a garder lesdites places; lesquelles fist le capitaine Gonssalles assieger, et premierement le Chasteau Neuf, fort a merveilles[1].

La dedans estoit pour le Roy ung capitaine françoys nommé Guerin de Tallerant, seigneur de Salleres[2], pres Nerbonne, avecques grosse garnison de Françoys, bonne artillerye et force victuailles, ce qui luy pouvoit bien ayder a tenir longuement; toutesfoys, ainsi que j'ay sceu par gens de bonne foy, la eut tel desordre que, durant le siege, tousjours demeura ung pont levys abbatu, et, affin que lever ne se peust, aux deux boutz estoyent deux grans cloux aigus, fichez dedans et cramponnez, en maniere qu'il estoit impossible de le savoir lever, et, avecques ce, la herce de dessus fut tellement actachée que jamais ne se pouvoit avaller. Je ne veulx pas dire pourtant que ce bon capitaine eust vendue la place ou faict composicion aux enne-

---

1. La porte de bronze du Castel-Nuovo fut percée par un boulet. V. sa reproduction dans Delaborde, *Expédition de Charles VIII*, p. 600.

2. Salelles, troisième fils de Jean de Narbonne.

mys, mais, touteffoys, si entrerent il par la et la prindrent d'assault, ce que n'eussent ancores faict si ledit pont eust esté levé et la herce abbatue. Que quessoit, a deffendre le pont, entre autres se trouverent deux qui firent merveilles, dont l'ung estoit nommé messire Anthoyne Dentys, chevaillier nappollitain, et l'autre estoit françoys; lesquelz repousserent plusieurs foys les Espaignolz a grans coups de hallebardes, et deffendirent celuy pont longuement, et tant que, au bort de celuy pont, furent tous deux assommez; si ledit capitaine se fust trouvé a leurs secours, comme il devoit, il se fust acquicté de sa foy, qui a ce faire l'obligeoit. Touteffoys, a cest affaire ne fut veu ne oy; dont le chasteau fut pris par les Espaignolz, et luy envoyé, ses bagues sauves. Bonnes places faict mauvais bailler a telles gardes[1].

VI.

Commant le seigneur d'Aubigny fut amené a Napples et mys au Chasteau Neuf.

Durant le siege du Castel Neuf, le capitaine Andrade, espaignol, s'en vint de la Callabre avecques ses gens et le sire d'Aubigny, prisonnier, vers Naples, et, en venant, passerent devant Saincte Severine, ville du seigneur

---

1. 12 juin 1503 (N. Giacomo). Sans excuser cette reddition, Guichardin l'apprécie beaucoup moins durement. La vieille citadelle était en mauvais état, et sa reconstruction, commencée par Frédéric, était demeurée inachevée. Pedro Navarro fit jouer la mine, et c'est sur la brèche que s'engagea la lutte, où les Français résistèrent fort mal. Le lendemain de la reddition, apparut l'escadre de Prégent de Bidoulx, qui arrivait ainsi trop tard.

Jehan Baptiste de Marsane, bon Françoys, lequel estoit la dedans bien accompaigné; si misrent les Espaignolz le siege devant, ou furent aucuns jours, mais riens ne gaignerent, car la ville estoit moult forte et bien gardée, et avecques ce sailloyent souvant Marsanyens sur les Espaignolz; et ung jour, comme iceulx Espaignolz cuyderent approcher la ville, celuy seigneur de Masane fist sortir par derriere grant nombre de ses gens et mectre en embuche pour surprendre lesdits Espaignolz, dont les aucuns d'eulx aviserent celle amorce, et le plus tost qu'ilz peurent se retirerent; touteffoys, l'embusche sortit sur eulx, ou plusieurs en tuerent, et tous les eussent deffaictz, si leurdite embusche n'eust esté descouverte; car toute la ville estoit en armes pour les encloure entre leur embusche et les autres. Somme, il leverent leur siege et prindrent le chemin vers Naples, ou a leur venue furent bien accueilliz de Gonssalles Ferrande, lequel fist mectre le seigneur d'Aubigny dedans la grosse tour du Chasteau Neuf, et la bien garder[1].

VII.

DE LA PRISE DU CASTEL DE L'OFVE, A NAPPLES, FAICTE PAR LES ESPAIGNOLZ.

Ou castel de l'Ofve de Naples estoit lors capitaine ung Françoys nommé Raymonnet Pons, et avecques luy estoyent des François et des Turcz, que Pregent Le Bidoulx et le seigneur de Larrote[2] y avoyent mys;

---

1. 28 juin (N. Giacomo).
2. Sans doute, selon la conjecture du bibliophile Jacob, le sire de la Rota, Napolitain.

lequel estoit sur le bort de la mer et fort a merveilles. Toutesfoys, le capitaine Gonssalles Ferrande[1] le fist assaillir par mer et par terre et myner a tous costez; mais pourtant ne se voulurent rendre les souldartz, et moult bien deffendirent la place, tellement que plusieurs des Espaignolz y demeurerent : a coups d'artillerye, de trect et de grosses pierres qu'ilz ruoyent a toutes mains, tant mynerent iceulx Espaignolz que tout ung grant pan de mur esbranslerent, ou le capitaine Raymonnet se mist pour deffendre ce costé, et la, avecques grant nombre des siens, se tinst a la deffence. Les Espaignolz, qui leurs mynes avoyent faictes et estansonné ce costé de muraille, misrent le feu dessoubz, dont les estansons furent tantost bruslez et la muraille s'en va par terre. La cheut le capitaine Raymonnet Pons et ceulx qui avecques luy estoyent, lesquelz furent au cheoir tous brisez et acravantez, dont les Espaignolz a toute force assaillerent ceste breche; mais les autres souldartz firent rage de deffendre, tellement que espaignol ne montoit qui ne fust rué bas; de plus, rainforcerent leur assault, dont les souldars de la place, pour les vouloir eschaulder, prindrent une caque plaine de pouldre a canon et la volurent gecter sur eulx; mais tant mal leur en advint que a mectre le feu se bruslerent bien trente d'iceulx[2], et eulx ainsi affoibliz se rendirent par composicion de bagues et de vyes sauves[3]; ce que ne leur tindrent les Espaignolz, mais en firent mourir les ungs, les autres misrent en gallere; ce qui fut a eulx mal usé

1. Ou plutôt Pedro Navarro.
2. 4 juillet 1503 (N. Giacomo).
3. 11 juillet 1503 (*Id.*).

de raison, et faulcement tenu leur promesse, mais l'impugnité de telz forfaictz leur faict tous deffaultz loisibles. Je m'en rapporte a ceulx qui entre leurs mains sont cheuz, dont plusieurs se plaignent amerement.

Or, advint lors que aucuns d'iceulx Françoys, voyant le rude trectement qu'on leur faisoit, trouverent moyen, par doulces parolles et faincte dissimullacion, d'aller et venir entre leurs gardes, et tant que a la foys trouverent icelles endormyes, en l'eure que de leurs espées mesmes les tuerent, et en ceste maniere eschapa Bernard de Sainct Soubdain, lequel s'en alla a Venoze, au capitaine Loys d'Ars; messire Jehan Chapperon et quelques autres qui estoyent aux Frades[1] ainsi se sauverent et s'en allerent au Garillant, ou estoyent lors lé Françoys, qui tenoyent le passage, et avoyent esté la viz a viz de leurs ennemys plus de IX sepmaines, et tant que vivres leurs furent cours; dont s'en allerent a Gayete, en garnison, ou furent assiegez des Espaignolz, qui les vivres leur empescherent par terre, mais par mer en avoyent malgré leur vouloir, car troys capitaines françoys y estoyent a tout grant navigage, qui tout a plain les en fornyssoyent, et estoyent lesdits capitaines nommez, l'ung Pregent Le Bidoulx, moult crainct sur mer, voire jucques en Turquye; l'autre estoit Pierre de Vellours, seigneur de la Chappelle Barrouyn, et l'autre le seigneur de la Londe, lesquelz en faisoyent bonne dilligence, large provision et continuel prochas.

1. Vallefredda, près Monte-Cassino. Nous retrouverons plus loin mention de cette localité.

VIII.

Commant le capitaine Loys d'Ars, nonobstant le maleur des Françoys, assembla quelque nombre de souldartz, gaigna plusieurs villes en la Poille et souvantes foys deffist grant nombre d'Espaignolz.

Le capitaine Loys d'Ars, qui ne s'estoit retiré au Garillant comme les autres Françoys, mais s'en estoit retourné a Venoze avecques ung peu de nombre de gens eschappez de la Cherignolle, c'est assavoir : Joachin de Villars, Marc le Groing, Jehan de Montieulx, seigneur de Tary, Gilbert de Chaux, Anthoyne du Lo, Jehan Coulon et Bernard de Sainct Souldain, qui estoit sorty de prison, comme j'ay dit, et quelques autres, lesquelz se misrent dedans Venoze, et, la, peu a peu se fortiffyerent bien a point, tellement que ledit capitaine Loys d'Ars dist bien que ses ennemys ne prendroyent la ville sans butin ; avecques ce, pour la garder, recueillit plusieurs mallades et blecez qu'il fist la pencer et guerir, et grant nombre de prisonniers et pauvres espartz que a ses despens remist sus et adouba, et tant, que de six cens hommes de pié françoys, gascons, allemans, escossoys et autres de tous pays et deux cens chevaulx legiers albanoys et autres, se trouva accompaigné, lesquelz souldoya a ses costz, ou il mist le tout de ce qu'il avoit de luy, et que d'autres peult emprunter ; se qui fut servy son maistre a l'extreme besoing et au grant affaire.

Le capitaine Gonssalles, qui lors estoit a Naples,

sceut le ranfort que le capitaine Loys d'Ars avoit a
Venoze, dont y envoya ung capitaine espaignol nommé
domp Diego d'Arillano, avecques cincq cens hommes
de pié galliegues et deux cens genetaires, lesquelz
s'en allerent entour le commancement du moys de
jung, a l'Estoille en Poille, a six ou sept mille pres de
Venoze; et sachant celuy Loys d'Ars leur venue, leur
voulut aller donner ung allarme, et, avecques cent de
ses hommes a cheval et deux cens pietons, se mist
aux champs et s'en va courir devant ses ennemys, ou,
devant, envoya ung des siens, nommé Jehan de Montieulx, seigneur de Tary, bien adroict homme d'armes,
avecques trante chevaulx legiers, pour aller courir le
bestail de l'Estoille[1] et actirer les Galliegues et autres
Espaignolz qui estoyent la. Si s'en alla celuy de Montieulx, tout le grant tropt, devers la ville, et le capitaine Loys d'Ars le suyvit tout a lesir, et assez pres
de ladite ville fist son embusche. Tantost que les premiers coureurs françoys approcherent, tous les Galliegues qui la estoyent, et cent genetaires, sortirent
sur les coureurs et leur commancerent a donner la
chace; et sachant le capitaine Loys d'Ars, par son
guet, que ses coureurs estoyent pressez, leur transmist une autre escoadre de gens de cheval pour les
rainforcer, lesquelz se joignirent tous ensemble et
escarmoucherent a l'oustrance. Tousjours marchoyent
en pays vers l'embusche des Françoys les Galliegues
avecques leurs haultz bonnetz, targuetes et partizanes,
et tantost qu'ilz furent oultre l'embusche les coureurs
premiers se vindrent mesler avecques eulx, et l'em-

1. La Stella.

busche sort en donnant dessus si rudement que genetaires allerent par terre et Galliegues furent rompus, tellement que, a deux ou troys charges que leur firent les Françoys, plus de cent cincquante furent estandus sur la dure, et plus de quarante genetaires mors et pris. Or advint une merveilles bonne pour le demeurant des autres Espaignolz; car, alors qu'on les assommoit comme pourceaulx, ainsy que m'a racompté ung françoys, nommé Jehan Coullon, qui la estoit, une nuée se lieva la, tant tenebreuse et obscure que on ne se voyoit l'ung l'autre; par quoy plusieurs se sauverent, et, n'eust esté celle empesche, ung seul ne s'en fust allé. Touteffoys, y demeurerent de deux a troys cens, que mors que pris. Les autres s'en retournerent a l'Estoille, bien effrayez de leur danger et fort marris de leurs pertes. Le capitaine Loys d'Ars, avecques ses prisonniers et la despoille, sans perdre ung seul homme, s'en retourna a Venoze.

Dedans les villes de la Cherance, d'Opide, du Cazal et de Grez[1] en Poille avoit force Espaignolz en garnison, lesquelz couroyent souvant le bestail du pays et faisoyent mille maulx; mais, pour en faire brief recit, le capitaine Loys d'Ars, apres la deffaicte des Espaignolz de l'Estoille, se mist souvant aux champs, ou, a l'une foys destroussoit ceulx de la Cherance, a l'autre ceulx d'Opide, et a l'autre ceulx du Cazal et de Grez, ne jamais ne dormoit que a toute heure ne fust sur les ennemys, lesquelz ne le savoyent surprendre, ne bien souvant ou prendre; car s'il fust au soir en ung lieu, comme pour y devoir nuyt passer, a dix mille de la

---

[1]. Acerenza, Oppido, Casalnuovo, Grassano.

estoit au point du jour en la barbe de ses ennemys, lequel tant de foys leur joua finesse et surprist que presque tout le pays en netya. Or avoit il avecques luy gens qui ne demandoyent que a gaigner, et tous mordans, ausquelz departoit esgallement les butins et donnoit toutes les prises, ce qui faict a droict aymer le chief de la guerre et les souldartz d'icelle besoigner a poinct. A ce moyen estoit suyvy de chascun et loué de tous, dont, en peu de temps, eut beaucop plus de gens a son service que sa bource ne pouvoit payer. Touteffoys, tant leur eslargissoit son pouvoir que chascun estoit de luy content. Les Espaignolz de l'Estoille furent de grant nombre d'autres rainforcez, par quoy furent plusieurs foys courir devant et autour de Venoze; mais, comme j'ay sceu a la verité, oncques n'y furent foys qu'ilz ne fussent lourdement rechacez, tuez et pris, qui estoit grant eur a celuy capitaine Loys d'Ars et a ses gens bien allé en besoigne, car a toutes rancontres avoyent le meilleur. En ceste maniere de guerre demeura la celuy capitaine françoys plus de quatre moys, et jucques a ce que vivres luy feissent desemparer, comme je diray.

IX.

Commant, en ce temps, le Roy fist deux grosses armées, l'une pour envoyer a Naples et l'autre en Roussillon, contre les Espaignolz[1].

Le Roy, qui lors estoit a Lyon sur le Rosne, fut adverty par ses postes commant son armée, qui

1. Miniature, dans le ms. (fol. CLI), représentant la marche de l'armée royale dans un pays montagneux.

estoit au Royaume de Naples, estoit deffaicte, dont fist tres mauvaise chere[1], et non sans cause. Touteffoys, comme prince tres constant contre les divers assaulx de fortune adverse, print l'escu de vertus, soubz lequel tint pié ferme, tant que pour la menace de maleur ne pour le dommage de ses pertes n'eut le cueur amolly ne abbaissé le vouloir[2], mais, plus que devant, mist son pouvoir aux champs[3] et remist sus deux grosses armées[4], l'une pour envoyer a Naples,

1. « A auto gran dollor » (Sanuto, *Diarii*, V, 39).
2. Le roi était cependant fort malade et ne vivait que de soins méticuleux. Depuis le mois d'avril, un convoi de bagages le suivait dans tous ses déplacements pour porter les « litz et besongnes de la chambre, » une table, un fauteuil, deux tréteaux. Sa chambre était garnie d' « etouppes et urynaulx, » tout son appartement jonché de branches d'arbres arrosées de vinaigre. Le mémoire de son apothicaire, Benoît Gaulteret, formait un cahier; après l'avoir vérifié, le médecin ordinaire, Salomon de Bombelles, le fit détruire et ordonna d'en payer le montant sans réclamer la justification (fr. 2926, fol. 29 v°, 30).
3. V. l'important dossier de lettres recueilli par M. de Boislisle, *Histoire de la maison de Nicolay, Pièces*, t. I.
4. Des ordres datés du mois de juillet appelèrent d'urgence le ban et l'arrière-ban du royaume. Le Poitou et le bas Poitou se réunirent à Fontenay et à Niort le 10 août (K 77, 24), la Gascogne et l'Agenais à Agen le 4 août (fr. 26108, 469). Ce dernier contingent fut divisé entre l'armée de Salces et une armée d'observation, confiée au sire d'Albret pour la frontière de Fontarabie, de 5,000 hommes d'après Baudier (p. 102), armée que ne mentionne pas Jean d'Auton (d'Albret recevait une pension de 17,000 livres. K 78, n° 2). En même temps, le roi empruntait où il pouvait (fr. 26109, 658). Le 16 juillet 1503, il écrivit à du Plessis-Bourré une lettre, signée, pour lui demander un prêt de 5,000 livres, en paiement duquel il lui remettait de suite une décharge sur les finances de l'année suivante. Bourré a écrit au dos de cette missive, conservée dans ses papiers : « Du Roy, pour luy prester de l'argent, ce que n'ay peu ne sceu faire, dont me desplaist » (fr. 6602). La ville de Paris refusa les 40,000 livres qu'on lui

l'autre en la conté de Roussillon contre les Espaignolz[1], et de celle de Naples fist chief et son lieutenant messire Loys de la Trimoille, seigneur dudit lieu et viconte de Thouars, en laquelle armée avoit doze cens hommes d'armes, que françoys, que lombars et italliens, dix mille hommes de pié normans et suyces et grant nombre de bonne artillerye, laquelle armée se mist en voye, entour la fin du moys de jung[2], par le Daulphiné et Savoye, et par le pays de Piemont et de Lombardye, tirant vers Romme.

De l'armée ordonnée pour aller en Roussillon fut chief general messire Jehan de Ryeulx, mareschal de Bre-

demandait et en accorda avec peine 30,000. Le maréchal de Gié, chargé alors de toute la direction militaire, avança au roi 20,000 livres, Jacques de Beaune près de 25,000, probablement Thomas Bohier aussi (fr. 25718, 80, 81, 83, 89 : Vente d'autographes par Ét. Charavay, des 15-16 avril 1885 : fr. 26108, 487). Ces dépenses urgentes ne faisaient pas négliger la défense du royaume sur les points moins directement menacés. Depuis plusieurs années, on fortifiait Honfleur, le port militaire de Normandie. On fit reconstruire solidement une tour du château de Blaye qui menaçait ruine (fr. 26108, 482). 8,000 livres étaient affectées à ce service des places (K 78, n° 2).

1. Un compte secret de dépenses, tenu par le sénéchal des Lannes, Antoine Langlois, fut ouvert au sire d'Albret et à Guyon Le Roy, seigneur de Chillon. Ces dépenses, opérées en août 1503, s'élevèrent à 8,000 écus d'or, soit 14,500 livres ; elles ne furent définitivement apurées qu'en 1514. C'est par ce moyen probablement qu'on évita une extension de la guerre (Patentes de Vincennes, 22 juin 1514. Fr. 25719, 253).

2. La Trémoïlle partit si brusquement que, le 26 mai, à Lyon, il lui fallut emprunter 1,000 livres à Pierre Briçonnet (Son reçu, à cette date. Archives de M. le duc de la Trémoïlle). En Milanais, des pluies persistantes et le débordement prolongé du Pô avaient amené des épidémies (*Cronaca di Cremona*, p. 200); La Trémoïlle tomba malade et dut se faire soigner par « maistre Francisque, » médecin du duc de Ferrare, et « maistre Jheronyme, » médecin

taigne, soubz qui estoyent cincq cens hommes d'armes françoys, les deux cens gentishommes de la maison du Roy en la conduyte de Françoys d'Orleans, conte de Dunoys, les cent Suyces du Roy et troys mille autres Suyces venus de leur pays, soubz la main de messire Guillaume de la Marche, et six mille Gascons ; laquelle armée s'en alla pareillement par le pays de Languedoc et vers Nerbonne, jucques a Saulces, une place moult forte a l'entrée de Roussillon, ou la misrent le siege, ainsi que vous orrez cy apres au cours du temps.

X.

Commant les Françoys furent assiegez, a Gayete, des Espaignolz, qui perdirent beaucoup de gens et leverent leur siege a leur perte.

Les Françoys qui se retirerent du Garillant a Gayete estoyent en nombre de troys cens hommes d'armes françoys et itallyens et deux mille hommes de pié[1], tant de ceulx qui s'estoyent sauvez a la Cherignolle que de ceulx qui de Romme estoyent la venus, avecques le sire d'Avanes, et dix pieces d'artillerye, dont il y avoit cincq gros canons, une grande coullevrine

du roi, qu'il emmena jusqu'à Florence (Ordre du 5 septembre 1503, à Florence, de payer au premier 300 écus d'or, au second 200. Arch. de M. le duc de la Trémoïlle). Il n'en continua pas moins sa route (Achat d'un cheval à Parme le 12 août ; ordre de paiement daté de Bracciano le 30 septembre. *Ibid.*) ; mais il ne se remit pas très bien, car, revenu à Thouars le 27 mars 1504, il fait encore verser 150 écus soleil ou 250 livres à *maistre Jheronyme* (mêmes archives).

1. Guichardin donne un chiffre bien plus élevé.

et quatre moyennes, soubz la charge d'ung françoys, nommé Perot d'Oignoys, du pays de Gascoigne; prou bons capitaines et chiefz de guerre estoyent la, françoys et italliens, comme Gabriel d'Albret, sire d'Avanes; Françoys, marquys de Salluces, que le Roy avoit envoyé la par mer; messire Yves d'Allegre, Françoys d'Urfé, Aymer de Villars, Françoys de Daillon, Pierre de Bayart, Jacques d'Allegre, seigneur de Millo, et plusieurs autres bons françoys; des Itallyens, y estoyent Honorato Gayetano, duc de Trayete; Troian Carache, prince de Melphe; Robbert de Sainct Severin, prince de Besignaigue; le duc de Sore, le conte de Mellite, le marquys de Licite et d'autres dont je n'ay sceu les noms; lesquelz tenoyent tous pour le Roy.

Le capitaine Gonsalles Ferrande, avecques toute son armée et artillerye, mist la son siege[1]. Or, est la ville de Gayete, d'ung costé contre le bort de la mer, et d'autre en la plaine terre; et de ce costé est ung mont bien hault, nommé le mont Rollant, pour deffendre ceste advenue; lequel mont avoyent les Françoys par le bas fortiffyé de terre, de rampars, de gros boys et de fagos, tant que plus fort estoit que grosse muraille. A ceste fortiffication, nulz furent exemptz de porter la hote, car besoing estoit d'y mectre sommaire peine et extreme dilligence[2].

Du costé de la mer estoyent Pregent Le Bidoulx, le seigneur de la Londe et Pierre de Vellours, capitaines des carraques et galleres de France, qui deffendoyent

1. Il partit de Naples à cet effet le 19 juin et, le 30, il s'empara de Roca Gulielmo (N. Giacomo).
2. La torre Orlando, à l'extrémité du Promontoire, est l'ancien tombeau de Lucius Munaciüs Plancüs.

le passage aux Espaignolz et secouroyent les Françoys
par ce cartier. Touteffoys, affin que iceulx Françoys,
la assiegez, n'eussent plus de fyence a la retrecte du
navigage de la mer que a la seureté de la deffence de
leur place, et que, a ce moyen, esperance d'eulx sauver leur fist oublier le vouloir de eulx deffendre, les
frustrerent de cest inconveniant; car tous leurs navires
eslongnerent en mer du port de Gayete plus de deux
mille loings, reservé Pregent, lequel, avecques six
carraques et cincq galleres, dont *la Chairante, la Cordeliere* et *le Lyon* en estoyent, se mist en ung lieu
assez pres du port, dont pouvoit batre une partye du
siege des ennemys; et la charga plus de trente pieces
d'artillerye, et les emboucha contre les Espaignolz.
Les Françoys avoyent leur artillerye atiltrée sur le
mont Rollant, dont pouvoyent batre tout au travers et
le long du siege. Au dehors des murailles de Gayete,
ung Françoys, nommé Geoffroy Cuyrat, dit Le Familh,
fist faire ung boulouart a la venue des Espaignolz, et
celuy boulouart avecques cincq cens hommes gardoit
contre le pouvoir des Espaignolz, et moult leur donnoit d'ennuy, et souvant leur faisoit allarmes. Les
Espaignolz estoyent au bas du mont Rollant, dedans
tauldys, fossez et tranchées, ou demeurerent troys
jours premier que tirer. Touteffoys les Françoys, par
mer, par terre, leur donnoyent coups a tort et a travèrs, tant que le nes n'ozoyent monstrer, a peine du
choc. Au bout de troys jours, commancerent a batre
le fort des Françoys de leur menue artillerye; après,
misrent la grosse a l'exploict; tellement que, neuf
jours sans cesser, depuys le matin jucques au soir,
batirent murailles et rampar, tant, que troys cens LXXII

pas d'ouverture firent a la muraille. Les cannonnyers françoys, qui sur le mont Rollant et en mer estoyent, deschargerent coups tant orribles que tout devant eulx estoit fouldroyé, et ne getoyent pierre que plusieurs des Espaignolz qui leur estoyent en veue a choisir ne fussent affollez; et tant que, par le raport d'aucuns d'eulx mesmes, plus de doze cens hommes d'eulx y furent tuez, et plus de cincq cens blecez et affollez. Les Françoys qui la estoyent n'avoyent repos; car le jour estoyent aux deffances garder, et la nuyt a faire le rampar : les gens d'armes tenoyent leur ordre, et les cannonniers faisoyent l'exploit, tel que c'estoit merveilles, et, entre les chiefz d'œuvre des coups d'artillerye, ainsi que depuys par les mesm[e]s cannonnyers j'ay sceu, moy estant lors a Bloys logé en leur cartier, ung cannonnyer espaignol, voyant d'embas une piece des Françoys a mont, la bouche ouverte, adroissa la tant justement, que d'aventure, comme le cannonnyer françoys mectoit le feu pour tirer ausi, la pierre de l'espaignol entra droict dedans la bouche de la piece du françoys, lequel, en mectant le feu, repossa les deux pierres tant rudement que, a double perte, endommagea les Espaignolz.

Le Roy estoit lors bien adverty du siege de Gayete, et que deffault de vivres y avoit; par quoy manda a ung de ses capitaines de mer, nommé messire Anthoyne de Conflans, qui lors estoit a Savonne, terre de Gennes, qu'il allast tout a dilligence mener vivres a Gayete; lequel Conflans, oy le mandement du Roy, fist advitailler a Savonne et a Gennes ce qu'il peut de navires, et tant, qu'il en mist neuf voilles a vent, et se mist a voguer tirant vers ung port nomé le Port Hercules, ou la trouva dedans une nef le seigneur Jehan Jourdan, prisonnier et detenu par le seigneur de Tran[1], ambaxadeur vers le pape pour le Roy; et avoit ledit seigneur de Tran, a la requeste du pape, faict la mectre Jehan Jourdan, lequel avoit tousjours esté bon françoys, et n'actendoit d'eure en autre, fors que le pape l'envoyast querir pour luy faire trencher la teste, comme il avoit faict faire a plusieurs autres des Ursins par le duc de Vallentinoys, qui cruelle execution en faisoit; et, pour obvyer a ce danger, celuy capitaine Conflans, voyant ledit seigneur Jehan Jourdan, bon et loyal françoys, sans juste cause estre detenu prisonnier et en peril mortel, entra dedans le navire ou il estoit, malgré les gardes, et, comme le plus fort, le prist et l'en enmena avecques luy droict a Gayete. Les Espaignolz, qui lors estoyent sur mer, sceurent que vivres alloyent a Gayete, et, pour vouloir iceulx empescher, ung capitaine espaignol, nommé Villemarin, prist quinze que galleres que navires armées et artillées a force, et entre le Port Hercules et Gayete se trouva au devant dudit capitaine Conflans; lequel vit bien qu'il auroit meslée avecques ses ennemys, dont prya ses gens de bien faire, en disant de parolle asseurée : « Aux armes, compaignons! aux armes! Voyez les Espaignolz qui nous aprochent pour piller noz biens et nous exiller : si advantageulx sont en nombre, efforssons nous en vertus. Necessité nous deffend ne doubter riens leur pouvoir, et commande aux plus contrainctz asseurer leur vouloir et exploicter leur possible; l'esperence de nous sauver par fuyte nous

---

1. Le seigneur de Trans, L. de Villeneuve.

est par contraire vent frustrée. Quoy plus? Au combat sommes venus, lequel nous fault a bras estandus commancer et a pié ferme soustenir, et, en ce faisant, tout seurement pencer que, si vaincueurs summes, honneur, proffict et plaisir aurons pour nostre deue recompance; si par lascheté summes deffaictz, noz biens seront abutinez, noz corps faictz appastz des poissons, et noz faictz plains de deshonneur. » Et ce dit, celuy bon capitaine mist ses gens chascun en son ordre le long de la gallere ou il estoit, et l'artillerye fist atiltrer droict a la venue des ennemys; dedans la hune fist monter gens et porter du sourre grant force cailloux pour ruer bas, et ainsi actendit pié quoy ses ennemys, qui de premiere advenue environnerent la gallere dudit Conflans, et la, a coups d'artillerye et de trect, se batirent longuement, et tant que plusieurs d'ung costé et d'autre furent blecez et tuez. Les Espaignolz, qui moult grant nombre estoyent de tous costez, approcherent ladite gallere des Françoys, et tant, qu'ilz abborderent et commancerent a eulx gripper aux cordes et monter pour cuyder entrer dedans; mais les Françoys, a coups de hallebarde et d'espée, les servirent si a point que bras et mains, testes et jambes leur firent voller en mer, et tellement que plusieurs allerent a vau l'eau. Voyant les Espaignolz que a celuy assault avoyent eu du pys, dirent que ancores en donneroyent ung autre ; ce qu'ilz firent, et plus aigre que celuy de devant : car, a celle foys, de tous costez et des plus gens de bien qui la fussent du pa[r]ty des Espaignolz, se prindrent aux cordes comme devant, et estoyent plus de soixante hommes fors et adroictz. Le capitaine Conflans, qui beaucoup de ses gens avoit perdu, pour ce n'amollit son couraige, mais plus que oncques enhorta ses gens de besoigner a proffict, car temps en estoit, et tellement que chascun fist merveilles.

Les Espaignolz, actachez ainsi aux cordes, commancerent a crier : *Victori! Victori!* Mais ce fut toust ; car les Françoys, durs comme lyons, a coups desesperez de glayves, de cailloux et de barres de fer, les acraventerent et repousserent en mer, et tel abbatys en firent que, de ceulx qui s'estoyent grippez au cordes, que de ceulx des navires, plus de deux cens y demourerent mors, et des Françoys y moururent soixante hommes. Ce faict, le capitaine Conflans, malgré tous ses ennemys, passa oultre, ou ja estoyent ses autres galleres et navires, qui, durant ledit combat, pencent que celuy Conflans leur capitaine fust priz, estoyent passez, et ainsi s'en allerent a Gayete porter leurs vivres, ce que j'ay sceu par le rapport de celuy capitaine Conflans. Or, estoit lors le siege devant Gayete, comme j'ay dit, et venu a tant que, a la parfin, au premier jour d'aoust, firent les Espaignolz semblant de voulloir donner ung assault, et, sur le point du jour, approcherent la breche a grant nombre. Sur ce point, ne doit estre oublyé messire Gabriel d'Alb[r]et, sire d'Avanes, lequel estoit lors a Gayete tant griefvement malade que plus d'ung moys avoit gardé le lict; et luy, sachant par aucun des siens que les Espaignolz vouloyent donner l'assault, dist que sans luy ne se donneroit : « *Car j'ayme myeulx*, dist il, *mourir l'espée au poing, a la deffence de la muraille, pour le service du Roy, que languir en mon lict, le cuvrechief en la teste, pour naturelle mort actendre!* » C'estoit bien ung cueur armé de riches vertus et ennobly de bonnes meurs! Or se fist il porter dedans son lict de camp jucques contre la breche de la muraille, et la se fist lever et armer, disant : « Si je ne foys a mes ennemys emcombre, au moings de nombre serviray je mes amys; » et la se tint, comme les autres, ausquelz donna courage de bien faire et vouloir de myeulx tenir. Ainsi approcherent les Espaignolz a grant nombre pour l'assault rainforcer et, en bon vouloir, pour la muraille assaillir; lesquelz, a l'approcher, eurent tant de coups d'artillerye et de trect, par mer et par terre, que plus de deux cens y furent aterrez et les autres tant mal menez que a leur honteux dommage se retirerent et leverent leur siege; et s'en allerent tenir garnison dedans une petite ville nommée Molle[1], a quatre mille pres de Gayete, et la empescherent les vivres par terre a ceulx de Gayete, tant que grant deffault en eurent; touteffoys, par la mer en avoyent quelquefoys et non pas souvant; car, comme j'ay sceu, si l'empeschement des ennemys leur nuysoit par terre, le destourbier des ventz leur contrarioit en mer. Ainsi avoyent lors les Françoys fortune contraire, a leurs ennemys eureuse prosperité. Que quessoit, apres que le siege des Espaignolz fut levé, le Roy, qui tost apres le sceut, voulant tousjours ses gens rainforcer, transmist la ung nommé Cazenove par mer, avecques troys mille Gascons.

En ce mesme temps mourut frere Pierre d'Aubusson, grant maistre de Rodes, dont les chevailliers de l'ordre de Jherusalem esleverent frere Mery d'Am-

---

1. Mola di Gaeta.

boise, grant prieur de France. Le Roy lors partit de Lyon[1] pour s'en aller a Mascons, et l'archeduc, qui de fieuvres estoit malade[2], s'en alla en Allemaigne devers le Roy des Romains, son pere, dont les ostages, qui pour luy avoyent esté menez à Valencyennes, s'en retournerent en France.

XI.

DE LA MORT DU PAPE ALLEXANDRE VI°, ET COMMANT MAISTRE GEORGES D'EMBOISE, LEGAT EN FRANCE, S'EN ALLA A ROMME.

Le Roy, estant lors a Mascons, sceut, par les postes qui alloyent et venoyent a Romme, que le pape Allexandre VI° estoit griefvement mallade; dont le duc de Vallentinoys, qui la estoit, et plusieurs cardinaulx transmirent devers luy pour l'advertir[3] que, si maistre Georges d'Amboise alloit a Romme, et qu'il advint que le pape Allexandre mourust, que la pluspart du conclave l'esliroit; dont fut le Roy deliberé luy envoyer, et luy d'y aller contant; dont advint que, le XVIII° jour du moys d'aoust, en l'an susdit mil cincq

---

1. Au milieu de juillet. Il était encore à Lyon le 11 (Mandat de remboursement à Jacques de Beaune. *Chartes royales*).

2. L'archiduc, tombé gravement malade à Ainay, était soigné par les médecins du roi. Cette maladie préoccupait et affligeait toute la cour, notamment le roi et la reine, qui craignaient qu'on ne parlât d'un empoisonnement (Ant. de Lalaing).

3. César Borgia et la Seigneurie de Florence offraient à Louis XII leur concours. Cependant, le 2 septembre, l'ambassadeur de Florence Nasi écrivait encore de Mâcon que le candidat officiel de la France était le cardinal de Salerne, que, d'ailleurs, on savait inacceptable.

cens et troys, le pape Allexandre sixiesme mourut a Romme; de la mort duquel plusieurs parlerent diversement[1] et au desavantage de Sa Saincteté, et en firent non pas elegyes de doulleur, mais epitaphes obprobrieuses[2]. Je m'en tays, pour l'onneur de l'Eglize, dont il estoit chief et moy suppos. Touteffoys, comme j'ay sceu, il mourut bien confex, tres fidele et bon catholicque. Et, apres sa mort, il demeura le visage et le

1. On sait qu'elle fut attribuée au poison, comme le rapportent Guichardin et Pierre Martyr. Cette rumeur n'était nullement fondée. V. Yriarte, *Les Borgia*, II, 151.
2. On le pleura fort peu à la cour de France. Le poète royal Dardanus lui fit l'épitaphe suivante (fr. 1717, f° 88) :

Ejusdem Dardani Epitaphium Alexandri sexti, pontificis maximi.

    Fortassis nescis cujus hic tumulus fiet.
        Asta viator, ni piget.
    Titulum (*Tumulus*) quem vides Alexandri haud magni illius est,
        Qui, modo libidinosa sanguinis captus siti,   [sed hujus
    Tot civitates inclitas, tot regna, tot claros duces
        Leto dedit, natos ut impleret suos.
    Urbem rapinis, igne, ferro, funditus
        Vastavit, hausit, eruit, humana jura nec minus celestia
    Ipsosque sustulit deos,
        Ut scilicet, heu scelus, patrie (*proprie*) nate conjungeret
    Nec execrandis abstineret nuptiis,
        Timore sublato semel.
    Et tamen in urbe Romuli hic vel undecim presedit annis pontifex.
        Nunc Nerones aut Calligulas nomina,
    Turpes aut Helyos Gaballos;
        Reliqua non sinit pudor.
    Tu suspicare et ambula.

C'est probablement le même Dardanus qui lui avait consacré précédemment une épigramme non moins violente (même ms., fol. 92 v°) :

    Pro Alexandro sexto, pontifice maximo.

    Provenit officiis tandem sua gratia ab alto,
        De superis quisquis sit bene promeritus.
    Quod puerum hyberno foverunt frigore Christum
        Spiritus inde asini, spiritus inde bovis,

corps tout ennoircy et tres fetide[1], et fut dit que les Ursins, au moyen de ce que le duc de Vallentynoys[2] les avoit moult persecutez, le voulurent aller prendre et gecter dedans le Tibre. Touteffoys ce ne fut rien; mais de sa mort fut le Roy adverty quatre jours apres[3]; par quoy dist audit cardinal d'Amboise qu'il estoit requis qu'il y allast, pour le bien du Royaume de France et le proffict de la chrestienté. Le cardinal Ascaigne, frere du duc Ludovic, estoit lors en France detenu[4], lequel dist au Roy que en cest affaire pouvoit moult; car il estoit vischancellier du pape, et avoit bonne amytié a plusieurs des principaulx cardinaulx de Romme; par quoy, s'il luy plaisoit la le transmectre, il promist d'estre bon Françoys; ce que le Roy luy accorda, et le prya bien fort d'ainsi le faire. Ainsi fut appoincté que ledit cardinal d'Amboise feroit ce voyage, auquel bailla le Roy or et argent a largesse, et gentishommes a grant nombre, et voulut que messire Jacques de Cresol, avecques cent archiers de sa garde, le conduissent jucques a Romme[5], et en oultre

> Ecce bovem ob meritum sacro profecit ovili :
> Jure igitur post hunc pastor asellus erit.

1. Cf. Petrucelli della Gatina, *Histoire des conclaves*, I, 439.

2. César était malade au château Saint-Ange et fort redoutable. Le conclave négocia son éloignement, ainsi que celui des Colonna et Orsini. Le bruit rapporté par J. d'Auton n'est pas fondé. V. *Burchardi Diarium; Dispacci di Giustinian;* Yriarte, *op. cit.*, p. 159.

3. La mort, arrivée le soir du 18 août, fut pourtant gardée secrète jusqu'au lendemain.

4. Il avait été mis en liberté au mois de janvier 1502 (*Burchardi Diarium*, III, 188).

5. Crussol emmenait, non pas 100, mais ses 200 archers de la garde, et avait ordre de se rendre ensuite à Gaëte (Mand. de paiement de 825 livres au sire de Crussol le 15 février 1503-4. Fr. 25718, 90).

manda au sire de la Trimoille[1], qui ja marchoit avecques son armée en pays pour approcher Naples, que tout autour de Romme fist tenir ses gens d'armes, jucques il luy mandast qu'il allast oultre[2]; ce qu'il fist, dont moult luy ennuya, car il se doubtoit bien que l'eslection du pape retarderoit l'entreprise du voyage[3]; touteffoys advint que celuy cardinal d'Amboise se mist en voyage et partist de Mascons le XXVIIIe jour du moys d'aoust, en l'an susdit; avecques luy furent les cardinaulx Ascaigne et d'Arragon, et grant compaignye d'autres prelatz, gentishommes et archiers de la garde, comme j'ay dit; ausi luy fist compaignye

---

1. Le roi avait, par une lettre du 8 août, invité les Florentins à lui prêter aide et appui (Desjardins, II, 77). Il comptait sur 200 lances florentines, sur des compagnies de 100 lances fournies par Ferrare, Bologne, Mantoue, Sienne, sur 8,000 Suisses, ce qui, joint à la garnison de Gaëte et aux troupes de La Trémoïlle, devait donner 1,800 lances et 18,000 gens de pied (Guichardin).

2. Louis XII écrivit au marquis de Mantoue, le 29 août 1503, de se rendre à Rome avec ceux qui l'entouraient pour se mettre aux ordres du légat et protéger la liberté des cardinaux (Société de l'histoire de France, *Notices et documents*, p. 297). Le marquis recevait de la France une pension de 6,000 livres (K 78, n° 2).

3. De plus, Louis de la Trémoïlle avait beaucoup de peine à maintenir ses troupes. Les gens d'armes, façonnés à la vie d'aventures depuis plusieurs années, se faisaient rudes et redoutables (V. not. JJ 234, 105 v°; JJ 233, 106; JJ 235, 28. Brantôme, t. VI, p. 132, etc.). Louis XII devait prendre de grandes précautions pour les envois de troupes. Nous avons dit qu'il alloua des fonds secrets à G. Le Roy, capitaine du châtelet de Gênes. Par des patentes datées de Mâcon le 24 août 1503, il décida que les gens de guerre envoyés à Naples n'entreraient dans aucun châteaufort ni tour du territoire de Gênes ou de Saint-Georges, sauf les chefs ou grands personnages invités par les propriétaires eux-mêmes. Les troupes ne réclameront dans le pays leur nourriture que pour une seule journée et la paieront (Gênes, Archives de Saint-Georges, *Lettere*). Dans le duché de Milan, on

ung des marechaulx des logys du Roy, celuy mareschal nommé Darizolles, et deux fourriers. En cest estat, s'en alla ledit cardinal, lequel passa par Lyon, par le Daulphiné, et en Savoye, en Piemont jucques a Thurin, et la se mist sur la riviere du Pau, par ou s'en alla jucques a VIII mille pres de Palme, et droict a Bouloigne la Grasse, ou fut honnourablement receu et bien a poinct trecté du gouverneur de la ville, nommé messire Jehan Bentivolle, et des autres seigneurs de ladite ville. De la s'en alla passer a Florence, a Seine et droict a Romme, ou par les chemins rencontra le seigneur Jehan Jordan a ung lieu nommé Roussillon[1]; lequel avoit la pres de Romme une belle et forte place nommée Brachane[2], et, depuys ledit lieu de Rossillon, accompaigna ledit cardinal d'Amboise jucques a Romme, ou arriva ung dimenche au soir, et avoit lessé les archiers de la garde a IIII ou V mille pres de Romme, pour ce que la ne vouloit entrer, sinon avecques peu de train, sans armes. Apres luy c'estoit mis a chemin le cardinal de Ferrare[3], soy disant pour luy et des siens en cest affaire, lequel, en chevauchant, sa mulle tumba soubz luy tant lordement qu'il se rompit une jambe, par quoy fut aresté. Au devant dudit

murmurait. Trivulce était obligé de s'excuser de concentrer des troupes à Pavie; il fit convoquer tous les habitants en assemblée publique pour savoir les abus dont ils se plaignaient (Cf. Magenta, *I Visconti e gli Sforza nel castello di Pavia*, t. II, p. 492, 493). Cf. Eyveau, *Una frottola politica scritta nel 1504* (Per Nozze Chicco-Bruno) : *Giornale storico*, fasc. 55, p. 227. Quant à la voie de Bologne, il s'y produisait bien des difficultés.

1. Ronciglione.
2. Le grand château gothique de Bracciano, construit au XV⁰ siècle par les Orsini.
3. Archevêque de Milan et beau-frère de Ludovic le More.

cardinal d'Amboise, et pour le recevoir, vindrent les cardinaulx de Sainct Severin, d'Albret, de Bouloigne[1], et celuy de Naples[2], lequel luy fist amener sa mulle bien acoustrée et richement phallerée, son chappeau rouge, sa chappe et ses habbitz de cardinal. La entra sur le soir, tout tard, dont luy furent au devant plus de dix mille torches et plus de trante mille personnes, qui tous c[r]yerent : « *Rouen, Rouen, Rouen, Rouen,* » a haulte voix, et ainsi le menerent jucques a la vischancellerye, ou le cardinal Ascagne le logea et treze jours entiers le deffroya[3].

Je cesseray ung peu ce propos pour y rentrer a heure deue, et diray que lors l'armée de France estoit tout autour de Romme, a sept ou a huyt mille pres, ou fut tres mallade messire Loys de la Trimoille, chief de l'armée, et tant que chascun le

1. Giov. St. Ferreri.
2. Al. Caraffa.
3. Le récit du *Burchardi Diarium* (édit. Thuasne, III, 262) diffère un peu de celui de Jean d'Auton. D'après lui, le cardinal entra à Rome le 10 septembre 1503, à deux heures de nuit, c'est-à-dire entre huit et neuf heures du soir (heure inaccoutumée pour une entrée). Il arrivait avec les cardinaux Sforza et d'Aragon. Les cardinaux de Bologne, de Volterre, San Severino et d'Albret allèrent au-devant, jusqu'à moitié route du Ponte Milvio. Là, les voyageurs mirent pied à terre et prirent la soutane longue, le rochet, le chapeau, les insignes cardinalices ; on entra dans l'ordre suivant : Rouen et Bologne, Sforza et Volterre, Aragon entre San Severino et d'Albret. Peu après arriva une foule d'amis de Sforza qui remplirent l'air des cris : *Ascanio! Ascanio! Sforza! Sforza!* Ils arrivèrent par les petites rues au logis du vice-chancelier. Sur tout le parcours, ce fut un bruit assourdissant de démonstrations en faveur d'Ascagne, au grand déplaisir du cardinal d'Amboise. Dès le lendemain, le cardinal d'Amboise assista au huitième service du feu pape (p. 263) ; le conclave s'ouvrit dès le surlendemain (p. 264).

jugeoit mort, car la fieuvre l'avoit priz au chemin a Parme, ou tousjours luy avoit son axez continué, tant que les medecins n'y savoyent remede; dont les gens d'armes françoys, qui moult l'amoyent, furent comme desollez, disant : « Si nous le perdons, nous demeurons sans chief eureulx, sans seure garde et sans bonne conduyte. C'est celuy qui a droict advise les choses et a proffict les execute; c'est celuy qui, a l'esploict, mect ses gens en ordonnée pollice et, au besoing de l'affaire, promptement les rallye; c'est celuy qui les siens rescomforte de parolle et de dons les emrichist; quoy plus? c'est celuy qui remunere les bienffaictz et pugnist les deffaultz. » Ainsi se doulousoyent les pauvres gens d'armes de leur chief malade, dont eulx, sans luy, se tenoyent comme privez de bon eur et frust[r]ez de toute prosperité. Ainsi demeura celuy tant extimé capitaine avecques ses gens, actainct de malladye; dont j'en diray plus a plain, le temps venu, et a ce rang trancheray deux motz de ce que lors se faisoit par les Françoys en la conté de Roussillon.

XII.

Commant les Françoys misrent le siege devant Saulces, en Roussillon, ou le Roy d'Espaigne en personne, avecques grande puissance, se trouva pour lever ledit siege.

J'ay laissé dessus a parler de l'eclection du pape et de l'armée de France, qui pres de Romme estoit lors, pour dire quelque chose d'ung siege que les Françoys misrent en ce temps devant la place de Saulces[1] en

---

1. Salces (Pyrénées-Orientales).

Roussillon; lesquelz sortirent de Nerbonne a grant triumphe, car les pencyonnaires et les gentishommes de la maison du Roy, et plusieurs autres grans seigneurs de France, estoyent la; tant de drap d'or deschicqueté, tant de chevaulx bardez, tant d'ommes d'armes et autres bien montez et armez a poinct y avoit, avecques grant nombre de gent de pié et bonne artillerye, que c'estoit merveilles a regarder[1]; dont l'ordre estoit tel que, soubz la charge de messire Jehan de Ryeux, mareschal de Bretaigne, estoit l'armée.

Françoys d'Orleans, seigneur de Dunoys, avoit la conduyte des pencyonnaires et gentishommes de la maison du Roy, ou pouvoit avoir troys cens hommes

---

1. Ce témoignage est d'autant plus remarquable que l'on reprocha vivement au maréchal de Gié l'organisation de la campagne, après son insuccès. Le ravitaillement de l'armée fut assuré par des mesures dont nous trouvons le type dans les conventions passées entre les consuls et syndics de la ville et du diocèse d'Albi pour la quantité de vivres à fournir par le diocèse à l'armée de Roussillon, suivant lettres de Rigaut d'Oreille et d'Étienne de Vesc, du 4 septembre 1503. La convention est du 27 septembre. Les lettres réclamaient :

  2,325 quintaux de farine,
   465 pipes de vin,
   930 moutons,
    78 bœufs,
    78 quintaux de chairs salées,
   156 quintaux de fromage,
   156 barils de sardines et d'anchois,
    70 setiers de légumes,
    14 charges d'huile,
    25 quintaux de chandelles,
  1,014 charges d'avoine,

pour les vendre à l'armée. Un marchand de Lombez s'obligea à les fournir, moyennant 6,000 livres que le diocèse lui prêterait.

d'armes. Messire Pierre d'Urfé, grant escuyer de France, estoit la maistre de l'artillerye; messire Guillaume de la Marche, capitaine des Allemans; messire Françoys de Rochechouart, capitaine du champ; Françoys d'Azay, mareschal des logys de l'ost; messire Jacques de Cloué, comissaire de l'artillerye; messire Jacques Guibbé, capitaine des cincquante gentishommes de la Royne.

Les capitaines qui menoyent les gens d'armes estoyent premierement messire Jehan de Lenit[1], marquys de Mirepoys et seneschal de Carcassonne, lequel avoit cincquante hommes d'armes, mille laquays et l'arr[i]er ban de sa seneschaucye, ou estoyent bien deux cens chevaulx; le conte d'Estrac, cincquante hommes d'armes; le capitaine Audet Desye[2], cincquante hommes d'armes; le seigneur de Bonneval, cincquante hommes d'armes; Robert Potin, les cent hommes d'armes du duc de Bourbon; le seigneur Duretal[3], les cent hommes de messire Jehan[4] de Rohan, mareschal de Gyé; le seigneur de Froisi, les soixante hommes du mareschal de Ryeulx; le capitaine Sarron, les cincquante hommes d'armes du marquys de Routellin; René Pot, seneschal [de] Beaucaire, l'arriere ban de sa seneschacye, ou estoyent troys cens chevaulx; messire Françoys

---

Il fut convenu qu'il garderait 2,000 livres comme bénéfices et rendrait les 4,000 autres (Ms. Doat 104, fol. 293 et suiv.).

1. Levis.
2. D'Aydie.
3. Du Restal, ou Durtal, ne commandait la compagnie de Gié qu'en l'absence du lieutenant Ploret, retenu à Amboise par son service près du duc de Valois. Durtal avait dû quitter Amboise sur la plainte de la comtesse d'Angoulême.
4. Lisez *Pierre*.

de Rochechouart, seneschal de Thoulouze, ceulx de sa seneschaucye, ou pouvoient estre troys cens cincquante chevaulx; le cadet de Duras, mille Gascons; le seigneur de Cardillac, cinc cens; le seigneur de l'Estrac, cincq cens; le seigneur d'Espanay, cincq cens; ung nommé Cobyac, cinc cens; Jannot du Pin, seigneur de Monbrun, cincq cens; le seigneur de Saint Fergol, cincq cens, et autres dont je n'ay sceu les noms; lesquelz capitaines susdits avoyent soubz eulx le nombre de six cens hommes d'armes ou environ, sept mille cincq cens Gascons, troys mille Allemans et deux mille cincq cens chevaulx legiers, lesquelz s'en allerent tout droict a Saulces pour mectre le siege. Et est assavoir que Saulces est une place forte a merveilles et de mallaisée advenue[1], laquelle est a l'entrée de la conté de Roussillon, du costé de deça[2], et, de l'autre, elle a Parpaignan a deux lieues pres[3], ou estoyent lors grant nombre d'Espaignolz; autour de la sont montaignes mal accessibles et haultes, et la mer bien pres. La dedans avoit ung capitaine espaignol, nommé domp Françoys Chancho, et, soubz sa charge, doze cens soubdartz espaignolz, force bonne

---

1. Elle avait des murailles de quarante-cinq pieds refaites par le maréchal de Saint-André sous Charles VIII. On affectait à la cour de France une grande tranquillité de ce côté; on pensait que trois cents lances suffiraient à tenir en respect l'armée espagnole et que le manque de vivres ferait le reste (Sanuto, V, 113, 142).

2. Le vieux château, qui existe encore, se trouve dans une position relativement forte, au revers de petits mamelons qui viennent jusqu'à la mer fermer la plaine du Roussillon. Salces s'élève au bord d'un des étangs de la côte; dans le lointain, mais un lointain assez éloigné, les montagnes forment une sorte de vaste croissant qui englobe le Roussillon.

3. Exactement 15 kilomètres.

artillerye et grant provision de vivres, et, en somme, tout ce qui la faisoit mestier pour la deffence de la place; ansi l'avoit il prise a garder sur sa vye contre toute la puissance des Françoys pour ung an; touteffoys, elle fut assiegée le xiie du moys de septembre, et, ce jour, commancerent les Françoys a faire leurs tranchées, ou, troys jours ensuyvant, nuyt et jour besoignerent pyonnyers, et avoyent la charge desdites tranchées Jannot du Pin, Charlot Jucqueau, messire Jacques de Cloué et ung nommé Tournemine, capitaine de mille pyonniers, lesquelz y firent telle dilligence que, en troys jours, a[1] destre et a senestre costez du chasteau furent les tranchées faictes et leur artillerye assize.

Pour secourir et advitailler par mer le siege de Saulces[2], le Roy manda au bastard René de Savoye, conte de Villars, qui lors estoit en mer vers Marseille, que, a toute dilligence, avecques gros navigage, tirast celle part; lequel fist advitailler et armer carracques, galleres, fustes et gallyons a grant force, et icelles prist sur la mer de Gennes et en Provence, en nombre une carraque nommée *la Justiniaine* et le patron Jus-

---

1. Le texte porte *la*.
2. V. ci-dessus, p. 207, note 1. D'autre part, le parlement de Toulouse délégua Antoine de Domartin, sous-viguier de Toulouse, dans le pays d'Aure, le Conserans et sur toute la frontière d'Aragon pour donner ordre et provision aux places de la frontière, y commettre gens notables et féaux et capitaines, afin d'obvier aux entreprises des Espagnols et Aragonais qui venaient sur les montagnes s'emparer du bétail français au pâturage, et pour informer secrètement qui, du pays de France, avitaillait par de secrets moyens l'armée du roi d'Espagne durant le temps que l'*ost* était à Saulces. L'enquête fut adressée au roi (Paiement à Domartin du 3 avril 1503-4. Fr. 26108, 502).

tinian, quatre galleres dont les patrons estoyent Guyon Mordret, de Tours, Guillaume Boquin, Jenon Texier et Albertinelli, six gallyons soubz les patrons Galliot Gaudulpho, Francisquo Melya, Panthelin des Comptes, le Pellegrin, Gaudulpho de la Prea et Jehan du Port Moris; une fuste de Marseille, le patron Cathellan Gothios; troys brigandins, leurs patrons messire Laurencio de Genoa, Michel Bonasola, Chappon de Leonce; deux naules de gabe, les patrons estoyent Luca de Villafrancha et Denys Scalliers, de Villefranche, pres Nyce; une carvelle portugalleze, le patron Jacobe Esticq, et une autre carvelle soubz le patron maistre Mathieu Barbier, de Villefranche, avecques dix autres naules fustiers; et tout cedit navigage prest, ledit bastard de Savoye partist de Marseille et fist singler a vent contraire vers la tour du Bouc et au plaige d'Aigue Mortes, ou fut v jours pour actendre le bon vent, et voyant que contraire luy estoit, et qu'il estoit mestier de tirer avant, fist la demeurer *la Justiniane*, qui contre vent ne pouvoit aller, et avecques le surplus de son effort se mist en mer, cuydant passer oultre malgré le pouvoir du vent; mais deux lieues n'eust faict de mer que, par l'ennuy de ventueuse tempeste, il ne fust contrainct de retourner vers ledit plaige d'Aigue Mortes et la actendre le transquille temps, qui deux jours apres fut doulx et propice, par quoy se mist de rechief au voyage, et sans destour, tant sainement s'en alla avecques tout son navigage jucques a ung lieu nommé l'Affranquy[1],

---

1. La Franqui, banc de la Franqui, Grau de la Franqui, près du cap de Leucate.

pres une petite ville nommée Locate, ou estoit la descente des navires qui menoyent les victuailles au siege, dont n'avoit que deux lieues de pays de la jucques a l'ost. La se tint celuy bastard de Savoye, avecques son effort de mer, pour advitailler l'ost et deffendre le passage; et si avoit faict mectre toutes les galleres, fustes et gallyons ou estoit son artillerye si pres du bort de la mer, a la venue d'ung chemin estroict nommé le Gro[1], par ou pouvoyent passer les Espaignolz pour empescher les vivres des Françoys ou leur faire embusches que nul, sans sa mercy, pouvoit aller oultre; ce qui moult asseuroit les gens de l'ost et les vivandiers du pays. Apres doncques les tranchées furent faictes et l'artillerye assize, le tonnerre commança de tous coustez a tonner; du chasteau tirerent tant de coups mortelz que, au travers du camp et contre les tranchées, tuerent gens et chevaulx a grant nombre, et entre autres ung gentilhomme de ceulx de la Royne, nommé Loys de Malestroict, ung cannonnier nommé Robbert Salmon, qu'ilz actaignyrent au derriere d'ung tauldys, et plus de xx des pyonniers. Les autres cannonniers françoys tirerent coups contre les deffences du chasteau, tant a droict, que tout estoit mys a raz; au bas de la muraille ne pouvoyent gueres nuyre, car elle avoit d'espoisseur bien trente piedz ou plus, comme disoyent ceulx qui depuys y furent. Ainsi se continuoit la dyablerye des coups emragez; on ne voyoit que mors et affollés le long des tranchées et sur le camp de[s] Françoys, et tresbucher

---

1. Le Grau, mince et irrégulière bande de sable qui sépare de la mer l'étang de Leucate.

murailles et gens a la deffence du chasteau; et, pour myeulx en veue rancontrer les gardes de la place, firent les Françoys unes tranchées jucques encontre ung rochier ou souloit estre le viel chasteau, et la dessus ce roch assirent deux gros canons, deux grans coulevrines et d'autres menues pieces, dont ilz batirent ceulx du chasteau a veue d'œil, ou nul ozoit monstrer la teste a la peine du gage. Tant firent que de ce rochier abbatirent ung tauldys contre les murailles du chasteau, ou ceulx du dedans se garentissoyent, et par trect de temps continuerent les tranchées, tant que jucques encontre et dedans les fossez assirent leur artillerye, et tant batirent les deffences que par la ne tiroyent plus coups ceulx du fort, dont furent Françoys maistres des fossez et talluz du chasteau.

Les Espaignolz, qui estoyent a Parpaignan, de jour en jour venoyent courir jucques au siege des Françoys, et la bien souvant prenoyent beufz et moutons, et enmenoyent les fourrageurs et varletz a la veue des Françoys, et tant que plus de cincq cens chevaulx a diverses foys en enmenerent; et touteffoys nul des Françoys ozoit courir sur eulx, car le mareschal de Ryeulx, lieutenant du Roy, l'avoit a la peine de la hart deffendu; dont plusieurs foys les Françoys qui se sentoyent du dommage, et autres plains de cueur, en murmurerent, disant qu'ilz ne cognoissoyent point de danger tel, de courir sur leurs ennemys, que le Roy en fust de riens interessé, ne eulx dignes d'en estre repriz, sachant que entre Parpaignan et la n'avoit lieu avantaigeux pour les embusches de leurs adverses; dont aucuns luy remonstrerent et en eurent a luy question, et disrent que le Roy n'entendoit point que jucques dedans le camp de ses gens les Espaignolz fissent continuelles courses et grandes prises, sans estre quelquefoys repossez ; mais pour ce, ne s'esmeut celuy chief de l'armée : ains tousjours usoit de ses deffences [1].

Les Françoys, qui plus ne pouvoyent suffrir perte, honte et ennuy des Espaignolz, disrent que quelqun d'eux payeroit l'escot. Dont ung nommé Françoys de Richemont fist une entreprise sur eulx, et, sur ce, en parla a plusieurs qui furent tous prestz de besoigner : desquelz fut le seigneur de Poinctievre, jeune seigneur et moult gentilz pour les armes, avecques xx autres hommes d'armes françoys et quarante archiers montez sur vistes chevaulx et armez legierement : ceulx se misrent aux champs au point du jour et, au chemin ou les Espaignolz avoyent acoustumé de faire leurs cources, s'embuscherent, lesquelz n'eurent gueres la sejourné que gens d'Espaigne a grosse trouppe ne leur fussent en veue, et alloyent tost comme vont, pencent, comme ilz avoyent de costume, avoir sur le camp des Françoys moustons a flac pour faire des carbonnades, mais pour celle foys n'en mengerent point : car, si tost que entre l'embusche et le camp des Fran-

---

[1]. Le maréchal de Rieux était un breton, chose sacrée pour l'entourage de la reine. Aussi Jean d'Auton parle-t-il de lui avec une extrême modération. L'auteur du *Rozier historial* va beaucoup plus loin : il dit que l'armée était très belle, mais qu'elle fut trahie par des chefs; « le roy d'Espaigne, a force d'argent, comme il a été sceu depuis, aveugla les yeux a aucuns; » le château, ajoute-t-il, était miné, et il n'y avait plus qu'à y entrer. Grâce à cette connivence coupable, les Espagnols envoyaient leurs troupes à Naples, où là aussi ils avaient corrompu des chefs français (fol. 193 v°).

çoys furent ilz, eurent ladite embusche qui leur sortit en queuhe. Il leur failloit lors retourner dont ilz venoyent, ou aller vers le camp de leurs ennemys; par quoy adviserent que, pour sauver quelqun d'eulx, se metroyent en adventure de retourner et actendre le choc, qui leur fut tel, que, au rancontrer, allerent presque tous par terre, dont les ungs ne se releverent plus et les autres furent priz; aucuns eschapperent qui, a bride abbatue, coururent d'une trecte jucques a Parpaignan, ou advertirent leurs compaignons de leur mesadvenue, et commant les Françoys avoyent priz partye de ceulx qui estoyent ce jour sortiz pour courir, et tuez les autres : somme, dix Espaignolz genetayres furent ce jour priz et menez au camp des Françoys, et bien autant de mors. En place, de la en avant, les Espaignolz ne se trouverent que bien peu de foys aux champs; car, tous les jours après ce, couroyent les Françoys jucques pres de Parpegnan. Tousjours, sans sejour, batoit nostre artillerye et pyonniers besoignoyent a tranchées et mynes; et, ce pendant, les Espaignolz de Parpaignan se misrent tous aux champs et se vindrent presenter devant le camp des Françoys, comme pour vouloir donner ou actendre la bataille. Sur ce, fut entre les capitaines françoys conseil tenu et plusieurs choses afferentes au propos alleguées, dont la pluspart furent d'avys que la bataille leur devoit estre donnée; et mesmement messire Françoys de Rochechouart, capitaine du camp, disant que les Espaignolz qui la estoyent n'estoyent a si grant nombre ne si bien artillez que les Françoys, ne tant de gens de bonne extime, et que la pluspart d'eulx n'estoyent que genetaires qui n'actandoyent jamais le choc, par quoy pourroyent estre legierement deffaictz; et eulx vaincus, le chasteau de Saulces ne tiendroit plus gueres, ne la conté de Roussillon. Le mareschal de Rieulx ne le voulut parmectre, nonobstant que la pluspart des capitaines et presque tous en fussent d'advys[1]; par quoy chascun en pensa plusieurs choses et en parla diversement, disant les ungs que l'armée ne vouloit hazarder, pour ce que le Roy ne l'entendoit; les autres, qu'il aymoit myeulx paix que la guerre, et les autres, qu'il avoit intelligence aux ennemys[2]; or, prenez lequel qu'il vous plaira des troys. Je passe oultre pour dire que, tantost apres ce, la fieuvre continue le prist, et fut mallade tellement

1. Le 30 septembre 1503, Guy de Rochefort écrivait au duc de Bourbon : « Le Roy n'a nulles nouvelles d'Ytallie depuis que mons. le legat luy a fait savoir la creacion du pape, lequel, comme il dit, sera bon pour le Roy et ses affaires, et, quant a Sausses, noz gens sont tousjours devant et font la meilleur diligence qu'ilz peuvent de la batre, mais la muraille et (sic) si espesse que l'artillerie n'y peult pas bien fere tout ce que l'on vouldroit. Et, pour ce que le Roy a esté adverty que mons. le mareschal de Bretaigne a eu quelque excès de fievres, il a advisé, si sa maladie continuoit, d'y envoyé mons. de Nevers... » (Orig., Bibl. de l'Institut, ms. Godefroy 255, fol. 5). Le comte de Nevers avait une grosse affaire, pendante depuis des années, pour la possession de son comté, et à laquelle le roi s'intéressait personnellement. Cette affaire, où son adversaire était le sire d'Orval, principal collaborateur du maréchal de Gié, venait de faire un pas; elle avait été soumise à un avis du Conseil du roi, à Mâcon, le 31 juillet 1503 (fr. 3087, fol. 237). Cependant, on renonça à la désignation de Nevers, et l'affaire fut réglée seulement le 14 octobre 1504 par un jugement du roi homologué au Parlement le 17 janvier suivant. Ce jugement consistait à faire épouser par les deux fils d'Engilbert les deux filles du sire d'Orval (Dupuy, *Traité des droits du roi*, p. 653).

2. Il paraît que les Espagnols avaient demandé à parlementer et que les Français refusèrent. La nouvelle en est envoyée de Mâcon, le 5 octobre, par l'ambassadeur vénitien (Sanuto, V, 185).

que plus ne pouvoit vacquer aux affaires de la guerre ; dont le Roy, qui de ce fut adverty, mist en son lieu Françoys d'Orleans, comte de Dunoys, qui estoit lors ame des gens d'armes et avoit de quoy tenir maison, et vouloir de largement despendre.

Le Roy estoit lors en sa ville de Mascons[1], ou de jour en jour avoit nouvelles du siege de Saulces, messaiges de Romme et propos de son affaire de Napples ; grandes charges avoit lors sur son dos, et mainctes pencées en l'entendement[2], veu les affaires que en tant de lieux avoit ; et, comme je fusse lors a Mascons pour savoir des nouvelles et les recueillir en ma tablecte, pour ce que d'autre service que de ma plume ne luy pouvoye ayder, pour luy donner moyen de divers sollas et vouloir de remedyer a son affaire, luy baillay ce peu d'escript[3] :

    Tres cristien, voulez vous prosperer
    En tous voz faictz, et vaincueur demeurer
    Sur les effors de fortune diverse ?
    Servir a Dieu et justice honnourer,
    Et bon conseil croire sans differer,
    Est le moyen qui se bien vous disperce ;
    En ce faisant, n'aurez partye adverse

---

1. Arrivé à Mâcon au milieu de juillet (*Procédures politiques*, p. 697), le roi y resta jusqu'à la fin d'octobre.

2. Il était fort malade et couvert de douleurs. Jean Pio de Marinis, envoyé de la banque de Saint-Georges, écrit, le 28 août, qu'il est impossible d'obtenir une audience du roi parce qu'il est *agravato de podagra* (Arch. de Saint-Georges, à Gênes, *Lettere*).

3. Une autre œuvre anonyme, mais évidemment patronnée par le cardinal d'Amboise, puisqu'elle est datée de Rouen le 6 mai 1503, la traduction du traité de Pétrarque *De remediis utriusque fortunæ*, fut offerte vers ce moment à Louis XII (fr. 225, bel exemplaire orné de peintures : fr. 224).

Qui, devant vous, puisse chemin tenir.
Ainsi, pourrez tres heureulx devenir,
Bruyt acquerir, immortelle memoire,
Tiltres d'honneur, et sur tous obtenir
Nom florissant et louable victoire.

   Voz ennemys, faignant confederer
Eulx avec vous, ont voulu adverer
Leur trahison et volunté parverse;
Dont vous devez a coup deliberer,
Leur courir sus, voire sans moderer
Vostre pouvoir, affin qu'on les renverse,
Tant que le faix ne la charge se verse
Du tout sur eulx. Quoy qu'il puisse advenir,
Avantageulx soyez pour subvenir
A tout besoing; et, ce faict, pouvez croyre
Que vous aurez pour vous entretenir
Nom florissant et louable victoire.

   Le bien public vous prye separer
De voz tresors, et chascun se parer
Pour y fournir, et que tout s'i excerce,
Et, au surplus, vous mande preparer,
Pour faire a plain l'injure reparer
Qu'a faict la main hostille et controverse :
Donnez dedans ung choc a la traverse,
Tel que jamais n'y faille revenir!
Et si ores vous pouvez parvenir
A l'au dessus de ce tout, est notoyre
Qu'a tousjoursmes vous pourrez maintenir
Nom florissant et louable victoire.

   Prince, vueillez vostre affaire asseurer;
Car vous devez croire et considerer
Que a ce fillet pend la honte ou la gloire.

   La main y fault prester et l'ueil virer,
Et puys après seurement esperer
Nom florissant et louable victoire.

Quoy qu'il coste pour ceste œuvre parfaire,
Mais qu'a l'onneur de vous se puisse faire,
Et au proffict de la chose publicque,
La raison vueult que chascun y aplicque
Ce qu'il aura, si ce vient a l'affaire.

Ce n'est pas jeu qui ce face a reffaire,
Mais ung besoing urgent et neccessaire,
Ou chascun doit entendre sans replicque,
  Quoy qu'il coste.

Loyal conseil, seurté proprietaire
Donne aux princes, et vye salutaire
Au bien public, qui est chose auctentique.
C'est le droict poinct et la seure praticque,
Qui vous fera voz ennemys deffaire,
  Quoy qu'il coste.

J'ay cy mys ung incident, mais ce n'est que pour diversifyer l'œuvre et esbatre les lisans. Pour retourner, me fault dire que lors estoit le chasteau de Sauces environné de Françoys, batu d'artillerye et myné de pyonniers : que fut ce, ung pan de mur, du costé du vyeulx chasteau, fut batu et mys par terre, et troys tours mynnées; ou, en ce faisant, les Françoys alloyent et venoyent par les tranchées aux fossez et aux mynes, et entre autres y alloit souvant ung nommé René Pot, seneschal de Beaucaire et seigneur de la Roche Pot, lequel donnoit argent aux pyonniers souvant pour les mectre en allaine; et ung jour, comme il regardoit besoigner les ouvriers, se tint au coing d'une tour devers la fontaine, au descouvert de veue, mais armé de toutes pieces, et, sans adviser au danger ou il estoit, ne avoir l'ueil a la garde de sa seurté, fut la si longuement qu'il donna loisir a ses ennemys de le choisir si a droict, que, d'une piece d'artillerye, luy donnerent par le derriere de la teste tout au travers, dont soubdainement cheut mort en la place. Or, en fut la perte si grande que le moings du reciter seroit trop ennuyeulx a ouyr; car il mourut en la fleur de sa jeunesce, doué des dons de grace, de nature et de fortune. Que advint il? Ung boullevart, dont ceulx de la place tiroyent contre les nostres, fut batu, et dedans faicte grande breche, par quoy fut dit qu'il seroit assailly; dont y allerent aucuns de ceulx du capitaine Audet, et mesmement Pierre de Riviere, seigneur de Byarges, en Poictou; Jehan de la Foye, et Phellippes de Barzan, lesquelz monterent des premiers a l'ung des costez de la breche; messire Esprit de Montauban, avecques cent Gascons, assaillirent de l'autre costé. Or avoyent les Espaignolz, qui dedans estoyent, faict ung tour de finesse, tel que, lorsqu'ilz virent que les Françoys voulurent donner l'assault a ce boulouvart, semerent et espandirent force pouldre a canon sur une voulte qui dedans estoit a l'entrée de la breche, et de la firent une traynée jucques dehors de leur costé, et desemparerent; les Françoys se misrent par la passée, desquelz entrerent aucuns legiers Gascons, si hastiz, qu'ilz s'eschaulderent les doiz; car les Espaignolz, sitost qu'ilz commancerent a entrer, misrent le feu en leur traynée, qui soubdainement courut jucques dedans le boulouvart, la ou la pouldre estoit, et ja y avoit six d'iceulx Gascons entrez, lesquelz, sans provision de remede, furent la brullez et mors.

Les autres, qui entroyent a la foulle ou messire Esprit de Montauban estoit, et les gens du capitaine Audet, voyant le grant feu qui la dedans estoit, ne se voullurent brusler a la chandelle ; mais, s'il y avoit eu bonne presse a l'entrer, plus grande foulle fut au saillir, et tant que ledit Esprit de Montauban se rompit la une jambe et fut emporté malade, dont il mourut regrecté de plusieurs ; car c'estoit ung tres hardy homme et hault entrepreneur. Que quessoit, les Françoys se retirerent jucques le feu fust estainct, dont puys le regaignerent. A toute heure, d'ung costé et d'autre tiroit artillerye, tant que les Françoys, de leur costé, misrent toutes les deffences de la place a bas, tellement que par les fossez alloyent ausi seurement que par les tranchées, car les gardes de la place ne savoyent par ou tirer s'il ne faisoyent des trouz par la muraille, ce qu'ilz firent, et la recommancerent a donner sur les Françoys, dont tuerent ung nommé Martinet Baron dedans lesdits fossez, assez viel homme, mais avoit esté l'ung des plus vaillans hommes d'armes que de son temps se trouvast, car a toutes les guerres et batailles du duc de Bourgoigne, lequel en son jeune age avoit servy, tousjours avoit esté aux coups departir et a toutes les rancontres, combatz et conquestes que du temps du Roy Loys XIme, du Roy Charles VIIIme et du Roy Loys present XIIme, s'estoit trouvé tousjours loué de quelque nouveau faict d'armes ; or est il demeuré a la poursuyte comme advient souvant a qui trop longuement continue le dangereulx mestier. Ung gentilhomme de ceulx du Roy, nommé Bernard de Camicans, estoit sans cesser dedans les fossez par les tranchées et aux mynes, et la faisoit besoigner pyonniers a toute force. Ung escossoys, ausi de ceulx du Roy, fist myner une tour dont venoit sur le camp force coups d'artillerye. Tant fut la baterye continuée et les mynes et tranchées gratées que par l'excessive despence des pouldres deffault en fut, et par la grant occision qui fut sur les pyonniers peu de nombre en demeura : et ausi fut durant le siege question d'argent pour le payement des Gascons et des pyonniers, et pour l'avance de la fourniture des pouldres. Dont le Roy, estant a Mascons de ce adverty, en eut telle question avecques ses tresoriers que en danger furent d'en perdre leurs offices et hazart de pugnicion corporelle; car, a eulx qui avoyent l'argent du payement, donnoit la charge du deffault; mais a ce besoignerent au myeulx de leur pouvoir; touteffoys, a ce moyen, grant nombre de Gascons aisez a mectre aux champs s'en allerent du camp[1]. L'artillerye fut laschement exploictée et les pyonniers affoibliz et descouraigez, sans laquelle ayde ne se peut œuvre millitaire bonnement commancer, longuement continuer ne proffitablement achiefver. Que fut ce, ung grant pan de mur fut mys a bas, troys grosses tours mynées et estanssonnées, prestes a aterrer, ou, ce durant, furent la tuez plusieurs, desquelz furent messire Charles Jacqueau, homme d'armes de la compaignye du mareschal de Gyé; Denis de Myncourt, cannonnyer françois; maistre Marc, cannonnyer ausi; le seigneur de Bourquet, commissaire de l'artillerye, et ceulx devant nommez, avecques plus de deux cens que pyonnyers que autres gens de pié. Ausi furent dedans et aux deffences de la place meurdriz et affollez plus de six vingtz Espaignolz, et les autres tant lassez que plus

1. Le prévôt des maréchaux, Robert Malherbe, s'était établi à Narbonne (Monstre du 24 octobre 1503. Mss. Clairambault 240, 573).

n'en pouvoyent, et de faict eussent estez priz d'assault ou rendu les armes, si brief n'eussent eu secours, ce qu'ilz eurent; car le Roy d'Espaigne, sachant l'entreprise du siege, avoit faict dilligentement une grosse armée, et ce faict, le plus tost qu'il peut, se mist en personne en la voye avecques sa gendarmée, et tant se hasta que a eure deue arriva, comme je diray. Or estoit le Roy de jour en jour adverty de toutes nouvelles, et sceut commant ledit Roy d'Espaigne faisoit son cas pour venir secourir ses gens, dont manda a son armée de Saulces qu'on se hastast de besongner, et avecques ce fist marcher en pays quatre cens hommes d'armes qui lors estoyent en Bourgoigne, et la transmist Jacques de Couligny, seigneur de Chastillon, messire Robinet de Fremezelles, messire Loys de Marraffin et autres, pour veoir de ses besoignes et rainforcer son camp. En celuy temps estoyent de gouverneurs des affaires du Roy et de son conseil en court, messire Pierre de Rohan, qui par sur tous autres avoit le manyment; messire Jehan d'Albret, seigneur d'Orval; messire Loys d'Albuy, seigneur de Pyennes, et messire Heurry de Neufchastel, lesquelz a toute eure mectoyent choses en consultacion. Or estoit le Roy deliberé luy mesmes de s'en aller a Nerbonne pour rainforcer ses gens[1], et devant avoit transmys ses fourriers et gens pour veoir si vivres a force et bon air y avoit; touteffoys ne luy fut conseillé d'y

---

1. « Come la cossa di Salz va molto in longa. Francesi diçono l'averà, ma per bona via intende Spagnoli si difendeno gajardamente, licet francesi habino preso certi brigantini con vituarie » (Nouvelles de Mâcon du 12 octobre. Sanuto, V, 201). L'assaut eut lieu le 18 (*Id.*, 239), et cette nouvelle releva un peu l'espérance.

aller, disant qu'il encheriroit les victualles de ses gens, qui par trop n'en avoyent, et ausi luy dist messire Pierre de Rohan que, au regard du Roy d'Espaigne, ja la ne se trouveroit, et que dix mille hommes ne sauroit si promptement trouver pour y aller, dont le Roy s'aresta. Touteffoys, l'oppinion dudit messire Pierre de Rohan fut si mal fondée que, nonobstant qu'il asseurast au Roy son dire vray, au contraire en alla ; ce qui fut a luy mal parlé en homme clervoyant, et bien monstré au Roy le deffault de son improveu conseil : car le Roy d'Espaigne, avecques deux mille hommes d'armes, trente mille hommes de pié et sept mille genetaires, se trouva a Parpaignan, et a l'eure que les Françoys voulurent assaillir Saulces ; car ja avoit troys tours de la place esbranslées, qui ne tenoyent que a estanssons, dont les souldartz estoyent en poinct de parlamenter, et n'en pouvoyent plus, si n'eust esté le Roy d'Espaigne qui, avecques toute sa puissance, se trouva aux champs pres de Saulces, si pres du camp des Françoys que jucques dedans pouvoit de la faire tirer une piece d'artillerye. Il avoit mys sur les montaignes, pres de Saulces, ses gens de pié et son artillerye d'ung costé, et luy avecques le surplus de ses gens sur les montaignes ausi, et de la faisoit tirer sur les Françoys coups a toute force et au perdu, et de ce les endommageoit de moult ; dont fut advisé par les capitaines des Françoys, veu que assez puissans n'estoyent pour combatre leurs ennemys, et le dommage que l'artillerye des montaignes leur faisoit, que on leveroit le siege, qui ja avoit la esté plus de trante six jours, et pour sauver l'artillerye, qui aisément ne se pouvoit charryer pour l'empeschement des lieux malaisez, et ausi que les Espaignolz eussent peu, par quelque derriere, emcloure les Françoys pour leur copper chemin. Messire Guillaume de la Marche, capitaine des Allemans, ung nommé Françoys de Thelligny, pannetyer du Roy, et le baillif de Saulx, avecques doze cens hommes de pié, allemans et gascons, furent ung vendredy au soir sur les montaignes, et la toute nuyt escarmoucherent les Espaignolz, et iceulx amuserent tant que ce pendant les Françoys remuerent leur artillerye et charroy avecques tout le bagage, et tout ce misrent hors le danger de leurs ennemys. Le bastart de Savoye, sachant que les Françoys vouloyent lever leur siege, s'aprocha jucques sur le bort de la mer, devers le passage du Gro, et la atiltra son navigage et artillerye pour deffendre icelluy costé; et tantost qu'il fut la, sept ou huyt mille Espaignolz a pié et a cheval se monstrerent sur la coste des montaignes et descendirent jucques au nombre de six ou sept vingtz a cheval pour visiter le passage, et en advisant celuy virent les vivandiers sur le gravier de la marine avecques leurs charroys et victualles, et la se voulurent adresser pour faire quelque butin ; mais au passer eurent coups d'artillerye au devant, tant ennuyeulx que, nonobstant leur fuyte, aucuns de eulx furent actaintz jucques a demeurer sur le champ. Les autres remmonterent la montaigne et advertirent leurs gens de l'embusche qu'ilz avoyent trouvée sur le bort de la mer; par quoy ne firent sur l'eure autre chose. Ce faict, ledit bastard de Savoye, voyant que nul des Espaignolz faisoit semblant de vouloir passer par ce costé et que l'armée des Françoys estoit en bransle de desloger, pour myeulx savoir de tout, s'en alla a l'ost de noz gens et, pour estre maistre de son navigage, mena avecques luy tous les patrons genevoys et autres estrangiers, et lessa son lieutenant sur mer ung françoys nommé Guyon Mordret; avecques le conte de Dunoys, lieutenant du Roy, et autres capitaines de son armée, sceut que le siege se lievoit et que l'armée se vouloit retirer a Nerbonne; par quoy s'en alla ou estoit son navigage pour adviser en son affaire et, luy estant sur mer, assembla capitaines et patrons, ausquelz remonstra commant il n'entendoit le faict de mer, et que sur ce le voussissent conseiller; desquelz la pluspart furent d'advys de s'en devoir aller, pour le dangier du divers temps de mer, qui trop est a doubter, et veu, puysque les Françoys deslogeoyent, qu'il s'en pouvoyent bien aller. D'autre oppinion fut Guyon Mordret, disant que ancores n'estoyent les Françoys hors du danger de leurs ennemys, qui, par le costé de la mer, les pouvoyent suyvre ou trancher le chemin; par quoy estoit requys de garder le passage; autrement seroit mal servy le Roy et habbandonné ses gens; a quoy s'aresta ledit bastard avecques tous ses gens, et manda au conte de Dunoys, par ung gentilhomme des siens, que, si le temps n'estoit forcenné, que de sa part garderoit bien le passage du Gro contre tous les Espaignolz, et que de ce fust tout asseuré; ce qui rejoyt de moult l'armée, qui ne se pouvoit seurement departir, car peu de gens y avoit pour soustenir le fex de la bataille des ennemys et pour leur deffendre le passage du Gro. Que fist celuy bastard? Hors le sceu des Espaignolz, sur l'eure de mynuyt, fist partir son navigage et s'en alla au destroit de Locate[1], qui estoit la plus seure passée a garder a la venue des ennemys, et la mist fustes et brigandins prore en terre, et, a la passée des Espaignolz, emboucha toute son artillerye, dont il en avoit de cent a six vingtz pieces, et, tout ce mys a effect, les Espaignolz devallerent de la montaigne en nombre de sept a huyt mille hommes a cheval pour vouloir passer et trancher le chemin aux Françoys ; mais, a l'approcher, eurent coups d'artillerye si menus que plusieurs en sentirent le choc, dont retournerent tout autour des estangz qui la estoyent et s'en allerent a leur armée. Les Françoys, apres qu'ilz eurent retiré leur bagage et menée leur artillerye a sauveté, misrent le feu dedans les tours estanssonnées, tellement que tout alla par terre. Dont les souldartz, cuydant estre tous mors, ne firent semblant de deffence, mais ja levoyent la main pour eulx vouloir rendre; toutesfoys, les Françoys ne prindrent ladite place; aussi n'estoit il eure de s'enfermer dedans, veu la trop forte embusche qui la pres estoit, mais se retirerent quelque peu d'espace. Celle mesme nuyt, messire Gabriel de Monfaulcon, lieutenant de cent gentishommes de la maison du Roy, entour la mynuyt, ordonna dix gentishommes de sa bende pour demeurer derriere, et dix autres de ceulx de la compaignye du duc de Bourbon, qu[e] bailla Robbert Potin, lieutenant, pour soustenir le faix des Espaignolz s'ilz venoyent en queuhe ou charger sur les Allemans qui alloyent derriere ; lesquelz gentishommes et autres gens d'armes bailla a ung nommé

1. Leucate (Aude).

Jehan de Susanne, de la maison du Roy. Ausi se mirent avecques iceulx aucuns de ceulx du mareschal de Gyé et doze arballestiers a cheval de ceulx ausi du duc de Bourbon. Sur le point du jour, messire Guillaume de la Marche, avecques ses gens, lessa l'escarmouche des montaignes, qui presque toute nuyt avoit duré, ou s'estoyent bien appoint entrebatus Françoys et Espaignolz, et s'en alla rendre au camp des Françoys, qui ja s'estoyent retirez bien a la portée d'ung gect de canon loings de Saulces, et la, mys au bout d'un viel pont de pierre, a ung lieu nommé les Fontaines, et de la bien matin deslogerent les Françoys en tel ordre que le conte de Dunoys, avecques les pencionnaires et gentishommes du Roy, et tous les hommes d'armes et arrier bans qui la estoyent, faisoit l'avangarde; messire Guillaume de la Marche a tout les Allemans et partye des autres gens de pié l'arriere garde; sur les costez estoyent chevaulx legiers pour descourir; l'artillerye alloit devant, avecques bon nombre de gens pour la garder; et en ceste maniere commancerent les Françoys tout le petit pas a eulx retirer. Au derriere ausi, sur la queuhe des Allemans, estoyent les dix gentishommes et autres dix hommes d'armes et doze arbalestiers susdits; lesquelz gentishommes estoyent le viconte de Monclars, Françoys de Maugeron, Jehan de Cassaignet, le bastard de Luppé, Françoys de Monssures, Jehan de la Greze, Guyot Pot, Loys de Crequy, le seigneur de Castelpers et le seigneur de Saincte Mesme. Les autres dix estoyent le seigneur de Sainct Olaire, Jehan d'Orfueille dit Guilotiere, Espinay, La Rochebaron, La Fayete, Cordebeuf, Chasteauneuf, La Souche, Vernet et Morillon;

autrement n'ay sceu les noms, pour ce que communement se font appeler par le nom de leurs maisons. Que quessoit, avecques ceulx se joignirent Jacques de Bourbon, conte de Roussillon; Loys, bastard de Bourbon; Jehan de Rohan, seigneur de Coiron; le seigneur de Poinctieuvre; Bernard de Camicans, gouverneur d'Armaignac; Bertrand d'Estissac; Gilbert des Serpens; Heurri de Monnourry; Lescure; Anthoyne Barbançoys, seigneur de Charon; Jacques Carbonnel, seigneur de Cerance, et quelques autres, lesquelz se tindrent tous les derreniers; et tantost que furent deslogez, a leur queuhe leur furent trente ou quarente chevaulx genetaires, et derriere, bien pres d'iceulx, cincq ou six cens chevaulx, hommes d'armes et genetaires, et la commança l'armée de France a tirer son chemin. Et est a savoir que entre les fontaines et les cabanes, touchant des cabanes de Phitoux[1], est ung chemin bas soubz une montaigne, ou la dessus estoyent plus de dix mille Espaignolz, lesquelz, a la passée, tiroyent trect et hacquebutes sur les Françoys menu comme gresle. Toutesfoys, de ce, peu de domage leur firent; l'avangarde estoyt ja a droict les cabanes que les derreniers estoyent ancores a passer celuy chemin bas; et ainsi passerent ce destroict, et oultre les cabannes, jucques a une croix de pierre, en ung lieu plain de cailloux, et la tournerent le visage vers leurs ennemys et ne virent qui les suyvist; car aucuns de ceulx qui avecques eulx s'estoyent assemblez estoyent demeurez bien loings derriere et s'estoyent amuzez a escarmoucher avecques les genetaires, dont

---

1. Fitou-les-Cabanes (Aude).

ung Françoys, nommé Lescure, fut mys par terre et enmené la ou estoit le Roy d'Espaigne, lequel peu a peu suyvoit les Françoys. Les autres escarmoucheurs françoys se retirerent jucque la ou estoyent ceulx de leurs gens qui joignoyent aux Allemens. Les Espaignolz, tousjours en queuhe, qui les chaçoyent bien tost, et donnant celle chace, arriverent a la croix de pierre dont j'ay parlé, et la s'arresterent quatre enseignes des Espaignolz, ou pouvoyent estre quatre cens chevaulx; et eulx arrestez, une d'icelles enseignes, de damas blanc et violet, avecques quatre vingtz ou cent genetaires et autres, armez a la bastarde, descendit vers ou estoyent les Françoys et approcherent jucques a donner, la ou estoyent ceulx qui ordonnez furent a soustenir le faix pour supporter les Allemans, tous la lance sur la cuisse, et ainsi que ceulx qui la estoyent m'ont dit. La estoit Jacques[1] de Bourbon, conte de Roussillon, qui avoit tenu l'ordre de ceulx qui supporter devoyent les Allemans, qui d'avanture avoit osté son armet, et si tost que les Espaignolz, qui estoyent dessendus, furent soubdainement aprochez, celuy conte de Roussillon eut plus tost mys sondit armet et rompu sa lance que nul des autres a qui ne failloit piece, et fut le premier qui donna dedans; Françoys de Maugiron porta par terre ung nommé Loys Chaincho, lequel, a grant foulle de gens, fut recoux et desempressé, tant que troys Espaignolz armez a la bastarde le remonterent et voulurent enmener hors; mais la survint Jehan de la Greze, seigneur d'Amberac, lequel adressa la tant rudement que a

---

1. Charles.

l'ung de ceulx donna de la lance telle venue que plus d'une toise luy mist au travers du corps, et mist homme et cheval par terre. Les autres deux furent tuez et celuy Chancho remys a bas et foullé des chevaulx tellement qu'il ne se peut relever. Crequy ausi rompit sa lance et abatit son homme; Loys, bastart de Bourbon, La Rochebaron, le seigneur d'Estissac et plusieurs autres françoys qui la estoyent firent merveilles, car plus de quarante genetaires et autres espaignolz furent la aterrez, et me fut dit que ung nommé Jehan de Cassaignet, dit Camicans, en mist plus de dix par terre, ainsi que depuys aucuns des Espaignolz qui la estoyent le tesmoignerent, et le cogneurent a ce que son soye estoit semé de bourdons; la se trouva de vray, car, ainsi que au millieu de ses ennemys se combatoit a l'oustrance, ung espaignol, qui ne l'ozoit regarder au visage, vint par derriere, et d'une genetaire luy donna en l'espaule au travers du gousset par deffault du petit gardebras; touteffoys, pour ce, n'en perdit coup a donner. Le seigneur de Pointievre, le conte de Roussillon, le bastart de Luppé et en somme tous les autres y exploicterent les armes en telle sorte que l'enseigne fut mise par terre, et celuy qui la portoit tué, et tous les autres espaignolz qui l'avoyent accompaigné ruez jus, et ce devant et en la veue des autres enseignes qui a la croix estoyent arrestées, sans que nulz d'iceulx sortissent pour secourir leurs gens que devant eulx veoyent tuer et affoller. Or advint la que ung gendarme françoys, nommé Anthoyne Barbançoys, a cest affaire tout soubdainement cheut de pasmoison de son cheval a bas, qui aux autres donna grand peine a relever, et fallut avoir une piece d'artillerye menue que pres de la, entre les Allemans, furent querir pour le charger dessus, et ainsi le mectre, a force de gens, hors de celle presse. Quoy plus? les Allemans qui marchoyent entre l'avangarde et les escarmoucheurs, en tournant le visage vers les ennemys, virent la grosse escarmouche qui se faisoit et le grant nombre d'Espaignolz qui estoyent a la croix, cuydant que la bataille fust commancée, comme gens qui ne voulloyent fuyr, tournerent tous, et, ce faict, baiserent la terre en croix et puys se leverent, et tout le grant pas marcherent vers les escarmoucheurs. Le conte de Dunoys, qui menoit l'avangarde, vit de loings commant les Françoys du derriere et les Espaignolz s'entrebatoyent bien appoinct, et les Allemans et autres gens de pié françoys de l'avangarde retourner vers les ennemys, et grant nombre d'Espaignolz en bataille et marcher en avant; dont fist soubdainement retourner toutes ses enseignes et ses gens d'armes ou pouvoyent estre six cens bons hommes d'armes, et tout le tropt commança a marcher en bel ordre et moult fierement, luy et tous ses gens, la lance sur la cuisse. Le duc d'Albe, capitaine de l'armée du Roy d'Espaigne, avecques cincq cens hommes d'armes et huyt cens genetaires, estoit entre les escarmoucheurs françoys et l'armée du Roy d'Espaigne, qui ancores estoit sur les montaignes, dont se pouvoit veoir tout a cler l'armée de France, qui n'estoit que une poigné de gens au regard des autres[1]; et voyant, ledit Roy d'Espaigne,

---

1. Voici l'état de l'armée espagnole :

« *Le nombre des cappitaines de gens de guerre des Roy et Royne de Castille envoyez pour le secours de Saulces.*

« Premier. Le duc d'Albe, cappitaine general desdits Roy et Royne, et don Gracian de Toledo, son filz, avoit en charge cent

ainsi marcher le conte de Dunoys avecques ses hommes d'armes et retourner sitost contre les Espaignolz, ne sceut que pencer; car, avant la main, il cuydoit qu'ilz se retournassent pour plus ne revenir; dont demanda a Lescure, françoys, qui avoit esté priz a l'escar-

hommes d'armes et cent genetz; le marquis de Villefranque et l'armendat de Castille, cent genetz; le duc de Nagere et ses gens demorerent devers le cartier de Fontarrabie pour garder l'entrée de Navarre; le duc d'Albruqueg, cent et dix hommes d'armes et quarente genetz; le duc de Vege, deux cens hommes d'armes et deux cens genetz payez du sien; le marquis de Villene, cent cinquante genetz payez du sien; l'infantado de Granade, cinquante genetz; le marquis d'Azevety, fils du feu cardinal de Mandoss[a]... (lacéré); le marquis de Denya, cent genetz payez du sien; le conte de Fontsalhite en personne; le compte de Gerbelle, payez du sien cinquante genetz; le viconte de Valdorne, xxx genetz payez du sien; Diego de Roges, lx genetz payez du sien; le marquïs d'Estorgue, cent genetz et cinquante hommes d'armes; l'adelantada (sic. L'adelentado) de Grenada, lxx genetz payez du sien; Johan Aries, xxx genetz payez du sien; Gracian de Caries, iiii^{xx} genetz; le mareschal de Carvora, xx genetz; les gens du duc de l'Infantado, cent hommes d'armes payez du sien; les gens du duc de Medina Cely, cent genetz; les gens du conte de Paretes, xxx genetz payez du sien; les gens du conte de Feria, xxx genetz payez du sien; les gens du mareschal Venabides, xxx genetz payez du sien; les gens de l'arcevesque de Toledo, trois cens genetz payez du sien; les gens de l'arcevesque de Bourgues, xxx genetz payez du sien; les gens de l'evesque d'Osme, xxx genetz payez du sien; les gens de l'evesque de Palancia, xx genetz payez du sien; les gens de l'evesque de Malhorque, x genetz payez du sien; les gens de l'evesque de Plazencia, xx genetz paiez du sien; les gens du prieur de sainct Jehan, lxx genets payez; les gens de la garde desdits Roy et Royne, v^c hommes d'armes et mile genetz.

« Aragon.

« Trois cens hommes d'armes et deux cens genetz payez par le royaume d'Aragon pour trois ans, desquelz estoient cappitaines les contes de Ribagorce, de Belfito, d'Orande, don Phelip de Castres, don Johan de Luna, don Blaze de Layon, don Francisco de Luna, le viconte de Nola, Johan Ferrando de Redia. Le

mouche et a luy amené, que c'estoit a dire que si peu de nombre de françoys retournoyent contre toute sa puissance, et pourquoy ils avoient faict maniere de retrecte. A quoy respondit le françoys au Roy d'Espaigne que, pour atirer l'armée d'Espaigne aux champs et la les vouloir combatre, le faisoit, et que, si l'armée des Françoys estoit a peu de nombre de gens extimée, si estoit elle ranforcée d'audacieulx vouloirs et vertueulx courages; car, sans faillir, toute la cremme des gens de bien et la flur de la chevallerye de France bransloit soubz sez estandartz; ainsi n'est le Roy d'Espaigne, avecques toute sa grosse armée, asseuré de avoir de meilleur. Touteffoys, le duc d'Albe, voyant marcher l'avangarde des Françoys contre luy, fist marcher ausi ses gens, et ainsi pençoyent les Françoys avoir la bataille, et, pour donner sur les helles et croiser sur leurs ennemys, messire Françoys de

Royaume de Valence, pour ce que les cours n'y furent tenues par lesdits Roy et Royne, furent envoyez audits Saulces cinquante genetz et cinquante hommes d'armes et d'autres particuliers qui sont venuz a leurs despens. Le conte d'Olive, xxx genetz payez; le duc de Vilermosa en personne; le conte de Vilermosa en personne; don Alonce de Cardonne en personne.

« Cataloigne.

« Deux cens hommes d'armes et trois cens genetz payez pour trois ans, et cinquante mille ducatz pour payer les gens de pié; le duc de Cardonne, oncle dudit Roy, en personne; l'admiral, son filz, et autres cappitaines et seigneurs. Somme : Les genetz, IIII^m VI^c IIII^{xx}; les hommes d'armes, M VI^c dix. En laquelle assemblée avoit XII^m hommes de pié en tout, desquelz Aragon en payoit les III^m pour trois ans, Valance mil pour ung an; et le residu se payoit desdits cinquante mille ducatz donnez ausdits Roy et Royne le pays de Cathaloigne. Fait a Medina del Campo, le IIIe jour d'avril mil cinq cens quatre, par moy. » (Note orig., sans signature. Fr. 2961, fol. 17.)

Rochechouart, seneschal de Toulouze, prist soixante ou quatre vingtz hommes d'armes et cincq cens chevaulx legiers et se mist en marche, tirant a cartier sur le costé des gens du duc d'Albe, lequel, voyant l'arroy des Françoys en point de bonne ordonnance et en propos deliberé de combatre, s'arresta sur le cu avecques tous ses gens. L'avangarde françoyse se joignit avecques les Allemans et les escarmoucheurs françoys, et la, tous en ordre, la lance sur la cuisse et la picque au poing, presenterent la bataille a toute l'armée d'Espaigne, et en ceste maniere tous en bataille demeurerent plus de deux grosses heures. Le Roy d'Espaigne, qui tout ce veoyt, fut esmerveillé de la hardiesse des Françoys, qui a l'une foys eut propos de les combatre pour abbatre leur hault vouloir; a l'autre foys, non, doubtant le maleur tourner sur luy.

La avecques luy estoit son confesseur, evesque de Valence[1], lequel avoit si belles affres qu'il se fust voulu devant le grant autel de son eglize, et, pour doubte de sa peau et de l'effusion de sang humain, tira une croix de son estuy, laquelle presenta au Roy d'Espaigne, en luy disant : « Sire, vecy la represantacion de celuy Dieu qui, pour rachapter le genre humain, voulut son sang en l'arbre de la croix repandre; en l'onneur de sa piteuse passion, ne vueillez parmectre que aujourd'uy le sang des crestiens, pour querelle des biens temporelz, soit cruellement effus. Vous ne savez commant l'effect de la bataille se portera; vous la pouvez commancer, mais au vouloir de Dieu se finist, et a qui luy plest donne la victoire. Voz

___
1. Pierre-Louis Borjia y Lansol, archevêque de Montréal, — archevêque de Valence de 1500 à 1511.

ennemys sont en appetit deliberé de vous donner aspre combat ; vous estes en pouvoir d'assembler avecques eulx pour hazarder au danger de fortune variable le priz de vostre honneur et la somme de vostre estat ; pour ce, Sire, mectez provision de conseil au myeulx de vostre branslant affaire, car temps en est ores. »

Le Roy d'Espaigne, oyant ses motz, fut deliberé de ne combatre, par quoy manda au duc d'Albe, qui voluntiers eust combatu, qu'il se retirast pour celle eure, et que ainsi le vouloit ; dont luy et tous ses gens tournerent le costé et s'en allerent devers leur armée, et, ce faict, les Françoys se retirerent ; mais, avant ce, les gens de pié eurent la despoille de ceulx qui avoyent estez tuez a l'escarmouche, et entre les mors trouverent Loys Chancho, qui avoit esté abatu par Françoys de Maugiron et blecyé moult ; et cuydant iceulx pietons qu'il fust mort, pour le vouloir chercher et prendre ce qu'il avoit, l'emporterent hors de la et le desarmerent et misrent en chemise, puys luy trouverent dedans les doiz tout plain d'anneaulx d'or, et, pour les avoir plus tost, luy copperent les doiz et tirerent iceulx anneaux, puys le lesserent comme mort, lequel, depuys, les Espaignolz, en revisitant les mors, le trouverent ou ancores poussoit, par quoy l'emporterent, et, comme j'ay sceu depuys, garist tout sain, fors de ses doiz coppez. L'armée de France s'en alla se jour[1] au Lac[2], a troys lieues pres de Nerbonne, et la sejournerent les Françoys tout le dimanche, sans ce que plus des Espaignolz fussent cherchez. Du Lac

1. 20 octobre (Sanuto, V, 426).
2. Le Lac (Aude), près de Sigean.

s'en allerent a Nerbonne, ou, tantost que furent la, les Espaignolz se misrent aux champs et coururent Locate[1], Phitou, Sigen, la Palme[2] et le Lac, petites villes pres de Saulces, lesquelles prindrent, pillerent et bruslerent[3]. Tantost que l'armée de France fut a la retrecte, le bastard René de Savoye, voyant ladite armée hors le danger de ses ennemys, dist a ses capitaines et patrons de mer que sans reproche de nully s'en pouvoit bien aller, veu que les Françoys estoyent seurement retirez, auquel apoinctement s'accorderent tous, tant que chascun fist son appareil pour retourner; si se misrent en mer, cuydant voguer vers Marceille. Or advint que, tantost apres leur partement, le vent impetueulx leur fut a l'encontre, tellement que le gallion ou estoit ledit bastard, avecques troys autres gallions, par la tempeste de vens deslyés, donnerent de proue en terre pres d'ung lieu nommé Cerignen[4], en Languedoc, sur la coste de Nerbonne, et la eust esté noyé ledit bastard, ne fust ung legier brigandin qui le sauva; les autres allerent a fons, dont aucuns des hommes qui dedans estoyent se sauverent sur les sabbles et les autres furent noyez; troys des galleres qui la estoyent furent par l'orage contrainctes soy habbandonner en la coste d'Ade[5], et la donner fons a

---

1. 28-29 octobre. Ils rasèrent Leucate (Sanuto, V, 426).
2. Sigean, la Palme (Aude).
3. Louis XII accorda ensuite, à titre d'aumônes, des remises de tailles « aux plus povres lieux... gastez et endommaigez a cause de la derniere guerre de Sausses, » selon un rôle dressé par l'administration (V. une remise de 1,000 livres accordée encore en 1510; fr. 25718, 136).
4. Sérignan (Hérault).
5. Agde.

l'ancre, a la misericorde de Dieu et au danger de fortune. La gallere realle ou estoit Guyon Mordret et ung gentilhomme de Savoye, nommé Mondragon, prist la haulte mer, et, malgré le poux du vent, gaigna la plage d'Aiguemortes, et, apres ce que le bon vent fut en saison, ceulx qui s'estoyent sauvez se rendirent a Marceille.

XIII.

D'une treve qui fut lors faicte entre le Roy et le Roy d'Espaigne, a la requeste de domp Frederich d'Arragon, Roy de Naples, estant lors detenu en France.

Le Roy Frederich d'Arragon, estant lors en France, comme j'ay dit dessus, voyant la guerre et discencion entre le Roy et le Roy d'Espaigne dommageuse a la crestienté et au peuple des royaumes de France et d'Espaigne contrarier, voulant sur ce trouver moyen de concorde et provision de paix, supplya lesdits princes que entre eulx, a sa priere et requeste, n'eust plus de discencion, veu que le deffy de guerre dont ilz usoyent estoit ung excez de si mortel poison envenimé que sa force deslyoit l'amour des princes, diminuoit le nombre des chevalliers, appouvryssoit le peuple planctureulx, agastoit les pays fertilles, devastoit les nobles cytez, les fortes places mectoit en ruyne, vyolloit les vierges, prophanoit les temples, respendoit le sang humain, desolloit les royaumes et destruyoit tout le monde; par quoy, puysque par discorde toutes grandes choses s'anyentissent, celuy

Roy domp Frederich prya, comme j'ay dit, le Roy susdit de France et d'Espaigne que dorenavant amyable socyeté et alience confederée eussent ensemble : a la requeste duquel le trecté de la paix fut mys en avant, tant que lesdits princes prindrent ensemble treves de paix et abstinence de guerre dès le XVe jour du moys de novembre en l'an mille CCCCC et troys jucques au XVe jour du moys d'apvril premier ensuyvant, et jurerent icelles treves pour le Roy et le Roy d'Espaigne, Françoys d'Orleans, conte de Dunoys, capitaine de l'armée de France en Roussillon, lequel fist le serment pour le Roy, comme son procureur en cest affaire, et samblablement domp Fredericho de Tholedo, duc d'Albe, marquys de Corya, capitaine de l'armée d'Espaigne et procureur du Roy d'Espaigne, jura et promist la treve, laquelle fut publyée partout, et, sur ce, faictz les articles qui s'ensuyvent :

« Voyant, le serenissime Roy domp Frederico d'Aragon, tant de guerre et discencion entre le tres hault et tres puissant prince Loys, Roy de France, duc de Millan, et les tres haultz et tres puissans prince et princesse domp Ferrando, et donne Ysabeau, Roy et Royne de Castille, de Leon, d'Aragon, de Secille et de Grenade, etc., de laquelle guerre viennent grans maulx et doumages a la crestienneté, et aux pouvre peuple et subgetz de toutes les parts, a supplié ausdits Roy et Royne d'Espaigne et Roy de France que, a sa requeste et contemplacion, voulsissent venir a quelque bon appoinctement de paix et concorde, et pour commencement de venir a bonne fin, a l'ayde de Dieu, faire bonne treve et abstinence de guerre, et lever l'offence d'une part et d'autre ; lesquelz Roy et

Royne d'Espaigne et Roy de France, a la supplication dudit Roy domp Frederic, ont estés contans de faire ladite treve en la forme et maniere qui s'ensuit.

« Article faict et accordé entre tres haults et tres puissans prince et princepse domp Ferrando et donne Ysabeau, Roy et Royne de Castille, de Leon, d'Aragon, de Secille et de Grenade, et tres hault et tres puissant prince Loys, Roy de France, duc de Millan, etc., et par lesdits Roy et Royne d'Espaigne, et en leurs noms et par vertu du povoir et puissance que a domp Frederico de Tolledo, duc d'Albe, marquis de Coria, cappitaine general, d'une part; et Françoys d'Orleans, conte de Dunoys, lieutenant et cappitaine general de tres hault et tres puissant prince ledit Roy de France, et en son nom et par vertu du povoir et puissance qu'il a dudit Roy de France, d'autre part :

« Premierement. Est accordé, fermé et arrecté que, du XV° jour de ce present moys de novembre l'an mil cincq cens et troys jusques au XV° jour d'avril de l'an mil cincq cens et quatre, qui seront cincq moys, sera faicte treve et abstinence de guerre, par terre seullement, entre lesdits Roy et Royne d'Espaigne et tous leurs royaulmes, pays, seigneuries, vassaulx et subgetz, d'une part; et ledit [Roy] de France, ses royaulmes, pays, seigneuries, vassaulx et subgetz, d'autre part; en telle façon que, durant lesdits cincq moys de treve, ne se fera, ne poura faire guerre d'ung cousté ne d'autre, en quelque maniere que ce soyt, a leurs royaulmes ne a leurs subgetz, ne prandre ne faire prandre cytez, villes, places, ne autres choses quelzconques, par force ne par emblée, ne prandre prisonniers, ne faire larrecins, ne aultres oultraiges de guerre ; mais de tous coustez vivront en paix, sans faire oultraige ne offence, d'une part et d'autre, en nulle façon, et consentent lesdites deux parties que ladite treve ne touche en riens a la guerre de Napples, et que aux armées de la mer pourront faire guerre l'ung et l'autre s'ilz se treuvent hors des ports, et dedans lesdits ports seront a seureté les ungs avecques les autres.

« *Item*, est accordé et consentu que lesdits Roy et Royne d'Espaigne et ledit Roy de France feront publier ladite treve et abstinence de guerre en ladite ville de Parpignant et en la cyté de Nerbonne le xv° jour de ce present moys de novembre.

« *Item*, est accordé et consentu que, incontinant que sera publié ladite treve, ledit Roy de France fera retirer son armée et tous ses gens hors des terres desdits Roy et Royne d'Espaigne sans y faire doumaige ; et pareillement incontinant lesdits Roy et Royne d'Espaigne feront retirer leur armée et tous leurs gens hors des terres et seigneuries dudit Roy de France sans y faire doumage.

« *Item*, est accordé et consentu que toutes les places et chasteaux qui auront estez prins en Espaigne ou en France en la presente guerre seront, incontinant apres ladite treve publiée, rendues et restituées sans y faire doumaige que celuy qui est de presens, sans prejudice a ceste presente treve.

« *Item*, est accordé et consentu que, si ledit Roy de France veult envoyer embassadeurs devers lesdits Roy et Royne d'Espaigne durant ladite treve, ilz y pourront aller et venir seurement, sans aulcun dangier, leurs personnes et biens, tant a aller, sejourner que retourner tant publicquement que secretement ; et pareillement, se lesdits Roy et Royne d'Espaigne veullent envoyer embassadeurs devers ledit Roy de France durant ladite treve, ilz y pouront aller et venir sans aulcun doumage a leurs personnes et biens, tant a aller, sejourner que retourner tant publicquement que secretement.

« *Item*, est accordé et consentu que lesdits Roy et Royne d'Espaigne et ledit Roy de France incontinent, en personnes, qu'ilz ratiffyront et affermeront la presente treve et capitulacion dedans dix jours après ladite publication, qui sera faicte ausdits Parpignant et Nerbonne, et bailleront, d'une part et d'autre, dedans lesdits dix jours, leurs ratifications a Nerbonne et Parpignan, aux lieutenants et capitaines generaulx desdits Roys, et chascune celle a qui il appertiendra. Pourtant, moy, Françoys d'Orleans, conte de Dunoys, lieutenant general dudit Roy de France, par vertu du povoir qu'il me donne, promectz et jure, touchant les sainctes evangilles de Dieu et de la croix, et pour l'ame dudit Roy de France, que ledit Roy de France tiendra, gardera et acomplira, et fera tenir, garder et acomplir toutes les choses escriptes en ceste presente cappitulacion, scelon sa forme et teneur, ne viendra, ne fera venir a l'encontre desdites choses directement ne indirectement.

« Et semblablement, domp Frederico de Tolledo, duc d'Albe, marquys de Corya, capitaine general et procureur desdits Roy et Royne d'Espaigne, mon seigneur et maistre et maitresse, par vertu du povoir que je tiens de Sa Majesté et en son nom, promestz et jure, en l'ame desdits Roy et Royne d'Espaigne, en nostre seigneur Dieu et en la croix, et aux sainctes evangilles de Dieu, et mys la main, corporellement touchée, que lesdits Roy et Royne d'Espaigne, mon maistre et maistresse, tiendront, garderont et acompliront, et feront tenir, garder et acomplir toutes les choses escriptes en ceste presente cappitulation, scelon sa forme et teneur, et ne viendront ne feront venir a l'encontre desdites choses tant directement que indirectement.

« *Item*, ces presentes lectres seront faictes et doublées d'une mesme substance, et toutes deux signées des mains desdits deux lieutenants desdits Roy et Royne d'Espaigne, et seellées de leurs seelz; et celle dudit lieutenant dudit Roy de France demourera es mains dudit lieutenant desdits Roy et Royne d'Espaigne, et celle dudit lieutenant desdits Roy et Royne d'Espaigne demourera es mains dudit lieutenant dudit Roy de France; lesquelles ont estées faictes, fermées et accordées par moy dict duc d'Albe, ou nom desdits Roy et Royne d'Espaigne, au camp de Riberaultes[1], le xi⁰ jour de novembre l'an mil cincq cens et troys, et par moy conte de Dunoys, au nom dudit Roy de France, en la cité de Nerbonne, ledit xi⁰ jour de novembre audit an mil cincq cens et troys. »

Et, durant ce trectyé, messire Loys de Maraffin, maistre d'ostel du Roy, fut avecques quelques autres françoys parler au Roy d'Espaigne et veoir son camp;

---

1. Rivesaltes (Pyrénées-Orientales).

lequel Maraffin vit et avisa tout par le Roy d'Espaigne mesmes, qui ne vouloit point cacher sa puissance, mais luy fist tout monstrer; et tant bien y regarda que les noms de tous les capitaines espaignolz et le nombre des hommes d'armes et gens de pié qui la estoyent en apporta et le me bailla par escript, desquelz capitaines estoyent, premierement, l'admiral de Castille, cent lances et deux cens genetz[1]; le duc de Veges, deux cens lances et trois cens genetz; le duc de Calbouagaigne, deux cens lances et deux cens genetz; le duc de Cardonne, cent lances; le marquys de Stergarye, cent lances et cent genetz; le gouverneur de Grenade, cincquante lances et cent genetz; le conte Bonnaventin[2], deux cens genetz; domp Alvacon de Lima, les deux cens gentishommes de la Royne d'Espaigne; domp Chaincho, cent lances; l'arcevesque de Sarragosse[3], deux cens lances; le conte de Castron, cincquante lances et cent genetz; le conte d'Ollive, cent lances; et plusieurs autres capitaines et grans seigneurs dont le nombre seroit plustost ennuyeulx que fyny; lequel avoit a ses monstres cincquante estandartz et en nombre deux mille lances, sept mille genetaires et xxx mille hommes de pié[4].

Ces treves faictes et publyées, les Françoys s'en retournerent a leurs garnison et les Espaignolz en leurs pays.

---

1. De l'espagnol *ginete,* cavalier armé à la légère, chevau-léger.
2. Le comte de Benabente.
3. Ce belliqueux prélat, commandant d'une compagnie de 200 lances, était don Alfonso, bâtard d'Aragon, fils de Ferdinand V le Catholique.
4. Cf. ci-dessus, p. 232, n. 1.

XIV.

DE LA MORT DU BON DUC PIERRE DE BOURBON ET DE SON OBSEQUE FUNERAL FAICT A MASCONS.

L'onziesme jour du moys d'octobre, en l'an susdit, le bon duc Pierre de Bourbon mourut en sa ville de Moullins en Bourbonnoys; et le XVIIe, dedans l'eglize des Jacoppins de Mascons, fist le Roy faire ses funeraulx obseques, et la sollempnizer le divin service tres devotement[1]. Tout le dedans et autour de la nef de l'eglize et du cueur estoit saincture de drap de soye noyre semé des armes de Bourbon, et tout le circuyt

1. Le récit des obsèques de Pierre de Bourbon à Moulins a été rédigé par Jacques de Bigne, écuyer et valet de chambre ordinaire de Charles VIII et de Louis XII, vassal du duc, sous ce titre : « C'est l'ordonnance qui a esté faicte et tenue pour l'enterrement et obsecques de feu tres hault, puissant, illustrissime prince et mon tres redoubté seigneur Monsr Pierre, duc de Bourbonnois et d'Auvergne, conte de Clermont, etc. » (ms. fr. 5872, contemp., portant la mention : *Ce livre est a madame la connestable*). Le récit de Bigne est précédé d'un récit succinct de la mort du prince. Il a été publié par les commentateurs de La Mure (*Hist. des ducs de Bourbon*, t. III, p. 221 et suiv.). Le duc mourut de fièvres qui le prirent à Cluny, le 10 août, à son retour de Mâcon. On l'embauma, on porta son cœur à N.-D. de Moulins, on exposa, dans une splendide chapelle ardente, son corps à visage découvert, revêtu du collier de l'ordre de Saint-Michel, avec une garde de vingt-quatre archers, puis on le porta, enseveli, dans une autre chapelle, où il resta quinze jours, entouré de treize douzaines de prêtres. Chaque jour, on célébrait de nombreux services, on répandait des aumônes. Le cortège, réglé par un des gentilshommes ducaux, s'ouvrait par cinq cents pauvres, un nombreux clergé, le personnel de la maison, les officiers ducaux, parmi lesquels l'historien Jaligny, secrétaire ducal : puis le guidon, l'enseigne, l'écu, le heaume du duc, le grand cheval, les pages; le corps était porté par vingt-quatre archers de la garde ducale, et

plain de sierges ardans, lesquelz brullerent durant le service qui commança le xvie jour dudit moys d'octobre, aux vigilles, et le lendemain, durant troys messes sollempnelles dictes par deux evesques et ung cardinal, c'est assavoir : messire Hugues de Banza, evesque d'Angolesme, maistre René de Prye, evesque de Bayeulx et maistre de la chappelle du Roy, et maistre Guillaume Brissonnet, cardinal de Rains, lequel dist la derreniere, chanctée par les chantres de la chappelle du Roy a grande sollempnité, ou estoit le Roy present. Au millieu du cueur de ladite eglize, estoit une chappelle funebreuse toute couverte de cyerges ardans et saincturée d'ung drap de velloux noir garny des escussons des armes de Bourbon; et au dessoubz estoyent, en robbes de dueil couvertes de coctes d'armes, un Roy d'armes et deux airaulx, c'est assavoir : Montjoye, Sainct Denys, Champaigne, et ung autre ayraud d'Angleterre venu avecques ung ambaxadeur pour le Roy d'Angleterre. A l'eure que la grande messe fut preste a commancer, dedans le cueur de l'eglize entrerent ceulx qui portoyent le dueil et les ambaxades qui lors estoyent en court; et, premierement, Anthoyne de Lorranne, duc de Callabre, en dueil, que messire Pierre de Rohan menoit; et apres, Phillippes de Cleves, evesque d'Autun, que conduisoit Anthoyne, marquys de Monferrat; le tiers estoit Gas-

---

couvert de drap noir et de drap d'or, avec le simulacre du prince, chargé de diamants pour une valeur de 80,000 écus. Au-dessus du corps, quatre chevaliers tenaient un poêle. Autour, marchaient des seigneurs importants de l'entourage; derrière, les princes de la famille, puis les vassaux et toute la population. On porta ainsi le prince, suivant ses dernières volontés, à Souvigny, où eurent lieu ses obsèques solennelles.

ton de Foix, que Barbazant de Foix menoit; le quart, Charles de Cleves, que messire Heurry de Neufchastel menoit; le quint, messire Jehan d'Albret, seigneur d'Orval, conduyt par messire Loys d'Albuy, seigneur de Pyennes; le vi^e, messire Jehan de Foix, seigneur de Lautrec, que messire Jehan d'Amboize, seigneur de Bucy, menoit; lesquelz se mirent tous sur les haultz sieges du cueur de l'eglize, au costé dextre. A senestre, vis a viz de ceulx, estoyent par ordre : premierement, frere Mery d'Amboise, grant maistre de Rodes; messire Guy de Rochefort, chancellier de France; Mathieu Bascler, ambaxadeur d'Angleterre; Marcus Dandallus, ambaxade de Venize; l'ambaxade de Florence, tout plain d'evesques; deux maistres d'ostelz estoyent au bas du cueur, lesquelz alloyent et venoyent d'ung costé a autre pour ordonner des choses qui a ce estoyent requises. A l'offertoyre furent offrir ceulx qui faisoyent le dueil, en mesme ordre que j'ay dit, lesquelz offrirent chascun ung grant sierge ardant; lesquelz sierges receut premierement le Roy d'armes Montjoye, estant au senestre costé de l'autel, et, apres la recepcion, les bailla a ung des maistres d'ostelz du Roy, qui estoit a main destre, lequel les bailla a ung frere jacopin estant aupres dudit autel.

Apres que l'offrande fut faicte, le sermon fut commancé par ung docteur en theologie, de l'ordre des Carmes, nommé frere Laurens Bureau, evesque de Cistron et confesseur du Roy[1], lequel commança en

---

1. Auteur de l'*Héliade*, et l'un des plus illustres écrivains du temps, d'après Champier (*De Gallie viris illustribus*). Il mourut peu après. Le roi, qui l'aimait fort, racheta sa mule à son serviteur, frère Claude Benoist, pour un prix très élevé (50 écus d'or

son tiesme : *Pe[t]re, amas me?* et, sur ce, suyvit son propos, scelon que le cas le requeroit, en sens licteral, anagogie et allegorie, en deduisant la dignicté de la puissance appostollicque et la magnificque sanctification du tres glorieulx clavier de paradys, sainct Pierre, l'appostre de Jesu Crist; en elucidant ausi les œuvres vertueuses et royalle geneallogye du bon duc feu Pierre de Bourbon, lequel monstra estre directement descendu du glorieulx sainct Loys, jadys Roy de France, lequel sainct Loys eut plusieurs filz et filles, et entre autres ung nommé Robert, duc de Bourbon; de celuy Robert descendit Pierre de Bourbon; de Pierre de Bourbon, Loys; de Loys, Jehan; de Jehan, Charles; de Charles, Jehan, frere dudit duc Pierre de Bourbon, lequel avoit esposée madame Anne de France, fille du Roy Loys XI[e][1].

Et ainsi fut faicte ladicte funeraille feste, pendant le temps que le Roy estoit en sa ville de Mascons. Mainctes joyeuses nouvelletés et passetemps furent la faictz, et entre autres estoit ung funambule, c'est a dire ung chemineur dessus corde, de la nacion d'Allemaigne, nommé Georges Menustre, bien jeune homme, lequel fist actacher une grosse corde a mont au plus hault de la grosse tour du chasteau de Mascons et aux fenestres du clocher des Jacopins de ladite ville, ou avoit de haulteur, depuys terre jucqu[e]s a la, xxv toises mesuré, et, depuys le chasteau jucques audit clocher,

---

soleil, soit 90 liv. 12 s. 6 d.), et la donna au confesseur de la reine (Fr. 2927, fol. 77 v°). Frère Jean Clérée devint confesseur du roi (*Id.*, fol. 70 v°).

1. Jean Lemaire célèbre la mort du duc de Bourbon dans son *Temple d'honneur*.

deux cens cincquante pas; et, par la dessus, deux soirs ensuyvans, chemina; et, a la derreniere foys, depuys la tour dudit chasteau jucques dedans le clocher, ou la dessus, en la veue du Roy et de plus de trente mille personnes, fist tout plain de gentillesses, comme basses dances, saultz, gambades et morisques, et se pendit par les piedz et par les dens, avecques ung cuvrechief, qui fut une chose bien estrange a regarder et merveilleuse a ouyr; touteffoys il fut vray, si par prostigye la veue humaine ne fut enchantée.

Une autre sauterelle de Florence estoit la, laquelle dancoit tres nouvellement avecques haultes gambades et doubles soubressaultz, et faisoit morisques legieres et estranges dances, que je lesse pour rentrer au principal de ma matiere[1].

XV.

Commant le cardinal de Seine fut faict pape, au moyen que maistre Georges, cardinal d'Amboise, luy bailla treze voix qu'il avoit eues au conclave.

Le cardinal d'Amboise estant lors a Romme logé a la vichancellerye, comme avez ouy dessus, le cardinal Ascaigne, qui au Roy avoit promys de bien besoigner, scimulloit tousjours, en parolles fainctes et motz couvers, continuer propos, voire de bouche, mais d'effect besoignoit pour le cardinal de Seine,

---

1. Au mois de juillet 1504, à Blois, nous voyons le roi donner une gratification de 36 livres 5 sous à une « fille » italienne « qui joua par dessus la corde » (Fr. 2927, fol. 70).

grant orateur et amy du Roy des Rommains ; et, pour luy vouloir faire son cas, s'endebta au banquier Dalbeme et a ung autre nommé Espannoche, desquelz il eut plus de cent mille ducatz pour achapter la voix du Sainct Esperit, si par grace divine ne la pouvoit avoir. Or advint que, pour proceder de par Dieu a l'election papalle, trante et sept cardinaulx[1] furent assemblez; la messe du Sainct Esperit fut celebrée et le sermon faict, et, apres ce, entrerent cardinaulx au conclave, ou furent sept jours entiers sans pouvoir conclure, et, ce durant, le cardinal de Bonyvant cuyda la mourir, car il estoit fort vieulx et malladif. Apres que sept jours eurent demeuré en conclave et que chascun des cardinaulx eurent des voix ce qu'ilz peurent, le cardinal de Seine[2], qui grant partie en avoit de luy et d'autres qui au prochas du cardinal Ascaigne luy estoyent promises, se tira devers le cardinal d'Amboise, qui en avoit treze, et, sans celles, ne pouvoit celuy cardinal de Seine trouver ses clefz; touteffoys, celuy cardinal d'Amboise, voulant faire ung pape pacifique et garder l'Eglize de cisme[3], luy donna ses

1. Guichardin dit 38. La liste se trouve dans Sanuto, V, 100.
2. Le cardinal Piccolomini, dit le *cardinal* de Sienne, était très malade et on savait qu'il vivrait peu (dépêche de Nasi). C'était un homme pieux et inoffensif. Charles VIII avait refusé, en 1494, de le recevoir comme légat, le trouvant « tout arragonnoys, » mais Louis XII lui avait, au contraire, confirmé ses biens dans le royaume de Naples. C'était un homme illustre et distingué, le Mécène qui dota Sienne de cette bibliothèque fameuse où Pinturicchio a retracé la vie d'Æneas Silvius Piccolomini, oncle du nouveau pape. Guichardin lui-même le déclare « d'une réputation entière et bien digne de cette grande dignité par ses qualités personnelles. »
3. C'était la grande préoccupation du cardinal d'Amboise, qui

voix[1], et, ce faict, luy promist celuy de Seine de luy bailler la legation de France et de Bretaigne et faire son nepveu, l'evesque de Nerbonne, cardinal; et ainsy fu pape ledit cardinal de Seine et nommé pape Pye tiers. Ce faict, tantost apres tint le premier consistoire, ou se baillerent les legacions et ce firent les cardinaulx; et la pençoit le cardinal d'Amboise avoir la sienne et faire son nepveu cardinal, comme luy avoit esté promys; touteffoys, de ce ne voulut riens octroyer le pape; car Ascaigne, qui couvertement hayssoit ledit d'Amboise, gouvernoit le pape au moyen de l'aide qu'il luy avoit faicte; et voyant, celuy cardinal d'Amboise, que pour celle foys estoit frustré de son intencion et la menée que faisoit le cardinal Ascaigne n'estre adventageuse pour son proffict ne bien seure pour sa personne, se retira a ung pallais fort, ou se tenoit le duc de Vallentinoys, et la actendit la fin de sa fortune, qui fut telle que par plusieurs luy fut dit que il se donnast garde en ses affaires, car le pape, se luy dist on, le vouloit faire empoisonner et tuer ses gens; et en ce temps fut tué ung des archiers de la garde, nommé Guillaume du Oulay, par les ruffyens de Romme. Par quoy ledit cardinal d'Amboise se tint sur ses gardes et demeura la longuement, comme je diray, et, avecques ce, Dieu luy ayda de tant que le pape Pye, qui mallement le vouloit trecter, ne vesquit gueres, ce qui luy fut moyen de sauvegarde de seurté et hazart d'eureuse chance, comme au rang sera dit.

était absolument pénétré de la nécessité urgente de réformer l'Église et du danger très imminent d'un schisme. Sa vie et sa politique ont entièrement gravité autour de cette double idée.

1. Cf. les dépêches de Nasi, 22 septembre, et du cardinal Soderini, cit. par Petrucelli, p. 452.

XVI.

Commant l'armée de France, apres l'election du pape Pye, passa par les faulxbourgs de Romme et s'en alla au Garillant.

Quatre jours apres l'eclection du pape Pye, le Roy en sceut les nouvelles; par quoy ne voulut que son armée, qui autour de Romme avoit demeuré plus de six sepmaines, y sejournast plus; ausi n'estoit ce point pour l'avancement de son affaire, ne a la foulle de ses ennemys; car ce pendant les siens y perdoyent temps, despendoyent leur argent, diminuoyent leurs vivres, dissipoyent leurs habillemens, esloignoyent la belle saison et approchoyent l'ennuyeulx yver; les autres gaignoyent pays, faisoient provision de victuailles, ranfforçoyent leur armée, occupoyent les passages et fortiffyoient leurs places; touteffoys, durant ce temps, leur vindrent six mille Suyces et troys mille Normans, qui les arresta quelque temps; et, voyant le Roy que temps se retardoit, voulut avancer son armée. Or, estoit lors messire Loys, seigneur de la Trimoille, tousjours tant mallade[1] qu'on n'y esperoit nulle guerison, dont les gens d'armes avoyent merveilleux regret; car c'estoit ung chief pour la guerre, hardy, sage, promp et eureulx; et le Roy, sachant que ainsi mallade ne pouvoit a point conduyre son armée, luy manda qu'il s'en retournast[2], et en son lieu mist Fran-

---

1. Cf. plus haut, p. 191, n. 2 *in fine*.
2. La Trémoïlle ne quitta pas Rome sans y avoir fait des démarches en faveur de l'archevêque d'Auch, pour lequel la reine écrivit une lettre. Il partit lentement, et séjourna dix-neuf jours à Lyon, treize à Vienne, pendant le mois de décembre (Arch. de M. le duc de la Trémoïlle, *Louis II, parties* de décembre iiiixxiii (*sic*).

cisque de Gonsago, marquys de Mantoue, et avecques luy quatre capitaines principaulx, françoys, nommez : messire Loys de Hedouville, seigneur de Xandricourt; messire Jacques de Sueilly, bailly de Can; messire Anthoyne de Bessé, baillif de Disjon, et Jehan Duplessix, autrement appellé Courcou, commissaire des gens d'armes de toute son armée ; son ordonnance ainsi faicte, manda qu'on marchast; ce qui fut faict. Moult ennuyoit a messire Loys de la Trimoille que l'armé du Roy ne pouvoit gouverner et conduyre, comme celuy qui de bien servir le Roy avoit bonne envye; mais sa griefve maladye, qui tousjours empiroit, ne le voulut; touteffoys, alors que l'armée volut desloger pour tirer avant, il se mist avecques dedans sa litiere et la conduisit une journée loing, ou la prist congé des capitaines et gens d'armes, en leur recommandant l'affaire du Roy, et les priant que, a son service, fussent si bons que pour mourir ne feissent deffault qui leur honneur amaindrist. Et, ce dit, plusieurs Françoys luy disrent adieu, les lermes aux yeulx. L'armée se mist a chemin vers Romme, et luy au retour de France. Par les faulxbours de Nostre Dame de Populo[1] de Romme passerent les Françoys, tous en armes et bien ordonnez. Les Rommains, par sur leurs murailles, les regardoyent marcher. Le cardinal d'Amboise, avecques plusieurs autres cardinaulx, estoit lors dedans ung jardrin du feu cardinal Ursin, pres du bourg de Populo, et grant nombre des seigneurs de la ville, lesquelz regarderent la passée des Françoys, qui mar-

1. La porte del Popolo, près de la villa Borghese, à côté de Santa Maria del Popolo, église reconstruite par Sixte IV, où se trouvent les tombeaux des La Rovère et le tombeau d'Ascanio Sforza.

choyent en bel ordre et a grant nombre[1] ; car, scelon le dire de ceulx qui la estoyent, furent la plus de doze cens hommes d'armes, que françoys que lombars et italliens, bien dix mille hommes de pié[2], et d'artillerye neuf gros canons, deux grandes coulleuvrynes, huyt moyennes et dix faucons, soubz la charge d'ung nommé Jannot de Samant, avecques xxxvi bons cannonniers. Ainsi s'en alla l'armée des Françoys, et marcha ce jour jucques a troys mille dela Romme[3], ou, en la plaine, se camperent pour ce jour; de la s'en

---

1. Le cardinal d'Amboise (il l'écrivit le lendemain au roi) voyait avec un extrême regret recommencer ces affaires de Naples, où l'on ne s'était jamais bien engagé et d'où l'on ne désirait que sortir. On avait espéré à Lyon les liquider définitivement sous prétexte du mariage de la fille du roi. Le cardinal aurait voulu que, maintenant même, on essayât de revenir encore à ce paravent, ou mieux encore qu'on rendît simplement à Frédéric son royaume en conservant pour la forme quelque droit de suzeraineté et en stipulant le mariage du duc de Calabre avec Marguerite de Valois, sœur du comte d'Angoulême, pour colorer l'abandon. Bref, on ne marchait que contraint et forcé, pour soutenir l'honneur du drapeau. Louis XII entra tout à fait dans ces vues, et dès le mois de décembre on annonçait à Lyon le mariage de Marguerite (Sanuto, 11 déc. 1503). Malheureusement, de ce côté encore, l'Espagne avait pris les devants et proposé à Frédéric sa réintégration, moyennant le mariage de son fils avec la nièce de Ferdinand, combinaison à laquelle Louis XII refusa absolument d'accéder (*Lettres de Louis XII,* t. I, p. 1 et suiv.). Pendant ce temps, Frédéric vivait paisiblement en France et jouissait fort librement des vastes domaines qu'on lui délivrait (Patentes de « Frederic, par la grace de Dieu Roy, duc du Maine, seigneur de Saint Sauveur Lendelin, » nommant le bailli de Saint-Sauveur; 22 juin 1504. Registres de l'échiquier de Normandie, à Rouen).

2. L'ambassadeur vénitien à Rome donne le compte suivant : 939 lances, 1,500 chevaux-légers, y compris les arbalétriers et stratiotes de Mantoue, environ 4,000 fantassins (Sanuto, V, 112).

3. Les Français passèrent le Tibre le 26 septembre (Sanuto, V, 112).

allerent a une abbaye ou la messe se chante en grec[1], et les religieulx de la sont tous grecz et font leur hostie de pain levé et quarrée, car ainsi est la mode de Grece. De celle abbaye furent a une ville nommée Vert Menton[2], terre des Coullonnoys, que les Allemans voulurent piller; mais par les capitaines françoys fut le bruyt abbatu, et la ville sauvée; et, en ce lieu, ung françoys, nommé Loys de Combret, seigneur de Gibbanel, fist la monstre des Suyces et Normans et autres gens de pié. La estoit ausi ung chevalier albanoys, nommé messire Mercure, tres gaillart homme, et moult adroict, scelon la mode de leur pays, lequel avecques luy avoit cent Albanoys, tous gens de trye pour le mestier de la guerre. De celle ville de Vert Manton tirerent les Françoys jucques a ung fluve au dessoubz du mont Sainct Jehan, cincq mille loings, lequel fluve va droict a Ponte Corbe et court si tres tost que a gueyer est moult dangereulx; mais, pour le passer plus seurement, aux gens de pié et artillerye, le baillif de Can fist mectre la dedans les canons qu'ilz avoyent la tout de long et a deux rancz dedans ceste riviere impetueuse, qui peu creuse estoit, mais roide a merveilles; ausi choit elle des montaignes, qui luy avance le cours. Que quessoit, iceulx canons furent la assix et foncez par dessus, en maniere que toute l'autre artillerye et les gens de pié y passerent tout seurement, et les autres pieces qui estoyent en l'eau furent, a force de gens et de chevaulx, mises en terre seche. Les gens de cheval passerent a gué au dessoubz de leur pont, qui rompoit le cours de l'eau; ancores

1. L'abbaye de Grotta Ferrata, près de Frascati.
2. Valmantone, sur le Sacco.

alloit elle si royde que, en passant, ung archier de ceulx du baillif de Disjon, nommé Fours, tumba, luy et cheval, en l'eau, qui soubdainement emporta tout hors le pouvoir du secourir de ceulx qui la estoyent; dont fut celuy noyé, homme et cheval. Apres que tout fut passé, firent ung logis a la campaigne, et de la le marquys de Mantoue, lieutenant du Roy, envoya une trompete sommer Roqueseque[1] de se rendre en l'obeissance du Roy; ce que ne voulut; mais les Espaignolz qui dedans estoyent et les villains pendirent ladite trompete et fermerent leurs portes. Dont les Françoys s'en allerent loger au pié de la muraille et dedans des vignes qui a touchant de la estoyent, et la commancerent a batre la ville, et continuerent six heures durans; cela faict, fut la donné ung assault par les Normans et Gascons, lesquelz furent repossez moult lourdement et chacez de la breche, tant que le seigneur de Normanville, leur capitaine, qui des derreniers estoit demeuré a la retrecte, fut environné des Espaignolz et assailly; touteffoys, si a point se deffendit qu'il eschappa, moyennant quelque secours que aucuns de ses gens luy donnerent. Hors de la ville sortirent grant nombre d'Espaignolz et autres, et se misrent par les vignes ou les Françoys estoyent logez, dont iceulx coureurs furent si mal arrivez que presque tous y demeurerent; les autres furent menez batant jucques dedans leurs portes. La nuyt ensuyvant, Espaignolz et gens de la ville, a grosse route, sortirent par les jardrins et petiz chemins oblicques pour cuyder trouver aucuns des Françoys escartez; mais ceulx furent pris

---

1. Rocca Secca, dont l'ancien château appartenait aux comtes d'Aquino.

au trebuchet, car messire Jacques de Scilly et Bernard de Scenon, avecques cent cincquante hommes d'armes, s'en allerent embuscher par les maisons du bourg qui estoyent vuydes, et dehors de ville, en lieux segretz; tantost furent Espaignolz les ungs au bort des vignes ou estoyent les Françoys, les autres par chemins escartez et les autres aux champs, cherchant leur proye; mais le baillif de Camp, qui leur avoit embuche aprestée, sortit d'ung costé sur eulx, et tous ceulx qui luy furent en veue passerent par soubz l'ombre de sa main et de ses gens, qui, autant que en trouverent, autant en misrent a sac, et pas ung ne leur eschapa, car il estoyent tous a pié et en lieu de prise. Bernard de Scenon, avecques cincq hommes d'armes des siens, desquelz estoyent Mathieu de Pinchault, Mathurin Gandeau, dict Pré, Jehan de Sainct Jehan et deux autres, avecques troys de ceulx du baillif de Cam, rancontrerent, le long d'ung bas chemin, cent cincquante hommes de pié espaignolz, au travers desquelz donna celuy de Scenon avecques ses gens, tellement que plus de dix furent mys a l'envers; et, entre autres, ung nommé Jehan de Sainct Jehan, françoys, rancontra ung espaignol sur le bort du hault d'ung chemin, et la luy donna de la lance tel choc que tout au travers du corps luy mist, et envoya homme et lance du hault en bas. Les autres des Espaignolz se misrent a la fuyte; mais presque tous en fuyant furent tuez. Somme, de tous ceulx qui la nuyt s'estoyent mys hors la ville, n'en retourna que bien peu. Le marquys de Mantoue et les autres capitaines de l'armée du Roy, voyant que, pour mectre la le siege et longuement demeurer, n'estoit que retardement de leur emprise, delibererent

marcher oultre, pour combatre les ennemys, si aux
champs les rancontroyent, et, pour ce que a Gayete
avoit grant nombre de gens d'armes et force de gens
de pié, manderent au marquys de Saluces et a messire
Yves d'Allegre et aux autres capitaines françoys
qui la tenoyent garnison qu'il se rendissent a l'armée
du Roy a Roqueseque; ce qu'ilz firent; dont furent
tous ensemble deliberez de combatre les Espaignolz,
quelque part qu'ilz fussent, et s'en allerent de Roquesecque
a ung lieu nommé Aquyn[1], d'Aquyn au pont de
Corbe[2], ou la se trouva Gonssalles Ferrande avecques
toute sa puissance. Or pensoyent les Françoys qu'il
leur vousist donner la bataille; mais il ne faisoit que
coustoyer l'armée, sans aprocher de plus pres que de
la portée d'ung canon; mais force escarmouches furent
la faictes et rancontres de coureurs. Après que celuy
Gonsalles eut veu la maniere des Françoys, qui ne
demandoyent que le combat, et leur armée moult
grosse, se retira sans leur vouloir autrement empescher
le passage. L'armée de France estant oultre le
pont, l'artillerye, qui, pour le temps gras qui ja de la
avoit le cours, estoit demeurée et ne pouvoit aisement
tenir charroy, s'arresta près de celuy pont, pour a
besoing la secourir si les Espaignolz eussent chargé
dessus; et fut faict retourner messire Loys de Hedouville,
seigneur de Xandricourt, avecques xxv hommes
d'armes et soixante estradiotz albanoys, soubz ung
nommé messire Mercure; lesquelz, ainsi que ladite
artillerye approchoit et passoit le pont, estoyent sur le
derriere, qui tantost eurent en veue bien troys cens

1. Aquino.
2. Ponte Corvo.

chevaulx legiers d'Espaigne, marchant vers eulx ; et, ce voyant, messire Mercure, albanoys, dist au seigneur de Xandricourt qu'il vouloit aller veoir quelz gens c'estoyent, et que, pour les amuser, leur donneroit une escarmouche ; auquel dist le seigneur de Xandricourt : « Allez, et vous donnez garde de vous mectre trop avant en la fyence de mon secours ; car vous voyez que je suys trop foible pour actendre leur puissance et supporter leur faix. » Pour ce ne s'arresta celuy Mercure ; mais, comme j'ay sceu par ung homme d'armes nommé Phillippes Sechault, lymosin, qui la, avecques le seigneur de Xandricourt, estoit, celuy Mercure, avecques soixante Albanoys des siens, adressa aux Espaignolz, et, sitost que assez fut pres d'eulx, luy et tous ses gens donnerent des esperons et baisserent leurs bannerolles en courant comme tempeste, tellement que, au travers de la foulle d'iceulx Espaignolz, s'entremeslerent et percerent, puis rechargerent gayement, et tant firent que, a la veue dudit seigneur de Xandricourt, qui les regardoit besoigner, les rompirent et abbatirent aucuns, et les autres chacerent si loings que pour ce jour plus ne retournerent. Ne fut ce pas bien droict donné sur les ennemys et tout a poinct mys la main aux armes ? Si fut ; dont celuy chevallier albanoys doit avoir ung lieu perpetuel au rang des gens de bien. Que fut ce, apres qu'il eut donné la chace a ses gens, s'en revint avecques tous les siens et, apres l'artillerye, passerent le pont de Corbe. Le capitaine Gonssalles, pensant que les Françoys voulussent aller passer au pas Sainct Germain, a toute son armée s'en y alla devant ; touteffoys, l'armée de France ne fut par la, mais s'en alla a la riviere du

Garillant pour la vouloir passer, et se logea sur le bort de la riviere, auprès d'ung viel paillais faict a l'antique, nommé le pallais Scipion, et la tout autour sont tout plain de vieulx arceaulx, et dit on que c'est œuvre virgilliaine faicte ancyennement par art dyabolicque[1], et tout en une nuyt, avecques des arches qui vont de Romme a Naples, passant par la; et, par lesdites arches, de Romme a Naples et de Naples a Romme, envoyoyent huysles et vins, quant necessité en estoit. Que quessoit, le capitaine Gonssalles, voyant que les Françoys n'alloyent au pas Sainct Germain, mais vouloyent ponter le Garillant et passer par la, se mist de l'autre costé avecques son armée pour deffendre le passage et vint mectre son camp au droict de celuy des Françoys, la riviere entr[e] deulx et luy, et ses gens loings des Françoys demy mille ou environ; et, a touchant du bort de la riviere, fist faire de nuyt tranchées a force et mist la des gens pour garder le pas aux Françoys, lesquelz furent la huyt jours, ou ce pendant ung capitaine de mer françoys, nommé Pregent le Bidoulx, entre la tour du port du Garillant et la marine, fist faire ung pont de bateaulx, et, sitost qu'il fut faict, de plain mydy, fut charryé jucques au droict du lieu ou estoyent les Françoys; et la, premier que le vouloir mectre sur l'eau, ung Françoys, nommé messire Jehan Chapperon, qui peu devant ce estoit venu de Callabre, ou avoit esté prisonnier aux Espaignolz, fut transmys outre la riviere avecques xv ou xx laquays, pour reveiller les Espaignolz qui estoyent sur le bort

---

1. Retour de la légende de Virgile magicien, que nous avons signalée plus haut, à propos, cette fois, de l'aqueduc de Minturne.

de la riviere aux tranchées, et la, par bateaulx, s'en va luy et ses gens; et, lorsqu'il eut abordé, se mect a terre, tout droict tirant aux tranchées, ou commança a taster avecques sa demye picque qu'il y avoit dedans. Luy et ses gens chargerent a tour de bras sur les Espaignolz, qui soubdainement se misrent hors de leurs tranchées, et la se batirent a qui myeulx myeulx.

Celuy Chapperon estoit tousjours des plus avant a la meslée, et tant donnoit de coups de picque a ses gipponnyers qu'ilz ne savoyent remede d'eulx sauver; touteffoys se deffendoyent a toutes mains; et eulx, comme ceulx qui troys foys plus de gens estoyent que de Françoys, commancerent a prandre courage et oultrer noz gens; dont ceulx des nostres qui a l'autre bort du fossé estoyent escrierent les escarmoucheurs qu'ilz se retirassent; mais messire Jehan Chapperon ne vouloit desplacer, ains a coups immoderez chargeoit sans coups refraindre. Aucuns de ses gens se retirerent, et presque tous l'ung apres l'autre, que ancores tout seul soustenoit le combat, dont fut pressé a tous costez et tant approché que ung espaignol luy rua ung coup de raspiere le long de sa picque, qui luy tumba sur la main senestre, tellement que les deux maistres doitz luy fist voller a terre. Les Françoys lui crioyent qu'il se retirast, et que par folle hardyesse ne soustint mortel domage; tousjours ruoit a coups forcennez, tant que la fut regardé de chascun et de tous prisé; finablement, quant il se vist de secours desnué et affoibly de membres en se deffendant au desmesuré, aprocha le bort et la se mist dedans ung basteau. Les Espaignolz le suyvirent jucques a l'entrée de l'eau, dont a coups d'artillerye furent sitost deslogez que premier qu'ilz eussent gaigné leurs tranchées plus de six furent rancontrez et abbatus. Tout le long de la riviere du Garillant, entre Sainct Germain et Gayete, estoit l'armée des Françoys logée par les villages et bourgades de la autour, dont la compaignye du marquys de Salluces estoit a ung lieu nommé la Frete[1], la plus proche de Sainct Germain ; ceulx du chevallier de Louvain, a ung mille pres encontre la riviere ; ceulx du seigneur de la Trimoille, dont ung nommé Pierre Dos, bailly de la Montaigne, estoit lieutenant, et ceulx du sire d'Albret, soubz la charge du seigneur de Duras, estoyent ausi sur la riviere auprès d'ung lieu nommé Castelfort[2] ; ceulx de messire Rogier, baron de Beart, et ceulx de La Fayete estoient le long du Garrillant, a ung mille loings l'ung de l'autre ; ceulx du seigneur de Xandricourt estoit sur une montaigne, ung mille pres de la riviere, et ceulx du conte de Ligny a deux mille, et tous en approchant de Sainct Germain a Gayete. Ainsi pouvoyent les Espaignolz venir sur eulx que bientost ne fussent assemblez. Tous les autres estoyent ausi le long du Garillant, chascun en lieu advisé pour servir a besoing et se trouver au coup. Au droict du pont, de ça et de la, estoyent le marquys de Salluces, messire James de Foix ; Jehan Stuart, duc d'Albanye ; messire Loys de Hedouville, seigneur de Xandricourt ; messire

---

1. Vallefredda et S. Andrea di Vallefredda, au nord du Garillan, localités qui commandent la plaine de Cassino, à l'entrée de laquelle elles se trouvent ; les mêmes, pensons-nous, que celles que Jean d'Auton désigne ailleurs sous le nom de *les Fraddes*.

2. Probablement la pointe de Castello, près Spigno Saturnio, au nord du Garigliano.

Anthoyne de Bessé, baillif de Disjon; messire Jacques de Seigly, baillif de Can; Jehan Duplaissix, dit Courcou, commissaire des gens d'armes; Françoys de Daillon; messire Jehan Chapperon et presque tous les autres capitaines avecques les Allemans du Roy et deux mille autres hommes de pié, et messire Mercure a tout ses cent Albanoys et grant nonbre d'autres gens d'armes, lesquelz gardoyent celuy passage.

XVII.

Commant les Françoys firent ung pont sur la riviere du Garrillant et passerent oultre malgré les Espaignolz, qui vigoureusement le deffendirent[1].

Apres que les Françoys eurent visité les tranchées des Espaignolz, le pont fut mys sur l'eau du Garillant, et la tout a ferme actaché, et affin que, quant les Françoys le vouldroyent passer, les Espaignolz ne peussent sans grande perte et oultrageulx domage le deffendre, toute l'artillerye avoyent atiltrée autour du pont et embouchées leurs pieces droict a la venue desdits Espaignolz. Ce faict, pour donner ung allarme sur leurs tranchées, quinze hommes d'armes françoys passerent le pont, desquelz estoyent Jehan de Chabanes, seigneur de Vendenesse, l'escuyer Morimont, Pierre de Bayart, lequel, pour y estre des premiers, n'eut loysir de prandre autre harnoys que une grosse javeline au poing, ung soye de velloux griz sur son

1. Miniature (fol. 177 v° du ms.), représentant le passage d'une rivière sur un pont de bois.

pourpoint. Ausi furent de ceulx le seigneur de Mallicorne; Ryou, des gentishommes de la Royne; le bastard de Pons; ung homme d'armes nommé Lorriere; ung autre nommé Jannot de Payennes, de Gascoigne; Rodez, lieutenant du seigneur de la Crote, et quatre autres, desquelz je n'ay sceu les noms; et eulx ainsi passez transmirent sur le bort des tranchées, pour c[r]yer *France, France,* troys de ceulx, c'est assavoir le seigneur de Mallicorne et deux hommes d'armes de ceulx du seigneur de Xandricourt, lesquelz furent sur le bort desdites tranchées, ou firent leurs criz, et chargerent sur ceulx qui dedans estoyent, lesquelz ne se firent appeller deux foys pour soy lever, mais tout a l'estourdy saillirent de leurs tranchées et se misrent les ungs a fuyr vers leur camp et les autres soustindrent l'escarmouche en actendant leurs secours. Durant ce hutin, troys ou quatre cens Françoys, tous a la fille, passerent le pont et donnerent la charge sur les Espaignolz, telle que, la longueur d'un gect de pierre oultre le pont, aucuns des Françoys les chacerent, desquelz estoyent ung nommé Ryou, le bastard de Pons et avecques eulx quelques autres, comme m'a esté dit. Le capitaine Gonssalles, qui a deux gectz d'arc de la estoit avecques tout son ost emparqué, sachant par les fuytiz des tranchées que les Françoys passoyent la riviere, transmist la doze cens hommes de pié et troys cens que hommes d'armes que genetaires, ausquelz dist que a ce besoing estoit mestier de mectre tout en avant, et a peine de la mort n'estoit heure de reculler, disant : « Si les Françoys qui plus advantageulx sont que nous autres passent, incontinant nous donneront la bataille ou nous pourrons perdre hon-

neur, vyes et pays ; pour ce, mes amys, ne craignons
a nous mectre a tous dangiers pour obtenir victoire
et acquerir honneur. » A ses parolles se misrent les
Espaignolz a l'erre, et a deux costez leur gent de cheval d'ung et leurs pietons d'autre, en maniere comme
pour vouloir emcloure les Françoys qui hors du pont
estoyent ; dont aucuns escartez se serrerent, les autres
demeurerent, et mesmement ung nommé Ryou et
quelques autres maladvisez ; tantost eurent les Espaignolz Françoys aprochez, et eulx, comme plains de
cueur, tous en foulle se vindrent gecter a la traverse,
ou firent armes excessives et proesses increables, car,
a leur venue, plus de vingt bonnes pieces d'artillerye
furent au travers d'eulx tout a ung coup deschargées,
dont dix, xx, xxx et quarante a la foys en emportoit,
tant que la ou les coups passoyent, n'avoit que testes,
bras, jambes et corps desmenbrez. Ce fut merveilles,
car oncques hommes ne firent plus hardiement que
firent la les Espaignolz, et si ne perdirent ordre ne
vouloir pour l'orrible eschec que sur eulx se faisoit ;
mais jucques a joindre approcherent les Françoys, qui
plus de quatre cens estoyent hors le pont, ou combatirent main a main plus d'une grosse heure. La, sans
faillir, se trouverent plusieurs gens de bien des Françoys, et entre ceulx que j'ay ouy la louer fut ung
gentilhomme de Bretaigne de ceulx de la Royne,
nommé Ryou, lequel, avecques quelques autres, avoit
suyvy et chacé les Espaignolz des tranchées, comme
j'ay dit, et la a tous venans tres hardyment avecques
une javelline pour la barde tint pié ferme, et d'aventure s'estoit tant hasté que sans armet ne sallade, la
teste descouverte, fors d'ung chapeau, s'estoit trouvé

aux coups; dont en faisant armes au possible, ung espaignol, qui des premiers l'advisa, luy gecta une javelline de droict gect, et iceluy au dessus du bort de sa cuyrasse actaignit dedans la gorge, de quoy fut blecyé griefvement; touteffoys la javelline luy fut arrachée par ung françoys estant la, lequel luy dist qu'il se retirast ou qu'il l'abbandonneroit, veu que trop escartez estoyent de leurs gens; a quoy n'entendoit celuy Ryou, mais se deffendoit tousjours a tour de bras et donnoit coups desmesurez; si fut finablement environné de tous costez et priz par les Espaignolz, qui, en l'enmenant, eurent question de sa prise; les gens de cheval le vouloyent avoir et les pietons ausi, disant qu'ilz l'avoyent priz; somme, chascun le vouloit avoir, cuydant que ce fust ung tres bon prisonnier; ausi estoit il; mais a la parfin, au moyen de leur question, ilz le tuerent sur le champ. Ses nobles faictz font le vray tesmoignage de la perte de sa mort. Celuy françoys, qui avecques luy estoit, voyant que la n'estoit a bonne seureté, se voulut oster du chemin; mais entre luy et les Françoys ja avoit telle foulle d'Espaignolz qu'il ne savoit quel chemin prendre, ne ne pouvoit oultre passer. « Or, n'est il riens, dit il, qu'on ne face pour sauver sa vye! » Par quoy arracha la croix blanche qu'il portoit, et se mist au travers de la presse des Espaignolz, tirant vers le pont; et faignant estre du party d'Espaigne, commainça a dire en langue espaignolle : *Adelant, adelant,* qui est a dire : Devant, devant, et ainsi passa jucques sur le bort du pont, ou main a main se faisoit le combat, et la trouva ung capitaine espaignol avecques deux enseignes autour de luy, et grant nombre d'Espaignolz a

sa queuhe, lequel avoit en main une grosse javelline
d'Espaigne, ruant coups a bras desplyez, et si tost
qu'il advisa celuy françoys, il le prist par le bras et le
mist devant, qui gueres n'y demeura, car avecques sa
bende se ralya et tint la pié ferme. Les Allemans du
Roy se monstrerent la si a point que chascun faisoit
louable rapport de leurs honnorables œuvres, et mesmement se monstrerent, entres autres, Ance Grou,
frere de Petre Grou, bandollier de ceulx de la garde;
ausi fist ung qui lors estoit fourrier de leur bande. Icy
ne veulx mectre en sillence les faictz d'ung françoys
nommé Pierre de Bayart, duquel tant de foys j'ay
commemoré le nom et descriptes les gestes, car a cest
affaire fist une chose qui ne se doit taire, ce me
semble; doncques, pour en dire, celuy de Bayart, a
l'eure que les Espaignolz commaincerent a assaillir le
pont, estoit la au front, d'avanture desarmé, qui souvant ne luy advenoit, et, comme chascun se mist sur
le pont en armes pour l'aller deffendre des Espaignolz
qui a grant nombre l'assailloyent, dist que sans luy
ne se feroit le hutin; dont ainsi, comme il estoit en
pourpoint, ung soye de velloux griz dessus avecques
une javelline au poing, au front du combat, et sur le
bort dudit pont ou la grant foulle des Espaignolz estoit,
se mist, et la, comme si armé de toutes pieces eust
esté, ausi asseurement donna et soustint le combat et
fist merveilles d'armes; car ainsi, comme j'ay sceu
par aucuns des Françoys et autres qui la estoyent,
ung capitaine espaignol qui, avecques deux enseignes,
comme j'ay dit, assailloit le pont, eut ledit de Bayart
en barbe, ung nommé Malicorne, et grosse roupte
d'autres qui a tours de bras deffendoyent le pont;

celuy capitaine assailloit comme ung lion et souvant visoit a rancontrer celuy de Bayart pour ce que desarmé le voyoit; mais tant se savoit bien garentir et si bien luy advint que oncques n'eut playe dont il laissast a combatre, et tant fist que a la foys, ainsi que ledit espaignol leva le bras pour ruer ung coup en le voyant descouvert soubz l'aisselle, luy adressa la sa javelline, en sorte que plus d'ung pié luy mist dedans le corps, dont cheut a terre et mourut soubdainement. Ses deux enseignes furent pareillement aterrées et mises a sac. Ainsi desarmé se monstroit celuy de Bayart; c'estoit bien cherché le dangereux peril pour ung tiltre d'honneur rancontrer. La se trouva ung sien compaignon, nommé Pierre de Poquieres, seigneur de Bellabre, lequel en cest estat le voyant, tout rudement luy dist qu'il se ostast de la, de par le dyable, en le tirant a tous effors; mais ce fut pour nyant, car, s'il avoit esté des premiers a l'assaillir, des derreniers voulut estre a la retrecte, ce qu'il fut, ne oncques de la ne voulut desmarcher jucques tout fust faict[1]. Ainsi estoyent noz gens sur le bort du pont et le long de la riviere, tous arrangez et en maniere que leur artillerye ne pouvoit tirer sans les endomager, et ainsi que plusieurs qui la estoyent m'ont dit, si, d'ung lez hors le tirer de l'artillerye se fussent serrez, leurs ennemys eussent estez mortellement menez. Quoy plus? Les Espaignolz de cheval chargerent moult rudement sur les Françoys qui estoyent le long du bort de la riviere et en tuerent aucuns, et entre autres ung des cent

---

1. Symphorien Champier raconte avec détails ces nouveaux exploits de Bayard, à qui il en laisse plus exclusivement l'honneur. Le *Loyal serviteur* dit la même chose. Cf. ci-après, p. 299 et suiv.

Allemans du Roy, lequel avoit ce jour dringué d'autant, et tout yvre s'estoit mys hors la foulle de ses compaignons, une hallebarde au poing, et la contre luy vint ung homme d'armes espaignol, la lance sur la cuisse, et, lorsqu'il fut pres a baisser, mist la lance en arrest et donna a celuy allemant au travers de la gorge si rudement que le tronçon luy demeura dedans, de quoy mourut sur le champ. Ung autre espaignol pres de ladite riviere vint pareillement, et a lance baissée actaignit ung homme d'armes françoys nommé Lorriere, estant a pié, lequel fut choqué si lourdement que a la renverse tumba dedans celle riviere, et tout armé qu'il estoit, se prist aux cordes ou estoit actaché le pont, et a l'ayde de ses compaignons, qui avecques lances et picques le secourrurent, se sauva; et ainsi se combatoyent a toute oultrance. Je ne me veulx taire de la merveilleuse hardiesse d'iceulx Espaignolz, car ceulx qui a cheval estoyent descendoyent a pié, et a grans coups chergerent tant sur noz gens qu'ilz les repposserent jucques a my le pont, et la combatirent comme lyons, et avecques leurs espées trancherent aucunes des cordes ou estoit le pont actaché, et, n'eust esté l'excessive resistance des Françoys, ilz eussent desactaché et rompu ledit pont. Que fut ce? les Françoys, qui estoyent desa le pont a grosse armée, voyant les Espaignolz oultrer leurs compaignons, se misrent sur celuy pont a grosse route pour repposser les Espaignolz et leur donner la bataille; mais messire Jacques de Sueilly et messire Loys de Hedouville, des chiefz de l'armée, se misrent au devant, l'espée au poing, et deffendirent que homme des Françoys, a la peine de la hart, n'allast oultre, disant qu'il n'estoit heure de donner la bataille, veu que toute l'armée de France n'estoit la, mais dispercée en plusieurs garnisons, et ausi que la voye n'estoit assez ample pour passer si a coup toute l'armée ; par quoy a la parfin les Françoys se retirerent, et les Espaignolz a coups d'artillerye furent affolez et rechacez. Le capitaine Pregent le Bidoulx estoit lors en mer pres de la, dont les batoit a la traverse de telle sorte que c'estoit orreur a regarder. Somme, ilz furent envoyez par les Françoys, et le pont gaigné, tant que, la nuyt ensuyvant, messire Loys de Hedouville, Perot de Payennes et grant nombre de Françoys qui la estoyent coucherent dela le pont et la se fortiffierent.

En ce temps le marquys de Mantoue fut mallade, tant que contrainct fut de s'en retourner, dont Loys, marquys de Salluces, fut ordonné par le vouloir du Roy chief de son armée. En ce temps mourut messire Gabriel d'Albret, seigneur d'Avanes[1], a Civitaveche, dont la perte fut pour le Roy ennuyeuse, pour noblesse domageuse, des dames regretée[2] et pleurée de plusieurs ; car il estoit emrichi de bonnes meurs, ennobly de proesse, embelly de jeunesse et aourné de vertus.

XVIII.

D'UNG HERETICQUE QUI, EN CE MESMES TEMPS, FUT BRUSLÉ A PARIS.

En ce temps fut a Paris brullé ung hereticque,

---

[1]. Fils aîné d'Alain d'Albret.
[2]. C'est un des héros de l'*Heptaméron*.

lequel, le jour de Sainct Loys[1] derrenier passé, ung vendredy, ainsi que dedans la Saincte Chappelle du Palais a Paris les cordelliers et jacoppins estoyent la pour cellebrer le divin office et sollempnizer la feste du beno[i]st sainct, se trouva la celuy abhominable meschant, et la, ainsi que quelque prestre voulut dire messe sur ung petit autel a main dextre dedans ladite Saincte Chappelle, se presenta pour luy ayder, et se mist a genolz, la teste descouverte, contrefaisant le bon crestien et devot cathollicque; a laquelle messe assista et respondit tres devotement par semblant; et quant ce vint a la consecration, il alluma ung sierge et s'approcha du prestre bien pres au costé, comme si par grande devocion eust voulu veoir le sainct sacrement; et ainsy comme celuy prestre voulut lever la saincte hostye, celuy dampné hereticque la print et esracha viollentement des mains du prestre, en disant ses parolles : « *Et durera tousjours ceste folye!* » Plusieurs gens de bien qui virent ce cryme nephande la accoururent et le prindrent par les cheveulx, et le voulurent aucuns tuer en le traynant depuys la chappelle jucques au bout des degrez du Pallays; et la luy tumba l'ostye sacrée d'entre les mains, toute brisée, laquelle fut honnorablement par les gens d'Eglize relievée et mise ou calixe, et le lieu ou elle estoit cheute couvert de drap d'or et fermé que des piedz homme ne touchast. Or fut mené se miserable en prison et la interrogué par les docteurs; lequel ne croyoit estre de deité autre que Jupiter et Hercules et nyoit tous principes, fors les naturelz, et disoit que autre paradis

---

[1]. 25 août.

n'auroyent les sauvez que les Champs Elisées, et tout plain d'autres folyes ou n'avoit nul propos[1].

Longuement fut gardé pour veoir si cognoissance de son erronée propos luy viendroit, mais tousjours persevera en sa folle oppinion; dont son proces fut faict et luy brullé tout vif, comme desservy l'avoit.

XIX.

COMMANT LE CAPITAINE LOYS D'ARS SORTIT DE VENOZE AVECQUES PEU DE GENS ET PRINT LA VILLE D'ANDRE, ROUVRE ET ESPINANSOLLE, LAQUELLE MIST A SANG; ET COMMANT PLUSIEURS AUTRES VILLES DE LA POILLE SE RENDIRENT A LUY, COMME GENSANE[2], L'ESTOILLE, RAPOLLE[3] ET LA VELLE[4], ET LA, PAR DEUX FOYS AVECQUES SES GENS, A PEU DE NOMBRE, DEFFICT LES ESPAIGNOLZ, QUI ESTOYENT GRANT COMPAIGNYE.

Dedans Venoze estoit lors le capitaine Loys d'Ars, qui sans sejour couroit pays et prenoit places; touteffoys advint que les vivres luy commancerent a estre cours et a faillir a Venoze, ou luy et ses gens tenoyent garnison. Or, s'estoyent ranforcez les Espaignolz a

---

1. Jean Bouchet, qui raconte cet événement dans les *Annales d'Aquitaine*, le prend moins au tragique. Le coupable était, d'après lui, un écolier, natif d'Abbeville, nommé Hémond de la Fosse, en proie à une aliénation mentale très apparente. Le *Rosier historial* donne aussi beaucoup de détails sur cette affaire: d'après lui, ce jeune homme de vingt-deux ans avait été corrompu par des étudiants espagnols qui prirent la fuite. Il fut assisté, lors de son exécution, par Standouck.

2. Genzano.

3. Rapolla.

4. Lavello.

grant puissance et mys dedans Barlecte, ou estoit domp Diego d'Arillano, leur capitaine, avecques huyt cens chevaulx et six cens hommes de pié, lesquelz empeschoyent les vivres aux Françoys, et tant que le deffault de ce les contraignit sortir en pays. Dont le capitaine Loys d'Ars, qui aymoit myeulx mourir honnorablement aux champs a la poursuyte des vivres que languir de famine meschaument au dedans d'une ville cloze, dist a ses gens : « Or ça, messeigneurs et amys, le deffault de vivres nous deffend le long demeurer en ceste ville de Venoze et nous enseigne la voye d'en avoir provision, ce qui est la force d'armes, sans laquelle mectre en prompte execution et vigoureusement excercer, en demeurerons en ville desnuez et aux champs improveuz; car noz ennemys par force les nous empeschent; mais la force fault par la force destourner et la durté du fer par le fer amollir; par quoy les champs nous sont de saison pour en conquester sur noz ennemys et preux vouloir requys pour a droict les assaillir et du tout leur pouvoir deffaire. Or, faisons doncques par vertueulx effort que louange honorable et proffictable gaing puissons acquerir; soyons loyaulx souldartz au service du Roy et large nous sera au loyer de nostre bienfaict. Quoy plus? mectons bon voulloir en œuvre et de pouvoir obtiendrons. » Ce dit, les gens de celuy bon capitaine luy promisrent tous que soubz le tour de sa main employroyent leurs forces, soubmectroyent leurs voulloirs et exployteroyent les armes. Dont se mist aux champs avecques sa petite bande ou estoyent quatre cens hommes de pié allemans, gascons et normans, et troys cens chevaulx albanoys et françoys, avecques deux gros cannons et une grande coulevrine nommée *Madame de Fourly* que gouvernoyent troys cannonnyers nommez : l'ung Jehan Lubin, natif d'Orleans, l'autre Jehan de Gap et l'autre Bertrainet, et ainsi s'en alla le capitaine Loys d'Ars devant la cyté d'Andre, forte par assez. Touteffoys, le jour qu'il partit de Venoze, luy et ses gens coucherent une nuyt dedans ung boys a troys mille d'Andre, et la toute nuyt furent tormentez et eurent bien le maurepos, car ilz furent accompaignez d'espouventable tonnerre, d'esclair merveilleux, d'impetuelz vent et de pluye ennuyeuse qui ne leur cessa depuys le soir jucques au matin qu'ilz deslogerent et s'en allerent assieger Andre devers la porte du costé de Barlete, et la commaincerent a descharger coups et rompre la muraille, tant que en moings de troys eures ung portal qui la estoit et grant pan de muraille alla par terre, dont eulx voulurent donner l'assault; mais ce voyant, ceulx de la ville eurent doubte en leur affaire et parlamenterent, tellement que a la parfin se rendirent a la volunté du capitaine Loys d'Ars, lequel entra avecques tous ses gens, et pour ce que celle ville d'Andre estoit des terres du conte de Ligny, son maistre, ne voulut la ne souffrir faire aucune force; dedans y avoit des Espaignolz et autres souldartz, lesquelz trecta si bien que, nonobstant qu'ilz fussent a sa volunté, les laissa en aller, leurs bagues sauves, et oultre leur donna de l'argent. Ce ne fut pas a luy faict a ceulx, comme par cy devant avoyent faict aux Françoys que, nonobstant composicion de bagues sauves, faisoyent mourir ou mectoyent en gallere; touteffoys ainsi savoit ses ennemys actraire et ses amys contanter, ce qui est une des plus rusées stratagemes de guerre. Or bien la dedans sejourna, luy et ses gens, troys sepmaines ou environ. Le pain commainça a amaindrir, dont delibera aller a Beseilles que autreffoys avoit prise sur les Espaignolz; mais elle s'estoit revoltée apres la rancontre de la Cherignolle. Que quessoit, droict audit Beseilles, avecques son train, s'en alla pres d'Andre de doze mille ou entour, de quoy fut adverty domp Diege d'Arillano, espaignol, et sceut que, par deffault de vivres, il tenoit les champs; par quoy, luy estant a Barlete, dist qu'il luy copperoit chemin; dont assembla de sept a huyt cens chevaulx albanoys et genetaires et troys cens hommes de pié, et avecques luy estoyent le baron de Corrillane, le gouverneur de Tarente, ung nommé frere Lyenart et ung autre appellé messire Terdre, capitaine d'Albanoys, et avecques ceulx se mist a la course, tant que sur les erres et en queuhe des Françoys se trouva. Le capitaine Loys d'Ars, qui en pays avoit guectz et descouvreurs, sceut tantost que les Espaignolz a grant puissance le suyvoyent; dont se campa et monstra la barbe a ses ennemys, puys fist tourner son artillerye contre eulx, lesquelz marchoyent a toute haste, comme ceulx qui sur les Françoys pencoyent faire grant deluge. A l'aprocher, l'artillerye commança a descharger et donner au travers des Espaignolz, tant que plusieurs en eurent la vollée ou le bont; mais pour ce ne reculerent, car il y alloyent de droict fil et approcherent presque a joindre. Lors n'estoit eure de mectre la chose a reffaire, mais promptement y remedyer; a quoy se peut cognoistre le sens des chiefz de guerre et adviser la constance des combateurs; car au peril soubdain se monstre le sens prompt, ce que fist lors celuy capitaine françoys, et, voyant qu'il failloit assembler aux Espaignolz, commanda a ses cannonnyers que tousjours tirassent au travers jucques ses gens de cheval fussent meslez avecques eulx, et ce faisoit il pour donner ouverture a ceulx qui donneroyent dedans; et, pour ce faire, mist a deux costez ceulx qui estoyent a cheval, les Françoys d'ung et les Albanoys d'autre, lesquelz advisa bien de donner alors que l'artillerye feroit son exploict, en leur disant a visage riant : « Chargez, compaignons, chargez! Voz ennemys vous assaillent a grant effort; deffendez vous a puissance immoderée et commancez le hurt, car le premier coup vault deux, si a droict l'assennez et le donnez a force. » La avoit cincq hommes d'armes françoys, tant asseurez que pour mourir n'eussent faict ung faulx pas : c'est assavoir Bernard de Sainct Souldain, des gentishommes du Roy; Gilbert de Chaulx, Lyonnet du Brueil, Marc le Groing, Jehan de Montieulx, seigneur de Tary, qui conduisoyent les gens de cheval. Le capitaine Loys d'Ars, lorsqu'il eut ordonné ses gens d'armes de cheval et mise son artillerye en tiltre, s'en alla a ses gens de pié et, au mylieu des chevaucheurs, les mist luy avecques eulx pour les tenir en ordre. Tant fut que Espaignolz a course de cheval vindrent pour joindre, l'artillerye leur alla au devant et fist passée telle que les Françoys a cheval tous ensemble donnerent au millieu, ainsi que leur avoit esté dict, et passerent a travers tellement qu'ilz les desrouterent et rompirent; et en cuydant rechargez iceulx Espaignolz tournerent le dos et s'enfuyrent. La chace leur fut donnée plus de deux mille de pays, et les chemins jonchez d'abbatus et de mors. Ceulx qui eurent vistes chevaulx se sauverent; les malmontez et pietons furent tous tuez et priz; somme, tant furent les autres escartez que les ungs se rendirent a Barlete, les autres a Trane, terre de Sainct Marc, et les autres a Beseille, lesquelz dirent qu'ilz avoyent deffaictz les Françoys; par quoy leur ouvrirent les portes. Ce faict, le capitaine Loys d'Ars, cuydant prendre Beseilles, s'en alla devant, ou ja estoyent les Espaignolz fuytiz, qui avoyent dit que les Françoys estoyent tous mors et priz; par quoy ceulx de Beseille ne voulurent ouvrir aux Françoys. Dont se retira le capitaine et ses gens pour ce que ja estoit nuyt, et se mirent dedans ung colliege de sainct Fransisque, et au matin s'en allerent droict a Rouvre. Ja s'estoyent les Espaignolz fuytiz presque tous ralyez, lesquelz ausi prindrent le chemin de Rouvre pour eulx loger la dedans; de quoy se doubta le capitaine Loys d'Ars, et, pour obvyer a ce, y transmist cincquante chevaulx devant pour gaigner le logys, lesquelz y furent premier que les Espaignolz et demanderent ouverture a ceulx de la ville, qui voluntiers leur ouvrirent, pour le bon trectement que leurdit capitaine leur avoit autreffoys faict, et ausi pour ce que la ville estoit des terres du conte de Ligny, maistre dudit Loys d'Ars, lequel, avecques tous ses gens d'armes, entra dedans, ou tous ensemble se refreschirent le temps de quinze jours; et ce pandant les Espaignolz eurent ranfort de Galliegues et genetaires a grant nombre. Nuyt et jour pencoit, celuy capitaine Loys d'Ars, commant il pourroit eschecquer ses ennemys et leur donner quelque venue; or dist il a luy mesmes qu'il se mectroit en peine de leur en bailler une bonne, et pour ce faire, sans se descouvrir a nuly, comme celuy qui estoit maistre de sa pencée et aisant du rapport des espyes, fist semblant de vouloir aller a la Haulte More[1], terre du conte de Ligny, dont fist partir ses gens et son artillerye et prandre le chemin ou chascun pencoit qu'il voulust aller; et, lorsque pres d'ung mille de pays eut faict, il commanda a ung nommé Anthoyne du Lo et a ung autre syen segretaire que soubdainement tournassent l'artillerye et le bagage dedans Rouvre, ce qu'ilz firent; et luy, avecques tous ses gens, tourna soubdainement autre cartier, et ce fist il pour frustrer les espyes de son intencion et tenir ses ennemys en descognoissance de son emprise; dont s'en alla hastivement vers Corastre ou les Espaignolz estoyent, et pres de la fist son embusche, puys envoya ses coureurs devant la ville pour actraire les compaignons en plaine; et tantost que les coureurs furent en veue d'ennemys, genetaires et Galliegues a grant nombre sortirent hors, et commancerent bien a point a charger sur eulx et leur donner la chace sans avoir doubte de l'embusche, pencent que a la Haulte More fussent allez les Françoys, comme par espyes avoyent estez faulcement embouchez. Or, allerent il si avant que les ungs sur les autres commancerent a ruer, et mesmement les gens de cheval que Bernard de Sainct Souldain, Jehan de Montieulx et Gilbert de Chaulx menoyent, comme a l'autre foys, lesquelz donnerent si tres rudement que au premier rancontrer plus de trante hommes de cheval allerent par terre; a deux autres recharges furent les gens de cheval deffaictz et

---

[1]. Altamora.

s'enfuyt domp Diego d'Arillano a bride abatue avecques quarante ou cincquante genetaires. Les Galliegues furent si bien secoux que de troys cens qu'ilz estoyent avecques leus haultz bonnetz ne s'en alla pas trente que tous ne fussent tuez ou priz; somme, comme j'ay sceu par aucuns de ceulx qui la estoyent, quatre cens genetaires et Galliegues furent la assommez ou enmenez. C'estoit bien a proffict ensuyvy le bon sort et a l'onneur continuée heureuse chance, si les capitaines du Garillant, dont j'ay parlé par cy devant, eussent de cestuy faict examplaire : le lys florist ores par tous les angletz des Italles, et la reputacion des Françoys courust par tous les climatz du monde. Je n'en diray plus, si n'est que a la bonne conduyte du chief de guerre gist la sureté des souldartz et le sallut des royaumes. Pour dire plus, apres celle deffaicte d'Espaignolz, les mors demeurerent estandus et les priz furent enmenez a Rouvre, ou les Françoys arresterent deux jours, puys s'en allerent a Castel del Mont, terre du conte de Ligny, et de la devant Espinansolle[1], ville du conte de More, ennemy du Roy, laquelle assiegerent et prindrent d'assault en moings de troys eures, quelque resistance que leur fissent ceulx qui dedans estoyent, lesquelz se deffendirent a toute force ; touteffoys par sur le ventre leur passerent et entrerent dedans, et Dieu soit commant les œuvres de pitié furent la recommandées; pour faire fin, tout fut mys a sang, reservez les petilz enfans et les femmes, et la ville habbandonnée au pillage, dont plusieurs pouvres affamez d'argent y fourrerent bien leurs poignetz, ce

1. Spinazzola.

qui leur fut une bonne queurée et chaulde gorge, et telle que depuys ville ne tenoit devant eulx[1]. De la s'en allerent a Gensane, terre dudit conte de More, laquelle se rendit voluntiers ; puys s'en retournerent a Venoze, ou se refreschirent quelque temps, et puys se misrent en pays de conqueste droict a l'Estoille, terre du prince de Melphe, laquelle pareillement se rendit audit capitaine. Dedans le chasteau avoit cinc-quante Espaignolz, lesquelz ne le voulurent rendre ; et coups a travers comme se fouldre y passat, tant que en moings de deux eures breche grande y fut faicte ; dont celuy Loys d'Ars commanda l'assault ; chascun mist la la main, tellement que sans arrester fut de vive force emporté, et tous les Espaignolz qui la dedans estoyent mys a l'espée. Ce faict, ledit capitaine demeura la huyt jours, ou ce pandant, par menée segrete, eut intelligence avecques ceulx de Melphe, lesquelz pro-misrent de luy rendre la ville ; touteffoys, domp Diego d'Arillano, sachant ceste menée, par soubtilz moyens et larges promesses qu'il fist a ceulx de la ville rom-pist le coup ; dont ledit Loys d'Ars, avecques ses gens, s'en alla a Venoze, ou de la manda au conte de Conversane, fils du marquys de Betonte, qui se disoit bon françoys, que si tel vouloit estre que a l'affaire le monstrast, et que temps en estoit ; et, s'il vouloit monstrer de quoy, que avecques toute sa puissance a ung jour nommé se rendist a Montepellouse, ville tenant le party du Roy, et que, de sa part, se trouve-roit avecques ce qu'il auroit de gens. A quoy ne fail-

---

1. D'autre part, le 26 septembre, les Espagnols exécutèrent un malheureux habitant de Capoue, Andrea de Arimpio, accusé d'un complot pour rendre la ville aux Français.

lit celuy conte; ausi ne fist le capitaine Loys d'Ars; mais au jour assigné furent la avecques leurs souldars, dont ledit conte de Conversane avoit quarante hommes d'armes et six cens pietons qui pouvoyent faire grant ayde et donner bon ranfort aux Françoys qui la estoyent a peu de gens; et eulx ainsi assemblez adviserent en leurs besoingnes et conclurent de tenir bon. Je laisseray ung peu a parler de ce propos pour dire d'autres choses lors a Romme advenues.

XX.

Commant le pape Pye tiers mourut, et de l'election du cardinal Petri ad Vincula, faict pape par le moyen du cardinal d'Amboise, et d'autres choses faictes lors a Romme.

Le pape Pye tiers, dont j'ay dessus escript, estoit fort encyen et moult debille, actainct de maladye tellement qu'il ne veit point les ans Sainct Pierre[1], mais XXII jours[2] apres qu'il eut obtenu le Sainct Siege mourut. Dont aucuns banquiers qui luy avoient presté deux cens mille ducatz, pencent y proffiter, perdirent tout, tant qu'ilz en firent bancqueroute. Les cardinaulx se disposerent, après ce, de proceder a aultre election et tenir nouveau conclave.

Sur ce point feray incident et diray qu'en ce temps,

---

1. Allusion à la formule, bien connue, de la consécration des papes : *Non videbis annos Petri.*
2. Vingt-cinq jours. Il mourut le 18 octobre 1503. On répandit aussi le bruit d'un empoisonnement, sans aucun motif d'ailleurs.

le xxv⁰ jour d'octobre, fut conjunction de Mars et de Saturne.

Les Ursins et Coulonnoys, avecques quatre cens hommes d'armes et troys mille hommes de pié, assaillirent lors le duc de Vallentinoys dedans le palais Sainct Clement, au bourg Sainct Pierre de Romme, ou s'efforcerent a toute puissance d'entrer sur luy; mais il avoit troys cens hommes d'armes, deux mille pietons qui deffendirent le logys, en maniere qu'il leur demeura, et respousserent les Romains.

Messire Jacques du Crussol, qui estoit la allé avecques le cardinal d'Amboise, fut lors voir l'armée des Françoys au Garillant et leur fist porter de Romme force habillemens pour racoustrer ceulx qui en avoyent deffault et pouvoir de les payer, qui leur fut chose difficille, car la marchandise estoit moult chere et l'argent presque failly. Aucuns des gentishommes du Roy, qui la avoyent suyvy le cardinal d'Amboise, s'en allerent renger avecques l'armée de France au Garillant, desquelz furent Françoys d'Allegre, seigneur de Percy; Artus Gouffier, seigneur de Boysi; Loys de Jaulys et quelques autres. Durant ses jours, le marquys de Licite, qui au service du Roy avoit tout perdu, fut a Romme devers le cardinal d'Amboise, auquel compta son affaire et dit sa neccessité, et commant, pour bien servir le Roy et soustenir sa querelle, il avoit perdu ses terres et son argent despendu; par quoy le prioit qu'il luy plust remonstrer au Roy, affin qu'il luy vousist donner quelque estat pour vivre et le servir comme il avoit acoustumé; auquel, comme m'a esté dit, ne fut riens donné ne rien promys, et luy, voyant que a ce prochas despendoit le demeurant de ce qu'il avoit et qu'il perdoit temps, et que autre chose n'en auroit, comme hors du sens et presque desesperé, s'en alla de Romme rendre a Gonssalles Ferrande pour tenir le party d'Espaigne contre le Roy, et, ainsi que depuys j'ay ouy dire a plusieurs, ledit Gonssalles luy delivra toutes ses places et seigneuries, et avecques ce luy bailla cent hommes d'armes, dont il a tousjours faicte la guerre aux Françoys a tous ses effors ; a quoy ne pouvoit obvier par contentement de parolles ou eslargissement de dons, ce qui, par deffault de peu de chose, pourroit porter grant dommage. A ce ne veulx adjouter autre chose, si n'est que tous bienffaictz doyvent estre recognuz et tous services remunerez.

Pour revenir en propos, apres que le pape Pye fut mort, il fut gardé, comme est de costume, et baisé les piedz. Le cardinal Ascaigne, qui s'estoit emdebté a la bancque de grosse somme pour luy avoir aydé a faire son cas bon, y perdit ce qu'il y avoit mys, et se trouva frustré de l'intencion du gouvernement de la papaulté, auquel il tendoit pour totallement nuyre au cardinal d'Amboise et contrarier aux Françoys, ausquelz avoit au commancement promys et tenu parolles d'amytié. Que fut ce? les cardinaulx de Romme s'assemblerent tous pour faire l'obseque du pape Pye, lequel dura neuf jours, et commainça ung sapmedy, dix jours devant la Toussainctz, auquel jour le cardinal Petri ad Vincula dist la messe; le jeudy apres, le cardinal d'Amboise dist l'autre[1]. Le lundi en apres,

---

1. Le 26 octobre, en présence de vingt-deux cardinaux (Burckhardt, III, 289).

vigille de Toussainctz, apres la messe du Sainct Esperit, laquelle dist le cardinal Allexandrin, et, le sermon faict, entrerent cardinaulx au conclave[1], et la firent leur election, telle que le cardinal d'Amboise eut XXIIII voix, et ne restoit que a deux qu'il ne fust pape[2]. Ce fut allé bien pres des portes de paradis; mais Petri ad Vincula, comme vous oirez, sortit de ses lyens et saisit les clefz; lequel avoit treze voix et le cardinal Saincte Paraxede cincq qu'il donna audit Petri ad Vincula. Ainsi ne pouvoyent les deux esluz l'ung sans l'autre l'emporter. Le cardinal Petri ad Vincula jamais ne consentist a bailler ses voix ; le cardinal d'Amboise ausi vouloit garder les siennes; ainsi vela nostre saincte mere l'Eglize esbranlée, en danger de tumber en cisme ruyneulx! Mais, pour obvier a celle tant perilleuse division, le cardinal d'Amboise deslya le pouvoir de vertus et mist le priz d'honneur en place; car tant ne s'arresta a l'ambicion de l'appostolicque prelature ne a l'estat de souveraine dignité, que a l'unyon de l'Eglize millitante et a l'utillité de crestienne religion n'eut principalle faveur et entier vouloir; par quoy tres liberallement[3] donna ses voix audit cardinal Petri ad Vincula, qui a ce moyen obtint le tiltre papal

1. Cf. *Burchardi Diarium*, III, 294 et suiv. Georges d'Amboise eut pour conclavistes son neveu Fr.-Guill. de Clermont-Lodève, évêque de Narbonne, le président Geoffroy Carles, l'ambassadeur Jean Lascaris, Claude de Seyssel (*Id.*, 300).

2. Dans ce conclave, on renouvela les *Capitula* jurés dans le conclave de Pie III « pro defensione libertatis ecclesiæ et reformatione ecclesiæ, » entre le « pontife futur » et les cardinaux (Arch. du Vatican, reg. β XX, 157).

3. Machiavel traite ce fait de « prodige. » V. ses dépêches du 31 octobre, des 1er et 4 novembre 1503.

et siege romain, et fut nommé *papa Iulius Secundus*. Bientost apres ce, le pape fut couronné a grant honneur et excellant triumphe[1], et puys le premier consistoire[2] tint, auquel donna le Sainct Pere le pape audit cardinal d'Amboise la legacion de France et d'Avignon[3], et fist Françoys de Clermont, nepveu

1. Jules II se hâta de notifier lui-même son élection aux princes (6 kal. déc. 1503); et, un mois après, le collège des cardinaux la notifia à son tour (kal. jan. 1504. Arch. du Vatican). Jules II se hâta aussi de concéder ou de confirmer diverses faveurs spirituelles aux rois d'Espagne, d'Écosse, de Pologne (*Ibid.*, reg. 984).
2. Public.
3. La Chambre apostolique, en assemblées plénières du 21 et du 24 novembre 1503, supplia vainement le pape de ne pas accorder cette légation (*Burchardi Diarium*, III, 307), et, dans le consistoire du 4 décembre, le pape publia la légation à vie du cardinal d'Amboise en France et dans le Comtat-Venaissin (*Id.*, 311). Cf. Rinaldi, XXX, 402. Le bref ne porte pas de mention compromettante; il se borne à confirmer et à renouveler au cardinal, « tanquam pacis angelum » (sans fixation de durée), dans l'intérêt de la lutte contre les Turcs, sa légation prorogée par Alexandre VI, et qui devait l'être par Pie III (L. 328, n° 1. Archives du Vatican, *Julii II Regesta secreta*, reg. 984, fol. 182). Un autre bref lui donna la légation d'Avignon (*Ibid.*, fol. 185). Chose remarquable : ce bref se heurta en France à une grande résistance. Un légat ne peut l'être qu'*ad tempus*, disait la doctrine, et un légat perpétuel serait un second pape. Le parlement, qui avait pour maxime de restreindre les légations, résista jusqu'en septembre 1504. Les pièces de cette célèbre procédure ont été souvent publiées ou transcrites (Legendre, *Histoire du cardinal d'Amboise* : appendice au *Traitté des légats a latere*, par Monsieur..... Paris, 1664 ; copies diverses, ms. Dupuy 85 ; fr. 2330, 2831, 3911, etc. Cf. *Registrum omnium facultatum concessarum clarissimo cardinali de Ambasia*, plaq. contemp. de 4 feuillets). Toutefois, comme Jean d'Auton passe l'affaire sous silence, nous croyons devoir indiquer les pièces principales. — Jeudi, 28 mars 1503-4. Arrêt du parlement, chambres assemblées, sur la commission du pape confirmant la légation du cardinal pour le temps fixé par le feu pape, et la prorogeant ensuite *usque ad beneplacitum suum*, et sur les patentes du

dudit d'Amboise, cardinal ; et a ce mesme consistoire furent faictz avecques celuy de Clermont troys autres cardinaulx, c'est assavoir : le nepveu du pape, l'evesque

roi portant réception ; le recteur et l'Université de Paris ont fait opposition. L'arrêt ordonne l'enregistrement dans la forme habituelle, sous toutes réserves des droits de l'église gallicane. Pour la clause *ad beneplacitum,* il décide qu'il sera plus amplement plaidé ; il retient *in mente* d'envoyer au roi et au cardinal quelques personnes pour leur faire des représentations sur cette clause. — 3 avril. Le maréchal des logis royal d'Arissoles, muni d'une créance du roi, où le roi se déclare mécontent (datée de Blois, 31 mars), donne l'ordre de *dépêcher* la bulle, nonobstant toute opposition. Le roi envoie une nouvelle lettre le 1er avril, avertissant le parlement que *son devoir* est d'enregistrer, sans s'arrêter à rien. D'Arissoles dit que le roi ne veut pas qu'on remette l'affaire après Pâques : depuis son avènement, aucune question ne lui a encore tenu tant à cœur. Il paraît que, dans les délibérations, on a cru devoir exclure, *mettre hors,* le maître des requêtes de l'hôtel, Charles de Hautbois ; d'Arissoles trouve le fait étrange et le qualifie assez vivement. N'y eût-il que quatre conseillers de son avis, il entend que la bulle soit dépêchée. Après une délibération secrète, le premier président répond à d'Arissoles que, quoique ce fût, selon l'usage, le dernier jour de séance, et que déjà bien des conseillers d'église fussent partis pour leurs bénéfices, la cour s'assemblerait le lendemain matin et contenterait le roi ; il le pria de ne point « venir à l'extrémité de dire ce que le roi lui a ordonné. » En effet, le jeudi 4, la cour se réunit et décida d'envoyer au roi le premier président Pierre de Couthardi, le second président Thibault Baillet, les présidents des enquêtes Pierre du Refuge et Antoine de Paris, les conseillers Jean Bouchart et Guillaume de Besançon, et l'avocat du roi Jacques Olivier. — Le 15, convocation pour entendre les gens du roi et des lettres du roi, du 7 avril, reçues le 11, portant mandement formel d'expédier la légation et repoussant les remontrances annoncées. — Le mardi 16, en vertu de l'arrêt du 29 mars, interpellation aux gens du roi et à ceux de l'Université sur ce qu'ils ont à produire ; les premiers ne disent rien, les seconds, maîtres David Chambellan et Pierre Desfriches, avocats, demandent à en référer à l'Université. — 17 avril. Le recteur de l'Université demande un

de Mande et ung autre evesque espaignol[1] ; ausi fut faict patriarche de Jhierusalem le cardinal de Saincte Croix. Ung autre consistoire de rechief fut tenu[2], et la faictes plusieurs belles ordonnances sur l'affaire de la crestienté ; auquel estoit le cardinal d'Amboise, legat en France, et tous les autres cardinaulx de Romme. Cesar Borgya, duc de Vallentynoys[3], estoit lors a Romme, malvoulu de chascun et mesmement des Ursins, au moyen des crudelitez et tyrannyes que, durant le temps de pape Alexandre, leur avoit faictes ; par quoy pensa que la demeurer ne luy seroit bonne seureté, dont prist ce qu'il avoit d'argent, et tout d'emblée et segretement sortit de Romme, accompai-

délai de trois ou quatre jours. La cour arrête qu'il a eu dix-neuf jours et déclare qu'il sera entendu le lendemain. La légation, ainsi péniblement enregistrée à Paris, fut enregistrée par la Chambre des comptes et le parlement de Dauphiné, sur le *placet* de Jean de Foix, gouverneur, le 17 décembre 1504 (J. 945).

1. Ces quatre nouveaux cardinaux, François-Guillaume de Clermont-Lodève, neveu et conclaviste du cardinal d'Amboise, don Juan de Estunica, évêque d'Hispala (espagnol), et deux neveux du pape, Clemente della Rovere, évêque de Mende, Galeotto Franciotto della Rovere, évêque de Lucques, furent nommés, en consistoire secret, le 29 nov., et publiés en effet le 4 déc., avec la légation de Georges d'Amboise. Ils reçurent, ce jour-là, le chapeau rouge (*Burchardi Diarium*, III, 309, 311).

2. Jean d'Auton entend sans doute parler du consistoire du 4 décembre, uniquement consacré, d'après le *Diarium*, à la réception des nouveaux cardinaux.

3. César Borgia, qui avait d'abord habité le Vatican par ordre de Jules II, partit pour Ostie le 19 novembre, et, le 21 novembre, un bref lui enjoignit, comme gonfalonier de l'Église, de ne pas agir sans ordre du pape (Arch. du Vatican). Il fut ramené le 29 par ordre du pape et enfermé à la Torre-Nova le 19 décembre ; il conclut un accord avec le pape le 29 janvier 1504, et ne partit définitivement pour Ostie qu'après cet accord. Il quitta Ostie pour Naples le 19 avril 1504.

gné de huyt Allemans et de aucuns de ses serviteurs ; puys se mist en mer a Hostye et tira droict a Naples, ou de la se retira et rendit au capitaine Gonssalles Ferrande, lequel tenoit camp devant le pont du Garillant, disant que bon espaignol estoit, et que tres bien serviroit le Roy d'Espaigne a son pouvoir, et, pour monstrer comment, disoit qu'il mectroit en brief les Espaignolz en la duché de Millan, que aisement pourroyent conquester, car pour lors estoit mal garnye de gens d'armes, et, pour iceulx mectre a raison, avoit intelligence aux Pizans, lesquelz luy avoyent mandé que, s'il les vouloit deffendre contre les Florentins, qu'ilz se donneroyent a luy, et que, au moyen de ce, mectroit les Espaignolz dedans ladite ville de Pize et de Lucque ; par quoy pourroit tenir la duché de Millan en subgection et avoir dedans entrée. Et, pour commancer son vacarme, demanda audit capitaine congé de amasser gens a Naples pour faire son armée, ce que luy octroya le capitaine Gonssalles, dont fist cryer par Naples que tous souldartz qui le vouldroyent servir si se rendissent a la place, et que la les feroit payer pour troys moys.

Tantost se trouverent plus de dix mille hommes prestz, desquelz en fist choisir et enroller six mille et payer pour troys moys. Aucuns Espaignolz qui la estoyent disoyent que, avecques les capitaines françoys qui la duché de Millan gardoyent[1], avoit intelli-

---

1. Il fallait en effet maintenir en Milanais de nombreuses garnisons. Les compagnies Dunois, Montferrat, Foix, Chatelart, Pierre d'Urfé, Marolles, Chaumont, Albret y étaient immobilisées (Ms. Clairamb. 241 ; fr. 25784). Le *Loyal serviteur* affirme (p. 128) que plusieurs capitaines de l'entourage du sire de Chaumont recevaient au moins de l'argent du pape.

gence, et que l'armée qu'il faisoit estoit pour ranforcer lesdits Françoys, et, au moyen de celle entreprise, vouloit mectre les Espaignolz entre les mains de leurs ennemys; et de ce emboucherent le capitaine Gonssalles, disant que, si au Roy de France, duquel par avant s'estoyt alyé, vouloit faire une finesse, que autant ou pys en pourroit faire au Roy d'Espaigne, et que adjouter foy a son dire ou soy fier en sa promesse ne seroit joué seurement ne bien advisé a son affaire. Tant d'autres raisons de suspeçon contre celuy Borgya furent mises en avant que celuy capitaine Gonssalles le fist prendre et tous ses gens tuez, reservé ung allemant et ung de ses coques, lesquelz se sauverent comme ilz peurent; et luy, ainsi priz, perdit bagues et argent, puys fut mys sur mer et envoyé en Espaigne prisonnier dedans la tour criminelle de Tollete pour la passer le demeurant de ses malleureux jours, comme chascun dit : c'est l'exil doulloureulx du cruel tirant, qui a mal commaincé, continué en piz et fini de mesmes. Apres ces choses mises a chief, le cardinal d'Amboise s'en voulut retourner devers le Roy, qui lors estoit a Lyon sur le Rosne, dont, le jour qu'il partit[1], le pape commanda a tous les cardinaulx de Romme qu'ilz le conduissent jucques hors la ville, ce qu'ilz firent, et plouvoit tant ce jour la qu'il n'y eut mulle de cardinal qui n'en eust les plaines oreilles. De Romme s'en alla a Brachane, ou le seigneur Jehan

---

1. Il partit, le 8 décembre 1503, avec le cérémonial habituel du départ des légats. Malgré le mauvais temps, ses collègues le conduisirent à la porte de Rome, selon l'usage (*Burchardi Diarium*, III, 317).

Jourdan[1] festya luy et ses gens le soir et le lendemain moult sumptueusement, et entre Brachane et Viterbe fist faire une grand fueillée, et la porter vins et viandes a desroy et force blave pour les chevaulx, ou ung autre jour le trecta a plaisir. Puys s'en alla a Viterbe, ou au logys du cardinal Frenaze[2] fut receu a l'onneur et trecté a souhet, de la a Seine[3], ou au devant de luy vindrent les Seinoys jucques a la Paille, terre de Seine ; a Florence fut pareillement recueilly haultement, a Ferrare ausi, ou au devant de luy vindrent le duc et le cardinal de Ferrare, et de la a Palme. Avecques luy estoit lors le grand maistre de France, son nepveu, a tout quatre cens hommes d'armes, qui jucques a Boulloigne l'avoit esté acompaigner. Par la duché de Millan s'en alla jucques en Piemont, ou le duc de Savoye le festya en sa ville de Quiers[4], puys passa la Savoye, ou le Roy luy envoya mulles fresches, hacquenées et haulbins jucques a Sainct Andrieu, en la montaigne d'Orelle[5]. Et ainsi s'en vint a Lyon, ou le Roy luy fist tres bonne chere et moult joyeulx recueil.

1. Giangiordano Farnese, fils de Virginio Orsini.
2. Le cardinal Alessandro Farnese, frère de la belle Julia Farnese.
3. Sienne.
4. Chieri.
5. Saint-André, au pied de la montagne d'Aurel, près d'Embrun, sur la route de Briançon.

XXI.

Commant les Françoys garderent longtemps le pont du Garillant, et de la retrecte qu'ilz firent a Gayete, qu'ilz rendirent aux Espaignolz par composicion.

Au pont et le long de la riviere du Garillant estoyent lors les Françoys, lesquelz, apres qu'ilz eurent gaigné celuy pont et qu'ilz furent les maistres de la riviere, allerent souvant courir devant le camp du capitaine Gonssalles, et plusieurs escarmouches luy donnerent, et tant que celuy Gonssalles, ainsi ennuyé des Françoys et par le deffault de vivres qui luy estoyent cours[1], une belle nuyt fist mectre le feu dedans ses loges et trousser son bagage, et entour la mynuyt deslogea avecq[ue]s ses gens d'armes et son artillerye. Les Françoys qui autour du pont du Garillant estoyent virent de nuyt les grans feuz qui se faisoyent au camp des Espaignolz, a quoy pencerent ce qui estoit ; et, pour savoir le tout, furent la envoyez Bernard de Scenon avecques vingt chevaulx, que hommes d'armes que archiers, et messire Mercure, capitaine des Albanoys,

1. Gonsalve de Cordoue était dans la situation la plus critique. Tout son conseil était d'avis d'abandonner la position; il aurait répondu, d'après Guichardin : « J'aime mieux trouver ici mon tombeau que de gagner cent ans en reculant d'un pas » (Mariana, cité par Eyquem, *Gonsalve de Cordoue*, p. 102). Mais la situation des Français était horrible aussi, sous la pluie constante et dans les marais; ils avaient moins d'infanterie que les Espagnols, ne pouvaient pas non plus se ravitailler et manquaient de chevaux pour leur artillerie (Dépêches de Machiavel).

accompaigné de trante a quarante estradiotz, lesquelz se misrent sur la queuhe des Espaignolz qui deslogeoyent a qui plustost yroit devant; tant allerent qu'ilz chargerent sur les derreniers, et la prindrent quelques prisonniers qui estoyent de l'arriere garde, et ainsi donnerent sur le bagage qui estoit demeuré, et mesmement sur les sommiers d'ung romain coullonnoys qui suyvoit les Espaignolz, nommé messire Venere Coullonne, et les prindrent avecques grant force vaisselle d'argent et riches bagues qui dedans estoyent, et tout cela emporterent avecques eulx qui puys ensemble butinerent. Les Espaignolz s'en allerent et furent hors leur camp troys heures avant jour, prenant leur chemin droict a une ville nommée Sesse, a huyt mille pres du pont du Garillant, et la se logerent pour eulx refreschir. Les François estoyent tousjours autour de celle riviere, sans savoir si le passer oultre ou le demeurer estoit le meilleur, et sur ce tindrent souvant conseil; dont les ungs disoyent que aller avant estoit moult difficille pour la fourneture des vivres que les ennemys empescheroyent, pour ce que toutes les villes de la tenoyent et estoyent maistres des passages, et ausi que l'artillerye ne se pourroit charryer, car par la force des pluyes qui la avoyent eu cours les terres estoyent molles et les chemins rompus ; les autres disoyent qu'il valloit myeulx passer oultre, car la ou ilz estoyent avoyent autant deffault de vivres que ilz pourroyent avoir de la, et, si une foys estoyent oultre, que avecques puissance de gens et de chevaulx ilz meneroyent l'artillerye devant quelque bonne ville qui par force ou composition prendroyent, et ainsi gaigneroyent pays et aquesteroyent vivres ; et mesmement fut de ceste oppinion[1] messire Loys de Hedouville, seigneur de Xandricourt, disant oultre que, si les Espaignolz vouloyent lever leur siege ou donner bataille, qu'ilz n'auroyent pas du meilleur, car autant de gens d'armes de beaucoup pres n'estoyent comme les Françoys ne myeulx deliberez. Touteffoys le baillif de Can et celuy de Disjon estoyent d'autre advys ; dont en advint que par le trop long demeurer la, les vivres qui ne venoyent que par mer, qui a vent contraire, comme j'ay sceu par ceulx mesmes qui estoyent embarchez, nuysoit aux Françoys, du tout ou presque leur faillirent, tant que grant mortallité fut sur l'ost et mesmement sur les gens de pié[2]. L'ennuyeulx froit de l'yver impetueulx les affolloit, car presque tous nudz et deschaulx estoyent en la fange jusques aux genolz. Et la fut ung capitaine de gens de pié, nommé messire Jehan Chapperon, lequel, voyant ses pauvres gens mourir de froit et de fain, voulant sur ce leur secourir, s'en alla au commissaire des gens d'armes, nommé Courcou, auquel compta la piteuse necessité des pauvres souldartz, en luy priant que quelque avance d'argent leur fist pour leur ayder a vivre jucques a leur payement, et que la seroit sans faillir rambourcé ; a quoy ne voulut celuy Courcou prester l'oreille ne bailler la main ; par quoy ledit Chapperon, voyant que autrement n'en auroit[3], print

1. Qui était la vraie (Guichardin).
2. Les Espagnols, également, souffraient beaucoup. Un convoi de 400 malades arriva à Naples le 8 octobre (N. Giacomo).
3. Cependant, d'après Machiavel, l'argent ne manquait pas (Dépêches du 6 et du 21 novembre 1503). Guichardin affirme aussi qu'il y avait à Rome beaucoup d'argent et de vastes magasins, et que le roi fut trahi par les malversations des trésoriers.

de luy huyt cens escuz, au poyement de quoy obligea sa maison et tout ce qu'il avoit, et luy en bailla seurté signée par escript. Eust il myeulx peu servir le Roy que au perilz mortelz exposer son corps pour deffendre sa querelle et a necessité contraincte despendre ses biens pour subvenir a besoigneulx affaire? Je ne diray plus, si n'est que c'est ung bienfaict de si grant merite qu'il ne doit aux chapitres des histoires au bon compte estre oublyé, ne au loyer despartir, demeurer sans remuneracion. Or suyvons : les François doncques estoyent sur le Garillant en tel affaire que j'ay dit, et avecques ce leurs chevaulx eurent la telle suffrecte que a la parfin mengerent les gictes des boys, les branches des vignes et les fueilles des abres, tellement que presque tous y moururent, si que tel homme d'armes avoit la menez quatre ou cinc bons chevaulx, qui estoit a pié ou n'en avoit que ung. Les pauvres pages et varletz mouroyent de froydure et de famine; et, voyant ce, les hommes d'armes françoys, dont aucuns avoyent ancores quelques chevaulx morfondus, plusieurs foys a grant nombre se presenterent aux chiefz de l'armée, disant : « Il nous vault myeulx aller oultre pour avoir des vivres ou donner la bataille a noz ennemys et la mourir honnorablement que demeurer icy comme pavoureulx, meschans et languissans de famine. » Et ainsi demeurerent, ung jour entre autres, plus de huyt eures a cheval, la lance sur la cuisse, prestz de passer et aller chercher leurs ennemys; mais les chiefz de l'armée ne le voulurent parmectre, dont iceulx gens d'ermes disrent a messire Loys de Hedouville, l'ung des principaulx capitaines, que luy, qui menoit l'avangarde, se mist devant, et que tous les gens d'armes le suyvroyent; lequel fist responce que a luy ne tenoit de ce que l'œuvre n'allast en avant, et ainsi que j'ay sceu par ung gendarme françoys, nommé Phillippes Sechault, qui la present estoit, messire Loys de Hedouville, en la presence du baillif de Disjon et du baillif de Can, chiefz ordonnez pour gouverner l'armée, dist : « Messeigneurs, vecy le baillif de Can et celuy de Disjon qui, aux besoignes du Roy et manyment de son armée, ont la charge comme moy. Je ne les trouvay oncques en vouloir de passer oultre ne avanturer l'armée, dont je ne scay autre chose dire d'eulx, si n'est que tant d'honneur ont beu et avallé en leur temps que a ceste eure le treuvent amer et tant que plus n'en veullent goster[1]. » Ainsi estoyent en divers propos et oppinions contraires iceulx capitaines, voire, ce dit on, jucques a envyer le seul gouvernement du tout, et a peine autrement pouvoir aller; car entre pareilz le vent d'envye court a grosse touffée. Que quessoit, la chose n'alloit pas bien a point; les tresoriers s'y acquiterent tellement que, par deffault de payement, toutes choses neccessaires a l'ost demeurerent en arriere, et avecques ce aucuns deroberent grant somme d'argent au Roy, lesquelz en furent actainctz et pugnys, comme ce poura veoir autour du rolle. Que diray je plus? Les gens d'armes avoyent tousjours bon vouloir et s'essayoyent souvant de faire ce qu'ilz pouvoyent. Les

---

1. Ce défaut d'entente irrita profondément la cour. Jean d'Auton y revient plus loin. Saint-Gelais s'étend à ce sujet en termes indignés, après avoir fait l'éloge du roi et des gens d'armes. Machiavel écrivait au contraire, le 10 novembre, que l'union la plus parfaite régnait au camp français!

Espaignolz venoyent aucunes foys jucques sur le bort de la riviere regarder leur maniere, et, entre autres, deux ou troys soirs ensuyvant, vint ung seigneur espaignol se pourmener tout desarmé jucques au droict du lieu ou estoyent les gens d'armes du seigneur de la Trimoille, dont troys hommes d'armes, nommez, l'ung Jacques Vernon, seigneur de la Rochebeuf, Pierre Sechault, seigneur de la Locherye en Lymosin, Estienne du Rousset, seigneur d'Estiennes, disrent que luy feroyent une embusche, ce qu'ilz firent telle que, a l'eure que l'espaignol avoit de costume de venir, se misrent tous troys dedans ung petit esquif et passerent la riviere, et la, soubz ung petit pont, s'embucherent. Gueres n'eurent la esté que vecy domp Johan venir bas monté et sans armes avecques troys laquoys, et, ainsi qu'il approchoit, quelqun de ceulx qui estoyent soubz le pont se descouvrit tant que l'espaignol l'advisa, et, luy devant, les compaignons se misrent apres a la course et ung entre autres, nommé Pierre Sechault, une arbaleste bendée au poing, se mist devant les autres au travers des champs qui estoyent moulz et plains d'eau, et la tant courut que ses souliers demeurerent en la fange. L'espaignol et ses laquays coururent sans regarder qui les suyvoit, tant qu'ilz se sauverent, et les Françoys tournerent a leur logys. Quatre ou cincq jours après, celuy Sechault fut querir ses soulliers qu'il trouva ancores, et ce pendant avoit chemyné nudz piedz ou avecques ses ouzeaulx; car la n'avoit homme que bien peu, qui en eust. Somme, tant alla l'affaire mallement que les Espaignolz, qui estoyent advertys de ce meschief, delibererent de passer sur eulx, ce qu'ilz firent, et gaignerent les montaignes pour vouloir entre Gayete et le pont du Molle leur copper chemin. Les capitaines de l'armée sachant ceste venue tindrent conseil ou estoit Loys, marquys de Salluces, l'infent James de Foix, Jehan Duplessis, messire Loys de Hedouville.

Et lors Jacques de Seully, baillif de Cam, estoit fort malade a Gayete; ausi estoit Jehan Stuart, duc d'Albanye, et messire Jehan Chapperon, avecques prou d'autres. Que quessoit, audit conseil estoyent plusieurs capitaines et autres gens de bien, lesquelz ung soir debatirent l'affaire, dont conclurent, veu que la pluspart des hommes d'armes estoyent desmontez et les gens de pié nudz et affamez, et plus des deux pars mors, que au myeulx et au plus seur se sauveroyent; dont firent dire aux gens d'armes, qui n'avoyent chevaulx, et aux mallades et gens de pié qu'ilz s'en allassent a Gayete, et retindrent deux capitaines de gens de pié nommez Cossains et Sainct Cric, autrement n'ay sceu leurs noms, et avecques eulx leur bande ou estoyent mille hommes ou environ, et les cent Allemans du Roy qui estoint sains et entiers. Tous les gens d'armes et archïers qui avoyent chevaulx demeurerent aussi, et pour sauver l'artillerye manderent Pregent le Bidoulx qui estoit assez pres de la en mer, lequel vint en l'eure, et toute celle nuyt s'en allerent gens a pié et mallades, et toute la grosse artillerye fut mise en navires et bateaulx. Messire Yves d'Allegre, avecques quatre cens hommes d'armes, fut envoyé a ung lieu nommé les Fraddes[1], a la descendue des montaignes, par ou les Espaignolz vouloyent devaller. Quelques

---

1. V. ci-dessus, page 262.

petites pieces d'artillerye laisserent pour enmener avecques eulx et tirer contre les ennemys, si mestier en estoit. Que fut ce? la grosse artillerye fut mise sur l'eau et adressée vers la mer, qui lors estoit tant impetueuse qu'on l'oyoit bruyre de deux mille loings; par quoy le capitaine Pregent eut grant doubte sur son affaire; touteffoys se mist au danger de Fortune qui n'estoit contante de l'ennuy que par terre faisoit aux Françoys, mais en mer ausi se monstroit courroucée; car a l'eure que leur artillerye cuyderent sauver en leur chemin se mist en embusche, tellement que, au bec du Garillant qui entre en mer vers Gayete, la tormente fut si horrible que toutes les barches et navires ou ladite artillerye estoit allerent a fons, reservé celle de Pregent, qui, a lances et a picques, fut sur l'eau a force soustenue, mais toute plaine d'eau, si que les bors a peine paressoyent; touteffoys a puissance de gens fut soustenue et vuydée d'eaue tellement qu'il se sauva avecques ceulx qui a sa barche estoyent. La se noyerent plusieurs Françoys malades et alterez, et entre autres ung nommé René de Saman et ung autre nommé Pierre de Medicy[1], avecques plusieurs autres, desquelz je n'ai sceu les noms; ne je n'ay point sceu que nul s'en sauvast, reservé ung, lequel en tumbant eut souvenance de la glorieuse mere de Dieu qui luy tendit la main, en maniere que depuys, comme fut dit par ceulx qui le virent, fut trouvé sur le gravier sain et sauf. Ainsi fut perdue l'artillerye des Françoys et leurs barches affondrées. Le marquys de Salluces, voyant que force

---

1. Pierre de Médicis, expulsé de Florence en 1495.

d'Espaignolz estoyent sur les champs pour charger les Françoys, transmist querir le seigneur d'Allegre et ses gens pour se venir ranger aux autres, qui n'estoyent puissans pour soustenir le faix des Espaignolz, s'ilz venoyent fors par ce costé ; par quoy s'en retourna ledit seigneur d'Allegre et les siens, et s'en allerent vers le pont de Molle pour la actendre et recueillir ceulx du derriere, ou furent ordonnez xv homes d'armes choisiz entre tous les autres ; desquelz estoyent messire Rogier de Beart, Pierre de Tardes, autrement apellé le Basque, de la maison du Roy ; Pierre de Bayart, Pierre de Poquieres, dit Bellabre ; Perot de Payennes, gascon ; Anthoyne de Lamet et autres, jucques au nombre de quinze, tous bien montez et gaillardz gens d'armes, lesquelz furent mys en queuhe pour soustenir l'escarmouche des avancoureurs espaignolz. Au devant de ceulx et assez pres estoyent Loys, marquys de Salluces, chief des Françoys ; messire Loys de Hedouville, le seigneur de Duras, Bernard de Scenon, Pierre Dos, Anthoyne de la Fayete, avecques deux cens hommes d'armes mal montez, messire Mercure et ses Albanoys ; les Allemans du Roy et les autres gens de pié avecques leur menue artillerye marchoyent devant, et ainsi ung jour bien matin, vigille des Innocens[1], deslogerent les Françoys et leur petit pas tirerent vers le pont de Molle. Les Espaignolz incontinant leur furent en queuhe a grosse route et commancerent a charger sur les quinze hommes d'armes françoys qui estoyent les derreniers ; et la bien a point escarmoucherent les ungs avecques les

1. 29 décembre 1503.

autres, et dura ceste escarmouche jucques a ung lieu nommé la Cadeine, et entre celuy lieu et le pont du Garillant furent repossez les avancoureurs espaignolz par les Françoys derreniers; dont lesdits Espaignolz se rainforcerent, et ce que voyant le marquys de Salluces et qu'ilz chargeoyent le baron de Beart, fist retourner messire Loys de Hedouville, Pierre Dos et tous les autres avecques les Albanoys, lesquelz donnerent au travers des coureurs, si a point que ilz les rebouterent jucques a leur grosse flote qui venoit apres deux gectz d'arc ou environ, et a ceste rechace furent tuez plus de trante Espaignolz.

Touteffoys, apres qu'ilz furent ainsi reboutez, les Françoys se remirent a la retrecte et Espaignolz apres, a tout grant nombre, en escarmouchant tousjours; l'artillerye cependant et les gens de pié marchoyent en avant. Les Espaignolz foulerent fort les xv derreniers qui portoyent la charge. Pierre de Bayart, qui ce jour soustint moult grant faix, estoit tousjours de la meslée, et tant que, a une charge qui fut la faicte, luy fut tué son cheval soubz luy, lequel se relieva l'espée au poing et ne se vouloit rendre; a quoy le marquys de Salluces et le seigneur de Xandricourt adviserent, et soubdainement retournerent sur les Espaignolz, tant qu'il les reposserent et recoussirent celuy de Bayart, lequel fut remonté par ledit seigneur de Xandricourt, qui luy donna ung tres bon cheval : et, ce faict, les Françoys passerent oultre et tirerent vers le pont de Molle, lequel avoit ja passé messire Yves d'Allegre, François d'Urfé et ceulx qui avecques eulx estoyent. Les gens de pié et l'artillerye n'estoyent ancores passez; car il ne se pouvoyent avancer pour l'empeschement de ladite artillerye qui les retardoit fort. Dedans Gayete estoyent lors plusieurs Françoys mallades et blecez, et entre autres Jehan Stuart, duc d'Albanye, lequel tout mal disposé, sachant la retrecte des Françoys, avecques tous ses gens et d'autres ce qu'il peut mener, s'en alla rendre a celuy pont de Molle, monté et armé pour la vivre et mourir au service du Roy. Ausi y estoit messire Jehan Chapperon, mallade et blecyé, qui pareillement ne voulut garder la ville; mais avecques quatre cens laquays des siens, tout a beau pié, ung bras en escharpe et l'espée en l'autre main, se trouva a la venue des Françoys qui furent chassez jucques a celuy pont de Molle, et la commaincerent a tour de bras le hutin. Aux Françoys ennuyoit moult de reculler; touteffoys force leur fut pour ceste eure, car les Espaignolz estoyent la a moult grant nombre, et tous bien montez, lesquelz chargeoyent sur les derreniers, desquelz estoit Pierre de Bayart, qui, pour mourir, ne vouloit passer le pont, et tant se mist avant entre ses ennemys que entre les jambes luy fut tué ancores ung cheval, et luy remonté a l'ayde des autres Françoys qui la estoyent. Le cheval de Pierre de Tardes luy fut pareillement tué, et luy, en se deffendant comme ung lyon, fut environné d'ennemys et priz. Les Françoys passerent le pont et l'artillerye demeura derriere, sur quoy chargerent les Espaignolz et la tuerent beaucoup de gens de pié. Ung homme d'armes gascon, nommé Jhannot du Gas, veoyant que on donnoit sur l'artillerye, repassa le pont sur les ennemys, et a la lance abbatue donna au travers et se mist a deffendre ceulx qui menoyent ladite artillerye, et tant fist la celuy bon homme d'armes que longuement ennuya ses ennemys, qui a la parfin luy tuerent son cheval et l'abbatirent; mais il se relieva l'espée en la main, et la, scelon que j'ay sceu par vray rapport, fist merveilles; car il chargeoit a tour de bras sans jamais se vouloir rendre, dont fut a la fin tué sur le champ : telz ne doyvent pas estre mys hors du compte des vertueulx. Or fut ladite artillerye perdue par les Françoys, et la a la deffence d'icelle fyrent bien les Allemans du Roy, car des derreniers l'abbandonnerent; longuement combatirent a ce pont de Molle, ou plusieurs des Françoys, supposé qu'ilz n'eussent du meilleur, se monstrerent tout a droict. Les Espaignolz mectoyent tous leurs effors a gaigner le pont et les Françoys toute penne a le deffendre. Ung homme d'armes espaignol se mist dessus, tout a cheval, la lance en l'arrest, pour vouloir passer, ou se trouva ung françoys nommé Pierre de Poquieres, seigneur de Bellabre, qui des premiers estoit a la deffence, lequel adressa a celuy espaignol de telle force que au choc de la lance le desemcella et le porta du pont a bas. Plus d'une grosse eure dura le combat de ce pont, et tant que ce pendant les Espaignolz qui estoyent sur les montaignes descendirent a grousse route, dont aucuns des Françoys, qui ce adviserent, le disrent au marquys de Salluces et au seigneur de Xandricourt, lesquelz advertirent que, si gueres demeuroyent a ce pont, que le chemin leur seroit trenché par ceulx qui venoyent des montaignes. A ce moyen les Françoys lesserent le pont et se misrent le petit pas a la retrecte. Les Espaignolz passerent et recommancerent a charger sur les derreniers, desquelz estoyent Pierre de Bayart, Jacques Vernon,

Françoys du Rousset, Pierre de Poquiers, Bernard de Scenon, Anthoyne de la Fayete, Pierre Dos et grant nombre d'autres, lesquelz avoyent tout le hurt; sans cesser picquotoyent les Espaignolz noz Françoys, ce qui moult leur ennuyoit, et la entre les autres fut ung françoys nommé Jacques Vernon, de la maison de Montreul Bonnyn en Poictou, lequel advisa ung espaignol, homme d'armes, qui s'esloignoit vers la marine pour venir de course sur quelqun des Françoys; auquel adressa celuy Vernon de telle actaincte que homme et cheval renversa sur le gravier de la marine, si rudement que dedans la mer envoya pescher son homme. Ung autre françoys, nommé Estienne du Rousset, seigneur d'Estyennes, donnoit a toutes mains, et tant que a ceste presse deux chevaulx luy furent tuez entre les jambes et luy priz. A Pierre de Bayart fut de rechief tué ung autre cheval, lequel ne mourut sur le champ, mais le porta jucques a Gayete, et la tumba mort soubz luy. Par les chemyns trouverent grant flote d'Espaignolz descendus des montaignes, qui le passage leur vouloyent empescher, mais a ceulx fut passé par sur le ventre et plusieurs tuez. Pierre Dos, Anthoyne de la Fayete furent la priz, et Bernard de Scenon, tres hardy homme d'armes, lequel fut priz, ung estoc au poing, sanglant comme ung cousteau de boucher, et en cest estat fut mené devant le capitaine Gonssalles, qui le voulut suader d'estre a son service; lequel dist que jamais n'auroit maistre ne ne serviroit autre que le Roy, tant que a son service luy plairoit. Pour venir a fin, les Françoys furent chassez jucques a Gayete, ou se retirerent tous comme conniz au clappyer; ainsi furent les ungs priz, les autres mors et les autres chassez ; vela commant le bon eur des Françoys est retourné en rabbaissement d'estat et amaindrissement d'honneur. Mallement furent menez les maleureulx, par le deffault de leur improveu gouvernement, et soubz la desvoyée conduyte de leur maladvisé conseil.

Or, apres que dedans Gayete furent retirez, pencent que les Espaignolz les volussent la assieger, coururent au Mont Rollant et a la deffence des murailles, et la bien a point s'arrangerent. Les Espaignolz s'arresterent la pres et firent semblant d'y voulloir mectre le siege ; et ainsi demeurerent deux ou troys jours. Les Françoys, qui a grant nombre estoyent la, n'avoyent gueres de vivres, dont ne pouvoyent tenir longuement ; touteffoys faisoyent bonne myne et tenoyent maniere asseurée. Le capitaine Gonssalles, apres toutes choses, leur manda si la ville vouloyent rendre, que tous les prisonniers françoys et autres de leur party qu'il tenoit, rendroict sans aucune ranson. Les capitaines françoys, voyant que fortune ne leur estoit bonne et que vivres n'avoyent la pour huyt jours, et ausi les bons prisonniers et grant nombre que les Espaignolz avoyent, lesquelz vouloyent par composicion rendre, furent tous d'oppinion de prendre ce party, veu ausi que vivres ne pouvoyent avoir que de la mer, qui estoit mallaisée chose a faire et difficille a avoir ; dont en conclusion furent contentz, et, pour ce, envoyerent ostages d'ung costé et d'autre. Le capitaine Gonssalles envoya Petre de Pas, capitaine espaignol, et ung sien propre nepveu, lesquelz furent mys en *la Chairante* entre les mains des Françoys. Des nostres furent transmys capitaines et gens sufisans a ce entre les mains des Espaignolz. Partout furent cherchez prisonniers françoys et delivrez. La composicion comprenoit le capitaine Loys d'Ars, s'il vouloit; lequel dist que, au regard de luy, il n'estoit point du nombre de ceulx du Garillant, ne n'avoit esté a l'ex[e]cution de leur faictz; par quoy ne seroit en leur composicion compriz, ne ne partiroit au loyer de leur desserte, et, s'ilz s'en alloyent en terre de seureté pour vivre a leur aise, qu'il demeureroit en pays de guerre pour peine endurer. Que quessoit, tous les prisonniers françoys furent renduz, desquelz estoyent messire Jacques de Chabbannes, seigneur de la Pallixe; messire Berault Stuart, seigneur d'Aulbigny; Adryen de Brymeu, seigneur de Humbercourt; Jannet d'Arbouville, lequel touteffoys s'en vint sans le congé de son maistre, au moyen du mauvais trectement qu'il luy avoit faict et voulloit faire; Gaspar de Colligny, seigneur de Fremente, le seigneur de Chastellart, Yves de Mallerbe; Pierre Dos, Pierre de Tardes, Bernard de Scenon, Anthoyne de la Fayete, Françoys du Rousset, tous capitaines; et en somme tous les gens d'armes et autres souldartz qui trouver se peurent entre les mains des Espaignolz, lesquelz s'en revindrent en nuyt, les ungs demain, les autres presque tous nudz et sans argent. En ce temps mourut a Gayete Jacques de Seilly, baillif de Can, l'ung des chiefz des Françoys. Gayete fut rendue aux Espaignolz[1], et les Françoys se misrent en mer et singlerent vers Gennes, ou furent, a tout leur maleur, par les Gennevoys bien receuz et doulcement trectez, ce qui leur fist grant

---

1. 3 janvier 1504 (N. Giacomo).

bien, car besoing en avoyent. Presque tous les capitaines principaulx moururent a leur retour, les ungs de dueil de leur perte, les autres de merencolye de leur deffortune, les autres de peur de la malveillance du Roy et les autres de malladye et de lasseté. A Gennes mourut Loys, marquys de Salluces; a Quier en Piemont, messire Loys de Hedouville; Pierre Dos, a Millan; Bernard de Scenon, a Lyon; Pierre de Vellours, seigneur de la Chappelle Barrouyn, capitaine de mer, mourut ausi a Lyon en s'en retournant. Tant d'autres y demeurerent a la poursuyte, que la perte du nombre m'en desplaist et le reciter du compte m'est ennuyeulx; dont je n'en diray autre chose, si n'est que le Roy, courroucé a merveilles contre eulx mesmement qui avoyent estez au Garillant, ne les voulut voir ne ouyr, mais les fist tous demeurer en la duché de Millan. Aucuns d'iceulx toutefoys vindrent vers luy, qui par commun rapport avoyent par leurs bienffaictz de chascun estez recommandez. Si le Roy estoit lors bien marry, ce dont ne devoit sembler de merveilles, car il savoit grant nombre de ses gens mors, partye de ses pays perdus et grosse somme de son avoir agasté; mais a tous ses ennuyeulx maleurs vertueusement resista[1], et combien qu'il eust le cueur doul-

---

1. Louis XII avait cru jusque-là à la bonne foi de l'archiduc; mais, en apprenant que ce prince avait envoyé à Naples, au mépris de sa parole, un secours de 3,000 hommes de pied, il éclata. A l'instigation du maréchal de Gié, il rompit presque le projet de mariage cher à la reine par une protestation solennelle, où il visait sa protestation secrète de 1501 et où il déclarait que le mariage serait nul si l'on reconnaissait ci-après qu'il ne dût pas être utile au royaume (Patentes signées, scellées du grand sceau jaune dit *de Majesté*, J. 951; orig.).

lant, si monstra il riant visage comme celuy qui contre les effors d'aversité affermoit son propos, disant : « Si a ceste foys le fleau de fortune m'a persecuté a l'oustrance, a quelque heure le sort de bon eur me fera ma perte recouvrer et en prosperité maintenir[1]. Or ay je ancores la, Dieu mercy, puissance pour l'affaire exploicter a proffict, et chevance pour y fournir a suffire; dont mon mal n'est comme la playe habbandonné sans remede ou malladye jugée a mort. » Ainsi prenoit cueur vigoureulx et fience asseurée le bon prince.

XXII.

DE LA MORT ET DES FUNERAULX OBSEQUES DE LOYS, MONSEIGNEUR DE LUXEMBOURC, CONTE DE LIGNY.

Comme une perte voluntiers actraict l'autre et ung dommage ensuyt son maleur, apres les choses susdites mourut a Lyon[2] Loys, Monsr de Luxembourc,

---

[1]. Le ban et l'arrière-ban du Languedoc furent levés de nouveau par ordre du sénéchal de Carcassonne, le 6 février (fr. 20437, fol. 64). — La constance de Louis XII inspira, en 1506, les vers suivants au poète Gringore :

    « *Le premier* (sot).
Nostre prince est saige.
    Le deuxiesme.
     Il endure.
    Le troisiesme.
Aussy il paye quant payer fault :
    Le premier.
A Boullongne la Grasse injure
Firent au Prince, mais, j'en jure,
Pugnis furent de leur deffault. »
   (*Sottie;* dans les *OEuvres complètes de Gringore*, par
    MM. d'Héricault et A. de Montaiglon, I, p. 204.)

[2]. 24 décembre 1503 (*Rosier historial*).

conte de Ligny, proche parent du Roy et son loyal serviteur, amy de l'Eglize, pere des gentishommes, escu de proesse, champion des dames, advocat des pouvres, appuyal du peuple, le parement de court et l'onneur du Royaume de France. En l'eglize de Sainct Jehan de Lyon fu sollempnizé sa feste funebreuse a troys messes dictes par deux evesques et ung arcevesque, c'est assavoir la premiere par l'evesque suffragant de Lyon, la seconde par maistre René de Prye, evesque de Bayeulx, et la tierce par l'arcevesque d'Aiz en Provence. Tout l'environ du cueur fut ceinturé de satin noir, semé de armes de Luxembourg et de cierges ardans. Le corps fut apporté au millieu du cueur de l'eglize et mys soubz la chappelle de dueil, ceinte de velloux noir tout autour et parmy les armes de Luxembour semmées. Le corps estoit couvert d'ung drap d'or frizé de noir et grant nombre de torches tout autour, et la chappelle toute couverte de cyerges ardans et environnée de ses gentishommes et serviteurs, tous en dueil, desquelz l'un portoit sa banyere, l'autre son timbre et l'autre son escu.

Aux quatre cornieres de la chappelle estoyent actachées quatre epitaphes[1] faictz en la maniere qui s'en suyt, dont la premiere parloit a Dieu par la bouche du deffunct, la seconde au Roy, le tiers aux gentishommes et le quart aux dames.

Premier epitaphe, parlant a Dieu.

Helas! mon Dieu, moy mort qui suys icy
Soubz le pouvoir de ta divine main,
Tres humblement je te crye mercy

---

1. On remarquera cet appel à la poésie dans les enterrements.

De mes pechez, ne me soye inhumain ;
Tu es mon Dieu et moy ton pauvre humain ;
Je suys pecheur, tu es misericors ;
J'ay offencé, tu as faictz les accordz,
Ce, moyennant ta mort et passion
Dont j'espere que mon ame et mon corps
Auront leur part en la redemption.

LE SECOND EPITAPHE, PARLANT AU ROY.

Ha ! ha ! Sire, mon souverain seigneur,
A ceste foys, je vous suys enseigneur
Que la vye de ce monde est petite.
J'ay eu par vous du bien et de l'onneur,
Et si m'avez esté large donneur :
Or plaise a Dieu vous rendre le merite,
Et me vueillez, s'il vous plaist, tenir quite
Du service que je vous ay promys.
J'ay du vouloir et du pouvoir prou mys
A vous servir et de lance et d'escu ;
Rendu vous ay Ludovic et soubmys :
Plus eusse faict, si plus eusse vescu.

LE TIERS EPITAPHE, AUX GENTISHOMMES.

O mes amys et mes bons gentishommes,
Venez icy mon corps accompaigner ;
Mectez a part voz doulx repos et sommes,
Et vous venez cy myrer et peigner ;
Vous pouvez bien en pleurs voz yeulx baigner,
Car vous perdez celuy qui se nommoit
Le tout a vous, et qui plus vous aymoit[1].

---

1. Ces épitaphes ne célèbrent que le capitaine et le courtisan. Le comte de Ligny était un grand seigneur dans toute l'acception du terme, fort amateur d'art et de littérature, extrêmement connaisseur. C'est à ce titre surtout que Lemaire de Belges a pu lui consacrer un long et intéressant chant funèbre :

« Quel autre plus en toute art vertueuse
Se delicta, sans forme impetueuse,

Le quart epitaphe, aux dames.

 Nobles dames, qui m'avez veu en vye
Et mainctes foys joxter et tournoyer,
Venez icy me voir, je vous convye
A ce banquet plourer et larmoyer.
Ce peu d'escript je vous voys envoyer,
Qui sans cesse d'une piteuse espitre
Vous servira au filler et au tistre
Et vous fera de ma mort souvenir.
Or la lizez et retenez ce tiltre :
A vous autant en peult tost advenir.

Pour rentrer en matiere, fut vray que a celuy obseque firent le dueil Anthoyne de Lorrenne, duc de Callabre, messire Jehan d'Albret, seigneur d'Orval, et messire Heurry de Neufchastel, et menoyent iceulx frere Mery d'Amboise, grand maistre de Rodes, messire Pierre de Rohan, lors duc de Nemours a cause

 Suivant le train des bons nobles anciens?
Qui ayma plus paincture sumptueuse,
L'art de bien dire a chascun fructueuse,
Hystoire aussi doulce et voluptueuse?...
Poetes bons et bons musiciens
Doyvent icy, par bonne et meure audace,
Prester du sucre, ung chascun de sa casse,
Pour adoulcir ce deuil, qui autre passe. »

Lemaire de Belges entoure le tombeau du comte de Ligny de Peinture et Rhétorique, qui toutes deux viennent le pleurer au nom des illustrations du temps. Parmi ces illustrations, Lemaire de Belges ne craint pas de faire figurer, avec Molinet et Cretin,

 « Et toy, d'Auton, car la sienne escripture (*de Cretin*)
Et ta *Cronicque* a tousjours florira. »

Ainsi les *Chroniques* précédentes plaçaient déjà, en 1504, Jean d'Auton au premier rang des prosateurs. Il existe un exemplaire officiel de la Complainte de Lemaire de Belges, avec des miniatures, à la Bibliothèque nationale (ms. fr. 23988).

de sa feu famme, heritiere de ladite duché; et ausi estoit messire Jehan d'Amboise, seigneur de Bucy : lesquelz estoyent assix au haultz degrez du cueur, au costé destre; a l'autre costé, estoyent Loys, duc de Bavyere, conte palatin, qui lors estoit en court, pencionnaire du Roy; Gaston, conte de Foix; messire Guy de Rochefort, chancellier de France; messire Jehan de Foix, seigneur de Lautrec; maistre René de Prye, evesque de Bayeulx; frere Laurens Bureau, evesque de Cistron et confesseur du Roy; maistre Guillaume Guguel[1], evesque de Nantes; l'evesque de Betlehem[2] et l'evesque suffragant de Lyon. L'offrande fut faicte comme il appartient, et messire Valleryen de Sainctz, bailly de Senliz, presenta les cyerges a l'offrande a ceulx qui faisoyent le dueil. Ung docteur en theologye, nommé frere Anthoyne de Furno, confesseur du commun[3], fist le sermon autentiquement, en declairant la vye louable et royalle geneallogye dudit conte de Ligny, lequel approuva de ligne en ligne proceder et estre alyé par directe ligne et collateralle de tous les empereurs et roys crestiens, et premierement avoir priz origine du roy Baltazar, qui d'Orient avecques deux autres roys magicques, nommez l'ung Melchyon, l'autre Gaspar, vint en Bethleem par la guide de l'estoille et offrit l'or au benoist filz de Dieu, Jesu Crist.

1. Guégen.
2. Jean Pillore.
3. Antoine du Four, de l'ordre des Frères prêcheurs, plus tard confesseur de la reine et évêque de Marseille, un des premiers orateurs sacrés et littérateurs du temps. Il écrivit pour Anne de Bretagne une *Vie des femmes célèbres*. Il a traduit aussi les *Lettres de saint Jérôme* et les *Sept Psaumes de la pénitence* (Leroux de Lincy, *Vie d'Anne de Bretagne*. Ms. fr. nouvelle acquisition 4169, à la Bibliothèque nationale de Paris).

Que fut ce? les bienffaictz et vertueuses gestes de celuy feu conte de Ligny furent la mys en si clere lumiere par ledit de Furno que chascun loua ses œuvres, collauda ses vertus et ploura sa mort, voire de tant, que la n'avoit gentilhomme de la maison du Roy, dame ne damoiselle ne autre a qui les cleres larmes des yeulx jucques a terre ne degoutassent, et ce say je, car je le viz et estoye present.

Ce mesme jour, fut le corps porté hors la ville pour estre mené enterrer a sa conté de Ligny, lequel fut conduyt jucques au colliege de Sainct Jehan Bourgeoys de l'observance de sainct Françoys ; tous les collieges de Lyon, ou avoit plus de XII cens prestres, l'accompaignerent revestus et en procession. Aussi firent ceulx qui a son obseque avoyent faict le dueil avecques les princes et seigneurs qui lors estoyent en court. Les gentishommes de la maison du Roy, qui grant dueil en faisoyent, le conduyrent aussi ; si firent les archiers de la garde, tous a pié. Autour du corps estoyent ceulx qui portoyent ses armes et qui faisoyent le dueil. Devant alloyent deux cens pouvres tous en dueil, chascun une torche ardant en main. Somme, il y avoit telle suyte qu'on ne pouvoit passer par les rues. Bien fut la monstré que sa personne avoit esté en commune recommendacion ; car hommes et femmes et enfans, en voyant le piteulx spectacle par les maisons et aux fenestres, plouroyent a chauldes larmes, se destorsoyent les mains et faisoyent dueil inconsollable en regretant le bon seigneur qui de tous estoit amé et bien vollu de chascun, disant : « Ores est a bas l'ung des fermes pilliers qui soustenoit l'onneur du Royaume et portoit le bien de la chose publicque ! »

Tantost apres ce, le Roy fut griefvement malade et moult alteré, tant que plusieurs cuyderent que de luy fust faict et entre autres messire Pierre de Rohan, mareschal de Gyé, qui lors avoit grant auctorité en France, lequel, pensant le Roy prochain de la mort, transmist a toute dilligence a Amboise devers Loys de Mont Royal[1], lequel avoit en gouvernement la personne de Françoys d'Angoulesme, qui devoit succeder a la couronne après la mort du Roy, et celuy Mont Royal advertist de la maladye dudit seigneur en luy priant, si le cas avenoit, qu'il se tint saisi dudit conte d'Amgoulesme, et, avecques ce, qu'il tint a Amboyse bon pour luy et que tres bien le guerdonneroit ; en oultre, manda au lieutenant de ses gens d'armes que il fist le plus grant amas de gens qu'il pourroit et que sur les passaiges de la riviere de Loyre les mist pour garder, que si le Roy venoit lors a mourir, que la Royne ne se retirast en Bretaigne et que madame Glaude fust bien gardée ; ancores manda au sire Alain d'Albret que le Roy n'estoit pour le faire long et que, pour secourir au bien public, mist sus dix mille hommes pres de besoigner si a temps venoit, et que de sa part autre dix mille ou plus en mectroit sus ; et, ce faict, s'en partit de court a toute dilligence et s'en alla a Amboise, dont il estoit capitaine, et avoit leans aucuns de ses archiers pour la garde dudit chasteau[2], et la advertist la contesse d'Amgoulesme de

1. Pierre de Pontbriant, seigneur de Montréal. Jean d'Auton rapporte ici les accusations de la cour, qui furent démenties par la suite.

2. Le château était encore incomplet et très peu fort. On y travailla pendant toute l'année 1503 (fr. 26108, 449, 364, 365), et Louis XII obligea même, par un mandement du 11 février 1503, les habitants de la ville à achever une poterne (Chevalier, *Inventaire des archives d'Amboise*, p. 361).

l'estat de la personne du Roy, disant qu'il s'en alloit mourir, et plusieurs autres parolles dist, qui depuys luy porterent domage, comme sera dit par apres. Or, se trouva lors le Roy assez bien disposé, se luy sembla, pour s'en pouvoir venir; dont se mist a chemin, la Royne quant et luy, et tout leur train, et s'en vindrent a Bloys[1], ou estoit lors madame Glaude, leur fille, et la fut le Roy, avecques l'ayde de Dieu et le secours de ses medecins, guery tout sain, et, luy estant la, s'en revindrent les prisonniers delivrez par la composicion de Gayete, et des premiers s'en vint messire Berault Stuart, seigneur d'Aulbigny, auquel fist le Roy bonne chiere; puys s'en revint messire Jacques de Chabannes, seigneur de la Pallixe, qui pareillement eut bon recueil du Roy et de la Royne et de tous les gentishommes. En somme, tous, les ungs après les autres, s'en vindrent devers le Roy a Bloys, ou je estoye lors pour savoir au vray des nouvelles. A la foys m'en alloye disner ou soupper au logys du seigneur d'Aulbigny, a l'autre cheux le seigneur de la Pallixe, puis aux banquetz que se faisoyent les autres capitaines et gentishommes qui aux affaires du royaume de Naples avòyent estez, et la escoustoye chascun parler, qui d'autre chose que de la guerre ne tenoyent propos[2]; et ainsy je mectoye

---

1. A la fin de février 1504. Le roi fut transporté par eau de Roanne à Blois, dans un bateau du maître nautonier Guillaume Tarondeau, côtoyé par un autre petit bateau et suivi de deux barques qui portaient, l'une le service de fourrière, l'autre les archers du guet (fr. 2926, fol. 26).

2. A ce moment-là même s'ouvrait une négociation de première importance, que Jean d'Auton a ignorée. Le 14 mars 1504, Jules II, en envoyant l'évêque d'Arezzo « nuncium et oratorem » en Espagne, « cum potestate legati de latere, » lui donnait des instructions dont voici le résumé : Amour de la paix évangélique.

en mon papier ce que je voyoye debatre entre les capitaines et gens d'armes, et, ce faict a part, a l'ung et a l'autre m'en enqueroye a toute eure, voire des les plus grans jucques aux maindres, pour savoir se le commun rapport s'accorderoit; aux maistres de l'artillerye et aux varletz cannonniers que par prieres

Voir au passage le marquis Charles de Final, orateur pontifical en France, et lui communiquer les instructions. Voir le cardinal d'Amboise, légat, et ne parler de rien au roi sans l'en entretenir d'abord. Voir à tout prix Louis XII, lui exposer le besoin de la paix avec l'Espagne et d'une paix générale de la chrétienté, dont le pape, père commun, est l'intercesseur naturel. Exposer les griefs du pape contre Venise, qui a attaqué Ferrare, Florence, sous prétexte de défendre Pise, qui a pris Crémone et « Glara (Ghiara d'Adda) » à Milan, attaqué le pape, soutenu le Turc sans pudeur, attaqué tout le monde; qui, dans son avidité insatiable, voudrait tout le Milanais; l'Italie entière doit craindre Venise. Soutenir chaudement la réconciliation de l'Espagne et de la France; la France ne peut laisser Venise attaquer le pape ni admettre ses excuses. Tout avertissement a été inutile. Dire que nous sommes prêts à l'alliance, dont le roi nous a souvent parlé, avec Florence, Vienne, Ferrare et tout ce qui craint Venise. Presser. Voir la reine en particulier, lui en parler, « ut piam reginam, » lui demander une lettre particulière pour Isabelle d'Espagne. Aller en Espagne, parler, dans le même sens, de la rage dominatrice des Vénitiens, de leur entente avec le Turc; Venise veut occuper la Romagne; elle a envoyé une armée d'occupation, sous prétexte de garantir la liberté du pape, elle a occupé Faenza, très forte ville, et Rimini, par entente avec Pandolfo Malatesta, qu'Alexandre VI en avait privé, Césène et autres lieux du territoire d'Imola et Faenza, sous prétexte d'hostilité avec César Borgia; les Vénitiens n'avaient aucun droit sur Rimini, les Florentins n'ont pu leur conférer aucun droit sur Faenza; ils ont à tort donné secours à François de Manfredis, pour Faenza, et à feu Antoine de Ordelafiis, qui se disait seigneur de Forli. Ils prétendent que nous les y avons exhortés nous-mêmes. Certes, Valentinois ayant dépouillé le duc d'Urbin, notre cousin, et voulant prendre à notre frère et neveu Sinigaglia, nous, qui nous trouvions alors à la cour du roi en Lombardie, nous avons dit à l'ambassadeur vénitien de prier la Seigneurie de secourir ces princes injustement attaqués, mais ce

je menoye a la foys disner ou soupper a mon logys, qui lors estoit pres de leur cartier, m'enqueroye ausi combien de pieces d'artillerye y avoit eu, des pouldres et autre municion, ne quel exploict elle avoit faict, et de toutes autre choses qui ne se doivent oblyer a mectre par escript. A quoy j'ay plus travaillé de savoir que je n'ay mys de peine a escripre ; car les Françoys

n'était pas pour que Venise prit leurs biens. Presser une alliance de la France avec l'Espagne pour une action au moins défensive contre Venise. Presser ces puissances d'inviter de suite Venise à respecter le Saint Siège. Parler des censures *infligendis* aux Vénitiens. En cas de succès, revenir de suite en France et conclure. Si en Espagne on parle de la dispense pour mariage de la fille du roi avec le fils du roi d'Angleterre, exciper vaguement d'un manque d'instructions, répondre que l'affaire sera traitée avec maturité. En passant à Florence, dire des paroles affectueuses, et qu'on va, en Espagne et en France, faire sommer Venise de se tenir tranquille. Recommander fort au roi de France le cardinal vice-chancelier. Il sera bien difficile d'arriver à une ligue entre la France et l'Espagne. Tâcher au moins, dans la trêve de trois ans, de faire exclure Venise, ou, tout au moins, de faire stipuler qu'il ne sera rien fait contre le Saint Siège. On ne peut demander moins à des princes chrétiens : « Non te pretereat etiam ipsis Hispaniarum regibus ad eorum informationem verba facere de fuga Francisci cardinalis Surrentin., que tibi etiam ex publica et constanti forma notissima est, videlicet quod, cum inquiriretur de genere mortis bo. me. Jo. cardinalis Surrentin., que tibi Sancti Angeli qui illi venenum porrexerat qui tempore felicis recordationis Alexandri VI predecessoris nostri veneno sublatus dicebatur et divina justicia cooperante, que tam atrox facinus atque occultum neque impunitum esse noluit, quidam vir domus ejusdem Jo. cardinalis Sancti Angeli qui illi venenum porrexerat captus fuisset et processus mediante justitia fieret, idem Franciscus cardinalis Surrentin., qui, cum cardinalis predictus obiret, Alme Urbis gubernator erat ac magna hujus veneni infamia laboraverat, sibi conscius nocte ex urbe in regnum Neapolitanum profugit, insalutatis et insciis nobis, et ut socium turpis fuge videretur habere, seduxit dilectum filium nostrum Ludovicum cardinalem de Borgia, cui vanis suspitionibus territo ut secum profugeret persuasit : a nobis quidem humanissime et benignissime tractabatur et magnis

sont d'une condicion telle que, s'il vient a l'inquisicion de leurs faictz pour les rediger en memoire, au respondre auront la bouche cloze pour les laisser en oubly et demeurer en sillence.

Je n'en ditz plus, fors que les autres nacions cherchent les historiographes pour les advertir de leurs propres faictz et de ce qu'ilz savent des autres; dont ne fault avoir merveilles, si les livres des Grecz et des Romains et autres barbares nacions sont plus aornez de beaulz motz et myeulx enrichiz de louables gestes que les nostres, qui, par deffault de bons orateurs, demeurent affammez d'ellegans escriptz, et, par la negligence des vrays rapporteurs, vuydes d'hounorables faictz. Je say bien que mainctes autres bonnes choses se sont trectées a porte cloze, que, par deffault de ne les savoir, j'ay laissées en oubly. Mes qui vouldra que plus avant j'en dye par escript, plus amplement m'en advertisse de bouche.

gratiis et beneficiis quotidie afficiebatur. Sed sua ipsum Franciscum conscientia, sua fraus exagitabat. Potuissemus quidem a fuga in itinere ipso retrahere et eos intercipere, s[ed] a nostra solita mansuetudine discedere permisimus. Hec igitur, que, ut supra diximus, tibi et toti Romane curie notissima sunt, ipsis regibus narrabis atque ostendes ut ex nobis veritatem intelligant. » (Archives du Vatican, reg. β LV, fol. 420 v°-433 r°; la citation se trouve aux fol. 431 v°-432 r°. Marciana, à Venise, ms. lat., cl. XXI, cod. 24, fol. 135-145.) Le 22 février précédent, Jules II avait envoyé au roi des Romains Mariano Bartolini avec des instructions semblables, sauf qu'il n'y était pas question de la France (Archives du Vatican, reg. β LV, fol. 453-463). Cf. les dépêches de la légation de Machiavel et de Valori à la cour de France à ce moment. Cf. *Dispacci di Giustinian*, t. III, not. p. 39, 54, 99, 131... Louis XII reçut assez froidement les ouvertures de Jules II et y répondit évasivement. Le roi des Romains, au contraire, embrassa ardemment cette politique (Cf. fr. 3087, fol. 212, 213).

XXIII.

COMMANT LE CAPITAINE LOYS D'ARS, APRES LA RECTRECTE DU GARILLANT ET GAYETE RENDUE PAR LES FRANÇOYS ET EULX RETOURNEZ EN FRANCE, MALGRÉ LA PUISSANCE DE GONSSALLES FERRANDE, DEMEURA DEDANS VENOZE EN POILLE PLUS DE TROYS MOYS, OU PRINST VILLES ET CHASTEAULX, ET LUY LA ASSIEGÉ FIST SAILLYES ET COURSES SUR SES ENNEMYS ET LES CONTRAIGNIT LEVER LEUR SIEGE; ET COMMANT HONNORABLEMENT S'EN RETOURNA EN FRANCE.

Les Françoys retournez en France, comme j'ay dit, le capitaine Loys d'Ars, qui n'avoit a la composition de Gayete voulu entendre, estoit demeuré a Venoze avecques ses gens, et la avoit retiré avecques luy le conte de Conversane, a tout grant nonbre de gens pour faire service au Roy, mais tantost que celuy conte ouyt dire que les Françoys avoyent vuydé le Garillant et rendu Gayete, s'en voulut aller, et lors que les nouvelles furent dictes, celuy capitaine Loys d'Ars et le conte de Conversane, avecques leurs gens, estoyent a Montepelloze, ville du feu conte de Ligny, et de la s'en voulut retirer ledit conte, mais ancores le retint Loys d'Ars, en luy disant : « Par avanture ne sont les nouvelles vrayes auxquelles ne fault adjoxter foy, si commune voix ne le dit; ne nous effrayons ores par parolles au vent semées, qui tousjours avons veu l'effect de la guerre et le faix d'icelle soustenu. » Par ses remonstrances et autres moyens enmena celuy conte jucques a Venoze avecques tous ses gens, et de la s'en allerent devant la ville de la Velle, terre du feu conte de Ligny, laquelle assiegerent et batirent tellement que en moings de troys eures luy donnerent l'assault, voire au plus fort endroict de la place; car il failloit monter plus de deux lances de hault pour y entrer, mais riens ne leur arrestoit; car ilz estoyent a telles prises queuréez. La muraille fut emportée d'assault et grant nombre de gens la dedans mys a sac, et la ville pillée, et tous les vivres, dont grande provision y avoit, priz et enmenez a Venoze. La roupture du Garillant se continuoit tousjours; dont ledit conte de Conversane ne voulut plus arrester la, mais avecques ses gens s'en retira en ses places pour la adviser sur ses affaires. Le capitaine Loys d'Ars pour ce ne changea propos, mais tinst pié ferme, disant : « Ja pour la menace de fortune n'abbandonneray ce que le pouvoir de vertu m'a donné, ne pour doubte de l'effort de mes ennemys ne laisseray ce que par puissance d'armes j'ay sur eulx conquesté. » En cestuy se monstra bien la vertus de magnanimité, car les dangiers de la guerre n'avoit cherchez comme foul avanturier; ausi ne les vouloit fuyr comme pavoureulx crainctif.

Souvantes foys escripvit au Roy de ses affaires sans jamais en savoir aucunes nouvelles; car les postes ausi ne pouvoyent passer, mais estoyent toutes destrossées par les chemins. Après qu'il eut advitaillée Venoze et proveu au surplus de son besoing, il s'en alla devant Mynervine, bonne ville et forte, laquelle pareillement prist et soubmist en l'obeissance du Roy. Somme, tant a point demenoit la guerre que par toutes les Italles n'estoit autre bruyt que de ses faictz, tant que chascun louoit ses œuvres et avançoit sa renommée, disant que en luy seul devoit estre la fyence du Roy arrestée et la recœuvre de l'onneur des Françoys trouvée, comme en celuy qui aux extremes pereilz avoit esté ferme et esprouvée vertus. Que fut ce? le capitaine Gonssalles Ferrande, sachant que, si a ce ne trouvoit remede, le pays de la Poille estoit en danger de ce revolter et rendre audit Loys d'Ars, transmist la ung capitaine nommé Berthelemy d'Alvyane, avecques XIIII mille hommes espaignolz et artillerye grant nombre, pour assieger Venoze et les autres villes que les Françoys tenoyent en la Poille; lequel d'Alvyane et ses gens se trouverent le xxve jour de mars a troys mille pres de Venoze; et de la celuy capitaine, pour savoir de la maniere des Françoys qui dedans estoyent, prist quatre cens chevaulx legiers et s'en alla courir jucques devant la ville, ou fut recueilly par les Françoys qui la estoyent et escarmouché a l'oustrance luy et les siens; car le capitaine Loys d'Ars, adverty de leur venue, leur mist au devant deux cens hommes a cheval, lesquelz ne faillirent a donner sur eulx, et a belle champaigne hors les barrieres escarmoucherent plus de troys grosses eures, et la se monstrerent entre autres Gilbert de Chaulx et Jehan de Montieulx, françoys; car a toutes courses estoyent des premiers, et tant que leurs chevaulx en plusieurs lieux y furent blecez, et a la parfin les Espaignolz s'ennuyerent du combat, car, sans faillir, comme j'ay sceu par de ceulx qui la estoyent, les Françoys, qui nulle puissance d'iceulx doubtoyent rancontrer, comme ceulx qui souvantes foys avoyent leur force essayée et leur pouvoir abbatu, chargeoyent seurement sur eulx comme coustumyers vainqueurs, si que la place leur firent vuyder et misrent en fuyte; et, ce feict, chascun se retira a son logys.

Le lendemain, ung françoys, nommé Bernard de Sainct Souldain, venant de courir de Castel del Mont avecques xxv chevaulx sans savoir rien de la venue des Espaignolz, se trouva si pres de leur camp qu'il fut d'eulx advisé, dont l'alarme fut par tout le camp; mais pour ce ne s'arresta celuy Françoys, ains dist que par la passeroit, et, premier que les Espaignolz fussent armez et montez a cheval, luy et ses gens tous en flote donnerent des esperons et coururent tant roidement que le camp percerent malgré leurs ennemys, et passerent au travers par sur le ventre de ceulx qu'ilz rancontrerent, sans perdre ung tout seul homme, et s'en allerent a Venoze avecques leur butin. Deux autres jours ensuyvant, saillirent les Françoys sur les Espaignolz, et les escarmoucherent a toutes foys jucques a les desroupter et mectre a la chace, et tant que, a la seconde saillye, Bernard de Sainct Souldain, a tout cent chevaulx, les alla reveiller a touchant de leur camp et donner si dure escarmouche que leurs premiers coureurs repossa jucques contre leur ost, dont se ranforcerent et saillirent bien cincq cens genetaires, et recommancerent le bruyt tel que ilz rechacerent les Françoys jucques devant Venoze. Le capitaine Loys d'Ars, voyant la grosse bande d'Espaignolz approcher et chacer ses coureurs, dist a ses gens : « A ceste eure est mestier de deffendre noz amys et noz ennemys assaillir et leur monstrer que trop ont esloigné leur camp pour approcher nostre ville ; sur doncques, sus ores se monstreront ceulx qui ont voulloir de servir le Roy et envye d'honneur aquerir ! » Sur ce, fist ouvrir les portes, et luy, armé legierement pour se trouver a delivre aux armes exploicter, avecques deux cens hommes a cheval ou ung peu plus et troys cens pietons, se mist aux champs. Or avoyent couru les Espaignolz et lassez leurs chevaulx; dont leur advint que le capitaine Loys d'Ars et ses gens montez sur vistes estradiotz soubdainement saillirent sur eulx et leur donnerent une si dure charge que par terre allerent plus de xx, les premiers coureurs françoys assemblez avecques les autres; dont commancerent a recharger de tous coustez, et tant que, pour abreger, les Espaignolz furent rompus et espartiz, tellement que la fuyte leur fut de saison, et, s'il estoyent venus bien tost, ancores plus viste furent rechacez et suyvys batant jucques a leur camp, mais non pas tous, car plus de troys cens y demeurerent par les chemins ou mors ou priz. Or, n'avoit pas la trouvé Gonssalles Ferrande les capitaines du Garillant, qui, avecques grosse gendermée, a leur desavantage, sans honorable chose faire, s'en estoyent retournez; mais avoit rancontré celuy qui, avecques petit nombre de gens amassez, avoit ses ennemys louablement vaincus et au danger de fortune vertueusement tenu pié ferme. Qu'en diray je plus? je ne le sauroye tant de louanges enrichir que ses œuvres le meritent. Or, avant! Après que iceulx Espaignolz furent ainsi chastyez, ilz ne sortirent plus que tous ensemble ne fussent, et, pour eulx efforcer de plus faire, il leverent leur camp et s'en allerent tous ensemble avecques leur artillerye près de Venoze, entre une riv[i]ere qui la passe et une abbâye nommée la Trante; et la, en ung lieu bas, misrent leur camp et assirent leur artillerye, ou n'eurent pas long repos, car troys jours ensuyvant furent escarmouchez par les Françoys, et tant que, des ce que les ungs venoyent de les visiter, les autres leur estoyent en barbe. Bernard de Sainct Souldain, qui tousjours estoit en armes, a la seconde escarmouche fut blecé au bras d'ung coup de hacquebute. Moult firent a louer ses pauvres souldartz, qui, au temps de la plus eureuse fortune de leurs ennemys, firent sur eulx entreprises haultes et merveilleux faictz. Quoy plus? tant furent les Espaignolz tormentez qu'ilz disrent le mot, et, voyant que la perdoyent temps, gent et argent, transmirent au capitaine Loys d'Ars une trompete pour luy signiffyer la trefve qui entre le Roy et le Roy d'Espaigne estoit, et ce firent ilz pour ce que par force ne luy pouvoyent nuyre; a quoy nonobstant ladite trefve a toute puissance s'essayerent, ce qui estoit plus desobey a la foy de leur maistre que cherché l'avantage de son proffict. Je n'en diray plus, si n'est que foy ne se doit tenir a qui ne la tient et se peult enfraindre a celuy qui l'emfrainct.

Mais au propos : celui capitaine Loys d'Ars, après la trefve a luy signifyé par les Espaignolz et icelle sceue par l'evesque de Raines, estant a Romme ambaxadeur pour le Roy, lequel luy avoit envoyez les articles, acepta ladite trefve en actandant le bon vouloir du Roy, et, pour en estre adverty, luy envoya ung sien segretaire nommé Jehan de Coulon, qui si a point fist son message qu'en moings de doze jours fut de Venoze a Bloys et la presenta ses lectres au Roy, qui les veist et ausi son conseil; sur quoy fut conclut que audit capitaine seroit mandé qu'il s'en retourneroit et que premier laisseroit bonnes garnisons dedans Venoze et autres places qu'il tenoit; et ainsi le Roy depescha le messager et fist delivrer grant somme d'argent pour bailler audit capitaine pour s'en revenir.

Or, s'en va ledit messager en poste, et tant alla que bien tost après sa despesche se rendit a Venoze, ou la advertit son maistre du vouloir du Roy et luy bailla ses lectres, par lesquelles luy estoit mandé s'en revenir, pour ce que les trefves n'estoyent si longues, comme il estoit requys, pour reffaire armée et envoyer de par dela reconquester pays et le secourir, et que, ausi au long aller, ne pourroit tenir lesdites places; par quoy luy commandoit le Roy le retour, ce qui moult luy ennuya, disant que ancores tiendroit plus de six moys contre toute la puissance de Gonssalles Ferrande, et que par avanture luy porteroit tel dommage et feroit telle chose que ce seroit a l'onneur des Françoys et au rabbaiz de la gloire d'Espaigne; mais, au vouloir du Roy voullant du tout obbeyr, mist vivres et garnisons par les villes qu'il tenoit, et avecques quatre cens hommes se mist sur mer, a tout huyt voisles seullement, et adressa ou mandé luy estoit. Apres la trefve acceptée par le capitaine Loÿs d'Ars, Berthelemy d'Alvyane delivra les cincquante hommes d'armes de messire Aymar de Prye, dont estoit Loys de Sainct Bonnet, et les mist hors de Tarante, ou il estoyent prisoniers, puys s'en alla assieger le marquys de Betonte a Conversane[1], et, sachant celuy marquys les gens de messire Aymar de Prye estre hors de prison, envoya prier ledit de Sainct Bonnet, leur lieutenant, que, pour l'onneur du Roy, dont il estoit

---

1. Conversano.

serviteur, et luy, pour soustenir sa querelle, assiegé, luy donnast secours; ce qu'il luy promist de faire, et premier transmist devers le capitaine Loys d'Ars au prochas des empruntz, lequel luy envoya cent escuz, dont il achapta pourpointz et chausses a ses gens qui estoyent nudz comme Arabes, car prisonniers avoyent esté plus de quatorze moys sans changer d'abillemens. Que quessoit, au secours du marquys de Betonte s'en allerent, et furent de si pres suyviz des Espaignolz qui la tenoyent le siege, que, a l'entrée de la ville, l'ung d'eulx fut priz et les autres entrerent, dont Barthelemy d'Alvyane leur manda que très mal s'acquitoyent, veu que au moyen de la trefve les avoit delivrez, et que si la ville pouvoit prendre, que de les tuer de glayve ne leur feroit l'onneur, ains honteusement les feroit tous pendre aux crenaulx de la ville; mais pour sa menace ne desemparerent la place de troys jours, durant lesquelz la deffendirent a toute force, et, ce faict, voyant que la ne pouvoyent riens gaigner et le capitaine Loys d'Ars s'en retourner, se misrent en mer et s'en allerent a Trane au devant de luy, lequel tiroit celle part, non comme fuytif chacé, mais comme voyage[u]r conquereur.

Ainsi s'en retourna celuy qui, sans faveur d'amys, sans secours d'allyez et sans soulde d'argent que de son seul prochas, a faict a peu de gens ce que grosse armée n'a peu, ce qui est chose bien a tard ou non ouye et digne d'escout; ce qui me meut de louables tiltres decorer son nom et en memoire eterne rediger ses faictz, et non a faulces enseignes, car ce a esté le seul de tous les Gauloys qui en ce temps fut plus eureulx en entreprises et triumphant en victoires.

Diray je plus? c'est celuy qui des premiers fut a l'exploict de la guerre de Poille et le derrenier y tint le champ, sans ce que par le pouvoir de ses ennemys peust estre forcé ne mys a oultrance, mais s'en revint l'espée au poing comme eureulx vainqueur, portant a son coul l'onneur du Roy et le relievement de la dechute des Françoys. Je n'en diray plus, fors que a telz capitaines sont deues honnorables charges et proffitables recompances. Pour entrer en propos, celuy capitaine avecques ses gens fist singler ses voilles de Venoze a Trane[1], ville des Venissiens, ou la rencontra Loys de Sainct Bonnet et ses gens, lesquelz s'en allerent tous ensemble de Trane devant Bexte[2] que tenoyent les Espaignolz, et furent quatre jours a l'ancre, ou ceulx de la ville, nonobstant qu'ilz tenissent pour Gonssalles Ferrande, leur baillerent tant de vivres qu'ilz en voulurent. De la furent a Ortonne en mar[3], puis a Nostre Dame de Terme[4], ou en plaine mer rancontrerent quatre brigandins armez de Venissyains, lesquelz presenterent au capitaine Loys d'Ars vivres et argent et secours, si mestier en avoit, lequel les mercya et ausi leur offrit son pouvoir pour leur affaire. De Terme s'en allerent les Françoys a la Marque d'Enconne, ou prindrent terre. De la le capitaine s'en alla a pié en voyage a Nostre Dame de Lorete, et puys avecques ses gens tira a une ville nommée Sinagaille[5], ou la achemina ses gens pour tirer en Lombardye; et

1. Trani.
2. Viesti.
3. Ortona.
4. Termoli.
5. Sinigaglia.

luy, avecques troys gentishommes des siens, c'est assavoir : Luc le Groing, seigneur de la Mote au Groing, Gilbe[r]t de Chaulx et Jehan Aulbert, s'en alla a Romme en poste, ou fut, du pape et des cardinaulx et de ses seigneurs de Romme, honnorablement receu et doulcement trecté, et mesmement du Sainct Pere, qui voluntiers l'eust retenu a son service et grandement appoincté ; mais pour riens ne voulust lesser le service du Roy ne prendre autre party. Par quoy, après plusieurs choses entre le pape et luy dictes, prist benedicion et congé, et se mist en voye pour aller en France. Ses gens s'en allerent de Sinagalle a Pesre, a Fourly, a Fayence, a Ymolle, a Boulloigne[1], a Modene, a Palme, a Plaisance, et tout le droict chemyn jucques a Pavye. Icy ne veulx oublyer de dire que iceulx souldartz, qui n'estoyent que quatre cens en nombre, furent a tel honneur receuz par toutes les villes des Italles ou ilz avoyent passé que les portes leur furent ouvertes et les vivres habbandonnez, et eulx tous armez, a banyere desplyée, comme s'il eussent estez cincquante mille, passerent partout sans que nul se mist au devant, mais plusieurs desdites villes cryoyent : *France, Loys d'Ars*. Tantost que lesdits souldartz furent a Pavye, le capitaine, qui de Romme estoit venu en poste, se trouva la, ou fut malade de fievres l'espace de VIII jours ; et luy guery se mist avecques ses gens en pays vers Tourtonne et en Allexendrye, puis a Felissant, ville du marquissat de Montferrat, et tirerent a ung groux village nommé Isque près d'Ast, ou, comme ilz estoyent a leur soupper, sortirent mille

---

1. Pesaro, Forli, Faenza, Imola, Bologna.

ou doze cens hommes en armes avecques cincq pieces de menue artillerye, et voulurent le passage deffendre aux Françoys et charger sur eulx; mais ilz trouverent a qui besongner, car le capitaine Loys d'Ars, voyant l'outrageulx vouloir d'iceulx villains, qui sans querelle vouloyent guerre commaincer, dist aux siens : « Marchez, marchez; en trop de bons lieux avez passé pour devoir estre icy arrestez, et en tant de perilleux dangiers avez esté que cestuy ne devez craindre. » A ses parolles marcherent a ferme contre leurs gens, en maniere que tantost en juncherent le camp de mors et affollez; dont les autres tournerent les espaules et furent suyviz jucques contre la porte du chasteau, lesquelz perdirent leur artillerye que les Françoys enmenerent jucques en France.

Le duc Phillibert de Savoye receut en son pays de Pyemont le capitaine Loys d'Ars et le festya a tous effors, et par toute la Savoye fist passer ses gens et tous deffrayer. En France s'en allerent devers le Roy, qui les fist payer de toutes leurs gaiges et les mist en ses ordonnances; au capitaine Loys d'Ars fist tant bonne chere que tout ce que demander luy voulut liberallement luy bailla et davantage; ausi l'avoit il justement deservy et a bon droict merité.

Les Espaignolz, qui astinence de guerre et paisible trefve luy avoyent promise, tout en l'eure que la Poille eut desemparée, toutes les belles places qu'il y tenoit furent par force assieger et prendre, et de la chacer tous les souldartz qui tenoyent pour le Roy. Qu'est il a dire sur tel deffault, si n'est que a leur serment de fidelité ne doit nulle sureté avoir, ne foy adjoxter[1]?

1. Cf. Guichardin, liv. VI, c. 1 : Wicquefort, *Mémoires...*, p. 565.

XXIV.

Commant messire Pierre de Rohan, mareschal de Gyé, qui longtemps avoit eu bruyt en France, fut esloigné du Roy et dechacé de cour.

Je ne say que dire de la riant entrée de madame la court, du variable gouvernement d'icelle, de son entretenement doubteulx ne de sa perilleuse issue, si n'est que a peine y peult nul longue auctorité avoir, ne tousjours y estre le bienvenu; car, de sa commune manière, a tel monstre huy bon visage, a qui demain tournera le dos, et l'accoinctance de ses aucteurs est de telle nature que nul n'y veust compaignon endurer ne per suffrir[1]. Somme, c'est ung si dangereulx laberinthe que bien souvant les plus advisez s'i trouvent esgarez[2]. A ce propos, je dyz que, en celuy

---

1. Allusion assez claire à la part prise par le cardinal d'Amboise à la chute du maréchal. Le cardinal sentait son crédit un peu ébranlé. Plus d'une fois, dit Seyssel, pendant ses longues absences, le cardinal a été « picqué et chargé de plusieurs choses, » comme on l'est toujours en une charge si haute, et les choses qu'il a dirigées ont quelquefois mal tourné; cependant le roi lui est resté fidèle (*Les Louanges du bon Roy,* p. 105).

2. Ce langage, qui trahit une singulière répulsion chez l'historiographe officiel, rappelle les belles et célèbres paroles de Commines (liv. V, chap. xiii), et les vers du breton Meschinot, le favori de la reine :

« La court est une mer dont sourt
Vagues d'orgueil, d'envie orage :
Qui la chiet, a peine en ressourt;
Malebouche y fait maint dommage... »

(*Les Lunettes des princes, et Ballades,* imprimé à Nantes, avril 1493, par Étienne Larcher, rue des Carmes.)

temps, messire Pierre de Rohan, mareschal de Gyé, qui, durant le temps de troys roys en France, avoit entre les autres au conseil eu le hault parler et au besoigner le manyment des affaires, fut debouté de court et esloigné de la personne du Roy, et ce, au moyen de la folle entreprise et improveu langage dont par cy devant avoit usé[1], desquelles choses fut accusé envers le Roy et la Royne; et, pour adverer le faict, celuy mareschal de Gyé fut a Orleans par messire Guy de Rocheffort, chancellier de France, interrogué, enquys et ouy, assistans a ce maistres Estienne Carmonne[2], tiers president a Paris, Anthoyne de Selva, segond president a Roen[3], Jehan du Prat, maistre des requestes ordinaires[4], Anthoyne de Louviers, conseil-

---

Au moment de sa chute, le maréchal de Gié avait, disent les *Mémoires de Fleuranges* (ch. i), « tout le gouvernement de France. » Il venait de rendre à la France un immense et urgent service, en préparant une refonte complète de l'organisation militaire, qui lui donnait une armée nationale et lui permettait de se passer des Suisses, à qui on payait, outre la solde, une pension de 48,000 livres (fr. 25718, nos 100, 106). De là vint la jalousie du cardinal d'Amboise, qui, aidé par Graville, fit échouer cette réorganisation (*Procéd. polit.*, p. 87 et suiv., 92-96). Cependant le procès fut arraché par Louise de Savoie et par la reine, que hantait la peur d'une nouvelle régence d'Anne de France, en cas de mort du roi. Peu avant le procès, Louis XII écrivait au maréchal : « Je tiens et estime le service que vous me faites grand, et fait au besoin, et tel que a jamais j'en aurai bonne souvenance, et en vos affaires le connoitrez. »

1. Le récit que donne Jean d'Auton du procès du maréchal de Gié vient de la cour et surtout de la reine; il est très sommaire, partial et rempli d'erreurs. Nous avons publié le texte même du procès dans le volume *Procédures politiques du règne de Louis XII*.

2. Christophe de Carmonne.
3. Jean de Selva, encore conseiller à Toulouse.
4. Antoine Duprat.

ler a Paris, Jehan de Pavye, conseiller a Tholoze, et le juge mage de Carcassonne[1] : en presence desquelz, sur les parolles dont on le chergeoit et l'entreprise de faire armée en France sans le sceu du Roy, de quoy avoit esté accusé, après l'interroge faict par ledit chancellier, nya tout, disant que de ce ne savoit riens, et que a tort luy estoit ce forfaict reproché ; dont, pour la matiere ensuyvre, fut mené par les gens du Roy et conduyt par aucuns des gens d'armes de sa compaignye a Amboise pour estre la affronté a madame Loyse de Savoye, contesse d'Angoullesme[2], et a Loys de Mont Royal; presens a ce lesdits Carmone et de Selva, du Prat et Carcassonne; et la, en son visage, luy furent dictes les parolles que sur la mort du Roy avoit autreffoys proposées, et monstré ce que par escript avoit envoyé[3]; ce que nya de rechief.

Apres ce fut celuy de Rohan mené a Chartres, ou luy fut baillé la ville pour prison, et lesdits conseilliers s'en allerent a Paris pour faire de ce leur rapport au chancellier et a ses autresdits collegues[4], par lesquelz fut appoincté que par lesdits rapporteurs seroit mené a Dreulx devers le sire d'Albert pour estre a luy affronté. Or fut ainsi pourmené ledit messire Pierre de Rohan, ce qui moult luy ennuyoit, veu les grans honneurs et auctorité haultaine en quoy s'estoit par cy devant trouvé en France ; ce neantmoings fut mené a

1. Pierre de Saint-André.
2. 15 novembre 1504.
3. Erreur : il y eut confrontation, mais rien d'écrit ne fut produit.
4. Erreur : les conseillers n'allèrent pas à Paris; le maréchal refusant d'aller à Dreux, ils le menacèrent seulement d'en référer au roi.

Dreulx[1], et luy, estant a ce voyage, dist ausdits seigneurs qui le conduisoyent que le sire d'Albret estoit son ennemy mortel, et que, s'il alloit a Dreulx mal accompaigné, qu'il se doubtoit de sa personne; par quoy requist avoir de ses gens pour le tenir en seureté, auquel disrent lesdits seigneurs que de ce n'avoit garde, car il estoit en la main du Roy et en sa sauvegarde pour l'eure. Et, sur ce, fut mené au chasteau de Dreulx, ou estoit ledit sire d'Albret au lit, malade. Dedans la chambre ou il estoit entrerent les conseilliers et celuy de Rohan, lequel entra teste couverte et sans faire aucune reverence audit sire d'Albret, mais s'assist sur ung banc doulcier viz a viz du lit ou estoit ledit malade couché. Les seigneurs du conseil eurent chascun leur chayre pres du lict, lesquelz interrogerent la celuy sire d'Albret sur ce qu'il savoit des charges mises sus audit de Rohan et en sa presence; lequel d'Albret dist, oyant tous, que lesdites charges par lesquelles estoit illecques messire Pierre de Rohan affronté estoyent vrayes, comme par message luy avoit mandé de bouche et escript par lectre signée de sa main; lesquelles furent veues et lues devant tous. Ce faict, fut demandé audit de Rohan qu'il voulloit dire sur ce; lequel dist que c'estoyent choses controuvées et que verité ne contenoyent, et que au sire d'Albret avoit esté faict le bec pour en dire, comme l'oyseau faict en cage, et commainça par parolles picantes et motz injurieulx a charger sur ledit sire d'Albret, le cuydant mectre aux champs pour avoir occasion d'obgecter contre luy; mais de riens ne

---

1. 4 décembre 1504.

se meut ledit d'Albret, ains tousjours persista en son dire et fut ferme en son propos; ce qui fut, par lesdits seigneurs du conseil qui la estoyent, bien oy et entendu. En ce faisant, ledit de Rohan, qui n'avoit cause d'estre joyeulx, par maniere de contenance avecques la main se pignoit la barbe, laquelle avoit fort grande, et a la foys s'en couvroit une partye du visage, si que il n'en apparoissoit que le front et les yeulx. Or avoit le sire d'Albret en main ung petit marmot qui faisoit sur le lict ung millier de singeries, et entre autres en fist une telle que, en regardant celuy de Rohan ainsi difforme pour la barbe qui luy couvroit le visage, tout a coup, de dessus le lict ou il estoit, saillit d'ung sault jucques contre luy et se vint actacher les mains a sa barbe, en tirant a toute force; dont celuy de Rohan tout effrayé se prist a cryer et courroucer, disant qu'on se truffoit de lui, et a force de tirer arracha le marmot de sa barbe et le gecta contre terre, lequel se releva et se mist sur le lict en faisant la mouhe a son homme; de quoy la n'eut homme, reservé celuy que savez, qui ne fist sa risée a plaine bouche. Que fut ce? apres toutes ses choses, ledit de Rohan, tout mal contant, s'en issit de la chambre, en disant : « Adieu, seigneurs, et gardez bien vostre marmot! » Et ainsi chascun se retira. Après fut mené a Paris avecques ses charges, et icelles veues et mises en avant, le procureur du Roy prist conclusion contre luy, tendant a fin qu'il fust escappité et desmembré, ses biens publiez, et ses enfans declairez inhabilles a succeder comme filz de commisseur de crime de leze majesté.

A tous articles, ledit messire Pierre de Rohan dist

tousjours : *Nego*, et avecques ce, fut par luy demandé dillay a donner et prouver innocense et obgecter reproches, ce qui luy fut accordé pour rapporter le premier jour du moys d'apvril ensuyvant, auquel parties furent renvoyées au parlement de Tholoze, appellez lesdits seigneurs de Selva, Dupra et de Loynes pour veoir et juger la cause, lesquelz, apres la veue et consultation d'icelle, donnerent leur arrest, lequel fut pronuncé par le premier president de Thouloze : par lequel arrest fut ledit de Rohan suspendu de son office de mareschaucye pour cincq ans; interdit d'approcher la court de dix lieues près, durant ledit temps; pryvé de ses gens d'armes, declairé inhabille et privé de toutes gardes de places et chastellainyes; condempné a rendre au Roy l'argent des mortepayes du chasteau de Fronssac, depuys le temps de doze ans, et, au parsus, absoult de plus grant peine demandée par ledit procureur du Roy[1].

Ainsi sont plusieurs, par leurs desmerites, honteusement chacez de cours, qui, soubz l'ombre de dissimullacion, y ont longuement regné et tant plus hault y sont montez, de tant plus leur est griefve la choite; par quoy nul, scelon Senecque, se doit a si haulte chose aplicquer, que le demeurer y face a craindre et la descente a eschever.

A chief de ce propos feray commaincement de la cronicque de France de l'an mile cincq cens et quatre.

1. Cet arrêt, qui équivalait à une absolution, ne fut rendu que le 9 février 1506.

S'ENSUYT

LA DESCRIPTION DES FAICTZ DE FRANCE

DE L'AN MILLE CINCQ CENS ET QUATRE.

I.

COMMANT MESSIRE LOYS DE GRAVILLE, ADMIRAL DE FRANCE, QUI DE CE REGNE AVOIT ESTÉ HORS DE COURT, FUT PAR LE ROY MANDÉ ET MYS EN GRANDE AUCTORITÉ, ET COMMANT AUCUNS TRESORIERS ET AUTRES FURENT PRIZ ET PUGNYS POUR AVOIR PILLÉ L'ARGENT DU ROY.

Lorsque messire Pierre de Rohan eut le bont en l'entrant de l'an mille cincq cens et quatre, messire Loys de Graville, admiral de France, lequel du temps de ce Roy n'avoit que bien peu suyvye la court[1], il, au moyen de son bon bruyt et du prochas d'aucuns

---

1. L'amiral de Graville, quoique en défaveur, n'avait pas cessé de faire partie du conseil. Il avait aidé à la chute du maréchal de Gié, en s'unissant au cardinal d'Amboise pour détruire l'organisation entreprise par le maréchal en vue de remplacer les Suisses et même les compagnies de gens d'armes. Ce dernier point pouvait toucher Graville. Au reste, Graville était beau-père de Chaumont. Il faut ajouter que Graville avait été compromis et accusé de malversations opérées sous le règne de Charles VIII, qu'il s'était vu à la veille de poursuites du parquet du parlement de Paris, et, quoiqu'il eût réussi à les arrêter, il pouvait en vouloir au maréchal de Gié, tout-puissant alors, qui aurait pu évidemment supprimer l'accusation.

ses amys[1], et par l'advys du Roy, fut envoyé querir pour assister au conseil, comme celuy qui estoit ancyen, sage et clervoyant, et qui moult savoit; et luy, venu en court, fut benignement receu du Roy et auctorisé grandement en l'affaire du conseil et autres besoignes du Royaume[2], et tellement que, a sa venue, plusieurs choses touchant le deffault des pertes et moyens d'icelles faictes par cy devant furent debatues et mises sur le bureau; et mesmement fut conseil tenu sur les grans fraiz, excessives mises et extremes despences qui pour les armées du Roy de dela et deça les mons avoyent esté faictes; et tellement y fut veu, que, le nombre des fynences baillées aux tresoriers et la somme d'icelles receues par les gens d'armes du Roy entregectées, de plus de doze cens mille francz de reste furent lesdits tresoriers et clercz des finences envers le Roy emdebtez, sans que nouvelles fust de les rendre ne restituer : par quoy le Roy, pour ce adverer, tint la chose cellée jucques a temps. Tant fut le cas descouvert, que l'ung d'iceulx butiniers, adverty de la menée, s'en alla au Roy et dist : « Sire, s'il est vostre bon plaisir de me donner grace de mon forfait

1. Le cardinal d'Amboise, le sire de Chaumont, Mme de Bourbon.
2. Il y eut aussi quelques avancements dans le haut personnel militaire. Paul de Benserade, seigneur de Cepy, fut nommé grand maître de l'artillerie le 23 juin 1504, en remplacement de Guinot de Lozières, décédé (fr. 6690, fol. 7-8; fr. 6691, fol. 2). François de Longueville fut nommé grand chambellan, le 7 juillet 1504 (A. Du Chesne, *Histoire des chanceliers*, p. 542). René de Cossé, le jeune favori de la reine et l'adversaire de Gié, devint, le 9 mai, bailli de Caux, en remplacement du brave Sandricourt, mort des suites de la campagne du Garillan, comme on l'a vu plus haut (Registres de l'Échiquier de Normandie, Archives du Palais de justice, à Rouen).

et pardonner mon deffault, je vous nommeray aucuns de ceulx qui ont butiné vostre argent, et vous restituray ce que j'en ay eu. »

Le bon Roy, oyant la confession du pauvre larron qui restituer vouloit et accuser les malfaicteurs, ne voulut tant la mort du pecheur, que, apres les pieces rendues, ne luy fist bailler sa grace par escript et luy pardonna son crime, et, apres ce, telle inquisicion fist sur son affaire, que, par cestuy et par autres, eut en escript les noms d'iceulx qui sur ce s'ensuyvent. C'est assavoir : messire Anthoyne de Bessé, lequel en fut depuys a son honneur deschargé; Jehan du Plessix; Françoys Doulcet, maistre de la chambre aux deniers et contrerolleur des guerres extraordinaires; Nicholas Briseau, Charles le Maçon, Gilles Leroulx, Pierre Mesnager, Gilbert le Maçon, maistre Jehan Herouet, Jehan Beldon, Bertault de Villebremme, Pierre L'Estourneau, Jacques de Fontenay, Emery Loppin, Jehan de Chiedeville, clercz de finences, et quelques autres dont je n'ay sceu les noms; lesquelz le Roy fist tous prendre[1],

---

1. Ce procès avait aussi un but politique. Dans son instruction au sire de Dourrier, le roi le charge d'expliquer au roi d'Angleterre l'échec du Garillan. Au lieu de 12,000 hommes, Louis XII, à l'en croire, n'en aurait pas eu 6,000 au royaume de Naples, et Sa Majesté se trouva « grandement desceu et trompé par aucuns cappitaines, commis et clercs qui avoient la charge de payer lesdicts gens de pied, car l'argent et finance necessaire pour faire lesdites payes leur a esté par luy fourny pour autant de mois que la guerre a duré; mais, en lieu de le bien employer au payement desdits gens de pié, lesdits cappitaines, tresoriers et commissaires ont pris, derobé et pillé la pluspart desdits deniers, et, au lieu desdits douze mille hommes, n'en avoient que six, comme dict est. » L'instruction déclare que le roi a fait arrêter la plupart de ceux qui ont eu des maniements d'argent dans cette

reservé Françoys Doulcet, qui se sauva cheux les Jacoppins de Bloiz. Nicholas Briseau avoit gaigné l'eglize de Sainct Martin de Tours, pour franchise; mais le Roy l'envoya prendre jucques la et le fist amener a Bloiz. Messire Anthoyne de Bessé fut pareillement envoyé querir jucques a Disjon, et prendre par ung nommé messire Lancelot du Lac, gouverneur d'Orleans. Courcou fut priz a Bloiz a son logys[1] ; les autres furent envoyez prendre, les ungs a Paris, les autres a Orleans, et la ou ilz estoyent, et mys entre les mains de Jehan d'Anglac, prevost de l'ostel du Roy. Ilz furent interrogez et ouys sur ce par messire Guy de Rocheffort, chancellier de France, et de tous ceulx du conseil du Roy, tant que, après toutes enquestes et interrogacions, et leur confession mise par escript, leur procès fut faict, par lequel Jehan du Plessiz, nommé Courcou, fut actainct du cas, et, pour ce, condempné a estre pendu et estranglé. Tous les biens de Françoys Doulcet furent confisquez au Roy; troys des autres furent mytrez sur les eschaffaulx en la ville de Bloiz, et eulx banys de la court, et leurs biens mys en la main du Roy. Nicholas Briseau fut renvoyé a Sainct Martin de Tours, ou il avoit esté priz, et son bien arresté. Somme, la pluspart d'iceulx perdirent leurs biens, honneurs et offices. Jehan du Plessiz, qui avoit esté condempné a mort, fut requys par la Royne et la marquize de Salluces, qui lors estoit en court, dont le Roy tant humain qu'onques homme ne fist mourir a qui il peust pardonner, voyant le cas a luy

guerre, « et desja par la justice ont esté attaints et convaincus des cas dessusdits... » (fr. 15870, n° 41).

1. Ses biens furent saisis, en vertu d'un ordre rendu le 19 avril.

seul toucher, luy donna la corde et ne voulut que nul des autres pour ce forfaict emcourust mort. Messire Anthoyne de Bessé, bailly de Disjon, fut envoyé au chasteau de Loches, et Jehan du Plaissiz avecques luy, prisonniers. Voyla commant, par vicieuse rapine et avarice odieuse, ses maleureulx leur malleur deslyerent, qui, scelon le cry public, furent cause de la mort de plusieurs Françoys et moyen de la perte du Royaume de Naples. Dont je, qui lors estoye en court aux escoutes, ouy sur ce parler les ungs et les autres diversement; car les aucuns disoyent le malleur des Françoys leur estre survenu pour ce que par cy devant, après leurs grandes conquestes et heureuses fortunes, avoyent envers Dieu, donneur des victoires, estez ingratz, tant que ses bienffaictz avoyent mescognuz et oublyez ses dons : dont furent frustrez de grace de besoigner a proffict et prosperer en honneur; le dire des autres estoit que les capitaines de l'armée, qui estoyent divisez entre eulx et envyeulx de gouverner, avoyent lessé l'onneur de la guerre pour en vouloir prendre le proffict, ce qui leur obfusca le sens de bien ordonner, et divertit le vouloir d'esploiter a poinct. Le propos des autres fut que les souldartz n'avoyent tenu ordre de guerre ni discipline de chevalerye gardée, mais s'estoyent arrestez a leur oppinion et avoyent suyvy leur volunté, dont furent en leur intencion deceuz et decheurent de leurs entreprises.

A ceulx du conseil s'atachoyent les autres, et soustenoyent que aux grandes affaires eurent peu d'avys, et au besoing soubdain perdirent le sens : qui fut cause dont l'œuvre fut follement commancée et honteusement finye.

Les autres chargerent sur les tresoriers et clercz des finences, disant que l'argent qui pour deffrayer l'armée estoit ordonné avoyent retenu dedans leurs coffres, sans le vouloir dispenser a besoing ni l'exploicter a proffict, tant que, par ce deffault, les gens d'armes furent a la parfin despourveuz de vivres, desmontez de chevaulx, desgarnys de harnoys, desnuez d'abillemens et descouragez de conbatre. Plusieurs autres raisons furent sur ce dictes et causes alleguées, pour lesquelles rediger j'en ay trecté comme s'ensuyt[1] :

Le deffault du Garillant[2].

> Au temps que Mars eut dompté les Italles
> Et vaincues leurs puissances totalles
> Par les Françoys, et Naples subjuguée,
> Millan conquise, la haulte mer voguée,
> En emcherchez maintz dangereulx destroictz,
> L'an de grace mille cincq cens et troys ;
> Lorsque Saturne eut faict conjunction
> Avecques Mars, et revolucion
> Du cours entier de son tardif voyage,
> Espaigne avoit a Naples eu passage
> Sur les Françoys par cellée entreprise ;

---

1. Miniature, fol. cciv v° du ms., représentant les trésoriers, les conseillers et les gens d'armes, dans un paysage.

2. Le même sujet inspira à Pierre Gringoire une pièce de circonstance, qui eut un grand succès : *Les folles entreprises* (V. Em. Badel, *Pierre Gringoire,* p. 42) ; elle parut en double édition en 1505, et fut rééditée en 1507. Il en existe aussi deux éditions contemporaines sans lieu ni date. Gringoire charge énergiquement les « trésoriers et payeurs de gens d'armes. »

> « Par tresoriers ou payeurs de gens d'armes,
> Se sont perduz maintz assaux et alarmes,
> Et cueurs loyaux detenuz en ostages..., » etc.
> (Édition Montaiglon et d'Héricault, t. I, p. 31.)

Lesquelz, voyant faire telle surprise
Par les exploictz des hostilles effors,
Transmirent la armées et rainfors
Pour secourir a force leurs amys
Et guerroyer leurs mortelz ennemys ;
Mais tel meschief survint alors sur eulx,
Que leur deffault les rendit maleureux ;
Dont je, qui lors escripvoye leurs gestes,
Voyant les cas advenus manifestes,
Voulus savoir la maniere du faict.
Tant m'en enquys et en sceu en effect
Par le rapport des souldartz et gens d'armes,
Des chiefz aussi qui conduysent les armes,
Des conseillers et des clercz des finences
Qui sur ce font exploictz et ordonnances,
Que le segret de ce mal vins actaindre,
Oyant la voix commune se complaindre
Et du meschief les dessusdits charger :
Chascun d'iceulx se voulut descharger
Et excuser du deffault de la perte,
Dont la chose fut tant clere et apperte,
Que j'entendy chascun en son endroict
Sur ce alleguer le tort et le bon droict
Et tout l'effaict de ses motz exposer,
Que par escript je veulx cy proposer :
Dont les souldartz, qui le plus se dolurent,
Tous les premiers leur cas dire voulurent ;
Puys les autres compterent leur affaire,
De mot a mot ; dont j'en a voulu faire
Tout promptement ce petit abbregé,
Ainsi qu'il est cy dessoubz redigé [1].

Les gens d'armes.

Après avoir souvant les mons passez,

---

1. Le but de Jean d'Auton, en prenant la forme légère d'une pièce de vers, est de pouvoir insinuer que tout le monde avait eu des torts.

Faict des labeurs et des armes assez,
Italye surmontée et submise,
Nous par la mer travaillez et lassez
Devant les Turcz nos sieges emplacez,
Et mainte œuvre vertueuse commise,
Fortune s'est de noz faictz entremise,
En envyant nostre prosperité ;
Mais ja pourtant sa dure austerité
N'amollyra noz endurcys courages,
Car si ores nous donne adversité,
Nous en serons une autreffoys plus sages.

Division a noz chiefz dechacez,
Tant que les ungs se sont tost desplacez
Et les autres n'ont usé de main mise ;
Cupidité a les cueurs embrassez
Des tresoriers, tant qu'ilz ont amassez
Deniers pour eulx sans fournyr a la mise.
Faulte de sens a licence permise
Aux conseilliers de taire verité :
L'ung au dire a esté irrité,
L'autre au faire a eu cloz les passages.
Ainsi partout est contraryeté.
Nous en serons une autreffoys plus sages.

Les cieulx nous ont par signes menassez,
La mer flotant noz navires cassez
Et la terre la famine promise :
Dont les aucuns de nous sont trepassez,
Les autres priz et les autres chacez,
Et le surplus revenuz en chemise ;
Noz ennemys ont sur nous ceste mise,
Disant que nous avons le jeu quicté ;
Mais, avant que tout ne soit raquipté,
Nous y mectrons cueurs, corps, biens et usages,
Et, si devant on s'est mal aquicté,
Nous en serons une autreffoys plus sages.

Prince, on a veu souvant telz rabaissez
Par fortune que vertus adroissez
Et remontez en triumphans estages;
Si nous avons ores estés pressez
Par ung maleur qui nous a faict excez,
Nous en serons une autreffoys plus sages.

Les capitaines.

Ceulx qui jadys voulurent obtenir
Tiltres d'honneur, pour armes soustenir,
Et victoires triumphalles aquerre,
Dieu au premier eurent en souvenir,
Droict apparant voulurent maintenir
Et par ordre mectre leurs gens en erre;
Ung chief expert au mestier de la guerre
Voulurent seul ordonner et commectre;
Sachant qui a compaignon, si a maistre;
L'ung veult le bruyt, l'autre la gloire envye,
Tant que souvant differant s'i va mectre :
Entre pareilz y a tousjours envye.

En guerre fault celé conseil tenir,
Explorateurs segretz entretenir
Et descouvrir les destroictz de la terre,
Au despourveu chercher et prevenir
Les ennemys, a l'aller, au venir,
Ou au loger si on les treuve en serre;
Donner a droict pour avoir leur desserre;
A grans effors les combatre et soubmectre;
Sur ce, plusieurs gouverneurs n'entremectre,
Si que, a besoing l'ung l'autre ne convye;
Et ce qu'ung peult, a deux ne fault parmectre :
Entre pareilz y a tousjours envye.

Pour ne vouloir nous adjoindre et unir,
Honneur pour nous n'avons sceu retenir
Ne pour le bien public proffict conquerre,

Et si disons que Dieu, pour nous pugnir,
Nous a voulu nostre sens detenir
Tant que au besoing ne l'avons sceu ou querre ;
Souvant nous sont noz gens venus requerre,
Que aux ennemys les vousissions transmectre
Pour leur donner le combat, et promectre,
Les deffaire a peine de la vye ;
Si l'ung marchoit, l'autre n'y vouloit estre :
Entre pareilz y a tousjours envye.

Prince, ung bon chief peult trop myeulx advenir
A son desir et a loz parvenir,
Si sa banyere est droictement suyvye,
Que les plusieurs ; car, au dire ou fournir,
Discencion peut a eulx survenir :
Entre pareilz y a tousjours envye.

Les conseilliers.

Qui veult a droict armée gouverner
Et en seurté son estandart mener
Sans desordre, bruit ne confusion,
Loyal conseil doit l'euvre demener,
Pourveu qu'il sache entendre et ramener
Le cas scelon deue provision ;
Mais de quoy sert fuyr division,
Bien ordonner sur le present affaire,
Du preterit souvenir, pour myeulx faire
A l'avenir pourvoyance et subside,
Et que chascun vueille son gré parfaire ?
Raison n'a lieu ou volunté preside.

Pour la seurté des princes ordonner
Et au peuple salut habbandonner,
Nous avons eu l'aministracion ;
Mais quel ordre ce peult sur ce donner,
Si le bienfaict on ne vueult guerdonner,
Et le delict est sans pugnicion,

Honneur ravy par faulce ambicion,
Proffict soubmys a main proprietaire,
Conseil emfrainct par motif voluntaire,
Et appetit commun tenu sans bride?
Sur ce, ne fault proposer, mais se taire :
Raison n'a lieu ou volunté preside.

Plusieurs ont veu les Françoys dominer,
Puis revenir pres de l'exterminer,
Et tous leurs faictz choir en derision;
Dont pour le vray du cas examiner,
Sur ce, on ne peult dire ou determiner
Autre chose pour la conclusion,
Si n'est que ceulx qui par abbusion
Vueüllent user et vers Dieu se forfaire,
Cherchent moyen pour eulx mesmes deffaire,
Comme ceulx qui voguent la mer sans guide;
Et qui ne croit met le tout a reffaire :
Raison n'a lieu ou volunté preside.

Prince, qui veust en triumphe regner,
Doit le vouloir des esmeuz arrainer,
Et n'exploicter tout ce que chascun cuyde,
Garder que nul ne se puisse effrener,
Et les motifz dissollus reffrener.
Raison n'a lieu ou volunté preside.

Les tresoriers.

Qui vueust soubmectre ung pays estranger
Par faictz d'armes, ou injures vanger,
Il doit avoir finences a suffire
Pour son charroy conduyre et arranger,
Et a ses gens tant donner a menger
Que nul par fain les puisse desconfire;
Ses tresoriers bons et loyaulx eslire,
Seurs, dilligens, bien expertz et propices,
Promptz a payer, gardans bonnes pollices;

Convoitize ne priser deux festus,
D'autruy avoir ne porter leurs pellices :
Avarice corrumpt toutes vertus.

Le Roy nous a bien voulu emcharger
Du payement, et noz coffres charger
De son argent, pour le mectre et conduyre ;
Mais puysqu'il fault venir au partager,
Abbutiné l'avons, pour abreger,
Sans en payer les souldartz ne mot dire :
Ce qui nous a de plusieurs faict maudire ;
Car maintz Françoys en sont mors, et Suyces,
Naples rendue et ses fors ediffices,
Noz gens deffaictz sans estre combatus,
Mal reputez, et pour noz maleffices :
Avarice corrumpt toutes vertus.

Quelq'un des chiefz sur ce voulons charger,
Commissaires n'en pouvons descharger ;
Contrerolleurs ont joué a la tire,
Nous avecque eulx avons pris de leger,
Dont justice nous a faict corriger,
Sans nous vouloir a la rigueur occire ;
Envers nous fut tant humain le bon sire,
Que, nonobstant noz rapines et vices,
Ne nous voulut estre mys aux justices ;
Mais nous, banys, et de mytres vestus,
Avons perdu honneur, biens et offices :
Avarice corrumpt toutes vertus.

Prince, on ne peut de plus s'endommager
Que soubmectre sa chevance en danger
De ceulx qui sont par argent abbatus ;
Argent fait tost meurs et propos changer,
Tesmoings mentir, arbitres mal juger :
Avarice corrumpt toutes vertus.

Les tresoriers et clercz des finences furent trectez

en la maniere susdicte[1], dont aucuns de eulx, comme très honteulx d'avoir estez actainctz du cas et pugnys du meffaict, s'en allerent les ungs hors du pays, et les autres tindrent a leurs hostelz demeure solitaire avecques leurs femmes et enfens; et les autres furent, moyennant leurs amys et ce qu'ilz n'estoyent que legierement chargez, lessés en leurs offices et continuez en icelles; et ce faisant, le Roy, qui lors estoit a Bloiz, peu a peu retira partye de ses pieces, et se ramboursa sur les plus apparantz et moings excusables, et avecques ce, la confiscation d'aucuns d'iceulx, qui s'estoyent absentez, donna a ses pouvres capitaines, qui tout avoyent perdu au Royaume de Naples. Au chasteau de Loches estoyent lors prisonniers messire Anthoyne de Bessé, baillif de Disjon, Jehan du Plaissix, dit Courcou. Or avoit esté, devant ce, ouy et interrogé ledit baillif de Disjon par messire le chancellier de France, Roulx de Lannay, baillif d'Amyens, et le seigneur du Bouchage, sur ce que on le chargeoit d'avoir priz et retenu l'argent du payement d'aucung nombre de Suyces ordonnez pour aller au voyage de Naples; de quoy s'excusa moult vertueusement, disant que l'argent qu'il avoit du Roy pour exploicter a cest affaire, avoit leallement distribué et mys totallement, comme aparoissoit par le rolle du nombre desdits Suyces et le payement sur ce faict; et au dire d'aucuns ambaxa-

1. On se montrait du reste assez rigoureux pour tout ce qui touchait à l'armée. V. le rôle des amendes prononcées sur les nobles « noblement tenans » en la vicomté de Neuchâtel, qui n'ont pas baillé leur dénombrement à la Saint-Michel 1504. Les condamnés sont au nombre de vingt et un, dont deux couvents; les amendes sont de 10 sous, six de 20 sous, une de 30 sous (celle-ci frappe M. de la Heuze, qui est en tête. Ms. fr. 26109, fol. 559).

deurs et Suyces, qui lors estoyent en court, et au voyage de Naples avoyent esté, s'en vouloit rapporter : dont furent ouys lesdits Suyces, lesquelz de ce deschargerent ledit de Disjon, disant qu'ilz avoyent estez presens au payemens de tous les Suyces qui avoyent estez audit voyage, et nulz d'iceulx en avoyent ouy plaindre ne murmurer. Par quoy, toutes ses choses mises en avant et rapportées au Roy, fut celuy baillif de Disjon mys hors de prison et entretenu du Roy en ses gages et offices myeulx que devant, et bien a point trecté en court, comme souvant j'ay veu depuys.

Jehan du Plessix demeura, quelque temps après ce, audit chasteau de Loches, estroictement tenu et bien gardé ; mais nonobstant toutes ses charges et condempnacion contre luy faictes, et au prochatz d'aucuns ses parens et amys, le Roy, comme tres piteulx et tout humain, ne le voulut tenir en perpetuel exil, mais luy eslargist sa grace, tant que hors de chartre le fict mectre et envoyer a sa maison [1].

Tout le temps d'esté, demeura le Roy dedans et autour de Bloys [2], ou durant ce temps plusieurs am-

1. Nous avons parlé déjà de Jean du Plessis, dit *Courcou*. La miséricorde de Louis XII lui réussit. Son fils Charles était maître d'hôtel de François Ier dès 1515 ; la famille du Plessis resta dans les charges de cour, et le descendant de Charles, Roger du Plessis, s[r] de Liancourt, premier gentilhomme de la Chambre, gendre du maréchal de Schomberg, fut créé duc de la Rocheguyon et pair en 1663 (*Titres orig.* Du Plessis, n° 53, etc.).

2. Le roi était toujours dans un état de santé déplorable, et il fallait prendre d'infinies précautions pour calfeutrer ses appartements. Il s'occupait de sa bibliothèque (fr. 2927, fol. 72 v°, 75 v°), il étudiait sur une sphère (*id.*, fol. 75 v°). Il s'occupait aussi de son jardin, où il fit creuser un puits (fol. 70 v°) et élever une butte pour le tir des archers de la garde (fol. 71 v°). Il se reprit éga-

baxadeurs vindrent en court, et furent la despeschez et envoyez en leur pays[1] ; et après toutes ses choses finies[2],

lement à chasser un peu (*passim*) et à se promener dans les environs : à Chambord, les 23, 24, 25 juin (fr. 6690, fol. 7; bibl. de Blois, n° 1573; fr. 4402, n° 77); à Madon, les 16 et 17 juillet (Chartes royales. Fr. 2927, fol. 70 v°); à Chaumont, du 18 juillet au 3 août, d'après des pièces diverses; à Madon, du 3 août au 19, d'après des pièces diverses. A chaque déplacement on portait avec lui son lit de camp (fol. 72), toute une garniture de tapisserie, qu'on tendait immédiatement (fol. 76 v°), une table, une chaise, des tréteaux (fol. 75). Son « painctre et victrier » Étienne des Salles, dit Livain, le suivait partout. A la fin de septembre, il partit pour Orléans, où il était le 28 et où il passa les premiers jours d'octobre ; il alla ensuite à Melun et arriva à Paris au commencement de novembre (Itinéraire inédit, dressé par l'auteur).

1. Allusion vague aux négociations si actives de la fin de 1504, qui posèrent les premières bases de la future ligue de Cambrai. Le programme est exposé dans l'instruction au sire de Dourrier, que nous avons citée plus haut. Le 22 septembre, le roi rendit une ordonnance importante sur les tailles de 1505 (fr. 25718, fol. 98).

2. Le 9 novembre 1504 (une dépêche de Giustinian dit à tort : le 15), le roi Frédéric de Naples mourut. V. sur sa mort et ses obsèques la déclaration de frère François de Paule, du 15 novembre 1504 (fr. 23987, n° 4). Louis Hélien lui fit, à la cour de France, l'épitaphe suivante :

« *Epitaphe du Roy domp Phederic, qui mourut en France, et fut enterré en l'eglise des Bons Hommes du Plessis lez Tours, dedans le cueur, en ung lieu hault, contre la muraille, a la mode d'Itallye.*

Ludovici Heliani Epitaphium.

Quid mirare meum, lector, sublime sepulchrum?
 Hic afflicta jacet regia condicio.
Gentis Aragonie et Gotice non degener, hic sum
 Stratus in hostili, Rex Federicus, humo.
Inter utrumque mare et Picœnum Æthnamque quod extat,
 Omnia erant sceptris subdita regna meis :
Me pepulit Gallus, Summus dirusque Sacerdos,
 Hispanusque, meus patruus et socius,
Partiti mea regna sibi, pulcherrima mundi,
 Causa mei tanti ditia regna mali !

entour la feste sainct Martin [1], le Roy partit de Bloys, et s'en alla a Paris, ou fist son yver, la Royne quant et luy, qui ancores du temps de ce Roy n'avoit la faicte son entrée : dont s'en alla a Sainct Denys, et apres avoir la faict quelque peu de sejour, s'en vint a Paris [2]. Au devant d'elle fut toute la court de parle-

> Post Ligurem a Gallis, Veneto spectante, subactum,
>   In sua dum cervos retia Cesar agit,
> Quid memorem? ad Gallum fugio, benefacta benigne
>   Hoc rigido clemens hospes in hoste fuit.
> O nati, o cives, tuque o suavissima conjunx,
>   Qua cecidi dura non michi morte dolet,
> Sed quod vos, inopes varioque sub orbe, reliqui,
>   Et vidi infanda duruta (*sic*) regna manu! » (fr. 1717, fol. 89).

(Suit l'épitaphe, par Dardanus, de « Violantille, bastarde du Roy de Naples, fille d'excellente beaulté ».) Par le testament secret qu'il remit, le 6 novembre, aux mains de son confesseur, le roi Frédéric exprimait le vœu d'être enseveli à S. Domenico de Naples : il recommandait sa veuve et ses enfants au roi de France et au roi d'Espagne; il transmettait ses droits à Ferrand, son fils aîné; il léguait, éventuellement, la principauté d'Altamura à Alphonse, le second, et un revenu de 15,000 ducats à César, le troisième; il reconnaissait à sa veuve un revenu de 35,000 ducats; il recommandait expressément à son fils aîné, au cas où il monterait sur le trône, d'achever le paiement de la dot de sa fille aînée, Charlotte, resté dû en partie : dans la même hypothèse, Ferrand devait doter convenablement les deux autres filles, Isabelle et Julie, et donner des souvenirs, des pensions à ses serviteurs; Ferrand devait aussi réparer diverses injustices de son père et notamment supprimer les impôts spéciaux mis sur les biens ecclésiastiques. Enfin, le testateur priait nommément quelques serviteurs intimes de continuer à sa veuve leur dévouement (Copie aux Archives générales de Simancas, *Patronato Real, Testamentos,* leg° 2, f. 6).

1. 11 novembre.
2. La reine triomphait, ou essayait de triompher, de la chute de Gié. Le 22 septembre 1504, Louis XII renouvela l'alliance et le mariage de Claude avec l'archiduc (*Corps,* de Dumont, IV, 1,

ment, en triumphant arroy. Le prevost et tous les seigneurs de la ville avecques tous les collieges de l'Eglize la furent recueillir, et chascun d'eulx a son rang luy fist sa harangue et oraison. Les rues estoyent de riches tappisseryes tendues et parées; a toutes les portes et aux quarroys par ou elle passoit, se jouerent nouvelles comedyes et divers personnages, en louant tres haultement la magnificence du lys et l'excellence de l'ermyne. Tous les princes qui lors estoyent en court, les gentishommes du Roy et grande baronnye de France et de Bretaigne estoyent avecques la Royne,

p. 55), et accorda même à l'archiduc la jouissance viagère des aides de l'Artois (Le Glay, *Négociations*, I, 75). La reine fut autorisée à ratifier elle-même le mariage (*Preuves de l'Histoire de Bretagne*, t. II), ce qu'elle fit le 4 octobre 1504 (fr. 18728, fol. 155). Bien plus, Engilbert de Clèves et le comte de Longueville durent, le 22 septembre, prêter le serment, scandaleux, de remettre à Charles de Luxembourg (le futur Charles-Quint) le duché de Bourgogne, la vicomté d'Auxonne, l'Auxerrois, le Màconnais et Bar-sur-Seine, si Louis XII mourait sans enfants mâles (fr. 18728, fol. 157, 157 v°). En même temps, la reine cherchait consciencieusement à séparer la Bretagne de la France : elle envoyait ostensiblement à Nantes ce qu'elle avait de plus précieux (*Procès du maréchal de Gié.* Leroux de Lincy, *Vie d'Anne de Bretagne*, III, p. 228 et s.); elle obtenait de la cour de Rome, qui avait d'abord résisté à ses manœuvres, un acte précieux : Jules II, par *motu proprio*, renouvela et confirma des brefs de Nicolas V et de Pie II, interdisant de conférer des bénéfices en Bretagne à des personnes qui n'y seraient pas nées et qui n'y résideraient pas effectivement (Archives du Vatican, *Regesta secreta Julii II*, reg. 984, fol. 220 v°). Enfin, la reine, qui, malgré le désir du roi, s'obstinait à ne pas vouloir accomplir à Paris son entrée solennelle, et qui s'était dérobée aux apprêts faits en 1501 pour la recevoir, décida tout d'un coup d'y entrer avec apparat (novembre 1504. *Cérémonial françois*, I, 690). On lui offrit à cette occasion une grande nef d'or, du poids de 59 marcs 2 onces (fr. 22335, fol. 216 v°).

laquelle fut ainsi conduyte en la ville de Paris, ou fist la les sermens acostumez, et fut receue honnorablement avecques joyeulx accueil et dons d'inestimables richesses [1].

Le Roy mectoit de jour en autre provision de conseil en ses affaires, jucques a soy trouver en personne souvant au consistoire et ouyr l'oppinion des sages, pour mectre a ex[e]cucion son vouloir joxte l'arrest des myeulx advisez; tant voulut donner œuvre a l'accroist du bien public que lors son royaume de France soubz sa main fut si eureulx que l'Eglize estoit unye, noblesse paisible, marchandise plantureuse et labeur fructifyant; quoy plus? justice a tous deuement administrée.

Durant ses jours [2], mainctes jouxtes et tournoys furent faictz a Paris, en Nesle, ou tous les jours estoyent gentishommes sur les rancz, la lance sur la cuisse, et entre autres fut faict ung tournay, dont advint que ung nommé Françoys de Maugiron, des gentishommes de cheux le Roy, et ung autre nommé Supplanville se trouverent l'ung contre l'autre, lesquelz estoyent moult gaillardz, hommes jeunes et adroictz. Pour faire

1. Le tourment d'Anne de Bretagne était de ne pas avoir de fils. Elle s'entêtait, il lui en fallait un. De temps en temps, on signalait, tout bas, un commencement de grossesse, puis cet espoir disparaissait; le public n'en était informé que par l'annonce contraire. Tout était à recommencer. Elle ne désespérait pas. C'est ce qui se produisit vers ce moment. On annonça, le 22 décembre 1504, que décidément la reine n'était pas grosse (Sanuto, VI, 119).

2. Jean d'Auton passe sous silence un fait très important, la mort d'Isabelle la Catholique, arrivée le 26 novembre 1504. Le roi s'en préoccupait fort. Son ambassadeur, M. de la Roche, lui envoya un rapport extrêmement circonstancié sur les incidents et les cérémonies de l'avènement du nouveau roi de Castille, qui n'était autre que l'archiduc Philippe (fr. 2927, fol. 130-137).

fin, iceulx montez et armez, le long des lices, a course de cheval, s'adroisserent si rudement, que, au choquer, Françoys de Maugiron assenna Supplanville si adroict et de telle force que la lance luy mist tout au travers du corps, tant que tout mort s'en alla par terre, lequel fut moult plainct et doulu, car il estoit tres gentis et plain de cueur. Assez d'autres faictz d'armes furent la exploictez que je lesse, pour entrer en autre propos. En la presence du Roy et de la Royne et de tous les seigneurs de France, qui la estoyent, les clercz du Palais et les escolliers de Paris jouerent lors plusieurs comedyes satiricques et tragedyes morales, par lesquelles, a motz couvers et parolles vraysemblables, descouvrirent tous les deffaultz et faictz reprehensibles qu'ilz sceurent estre de ce temps perpetrez en France, a Naples et a Romme, en chargeant sur le mareschal de Gyé, dont est touché cy dessus, disant par leurs personnages audit mareschal, que *Son trop chauffer cuyt, et son trop parler nuyt.* Ausi n'espargnerent les tresoriers et clercz des finences, ne aucuns de ceulx de l'armée de Naples, qui s'en estoyent fuys; et puis passerent iceulx mommeurs par Romme, et Dieu scet quelz lardons ilz y semerent; somme, il n'y eut pape, ne cardinal[1], ne empereur, ne Roy, ne autre sur qui a parler

1. Dans cette liberté de langage, que tolérait libéralement Louis XII et que François Ier supprima, on n'épargnait pas la famille du cardinal d'Amboise. C'était un dicton populaire sur son neveu Chaumont, que « Milan a fait Moyan, » c'est-à-dire le château de Meillant en Berry (*Epistres des Princes,* recueillies par Ruscelli, traduites par Belleforest, 1572, lettre du cardinal Bibbiena). Quant au cardinal lui-même, il savait se faire aimer. Grand seigneur, plein de goût et de générosité (on connaît ses libéralités à la ville de Rouen et sa protection si éclairée pour les arts), il

eust, voire jucques a Clairée et de Furno[1], a qui ne gectassent une pierre en leur jardin, et tant en firent[2] que, a la parfin, leur jeux leur furent interditz, et aucuns de eulx pugnys jucques a devoir estre l'exemple de craincte a tous autres. Je n'en ditz plus, si n'est que cil qui forfaicteur se sent a telz ayraulx ne doict faire blazonner ses armes ne publyer ses faictz, car ilz disent souvant tout et davantage.

Le Roy fist lors translater le corps de son pere le duc Charles, duc d'Orleans, de Sainct Sauveur de Bloys, ou avoit esté ensepulturé, et le fist porter aux Celestins a Paris, ou est l'anticque sepulture des ducz d'Orleans[3], et la, tant hounorablement servir, que la

---

était très bon et très charitable. Il avait un service de charité, régulièrement organisé, dans ses domaines, et à ses frais (Archives de la Seine-Inférieure, registre de Louviers, 1508-1509). Il ne se considérait que comme un administrateur de la fortune de son archevêché et même de sa grande fortune personnelle (V. les termes de son testament aux Archives de la Seine-Inférieure, G. 3417). En décembre 1504, Jules II, par *motu proprio,* lui donna une marque de bienveillance, en lui abandonnant le château de Sorgues, dont le pape jouissait avant son avènement (Archives du Vatican, *Julii II regesta secreta,* reg. 984, fol. 184).

1. Jean Clairée et Antoine du Four, confesseurs du roi et de la reine.

2. En réponse à ces plaisanteries, fut publiée, sous l'inspiration de la reine, une pièce de circonstance : *La vray disant advocate des dames,* que le bibliophile Jacob croit pouvoir attribuer à Jean d'Auton, d'après Lenglet-Dufresnoy, mais qui semble de Laurens Belin.

3. M. Bouchot a signalé à ce propos, dans la *Bibliothèque de l'École des chartes* (année 1885, p. 721), un tableau intéressant, que Thevet reproduit comme ornement de la tombe de Louis Ier d'Orléans dans la chapelle d'Orléans aux Célestins. En 1395, Louis Ier d'Orléans, protecteur né des Célestins, dont Philippe le Bel avait créé la maison mère à Ambert (forêt et duché d'Orléans), avait fait élever cette chapelle en annexe de l'église abba-

feste funeralle fut louée de chascun, ausi a bon droict, car le corps, depuys Bloys jucques a Paris, fut mené

tiale, et il y fut enterré. On lui avait érigé un tombeau qui a été décrit par M. Léopold Delisle d'après une pièce (n° 519) de la collection Bastard. Le nouveau monument collectif érigé par Louis XII, que l'on peut voir encore à Versailles, et qui a été maintes fois décrit ou reproduit (par Gaignières, Millin, Lenoir, du Breul, Rabel, Le Laboureur, etc.), était un vaste tombeau, plus somptueux qu'artistique, érigé sur le même plan que son contemporain, le tombeau de François II à Nantes, mais avec un moindre succès. Il portait les statues, couchées, dans la pose classique, de Louis I*er*, de Valentine de Milan, du comte Philippe de Vertus, de Charles d'Orléans. Nous savons, par les panégyristes de Louis XII, que son érection fut une des premières pensées du règne. Louis, Valentine et Philippe étaient déjà enterrés aux Célestins; après l'achèvement du monument, on fit venir en grande pompe, comme l'indique Jean d'Auton, les restes mortels de Charles d'Orléans déposés à l'église Saint-Sauveur de Blois. Le cortège funèbre, d'après les registres du Parlement, sortit le 21 février 1504 (ancien style) de l'église Notre-Dame-des-Champs pour traverser Paris. Quant à Marie de Clèves, mère de Louis XII, on respecta sa volonté d'être enterrée à Chauny. Gaignières a conservé deux pompeuses inscriptions placées l'une dans la nef de l'église, l'autre sur le deuxième pilier de gauche de la chapelle d'Orléans; nous nous bornerons à en reproduire une troisième, plus brève que les autres, placée sur le troisième pilier de gauche de la chapelle, et ainsi conçue :

>   Ludovicus rex XII quieti
>   perpetue et memorie perenni
>   Illustrissimorum principum
>   Ludovici avi Valentine avie
>   Karoli patris piissimorum
>   pientissimorumque parentum
>   ac Philippi patrui
>   feliciter
>   M. VC. IIII.

Ajoutons que, sur le tombeau lui-même, les inscriptions tumulaires rapportaient toutes les mentions au roi régnant : *Louis duc d'Orléans aïeul du roy Louis douziesme. — Charles... pere du roy Louis douziesme,* etc. L'inscription relevée par Thevet n'est pas celle du tableau, mais celle du tombeau. Quant au tableau,

en telle maniere, comme si se fust au premier obseque, et mys en son curre de dueil, tout couvert de velloux noir, et le corps de drap d'or frizé de noir, le tout semé des armes d'Orleans. Grant nombre des seigneurs de France en dueil, des gentilzhommes du Roy et des archiers de sa garde estoyent a le conduyre, et par toutes les villes ou passerent, comme a Cleri, a Orleans, a Estampes et autres lieux sur le chemin de Paris, toutes les processions des collieges et eglizes parochialles, avecques les seigneurs et le peuple des-

il se trouve reproduit aussi dans un des manuscrits Gaignières de la collection Bodléienne à Oxford, et Gaignières ajoute qu'il est « contre le mur de droite de l'autel, dans la chapelle d'Orléans. » On sait quel était le luxe de Louis d'Orléans, son avidité, son faste extrême; Louis Ier d'Orléans est représenté à genoux, devant un arbre chargé des fruits les plus riches, mais en même temps dans une attitude épouvantée, car la Mort, sous forme d'un squelette, lui lance son dard implacable que la légende explique : *Juvenes ac senes rapio.* D'après Beurrier (*Antiquitez et privilèges du couvent des Pères Célestins de Paris,* p. 285), cette représentation se rapporterait à une légende, d'après laquelle Louis Ier, peu de jours avant son assassinat, aurait eu une vision de la Mort. Inspiré ou non par ce souvenir, le peintre a obéi à une préoccupation symbolique, dans le genre de celle que traduit la splendide représentation de Henri II, en son attitude violente, sur le tombeau de saint Denis. Tout porte à croire que ce tableau fut commandé par Louis XII. Dans le cas où il appartiendrait au xve siècle, on pourrait supposer, avec M. le comte de la Borde (*Les ducs de Bourgogne,* t. III, p. ix, note 2), qu'il est *probablement* de Colart de Laon. Mais cette hypothèse ne nous paraît pas tenir. Il serait plus juste de l'attribuer conjecturalement à Perréal (V. not. mss. fr. 20077, fol. 28 et suiv.; fr. 11192; fr. 4340, fol. 34 v°; fr. 4339; fr. 4341, fr. 14367, etc.). Quant au tombeau, c'est peut-être à lui qu'il faut rapporter une quittance du 22 novembre 1504, suivant laquelle Étienne Le Tort, voiturier par eau, reçoit 48 livres 18 sous, pour avoir mené des quais de Rouen aux quais de Paris et, de là, charroyé à l'hôtel *St Paoul,* 44 « casses de pierre de marbre, » commandées par le roi, « ouvrées en ymageries en forme de sepulcre » (fr. 26109, 581).

dits lieulx, furent au devant du corps ; et tous prestres qui pour le deffunct celebrer voulurent furent payez et repeuz, et tous les pauvres qui furent trouvez par les chemins eurent chascun ung grand blanc pour prier Dieu pour l'ame de celuy bon prince. A l'aprocher de Paris, jucques au Bourg la Royne furent au devant du corps tous les princes et seigneurs qui lors estoyent en court, toute la court de parlement, le prevost et les seigneurs de Paris, l'université, l'evesque de Paris avecques tout le clergé des collieges de la ville en procession : tant d'hommes en dueil et portant torches estoyent la, et telle multitude de peuple, que le nombre estoit plus grant que mon estimacion ne pouvoit conprendre. Toutes les cloches de la ville sonnerent a ceste venue, en maniere qu'on n'eust la ouy tonner ; quoy plus ? En ceste maniere triumphalle fut porté le corps en l'eglize des Celestins, et la, tres honnorablement servy et sumptueusement sepulturé[1].

En ce mesme temps, le Roy transmist[2] en ambaxade maistre Georges d'Amboise, legat lors en France, devers le Roy des Rommains estant lors en Allemaigne, lequel legat s'en alla[3] bien accompaigné d'evesques et autres seigneurs d'eglize[4] et de gentis-

1. A cette occasion, le poète de la cour Fauste Andrelin composa une épitaphe des ducs d'Orléans, insérée dans le *Tropheum Gallorum*, de Symphorien Champier.
2. Le roi passa à Paris les mois de janvier et février 1505 et revint à Blois pour le commencement de mars.
3. Vers le 8 mars (*Dispacci di Giustinian*, III, 456).
4. Le marquis de Finale, ambassadeur du pape en Espagne, et qui devait passer à la cour de France, offrit de l'accompagner à Trente (Dép. de l'ambass. vénitien Mauroceno, 15 déc. 1504. Arch. de Venise). Charles de Carretto, marquis de Finale, évêque de Thèbes, était chargé de voir aussi le roi des Romains et l'ar-

hommes a grant nombre, et luy avoit baillé, le Roy, XXIIII archiers de sa garde pour le conduyre, lesquelz porterent en leurs hocquetons chascun quatre mille escus que le Roy envoyoit audit Roy des Romains pour certaine cause et aucun trecté faict entre eulx deulx (a porte cloze, quant a moy). Si s'en alla donc-

chiduc, et d'aider le cardinal d'Amboise en négociant la ligue générale contre Venise pour le recouvrement des lieux appartenant au Saint Siège, au roi de France en Milanais, au roi d'Espagne dans ses royaumes, et à l'archiduc. Son instruction portait : saluer le roi très chrétien, lui dire que le pape est heureux des protestations pacifiques que Louis XII lui a transmises par le marquis lui-même et par Édouard (Bullion), « nuntios suos, » et de la nouvelle de la trêve de trois ans avec le roi des Romains, l'Espagne et l'archiduc. Le roi a envoyé au pape divers *capitula* d'arrangement que le pape ne reproduit pas, parce qu'il a répondu à Édouard. — Le pape désire la paix et la ligue entre ces princes et lui, avec garantie pour lui par les cardinaux, pour le roi des Romains par les électeurs, et pour les autres par les fils et successeurs de chacun. Le pape recouvrera Ravenne, Faenza, Rimini, Imola, Césène et Porto Cesenate, et tous ses droits; on fixera le contingent militaire de chacun et celui qu'on demandera à Florence et Ferrare. On pressera l'Espagne d'entrer dans la ligue ; en cas de controverse sur la succession du royaume de Naples, elle sera déférée au pape, qui s'efforcera de l'apaiser, comme il a répondu à Édouard. La ligue a pour but de récupérer tout ce qui a été pris et d'envoyer des secours convenables contre les Turcs. Guido, duc d'Urbin, préfet de la ville, y sera reçu avec tous ses biens légitimes. Aucun confédéré ne pourra prendre à sa solde le sujet d'un autre ni se mêler en ses affaires. Dans un délai donné, on nommera ses confédérés; mais les Vénitiens sont exclus. S'il est nécessaire de procéder contre Venise par censure et interdit, les confédérés y prêteront la main et concéderont des représailles. Pour le royaume de Naples, se référer aux réponses emportées par Édouard ; la confédération sera publiée solennellement dans les vingt-cinq jours de sa conclusion. On échangera des ratifications authentiques. Aucune partie ne pourra traiter individuellement avec Venise ou avec l'ennemi d'une autre (Instruction du 14 mai 1504. Archives du Vatican, *Instruttioni alli nuntii*, reg. 238, fol. 45).

ques celuy legat faire son message d'ambaxade, lequel fut honnorablement reçeu et doulcement trecté dudit Roy des Romains et des princes d'Allemaigne, et ouy sur son dire tellement que ce qu'il demandoit il obtint[1], et, ce faict, se mist a chemin pour s'en revenir en France.

A la fin du moys de feuvrier[2], le Roy se trouva

[1]. V. ms. fr. 3087, fol. 55. Il obtint l'investiture du duché de Milan, mais le roi des Romains la donna en même temps à Philippe le Beau, comme tuteur de l'archiduc Charles, pour le cas où Louis XII mourrait sans héritiers mâles (Le Glay, *Négociations*, I, 78). Le cardinal prêta hommage le 6 avril et reçut l'investiture le 7. Le 4, Maximilien avait ratifié les arrangements de Blois, par suite desquels on devait lui verser 100,000 livres (fr. 20980, fol. 430, 431). Toutefois, au dernier moment, des difficultés s'élevèrent parce que Maximilien refusait de défalquer 2,000 livres versées à ses ambassadeurs à Blois (fr. 20980, fol. 431). Les Vénitiens étaient parfaitement instruits de la portée de ce rapprochement. A Blois même, Accurse Maïnier, ancien ambassadeur de France à Venise, trahissait et tenait le résident vénitien, jour par jour, au courant des négociations; l'ambassadeur de Lucques lui fournissait aussi des renseignements (Dépêches de Palmario, 25 mai 1504; de Mauroceno, 24 sept. 1504. Archives de Venise).

[2]. Le 4 février, mourut à Bourges, en odeur de sainteté, Jeanne de France, la première femme du roi, dont on fit les épitaphes suivantes : « *Epitaphe fecte de la mort de feu Madame Jehanne de France, duchece de Berry, laquelle trespassa l'an V^c et quatre a Bourges.*

    Ou estes vous fleur de devocion,
        bonne operacion,
        les biens non esconditz,
        paccifficacion,
        sans vendicacion,
        bonne en faitz et en ditz,
        que fuyés les mesditz,
        ou bons ne sunt desditz,
        vraye dilection,
        avec les benedictz,
        je croy que en paradis,
  Jhesus vous priant, vaisseau d'election.

dedans Paris, tout alteré et mal de sa personne, pour la froideur et humidité dudit lieu, qui par temps d'iver est moult froit et moiste ; par quoy ses medecins luy dirent que le changement de l'air et l'esloing de ce lieu ou il estoit luy allegeroyent son mal, et que, pour le myeulx de sa santé, besoing estoit de s'en aller autre part ; ce qu'il fist, car incontinant deslogea de Paris et s'en alla par eau jucques au pont Sainct Clou, et oultre, pour le danger dudit pont, sur lequel nul Roy de France ne passe[1]. De la s'en alla par terre jucques a Chartres, a Chasteaudung, a Bonneval et a Bloys, la Royne tousjours avecques luy. Audit lieu de Bloys se trouva[2], par ung temps, assez bien, et fist tres bonne chere, et la, avecques la Royne et Madame Glaude, leur fille, fist joyeusement sa feste de Pasques, sur laquelle finiray ma cronicque de l'an mil cinq cens et quatre, pour commancer des faictz de l'an ensuyvant.

Autre epitaphe de ladite dame.

Pastors, helas, que feront voz brebis
Que lamenter, desoubz les arbres bis,
Noirs et obscurs, de fortune amere.
Pouvres moutons, rechangés voz abiz;
Vostre blanc pain est confit en pain bis :
Perdue avés celle que amés en mere;
Eviter fault dueil et fouir bonne chere,
Et prier Dieu pour nostre bonne et chere
Pastourelle, que luy doint ses deliz.
Maleureux est qui encontre se ingere :
Machés ce mot, et chascun le digere;
Ce sunt les faictz de la grant fleur de liz. » *S'ensuit l'oraison que disoit chascun jour ladite dame :* « Marie, digne mere... », etc. (lat. 11414, fol. 78).

1. Allusion à une légende que détruisit François Ier en passant sur ce pont.
2. Il était à Blois le 9 mars (ms. Clairambault 782).

PIÈCES ANNEXES

I.

Lettres de la Seigneurie de Bologne a Louis XII.

Lettre du 11 février 1501.

Serenissimo principi ac Sacre et Christianissime Regie Maiestati Francorum etc., Domino et protectori observantissimo.

Serenissime princeps ac Sacra et Christianissima Regia Maiestas Domine et protector observantissime. Post debitas commendationes. Lo Ill. Monsig.re de Trans oratore de la V. christianissima Maestà ce ha presentato una littera de quella che se adriza a Nui, et al Magnifico Messer Zoanne Bentivoglio : la quale contene como ce ha scripto, et ce ha facto intendere per esso Monsignore de Trans : che vista la justa petitione, la quale longo tempo et continuamente glie sta facta per la Santità de N. S. de volere aiutare, et favorire la sua Beatitudine et castigare et punire li Rebelli de Sancta Ghiesia, et de la Sede apostolica et redurli a devotione et obedientia de sua Santità, zoe Faenza et Bologna, la Ser.ma Maestà Vostra resolutamente ha concluso et deliberato de prestarli aiuto et favore che li soi inobedienti, et principalemente Faenza et Bologna habiano a retornare a vera obedientia de Sancta Ghiesia, Reservando et reguardando però la protectione nostra : et del Magnifico Meser Zoanne Bentivoglio, et de li soi figlioli : quale ha tolta la vostra christianissima Maestà, le littere de la quale anchora contengono : como credeva che nui dovessemo obtemperare a le demostrationi che da parte sua ce son sta facte per Monsignore de Trans, et che non dimeno è sta avisata che de le dicte demostratione et de le littere che ce ha scripte, non havemo facto grande estima, ne conto cum responder nui : como mandaressemo el nostro Ambassatore a la Vostra Ser^ma Maestà, sperando farla mutare de proposito, et per questo ella ce exhorta che vogliamo cercare et trovare qualche expeditione de acordo cum la Santità di Nostro Signore secundo li capituli che per el dicto Monsignore de Trans ce serano mostrati : perchè la Vostra Christianissima Maestà in quello che tocca le rasuni et prerogative de sua San^ta de Sancta Ghiesia et de la sede apostolica non vole mancare; si como più a pieno per dicto Monsignore de Trans per parte de la Serenissima Maestà Vostra ce sera dicto et demostrato. Doppo la continentia de quanto è sopradicto, esso Monsignore de Trans in nome de la V. Christianissima Maestà ce ha rechesti che incontinenti debiamo dare ne le mane de lo Illmo S. Duca Valentino, Faenza, Castelbolognese et Ducati Diese millia omne anno insino a diese anni : Ale quale cose sopra dicte respondemo como comprehendemo che a la Ser^ma Maestà Vostra è sta riferito, et dato noticia sinistra de Nui, et della quale non semo culpevoli ne meritemo reprehensione alcuna; si como per infiniti modi se cognosce, et apertamente se intende. Sono già cinquantatri anni passati insino al tempo de la felice memoria de papa Nicola che nui ce conduxemo a lumbra de Sancta Romana Ghiesia et de la sede apostolica cum li capituli conventioni forma, et modi che se contengono in essi capituli che furno facti et solennemente celebrati in quello tempo cum la prefata felice memoria de papa Nicola : li quali successivamente per ciascuno suo successore per Bolla piumbata sono sta approbati, et confirmati. Questo medesemo e sta facto per la Sta de N. S. el quale parimente ha confirmato et approbato li predicti nostri capituli : si como ha facto ciascuno de tutti li altri soi predecessori. Nui dapoi che dicti Capitoli furno facti mai li habiamo contravenuto. Ma de continuo li habiamo observati cum summa reverentia et obedientia a tutti li pontifici passati et etiam ala Beatitudine de N. S. in modo che nui non meritemo de essere represi in alcuna parte. Chel sia sta avisato la V. Christianissima Maestà che nui non habiamo facto grande estima ne conto de le demostratione, che per sua parte ce ha facto Monsignore de Trans suo oratore, ne de le littere che quella ce ha scripto. Nui de questo havemo tanto dispiacere et molestia che per nostre littere non el poteressemo sufficiente-

mente fare intendere a la V. Christianissima Maestà a la quale
è sta dato aviso de quello che a nui per alcuno modo se po
imputare : perchè de tutte le demostratione che ce ha facto la
V. Ser^{ma} M^{ta} per megio de Mon^{re} de Trans, et de tutte le cose
che lui ce ha dicto per parte de quella, et etiam de tutte le littere che ce ha scripto la Christianissima M^{ta} V. ne habiamo
facto tanto estima, tanto conto, capitale, et tanto glie habiamo
havuto respecto chel non è possibile che cum littere, ne etiam
cum viva voce el potessemo explicare ne fare intendere a la
V. Sacra M^{ta}. Et questo facilmente la M^{ta} V. per la sua con-
sueta prudentia et sapientia el po cognoscere et tenere per certo :
como quella che scia che nui, questo populo et questa cita
insino al principio che fu edificata et fundata habiamo de continuo, et in omne tempo portato summa reverentia cum per-
fecta fede, et devotione a la sede et Corona de Franza, et maxi-
mamente a la V. Christianissima M^{ta} per avere quella tolta in
sua protectione, et per essercegli nui dedicati cum tutto el core
et cum omne compimento : le quale cose sono de tanta efficatia :
che non possemo credere ne per alcun modo persuadere che la
sacra M^{ta} V. se possa indure a credere alcuna cosa sinistra che
nui per essergli tutti devotissimi figlioli, et fidelissimi servitori. Havemo gram piacere : che la V. Sacra M^{ta} sia ben dis-
posta ad non volere mancare ale rasuni et preminentie : quale
ha Sancta Romanã Ghiesia, la sede apostolica et la Santità del
N. S. cum Nui. A questo el non accade : che nui molto ce exten-
damo ni fare scusa alcuna apresso la Christianissima M^{ta} V.
perchè si como habiamo sopra dicto nui non habiamo contravenuto ali Capituli quali habiamo cum la Sta de N. S. cum Sancta
Ghiesia et cum la sede apostolica, immo glie habiamo observati
et mantenuti in modo che le rasuni le prerogative et preminentie de Sancta Romana Ghiesia et de la Sta de N. S. non son
damnificate in cosa alcuna : immo sono state mantenute et
observate in quello modo et in quella forma : che in dicti Capituli se contene. Il che essendo cussi preghemo, et supplichemo
a la V. Christianissima M^{ta} che quando de Nui glie è facto
alcuna sinistra relatione, non glie voglia dare fede alcuna : Ma
se digni darcene aviso, et nui dal canto nostro sempre glie
faremo constare la nostra innocentia in tale forma che aperta-

mente cognoscera la justitia et la rasone essere per nui et dal canto nostro. Circa la rechesta che ce ha facto el prefato Mon^re de Trans : che debiamo incontinenti dare Faenza et Castelbolognese et diese millia Ducati lanno per diese anni a lo Illmo S. Duca Valentino, Dicemo : che nui non habiamo auctorita superiorita ne possanza alcuna per la quale nui possiamo dare Faenza al S^re Duca antedicto. Quanto a Castelbolognese, Dicemo chel non è justo ne honesto che questa cita et questo populo se debia privare de Castelbolognese per darlo al dicto S^re Duca. Ne etiam habiamo commesso cosa alcuna per la quale debiamo dare per tempo de diese anni Ducati diesemillia lanno : le quale cose : como quelle che sono fora del dovere e del honesto, non credemo che da alcuno possano essere laudate ne approbate. Lecto che nui hebbemo la sopradicta littera de la V. Christianissima M^ta et audito et inteso tutto quello che è sopradicto da esso Ill. Mon^re de Trans, et facte che nui glie hebbemo le conveniente et debite resposte, el Commissario de la Sta de N. P. el quale è qui ce presento uno Breve apostolico in nome de la sua B^ne per lo quale quella ce exhorta et comanda sotto censure et pene ecclesiastiche che Nui in Castelbolognese, et ne li altri lochi et Castelle del Conta et destrecto de Bologna debiamo admettere lo Ill. Mon^re de Alegra cum le sue Gente darme Capitaneo de la V. Christianissima M^ta et etiam le Gente de la sua B^ne overo del S^re Duca Valentino, et glie debiamo dare aiuto et favore contra Faventini, et provedere ad esse Gente darme de Victuarie per honesto et justo pretio. Recevuto et acceptato el dicto Breve apostolico cum summa et debita reverentia, et quello ben lecto et inteso, Resposemo al dicto Commissario : como essendo Nui fidelissimi Servitori et devotissimi figlioli de Sancta Romana Ghiesia et de la Sta de N. S. eramo de bono animo prompti et bem disposti ad acceptare lo Ill. Mon^re de Alegra et le sue Gente darme, et quelle de la Sta de N. S. overo del Duca Valentino et de prestargli aiuto et favore et de dargli victuarie contra Faventini et de obedire a la Sta de N. S. et de fare tutto quello che in esso Breve ce era imposto et comandato : Il che essendo cussi senza dubio alcuno nui non possemo essere notati ne imputati de cosa alcuna. Delche ce è parso dare aviso a la V. Ser^ma M^ta azo che ella intenda et cognosca la nostra bona volunta et la nostra obedientia verso la Sta de N. S. et Sancta Romana Ghiesia. De la quale cosa credemo : che la V. Christianissima M^{ta} como nostro bom protectore ne recevera gram piacere et contentamento perche quella cognoscera et apertamente intendera Nui essere fidelissimi Servitori, et obedientissimi figlioli de la Sta de N. S. et de Sancta Romana Ghiesia. Pertanto essendoce Nui questo Stato et questa Cita, et questo populo datose in protectione de la V. Christianissima M^{ta}, pregamo et supplicamo a quella : como quilli che ce glie semo dedicati cum tutto el core non ce voglia ni alcuna parte mancare : Ma se digne mantenere et confermare secundo che se contene ne la protectione che ha tolta de Nui et sicomo speremo et ce confidemo ne la V. Sacrat^{ma} M^{ta} alli comandamenti de la quale sempre semo paratissimi. Bononie, die xj februarij M CCCCC primo.

(Archives de Bologne. — *Archivio del Comune.* — *Litterarum,* 1500 ad 1505, 54 v°.)

Lettre du 17 octobre 1502.

Serenissimo principi ac Sacre et Christianissime Regie M^{ti} Francorum etc., patri et Domino et protectori nostro observantissimo.

Sexdecim etc. Serenissime princeps ac sacra et Chr^{ma} Regia M^{tas}, Domine ac pater et protector noster observantissime. Post commendationes. Al presente havemo recevuto littere de la V. Ser^{ma} et Chr^{ma} M^{ta} de di xxiiij de septembre passato : per le quale ella ce exhorta a redure questa Cita a la obedientia de la Sta de N. S. et de la Sede apostolica et ad obedire et a fare el dovere de la rasone verso soa B^{ne} altramente che la Chr^{ma} M^{ta} V. è in resoluta deliberatione consultata più volte et determinata per el suo Conseglio de aiutare succorrere, et favorire cum tutte le soe force etiam cum la propria persona la Sta de N. Sig^{re} et la Sede apostolica. Avisandoce pero che vole mantenere la sua protectione al M^{co} Meser Zoanne di Bentivogli et sue Donne et soi figlioli : le quale cose che ce ha scripto la M^{ta} V. havendole nui maturamente examinate, et bem considerate ce inducono in grande admiratione : perchè ne da la Sta de N. S. ne etiam da altri a Nui se po imputare alcuna desobedientia, ne mancamento in alcuna rasone de la soa Sta, immo insino a qui de continuo siamo stati in bona et vera obedientia a tutti li pontifici passati et a la sua B^ne et a Sancta Romana Ghiesia poi che capitulassemo cum essa et cussi glie habiamo facto el dovere de tutte le sue rasune, et questo' medesemo intendemo de fare per lo advenire. Solo resta che la sua Sta como clementissimo padre justo S^re et bom pastore a Nui soi devotissimi figlioli et fidelissimi servitori non facia torto : ma ce mantenga le nostre rasuni, li pacti, le conventioni et li nostri Capituli : quali habiamo cum Sancta Romana Ghiesia, et cum la sua Sta et cum lo Illmo S. Duca Valentino. Quando questo se facia la Chr^ma V. M^ta sera liberata da queste domande fora de omne rasone : che spesse volte glie sono facte. De lanno Millequattrocentoquarantasepte Sancta Ghiesia in questa Cita non havea Legato Officiali superiorita preminentia, ne jurisdictione alcuna : ma Nui et questo populo eramo in mera, et simplice liberta, et alhora essendo in pontificato la felice memoria de papa Nicola ce reduxemo sotto lumbra de Sancta Ghiesia, et cum essa fecemo pacti, Capituli et conventioni : che ella infra le altre cose dovesse mandarce el suo Legato, el podesta e un Thesauriero, et che ce fusseno tutti li Magistrati : li quali havesseno ad essere cum esso Legato al Governo, et Regimento de la Cita : como apieno appare del tutto per soa Bolla piombata ad futuram rei memoriam et ex certa scientia de esso papa Nicola, ne la quale dice : como la sua Sta in suo nome et in nome de Sancta Romana Ghiesia, et li Ambassatori de Bologna in nome de questa Comunita et de questo populo hano facto li sopradicti pacti, Capituli et Conventioni. Queste sono le rasuni che ha Sancta Ghiesia, et el Summo Pontifice in questa Cita per pacti facti, et etiam sonno quelle che nui habiamo cum loro le quale furno et sonno cum evidentissima utilita de Sancta Ghiesia perchè prima non cavava de qui cosa alcuna ne ce havea superiorita, et hora ne cava utile, et ce ha el suo Legato et li soi officiali, et ne reporta honore et reputatione. Pertanto essendo quisti Capituli pacti et conventioni tra Sancta Ghiesia da uno canto, et questa Cita, et questo populo da laltro canto ex certa scientia et ad futuram rei memoriam, Dicemo che non se possono mutare ne se li po dare altra forma se tutte doe le parte non ce consenteno, et tanto quanto sera memoria de homini suso la terra debbeno essere observati da ciascuna de le parte, et maxime da la sua Sta perchè essendo ella vero Vicario de Dio el debbe essere ne la sua B^{ne} sola più observantia de pacti facti cum Sancta Ghiesia, et de fede data per essa : che non è in tutti li principi del Mondo, et cussi la V. Sacra M^{ta} per essere quella Re Chr^{mo} glielo doveria volere recordare, et tanto più debbe volere fare voluntiera questo officio : quanto che quando la sua B^{ne} desse questo principio de non essere obligata ad observare la fede e li pacti facti cum el summo pontifice et cum Sancta Ghiesia, anchora per lo advenire expectando el tempo commodo a lui similemente la sua Sta poteria dire non essere obligata de observare a la V. Chr^{ma} M^{ta} li pacti et li Capituli facti sopra el Reame de Napoli : perchè cussi som pacti et Capituli quilli de Napoli : como sono quilli de Bologna. Ala quale cosa debbe volere bene considerare la V. M^{ta} oltra li soprascripti nostri Capituli, conventioni et pacti facti cum Sancta Romana Ghiesia, Benchè el ce fusse el nostro Magistrato non dimeno la degna memoria de papa Paulo per la sua Bolla piombata ad futuram rei memoriam et ex sua certa scientia intra le altre cose confirmo esso nostro Magistrato, et volse chel M^{co} Meser Zoanne de Bentivogli sopradicto ce fusse per continuo et perpetuo. Li soprascripti Capituli, conventioni et pacti facti cum Sancta Ghiesia et la Bolla de papa Nicola, et quella de papa Paulo sonno sta approbati et confirmati da tutti li pontifici che sonno sta per lo tempo. Questo medesemo ha facto la sua Sta per sua Bolla apostolica piombata ex sua certa scientia et ad perpetuam rei memoriam. Se questo non è bastevole ad confirmatione et iustificatione de le rasuni nostre apresso la sua B^{ne} et apresso la V. Chr^{ma} M^{ta} nostra protectrice, Lo Illmo Signore Duca Valentino et nui lanno proximo passato fessemo Capituli, Conventioni, et pacti inseme, et intra li altri el se contiene in quilli como lui ce promette che questa Cita et questo Stato, et Terre possedute da esso per lo advenire da alcuno non seremo più molestati, et che quando la Sta de N. S. havesse nel animo suo concepto qualche sdegno, o mala disposizione contra de nui che la sua B^{ne} totalmente la deponera et ce recevera in bona gratia et che confirmara el tutto et questo Regimento, sicomo fece nel principio del suo pontificato per la soprascripta sua Bolla piombata, et per questo glie dettemo Castelbolognese. Inteso el tutto la sua B^ne sotto di diese del mese de Genaro proximo passato del presente anno per suo Breve apostolico approbo et confirmo tutto quello che è sopradicto, et tutto quello che se contiene ne li sopradicti Capituli : le quale cose tutte essendo cussi, cum la V. Chr^ma M^ta como cum quella che ce è protectore et che suso la fede sua in verbo Regio ce ha promesso de defenderce et de conservarce da ciascuno de qualunqua dignita se sia grandemente ce dolemo et lamentemo che la B^ne de N. S. et el Duca Valentino non ce vogliano observare immo ce vogliono rompere li Capituli, li pacti et le Conventioni che havemo cum loro le quale cose sono molto remote et aliene da la dignità da lo officio et debito suo. Havendo nui già qualche dubio de simile occurrentie per alcune cose che ce erano sta referite havessemo refugio a la V. Chr^ma M^ta che se dignasse de torce in protectione per potere essere securi da Roma che da alcuno altro loco nui non haveamo dubio alcuno : la V. M^ta bene examinata et consultata la materia cum bono conseglio et matura deliberatione del R^mo Mon^re Car^le Roam et de li soi Conseglieri : li quali dixeno che questo se potea fare, tolse in sua protectione tutto questo stato et Regimento, et Governo nostro et de questa Cita et suo Contado et el M^co Meser Zoanne Bentivoglio cum li soi figlioli et cum le loro facultà, Beni et preheminentie, et per essere bem securi da Roma sotto questa protectione : che da altro loco non temevamo cosa alcuna voluntiera pagassemo Ducati Quarantatre millia benche lo Instrumento de la protectione dica solo de Quarantamillia li quali non haveressemo pagati, quando havessemo creduto che essa protectione non ce fusse sta observata : ne la quale salvis Juribus Ecclesie la V. Chr^ma M^ta ce ha promesso in verbo Regis sotto la sua bona fede, como bono et optimo protectore de defenderce et de conservarce perpetuamente da ciascuno de qualunqua dignita se sia, como è predicto. Il che essendo cussi dicemo : che Nui de continuo habiamo prestato obedientia a la Sta de N. Sig^re et servato le rasuni de la Ghiesia, et li Capituli, pacti et conventioni che havemo cum essa in modo che non ha alcuna justa casone de poterse dolere : la quale cosa essendo sta qui bene examinata da li nostri Doctori et jurisconsulti del nostro studio dove sonno homini de summa scientia et singulare doctrina dicono tutti che la V. Chr^ma M^ta como justo et vero et Chr^mo Re non solo non puo de rasone fare aiuto o favore a la Sta de N. S. contra questa Cita contra questo stado et contra Nui cum li quali per la Bolla de papa Paulo è coniuncto, unito, mixto et incorporato el M^co Meser Zoanne Bentivoglio sopradicto. Ma per vigore de la nostra protectione è tenuta de defenderce et de conservarce da ciascuno el quale ce volesse molestare et offendere, et per più confirmatione de questo tutti dui li Collegii de li Doctori del nostro Studio cussi de rasom Cannonica como de rason Civile hano consegliato in ampla et autentica forma : como la Sta de N. S. è obligata de rasone de observare li pacti li Capituli et le Conventioni : che havemo cum Sancta Romana Ghiesia, et che la M^ta V. è tenuta et obligata de defendere, et de observare la nostra protectione, et el Conseglio de li dicti nostri Collegij non dubitemo sera approbato da tutti li excellenti Doctori de Italia : el quale infra pochi di mandaremo a la V. Chr^ma M^ta et al suo sapientissimo Conseglio et Collegio de Parise : azoche la V. Chr^ma M^ta se possa excusare cum la Sta de N. S. como ella e obligata de aiutarce et de defenderce et successivamente essi nostri Doctori et Jurisconsulti dicono che quando li Conseglieri de la M^ta V. intenderano le soprascripte rasuni nostre dirano et confirmarano questo medesemo a la Ser^ma M^ta V. la quale como nostro bom et vero protectore de continuo ha dicto a nostri oratori secretarij et Mandatarij che ce volea mantenere la nostra protectione, et al R^do nostro protonotario di Bentivogli dixe che tanto havea operato cum la Sta de N. S. che più non pensaria a li facti nostri et che seressemo securi da essa et sempre glie dixe che ce volea mantenere la nostra protectione, et ne la sua partita da la V. Chr^ma M^ta glie promise sotto la sua Regia fede che era contenta ce defendessemo et che mai non seria contra de nui. Pertanto preghemo et supplichemo a la M^ta V. che se digni operare che la Sta de N. S. et lo Illmo S. Duca Valentino non ce molestino et non ce offendano : ma che mantengano le nostre rasuni et li nostri Capituli pacti et Conventioni che havemo cum essi. Certificando la M^ta V. che questa Cita et tutto questo populo per non volere essere iniurati et suppeditati non tralaxarano cosa alcuna che sia da possere fare. Del che poteria essere che poi in queste parte ne seguiria tanti et tali disturbi che poi seriano cum displicentia de altri. Pertanto de novo supplichemo a la V. Chr^{ma} M^{ta} che se digni de volere provedere, et fare intendere dove li pare chel ce lo interesse de lhonore suo perche quando el se intendesse : che ella non aiutasse quelli che ha in protectione et che ella glie mancasse el seria in tale modo leso lhonore suo apresso tutti li potentati del Mondo in forma che per lo advenire li altri non se confidariano de redurse sotto la sua fede et sotto la sua protectione. Nui non ce extenderemo più oltra tenendo per certo che la V. Chr^{ma} M^{ta} provedera in tale modo : che nui et li altri soi racomandati sempre serano per tutto securi conservati et bem reguardati perche molto se convene alhonore de la V. Chr^{ma} M^{ta} che niuno sotto la protectione sua sia molestato, iniuriato o dannificato. Certificando la M^{ta} V. che in Italia non è sotto la sua protectione Cita ne populo alcuno che sia verso essa de magiore affectione ne di magiore fede che nui : ali Comandamenti de la quale de continuo semo paratissimi. Bononie, die xvij octobris M CCCCC secundo.

(Archives de Bologne. — *Archivio del Comune.* — *Litterarum,* 1500 ad 1505, 155 v°.)

Lettre du 27 décembre 1502.

Regi Francie.

Sexdecim etc. Serenissime princeps, ac Sacra et Chr^{ma} Regia M^{tas} Domine et protector noster observantissime. Post debitas Commendationes. Retrovandose allogiato nel Territorio de Imola Gente darme de la V. Chr^{ma} M^{ta} uno homo darme de la Compagnia de Mon^{re} de Chiamon[1] prese ne la nostra Jurisdictione uno nostro subdito da Casale, et lo tenea in districto, et glie deva diversi tormenti como se fa a li Inimici afim che lui se ponesse la taglia a sestesso et che se rescodesse. Li figlioli et certi suoi parenti andono là per rehaverlo et feceno instantia chel fusse liberato,

1. Chaumont.

et non volendo relaxarlo lhomo darme li figlioli et li parenti del presone vennéno a rixa et contesa cum lui in modo chel fu ferrito, del che ne successe la morte sua, nui como prima intesemo la cosa ne presemo gram displicentia, et subito mandassemo là uno nostro Commissario cum certi Balestrieri a pigliare li delinquenti a finchè fussemo debitamente puniti. Il che non possette succedere perche loro senza alcuna indusia se ne fugirno in modo chel nostro Commissario non li possette pigliare, nondimeno processe contra li loro beni quanto più li fu possibili sicomo del tutto fecemo constare a lo Ill. Mon^{re} de Montesom[1] cum el quale fecemo tutte le debite et conveniente nostre excusationi, in modoche ce persuadevamo che da nui dovesse remanere bem satisfacto, et tenevamo per certo che el dovesse bem judicare che li nostri subditi et li nostri Citadini li quali non sono in alcuna colpa non dovesseno portare pena per quilli tristi che haveano peccato, et commesso el delicto, ma la cosa è successa altramente, et contra omne nostra opinione. Doppo questo lo Ill. Mon^{re} Gemello[2] Regio Gubernatore a Parma in nome de la V. Ser^{ma} et Chr^{ma} M^{ta} ce rechesse che volessemo dare transito per questa Cita, et per questo Territorio al prefato Ill. Mon^{re} de Montesom cum la sua compagnia, et Gente darme de la V. M^{ta} esso Mre de Montesom parimente per parte de la V. Chr^{ma} M^{ta} che rechesse de questo transito per lui et per le sue Gente darme et che glie volessemo fare provedere de allogiamenti et de victuaglie, et che loro pagariano el tutto de soi denari a justo et honesto presio. Inteso che hebemo la richesta de cera facta per parte et in nome de la M^{ta} V. senza alcuna indusia per satisfare al desiderio et a la volunta soa, et etiam per compiacere esso Mre de Montesom glie mandassemo sei nostri Commissarii a lo incontro li quali li recevesseno, et commodamente glie allogiasseno, et conducesseno insino fora de le nostre confine et per più compimento et per piu demostratione de Reverentia nostra verso la Ser^{ma} V. M^{ta} glie mandassemo li spectabili et Generosi Conte Hercules di Bentivogli et Meser Antonio da la Volta Cavalliero per nostri Ambassatori

---

1. Montoison.
2. Gimel.

tutti dui de li piu degni Zentili homini de questa Cita li quali de continuo acompagnasseno et stesseno apresso esso Mon^re de Montesom, persuadendoce che questa nostra bona et laudabile opera non potesse gettare se non bono et optimo fructo da la sua S^ria et precipue da la V. Chr^ma M^ta ma la cosa non è seguita secundo la opinione nostra. Immo ne siamo sta molto male recambiati perchè quando li prefati nostri Ambassatori hebeno acompagnati insino a le Confine nostre Mon^re de Montesom, nel voltarse et retornarsene in qua Mon^re de Richao Locotenente de M^re lo Gram Metre cum lo aiuto de le altre sue Gente darme li ha presi et menati via como se fusseno stati due persone vile et abiecte senza havere respecto che fusseno nostri Ambassatori, et che rapresentasseno tutto questo populo et tutta questa Cita. Delche nui et tutti li nostri Magistrati et tutto questo populo ne havemo tanto dispiacere, et tanta molestia che a sufficientia non lo potressemo explicare. Considerato che tutti li potentati de Italia et fora de essa sapiando loro nui essere sotto la protectione de la V. Chr^ma M^ta et essere nui suoi boni veri et fidelissimi servitori quando intenderano questo acto alieno da omne rasone et da omne honesta ne farano qualche sinistro judicio, ma speremo che la V. Ser^ma et Chr^ma M^ta como quella che è justissima et prudentissima fara bona debita et conveniente provisione, et comandara che li nostri Ambassatori serano subito liberati et totalmente cum tutte le sue robbe relassati, ne vora comportare che in questo modo siamo sta lesi et iniuriati. Considerato che li Ambassatori de le Communita per tutto el mondo sono liberi et securi, et tanto piu debeno essere securi li nostri dui sopradicti quando che erano sotto lombra sotto la fede et ne li servitij de la V. Ser^ma M^ta. Nui in nome de quella como è sopradicto fussemo rechiesti de questi allogiamenti et nui per seguire acompimento el desiderio la volunta et la richesta de la Chr^ma M^ta V. et per compiacere Mre de Montesom sopradicto glie mandassemo essi nostri Ambassatori : che mo ce siano Stati presi et menati via non possiamo credere che questo debia essere per alcuno modo comportato da la M^ta V. perche chi fa bene et cose honorevele et de complacentia a li suoi superiori da essi per alcuno modo non debeno essere male tractati. De la quale cosa ne seguitariano infiniti inconvenienti. In fra li altri el ce seria questo : quando la V. M^{ta} per lavenire ce rechedesse de transito per le sue Gente darme che havesseno a passare da questo canto nui non trovaressemo Commissarij ne Ambassatori che glie volesseno andare ad allogiare como quilli che non li pareria per alcuno modo de essere securi da le vostre Gente darme quando fusseno state allogiate da essi : la quale cosa ce daria una suprema displicentia et tristeza de mente : perche quando fussemo rechesti de simili transiti da la M^{ta} nui non poressemo satisfare a sua richesta sicomo seria nostro officio nostro desiderio et nostro debito. Il che essendo cussi summamente preghemo et supplichemo a la V. Ser^{ma} et Chr^{ma} M^{ta} che se digni comandare che li sopradicti nostri Ambassatori siano cum effecto incontinenti relaxati cum tutte le sue robbe et cum tutte le sue cose sicomo nui fermamente speremo et ce confidemo ne la V. Chr^{ma} M^{ta} certificando quella che nuj habiamo facto allogiare esso Mon^{re} de Montesom et tutte le sopradicte Gente darme in questo suo transito bene et commodamente et senza alcuno pagamento per reverentia de la V. Chr^{ma} M^{ta} in modo che nui non meritavamo questo sinistro cambio da loro. Circa cio nui non ce extenderemo altramente perche el satisfara a boccha et a viva voce lo egregio Evangelista di Scappi nostro dilectissimo Citadino exhibitore de questa : el quale mandemo a posta per la liberatione de li prefati nostri Ambassatori a la V. M^{ta} supplicando a quella che se digni prestargli 'indubitata fede in tutto quello che in nostro nome exponera circa questo a la V. Ser^{ma} et Chr^{ma} M^{ta}, a li comandamenti de la quale sempre semo paratissimi.

Bononie, die xxvij decembris M CCCCC II.

(Archives de Bologne. — *Archivio del Comune*. — *Litterarum*, 1500 ad 1505, 170 v°.)

Lettre du 18 janvier 1503.

Regi Francie etc.

Sexdecim etc., ac Joannes Bentivolus.
Serenissime princeps ac sacra et Chr^{ma} Regia M^{tas} Domine et protector noster observantissime. Post debitas Commendationes.

El ce demostra et ce scrive la V. Ser^{ma} et Chr^{ma} M^{ta} che per la benivolentia et per lo amore quale sempre ce ha portato grandemente se è alegrata de lo assetto et apunctamento quale habiamo facto cum la Sta de N. S. et cum lo Illmo et Exmo Sig^{re} Duca Valentino. In questo la V. Chr^{ma} M^{ta} como nostro bono et vero protectore padre et patrone fa verso nui suoi devoti figlioli et fedeli servitori sicomo recerca la devotione reverentia et sincera fede che glie portemo; la quale, è tale et tanta che in Italia el non ce è Cita ne ce sono populi che ne siano al pari in modo che la M^{ta} V. po veramente dire che nui siamo veramente perfecti Franzosi et veri et Fidelissimi Servitori de la V. Chr^{ma} M^{ta} la quale summamente rengratiemo che de questo assetto se sia alegrata cum nui al quale siamo devenuti molto voluntiera et de tanto migliore voglia quanto che intendeamo et cognosceamo cussi essere desiderio de la Chr^{ma} M^{ta} V. la quale etiam ce scrive come ha inteso che in certi lochi de la nostra Jurisdictione essendo allogiati alcuni suoi homini darme sopra le confine per alcuni nostri Villani sono sta morti essendo loro ne li lecti et che amazorno li Ragacci che se trovavano parlar Franzoso. De la quale cosa nui non poteressemo explicare quanta displicentia et quanta perturbatione de animo ne habiamo recevuto. Certificando la V. Chr^{ma} M^{ta} che per quello possiamo comprehendere eglie sta reportato cose molto aliene da la verità. Ma azoche ella intenda bene el tutto nui glie explicaremo la natura de la cosa la quale è questa. Retrovandose allogiato nel territorio de Imola Gente darme de la V. Chr^{ma} M^{ta} uno homo darme de la Compagnia de Mon^{re} de Chiamom sopra le confine prese ne la nostra Jurisdictione uno nostro subdito da Casale et lo tenea in distrecto et li dava diversi tormenti como se fa a li Inimici in tempo de guerra afinche lui se ponesse la taglia a se medesemo, et che se rescodesse. Li figlioli et certi soi parenti andono là per rehaverlo et feceno instantia che el fusse liberato, et non volendo lhomo darme relaxarlo li figlioli et li parenti del presone veneno a rixa et a contesa cum lui in modo che el fu ferito del che ne successe la morte sua. Nui como prima intesemo la cosa ne presemo gram dispiacentia et subito mandassemo là uno nostro Commissario cum certi Ballestrieri a pigliare li delinquenti afinche fusseno debitamente puniti. Il che non possette succedere perche loro senza alcuna indusia se ne fugirno in modo chel nostro Commissario non li possette pigliare : sicomo alhora del tutto fecemo constare a lo Ill. Mon^re de Montesom cum el quale fecemo tutte le debite et conveniente nostre excusationi in modo che ce persuadevano che da nui dovesse remanere bem satisfacto, tenendo per certo che el dovesse bene judicare che li altri nostri subditi, li quali non sono in alcuna colpa non havesseno a portar pena per quilli tristi che haveano peccato et commesso el delicto sicomo per una altra nostra a pieno habiamo scripto a la V. Ser^ma et Chr^ma M^ta in modo che credemo che in questa parte rimanga bene satisfacto da nui, oltra quello che circa ciò ce ha scripto la V. Chr^ma M^ta lo Illmo Mon^re de Chiamom Gram Maestro de Franza Locotenente de la M^ta V. a Milano ce ha mandato Dui oratori li quali ce hano exposto per parte et in nome de la Ex^tia Sua in quella medessema substantia che ce ha scripto la V. Chr^ma M^ta et se sono extesi como sono sta morti li Ragacci che parlavano Franzoso sicomo etiam scrive la Ser^ma M^ta V. et che sono sta ferriti et morti Cavalli de soldati Franzosi.

De la quale cosa parimente como è sopradicto ne habiamo affanno assai et gram tristezza de mente ; et a questo dicemo che alcuni de li sopradicti homini darme per vendicarse del caso del morto soprascripto andorno per offendere li homini nostri da quello canto et loro vedendo questo preseno le arme solo per defenderse da essi homini darme et non per iniuriarli et in questa loro difesa accadette che alcuni Cavalli furno ferriti et niuno e morto ne etiam sono sta morti Ragacci alcuni de alcuna sorte, et tenemo per certo che quando ne fusse sta morti nui per qualche modo lo haveressemo inteso et tanto più credemo che non sia sta morti : quanto che li patroni ne altri non se ne sono doluti, et quando cussi fusse sta facto ne havveressemo facto qualche Demostratione. Circa li Cavalli ferriti Nui ce offerimo a fare pagare et emendare el danno che è successo, et non obstante che mandassemo li nostri Ballestrieri quando el successe la morte del sopradicto homo darme per pigliare li delinquenti nondimeno pensando nui che potessemo essere tornati gli li habiamo remandati altre volte a tempo de nocte per pigliarli et insino a qui non se hanno possuto havere per non essere loro retornati, ma habiamo posto bono ordine de essere avisati secretamente se retornarano, et possendo nui haverli et pigliare subito ne daremo aviso a la V. Chr^ma M^ta et de loro ne faremo quella punitione che ella ordinara, vora et commettera, certificandola che per essere nui devotissimi a la Ser^ma M^ta V. et per esserli dedicati cum tutto el Core a tutte le sue Gente darme che sono passate et retornate per questa Cita et per questo Territorio da una confina a laltra de continuo glie habiamo facto una bona et lieta ciera et sempre glie habiamo mandato a ricontro de li nostri Commissarii che le hanno allogiate bene et utilemente cum tutte le loro comodita et senza alcuno pagamento, et per lo simile gli habiamo mandato nostri digni Ambasciatori che le hanno acompagnate honorevolemente cum tutte quelle humanita che sono sta possibile a potere usare, et questo medesemo faremo per lo avenire in perpetuo sicomo recerca et se convene a la Devotione nostra, et a la sincera fede et reverentia quale portemo a la V. Ser^ma et Chr^ma M^ta Nui per le occurrentie sopradicte mandiamo uno nostro Mandatario a posto a Milano a fare le nostre debite et conveniente excusationi cum lo Illmo Mon^re de Chiamom Locotenente de la Chr^ma M. V. a la quale suplichemo che se digni per sue littere exhortarlo a volere admettere et aceptare le nostre excusationi sicomo ce confidemo et speremo ne la Ser^ma et Chr^ma M. V. a li comandamenti de la quale sempre semo paratissimi.

Bononie, die xviij januarii M CCCCC III.

(Archives de Bologne. — *Archivio del Comune.* — *Litterarum*, 1500 ad 1505, 175 v°.)

II.

Ordonnance de Louis XII
sur la police des troupeaux du royaume de Naples
(19 août 1502).

Rex Francorum, regni Neapolis, dux Mediolani etc.

Banno et comandamento da parte de lo christianissimo et serenissimo Re de Franza et del regno de Napoli, duca de

Milano, etc., del bestiame grosso et menuto havera da descendere et calare in Puglia in lo anno dela vi[a] indictione in la regia dohana, secundo e solito et consueto descendere in Capitinata contato de Molisi.[1] et Apruzo, et de quanto se havera da observare per li subditi et fideli de sua maesta o altri foresteri che descendessero in dicta dohana con loro bestiame de qualsevoglia sorte.

I. In primis, vole et comanda la predicta maesta che non sia nulla persona de qualsevoglia stato et condicione se sia che caccie, cacciare et menare templa ne presuma pecore ne qualsevole altro bestiame grosso o menuto fora de quisto regno ad pasculare ne ad fidare, ne dare passo per passare dicto bestiame sub pena de unce de oro mille da applicarese al regio fisco.

II. Item, la predicta maesta in sua bona fede et parola affida et assecura tucte pecore o altro bestiame tanto grosso como menuto che venera dintro o fora de dicto regno ad pasculare per la invernata, et primavera in Puglia, terra de Bari, Capitinata, et Apruzo patruni gregari conducturi et pasturi de epse pecore in lo regno predicto tanto in lo venire farranno quanto in lo stare et retornare guardase per tanto qualsevoglia persona de qualsevoglia stato o condicione se sia fare ali predicti et qualsevole de ipsi animali qualsevole offesa o danno sub pena che incorreno quilli che contraveneranno ala securita et fede publica data per epsa maesta ut supra, si dali predicti et animali predicti, niente de meno sua maesta satisfara et farra con effecto satisfare ut supra ali predicti affidati de omne damno che li fosse facto e seli facesse al dicto bestiame patruni pecorari et altri custodi de epse in lo presente regno da omne persona, tanto amici fideli et subditi de epsa maesta quanto da inimici ad bona usanza de arte secundo per lo passato e stato constumato e usato.

III. Item, vole et comanda la predicta maesta christianissima che qualoncha persona de dicto regno havesse pecore o altro bestiame grosso o menuto fora del dicto regno siano tenuti et debiano remecterlo dentro lo regno predicto dacqua ad un mese

1. Le comté de Molise, comprenant les villes de Isermias, Bojano, Larino, Tivento. V. Corti, *Le Provincie d'Italia*, Reg. Abruzzi et Molise (1890, in-8º).

dala presente data ala pena de unce ducento de oro per ciaschuno patrone de bestiame che in questo fosse negligente o tardo o contrafaciente.

IIII. Item, notifica la dicta maesta christianissima che qualoncha persona del dicto regno o forestero de qualsevoglia stato et condicione se sia che voglia affidare pecore o altro bestiame grosso o menuto levato, et posto dalloro Case terreno et confine del regno franchi et securi in Puglia, terra de Bari et Capitinata paghera quello e solito et consueto et secundo le tenute li seranno consignati per li officiali dela dohana franchi de passi et erbe secundo e stato solito usato et constumato per li tempi passati.

V. Item, acteso la predicta maesta affida et assecura ut supra dicte pecore et bestiame et falli franchi de passi et erbe, guardasi qualsevoglia persona, universita, et collegio per causa et qualsevole dericto dericto (sic) per qualsevoglia passo impedire lo contransito de dicti animali patruni gregari conducturi et pasturi de quilli sive da quelle passagi o alcuna cosa exigesse o exigere togliere o levare facesse socto pena che incorreno quilli che infrengono la securita regale puplica ut supra data ali quali se donera prompta exequcione contra quilloro che contravenerranno ala securità puplica.

VI. Item, accioche ciaschuno se guarda contravenire ale cose pre dicte vole, et comanda la predicta maesta che ad quilli ali quali sera dato inpedimento per tale causa de passo o de alcuna cosa li sera tolto et exapto per tale causa o vero adchi deli predicti sera facta alcuna offesa o danno dato in lo venire stare, et retornare in la fede predicta soccedendo tale cose in lo Camino farra, in lo venire stare et retornare che farra dicta dohana debiano recorrere ali officiali vicini ali lochi dove lo caso succedera, et subcedendo el caso in li lochi de dicta dohana debiano recorrere ali cavallari in quilli lochi deputati et denunciare lo caso succeso, et eo casu dicti officiali et cavallari, cio, e, ciaschuno el quale caso sera denunciato debeano de continente inquirere del caso succeso et providere ala indempnita de quilli che haverranno el caso denunciato senza dilacione alcuna et mora, inde remectere la denunciacione facta et la inquisicione sequita et provisione per ipsi facta al dohanero dela predicta dohana senzache per tale causa habiano ad ricepiare (sic) o ad percepere alcuna cosa da quilloro che lo caso succeso, notificara, acteso la emendacione del danno, et de quello che sera ut supra tolto ali predicti, et spiso per tale causa per loro se facessero se habiano ut supra ad emendare et satisfare per la predicta maesta, et guardase Cavallaro et officiale ut supra fare lo contrario che in tal caso la satisfacione del danno de quello sera facto per homo dela dohana predicta sera exacto da chi lo contrario farra et ulterius sera proceso contra de ipsi ala pena che incorreno quilli che contra farranno ali mandati regali.

VII. Item, vole, et comanda la predicta maesta christianissima che omne persona de qualsevoglia terra o loco de Apruzo terra de Bari Capitinata contato de Molisi de qualsevoglia stato, grado et dignita che havesse pecore o altro bestiame quale havesse constumato fidarese lo debia condurre in Puglia affidato dal dicto dohanero secundo lo tenore del nostro presente bando et non presuma ne debia ardire in altro loco socto nullaltra fide ala pena de mille unce de oro da applicarese al regio fisco.

VIII. Item, vole et comanda la predicta maesta christianissima che lo dicto dohanero o altra persona per sua parte possa fidare pecore o altro bestiame in la provincia de apruzo tanto regnicoli quanto foresteri de quisto regno ad quillo prezo che in li tempi passati e stato solito et consueto.

VIIII. Item, vole et comanda la predicta maesta che nulla persona de qualsevole grado et condicione che presuma ne habia ardire de pigliare ne retinere pecore ne altro bestiame per danno quale se sia havessero facto dicti bestiami ne loro gregari ministri o pecorari, ne constrengere ad pena alcuna per li dicti danni facti per dicti bestiami bene vole dicta maesta christianissima che siano tenuti ad emendare lo dicto danno facto ad arbitrio de dui boni homini comuniter electi per danni passi et patruni de dicti bestiami dannifacienti per li officiali de dicto dohanero o altra per sua parte secundo lo passato e stato constumato et consueto ala pena de unce mille de oro da applicarese ala regia corte.

X. Item, vole et comanda la predicta maesta che non sia nesciuno barone, o qualoncha altra persona de qualsevole stato et condicione se sia che possa fidare bestiame nesciuno del dicto regno in lo terreno per li tempi passati soliti pigliarese per la dohana excepto per lo dicto dohanero o vero altro officiale deputato in dicta dohana per la dicta maesta ala pena de unce de oro mille per ciaschuno che facesse lo contrario.

XI. Item, qualoncha persona sapesse o vedesse alcuna fraude o vero contravencione la quale se facesse ali presenti bandi la debia notificare ala corte overo ad ipso dohanero socto lo incorrimento dela pena de unce cento et chi la notificara guadagnera la quarta parte et sera tenuto secreto dala corte et dal dohanero ut supra.

Expeditum fuit presens bannum in civitate Neapolis 19 mensis augusti 1502 : Julius de Scorciatis locumtenens magni Camerarii. J. Coronatus pro magistro actorum.

Ass. magnifico Nicolao Antonio de Laudis, 20 ejusdem 1502.

(Archives de Naples, *Regist. di cancelleria*, reg. 31, fol. 67 v°.)

III.

DÉPÊCHES DES RÉSIDENTS FLORENTINS « *in curiâ* » SUR LA GUERRE DE NAPLES (JUIN-JUILLET 1503).

Copie d'une lettre écrite de Naples, le 3 juin, par Salvator Billi[1].

Questi Spagnuoli si sono portati et portano bene. Entrocci uno numero infinito di gente et non hanno dato sinistro a persona dello alloggiare : et quello fa loro bisogno pagano cortesemente attendono alla expugnatione del Castello el quale hanno di già strecto insino al fosso della Cittadella, et di et nocte non fanno che batterlo, et maxime dalla torre di San Vincentio che in iiij di la perderono, che è suta gran perdita per li Franzesi per haver perduto el soccorso di mare. Stimasi in brievi di habino la Cittadella et acostarsi alla scharpa del Castello et fare cave per diruparlo. Sono exercitii da amazare huomini : Et sino a hora vi so dire non ve ne è noti dell' una parte et dell' altra : et ciascuna si porta valorosamente. Dio metta fra loro buono accordo!

(Archives de Florence, *Lettere ai Dieci di Balia*, class. X, d. 4, n. 73, 282.)

1. Ces *copies-jointes* étaient annexées à des dépêches selon l'usage.

Copie d'une lettre envoyée de Naples à Benedetto Lotti,
le 13 juin.

La nuova della presa del Castello qui di Napoli per li Spagnuoli è suta cosa miracolosa, che per andare a pigliare la cittadella entrorono con loro le gente et pigliorno el Rivellino del Castello; dimodochè in manco d'una hora et mezo si donorno a discretione. Hannovi truovato denari assaissimi et robe di più persone et de mercatanti. Lo castello fornito...

Decto Castello fu preso lunedì che fumo a di xij.

(Archives de Florence, *Lettere ai Dieci di Balia*, class. X, d. 4, n. 73, 296.)

Copie d'une lettre écrite de Naples par Salvator Billi,
le 15 juin.

L'Armata de Franzesi el di poi fu perduto Castel Nuovo, apprese li a tirata di Bombarda et havendo nuova dà Castel dell' Uovo chel Nuovo era preso, se ne tornò alla volta di Gaeta, et eran circa 25 vele fra le quali eran sei nave grosse quattro Genovese, et la Celante[1] et Regina con assai gente di guerra.

L'Armata Spagnuola chera andata a Ischia per salvarsi se ne venne hora al molo et cominciavano a battere el Castel dell' Uovo, che di già vhanno piantata l'artiglieria.

El Capitano va ordinando le gente per andare con esse a trovare l'altre a Sessa per essere alle mani con Monsig^{re} d'Allegri che è al Garigliano.

In Calavria resta el Principe Rossano, a Santa Severina dove è campo di Spagnuoli et poco si potrà tenere.

In Puglia si tiene Luigi Dars; in Venosa, al Castello di Salerno, altri luoghi d'importanza non cè Franzesi. L'Aquila si stima serà Spagnuola, et Monsig^{re} Aubegni s'attende qui ogni hora secondo dicono li Spagnuoli.

(Archives de Florence, *Lettere ai Dieci di Balia*, class. X, d. 4, n. 73, 305.)

---

1. Probablement *la Charente*.

Dépêche du 17 juin.

Magnifici Domini mei observandissimi. Le Signorie vostre haranno inteso a questa hora per più mie la perdita di Castelnuovo, presertim per la mia di giovedi passato mandata per staffetta : et un' altra scripta el di medesimo a nocte, la quale portò hier mattina uno fante spacciato di qui per ad Lione. Del modo della perdita si parla con qualche diversità : ma in questo concorre ciaschuno che fu havuto per forza mediante la virtù et astutia del Capitano Consalvo : et io non entro nei particulari, non mi parendo cosa necessaria : et benchè come ho decto ce ne sono varii advisi, non di meno ho voluto mandare con questa, copia duna lettera che serive uno Napoletano a Benedecto Locti de xiij[1], benchè vi sia qualche errore di penna. Quello che habbino a fare hora li Spagnuoli, non s'intende con fondamento, benchè si dica che Consalvo Ferrando doveva uscire a campo giovedi passato per far prova di levare Franzesi di in sul Garigliano. Presto vi doveranno essere altri advisi, et intenderassi più oltre di quello seguirà : et io non manchero di fare el debito mio in usare ogni diligentia per essere raguagliato di questi progressi per poterne advisare le Signorie V^e alla giornata, che siamo venuti a termini che ogni di si sentiranno cose nuove.

El papa, per quanto ho potuto ritrarre in sino a hora non sta molto di buona voglia, ne senza qualche sospecto : et da chi è stato hoggi con Sua Sanctità, et è mandato da quella con denari a Civitavecchia et parte domattina ho inteso che lo manda per sollicitare che senza alcuna intermissione si dia compimento al mastio della Cittadella et alla Citerna, et ha ordinato che vi si raddoppino l'opere, et dimandavi artiglierie et munitione di polvere, dalla quale mi dice costui che fa fare una provvisione grandissima : et che rassetta non solamente le artiglierie, ma ne fa gittare di nuovo, et in dies farà dare danari alle gente darme come dixi per altra. Altre demonstrationi non si vede che facci la Sanctità Sua per anchora : è ben vero che careza et

---

1. V. cette copie ci-dessus, à sa date.

honora molto più che lo usato questo oratore di Spagna poichè ci fu la nuova della perdita di Castelnuovo.

La nocte passata el Governatore et Don Michele andorono con molti armati alle case di certi che dicono essere marrani, et ne hanno presi più che ottanta, et empiutoné le prigioni, et tolto loro la roba et li denari : et credesi non resterà qui : et che el Papa ne habbia a cavare di molte migliaia di Ducati, come fece un' altra volta circa vij anni sono, nel qual tempo quelli che non furono pressi tucti si composono : et questa volta ci sono impaniati anchora li Giudei per essersi mandati certi bandi contra di loro, che sono tucte inventioni per fare denari.

San Germano è venuto in potere delli Spagnuoli insieme con la forteza, et Antonio di Bettino da Ricasoli che vi era Castellano, vi è restato prigione. Et Pirro de Medici è nella Rocha di Montecassino et per anchora non se ne intende altro.

Adovardo Bugliotto[1] questa mattina, San Severino[2], Renes[3] et Gramonte[4] sono stati col Papa da hore xiij sino alle xvj e mezo passate a strecti ragionamenti : non ho havuto tempo nè commodità per anchora d'intendere quello s'habbino tractato, et da costoro bisogna pigliare quello ci danno et bisogna starne a decto loro. Dubito non ci sia ito a Ballatoio Bracciano et l'altre terre di Giovan Giordano, perchè il Papa poi hoggi ha mandati publici bandi per i quali comanda e prohibisce a ciaschuno che non diano aiuto o subsidio alcuno a decti luoghi, et che tucti li forestieri che vi sono dentro infra el termine di sei di proximi se ne debbino essere usciti a pena della vita et della confischatione de beni. Et un altro ne ha mandato contro a subditi della chiesa che non si possino cavare arme fuora del terreno ecclesiastico sotto la medesima pena.

Preterea è ito un' altro bando per parte del Governatore, che tucti e Giudei et marrani fra sei di proximi futuri si debbino essere rapresentati dinanzi a la Signoria sua sotto pena della confiscatione di tucti e loro beni.

1. Édouard Bullion, valet de chambre du roi, envoyé en mission spéciale.
2. Le cardinal San Severino.
3. R. Guibé, ambassadeur à Rome.
4. Le sire de Gramont, ambassadeur à Rome.

Li Inbassiadori Pisani sono anchora qui, et questa mattina furono visti in casa Don Michele rapresentarli una lettera : et pare la ponessi da parte senza aprirla, con dir loro : Che volete voi ch' io facci, et similia. Benchè dipoi la ripigliassi et leggessita. Per questa medesima via ho inteso che hanno havute lettere da Pisa, che vengano sotto lettere di Luchesi, et monstrano non esser fuora di speranza di potersi aiutare. Ma che se Bos : (*sic*) facessi qualche cosa non harebbono dubio de casi loro : et per quello che si riscontra per le parole di qualcuno si retrahe che ne stanno con non pocha speranza. Et della perdita di Castel Nuovo si monstrano molto lieti et di buona voglia.

Havendo facto el di sopra è venuto a me persona degna di fede la quale ha buoni mezi d'intendere li andamenti de Pisani : et mi dixe essere accertato che alcuni Giovani Pisani sono hoggi partiti di qui et iti a imbarcarsi a Ripa con certi huomini di condictione et di factione dati loro da Don Michele, et vanno alla volta di Hostia dove è in ordine uno Brigantino di Piombino, in sul quale si debbono condurre a Pisa. Di che mi è parso dare notitia alle Signorie Vostre per advertirle; alle quali mi rachomando.

Rome, xvij junii M D III.

Jo. Victorius Soderini, orator.

(Archives de Florence, *Lettere ai Dieci di Balia*, class. X, d. 4, filza 73, 318.)

Dépêche du 18 juin.

Magnifici Domini mei observandissimi. Con questa sara copia duna lettera scripsi hier sera alle Signorie Vostre. La presente scrivo per havere commodità d'uno fante che mandano questi franzesi in fretta, et verrà sotto lettera di Domenico Martelli : spero ne sara facto buono servitio.

Di nuovo mi è suto decto et per la medesima via, che con quelli Giovani Pisani sono andati due di questi Imbasciadori, uno parente di messer Pirro[1] Grifo, et uno di quelli del Contado : et che s'inbarcano a Hostia, come dixi per la mia di hieri. Et dice costui havere inteso più oltre che hanno capitu-

---

1. Ou *Piero*.

lato col Duca; della qual cosa non so dare altro inditio, non se ne havendo più vero fondamento, et non se ne vedendo altri segni : et porria molto bene essere che andrebbono verso Napoli pigliando la via di Hostia : perchè volendo andare da Piombino pare più ragionevole fussino iti per la via di Civitavecchia : et io non voglio manchare di scrivere quello intendo, acciò che le Sig^{ie} V^e habbino tucto quello che mi perviene a notitia.

Sanseverino mi ha decto hoggi che il Papa vuole mettere insieme in terra di Roma vj cento lance, iiij cento Cavalli Leggieri et mille cinque cento Provigionati, et dare danari a tucti : et benchè io mi sia ingegnato intrarre qualche particulare de ragionamenti hebbono hier mattina con la Sanctità Sua, tamen non mi usci a cosa alcuna, salvo che dirmi che non la potevano intendere, excusandola pero chè potessi malfare altrimenti etc. allegandone le ragioni.

Dice etiam Sua Rev^{ma} Signoria che dopo la perdita di Castelnuovo non s'intende che li Spagnuoli faccino altro; et confortasi che Gaeta si habbi a tenere et salvare, maxime col favore della armata, la quale dicono che era tuctavia alla fronte della Spagnuola : et che monsig. d'Allegri stava, di buona voglia in sul Garigliano con circa cccc^{to} Lance et più che iiij mila pedoni, et con buono numero di Cavalli leggieri ; et che Fracasso era nell' Aquila con più che mille fanti forestieri, LXXX^{ta} huomini d'arme et 200to Cavalli leggieri, col favore del popolo sperando che in questo mezo habbino a comparire le provvisioni ordinate et che sono a cammino; et che qui attendono a fare continuamente buono provvedimento di danari. Monstrò havere notitia delle gente che haveano promesse la Sig^{ie} V^e di accommodare el Christianissimo.

Preterea dixe che Piero de Medici havendo prima lassata ben fornita la Rocha di Monte Casino, et messovi dentro Guasconi, si era traferito a Gaieta al vice re et chiesto 200 Cavalli et qualche altro provedimento, con affermare che havendo tale subsidio si rincorava tenersi qualche mese, et che tucto li era suto promesso, attendevane il fine.

Per fare quello che mi commettono le Signorie V^e per una Loro de xiiij ricevuta hoggi, havendo facto diligentia di parlare a Adovardo, è venuto stassera a trovare me : et havendo suo loco factoli intendere el dispiacere che haveano havuto le Sig^{le} Vostre del tractamento li fu facto costi, et la demonstratione che quelle ne haveano facta contro alli ministri che ne erano suti causa, mi parve lassarlo satisfacto interamente. Tirai poi da parte Domenico Martelli che era secho per usarlo per instrumento a darli quatro Ducati. Non li parve che fusse dafarne parola, perchè era certo non solamente non li piglierebbe, ma che ne rimarrebbe offeso : et io me ne sono accordato essendo piccola cosa. Fu domandato dal Papa di che numero di gente d'arme le Sig^{le} Vostre servivano la Maestà del Re ; intendendo di cc^{to} lance gli dixe che non volevano esser mancho di ccc^{to}, et che ancho queste erano poche, replicandolo due volte. Ricercollo dipoi se lui sapeva che Giovanpagolo fussi in Firenze, et che non li volse dire la bugia, sapendo che era malato in casa e Martelli : et che sua Sanctità si dolse che le Sig^{le} V^{e} havessino condocte tucte le gente Baglionesche, et che in certi Castelli del contado di Urbino si fusse gridato, Marzocho, Marzocho. Ma pure confessò che nelle Terre e Luoghi nostri non si era vista alcuna demonstratione : et Adovardo dice che scusò le Sig^{le} V^{e}. Questo medesimo mi dixe anchora hoggi San Severino : benchè io ne habbi scripto per altra mia. Scrivendo, uno de nostri merchanti mi ha mandato a dire come è advisato da uno amico suo, parente d'uno di questi Pisani, che quel parente di messer Pirro Grifi che è ito per essere a Pisa, ne porta tre mila Ducati havuti di qui, et che il Papa ha loro promesso che fra pochi di saranno in Pisa tremila Spagnuoli, et che in questo mezo saranno provisti di tanti grani che basterà a bisogni loro.

Rome, xviij jun. M D III, hora tertia noctis.

Jo. Vectorius Soderini, orator.

Au dos : Magnificis Dominis meis Observandissimis Dominis Decemviris Libertatis et Balie Reipublice Florentine.

(Archives de Florence, *Lettere ai Dieci di Balia,* class. X, d. 4, n. 73, 325.)

Dépêche du 22 juin.

Magnifici Domini mei observandissimi. A di xx per le poste di Ferrara scripsi alla Signorie Vostre. Hieri sendo ito a visitare lo imbasciadore di Ferrara el quale si sente di mala voglia : Sua Signoria mi dixe havere di buono luogo come Monsig. di Trans nella prima audientia hebbe col Papa lo strinse con molte calde et vive parole a doversi disporre di comparire da buono padre a favori della Maestà del Re senza mectere più tempo in mezo come richiedeva il presente bisogno et come si convenieva alli meriti di quella Maestà verso la Sanctità Sua et la Reverentia del Duca, commemorando molti beneficii che haveva facti al Duca nè si potendo negare che li favori et opere della prefata Maestà non fussino stati causa di darli tucti li Stati che tiene la Excellentia Sua : et potendogliene ogni di fare dei maggiori ; et che ne bisogni si cognoscevano li amici etc. La Sanctita Sua pare che rispondesse altamente con dire che quando si havessi a fare il conto di benefitij ricevuti hinc inde, resterebbe creditrice di non pocho. Et che se la Maestà Sua vorrà bene considerare come grato Principe le opere sue, confesserà che Lei sia stata potissima causa di farli havere il Ducato di Milano, et quella parte del Reame che li fu consegnata d'acordo col Re di Spagna. Et che se la Maestà Sua lo haveva servito delle sue gente, epsa le haveva molto bene pagate : et niente di mancho non haveva mai havuto pensiero di spiccarsi dalla amicitia sua, et era in animo di perseverarvi pure che la prefata Maestà si facesse innanzi con quelle provisioni che ricercava una tanta impresa ; perchè ogni volta la vedessi comparire gagliarda in sulli campi, non era per mancharli dal canto suo d'ogni favore : ma che stando le cose in questi termini, non si voleva mectere a pericolo di perdita manifesta.

Preterea mi dixe haver notitia da chi è appresso all' Oratore Venitiano de più intimi, come lo Oratore loro che si truova col Re di Spagna scriveva a quella Illma Signoria che la Maestà Sua li havea decto, cognoscere molto bene non li essere suto puncto honorevole consentire alla divisione del Regno di Napoli, essendo stato si lungo tempo della Casa de Aragonia, ma che la necessità ve lo induxe, per obviare che non venisse tucto in mano de franzesi, et per consequens per impedire che col mezo di quel Regno et del Ducato di Milano due notabilissimi membri non s'insignorissino di tucto el resto di Italia. La qual cosa debbe essere formidabile non solamente alli Potentati di Italia, ma anchora a tucti li Principi oltramontani per lo accrescimento di forze che decti franzesi farebbono, essendo pacifici possessori di questi due stati : et che oltre a di questo sapeva molto bene che loro farebbono tali portamenti che non terrebbono molto tempo la parte loro, come la experientia ha dimostro. Affermando da ultimo al prefato Oratore, la intentione sua era stata sempre et è di procurare che questo regno venissi in mano d'un terzo, et darlo al figliuolo del Re Federigho, come havea facto intendere di proximo al Re di Francia. Et pero desiderava che quella Illma Signoria volessi essere secho a tale effecto per la salute d'Italia, confortandola allo scriverne ai suoi Signiori oportunamente : et nondimeno lo ricerchò della opinione sua; il quale rispose che non voleva darne inditio, benchè fusse da stimare mediante la ragione, che li suoi Ill^{mi} Signiori havessino a desiderare che decto Reame fusse dato a un terzo. Emmi parso di tucto dare notitia alle Sig^{ie} Vostre.

Con questa saranno due copie di certi advisi delle cose di Napoli, et altro non ho che diune colla presente.

Questa mattina nella audientia publica delle contradecte furono citati el Vescovo di Perugia et di Castello, et el Prothonotario delli Orsini a vedersi privare de loro Benefitii : et il Sig^{re} Julio, Fabio, et Sig^{re} Giovanni da Ceri et Frangiotto et Giovanpaolo Baglioni, et altri et vedersi declarare ribelli cum confiscatione bonorum.

In Bracciano dicano che hieri fu facta la monstra di 300 cavalli bene armati et duna fiorita compagnia di fanteria.

Decto oratore ferrarese mi referi anchora che ragionando pochi di sono col Papa di quello facessino i Vinitiani in questi travagli, la Santità Sua dixe che loro haveano un gran vantaggio da Lei, perchè si truovavano in termine da potere stare a vedere senza essere astrecti a declararsi, il che non poteva fare la Sanctità Sua, dolendosi della sua sorte, con monstrare di starne pocho contento.

Adovardo avanti hieri andò a Gaieta con buona somma di danari, et fra pochi di doverrà essere di ritorno. Ecci adviso da Napoli in Piero del Bene che la Armata Spagnuola è oppressa dalla francese. Et lo Oratore Spagnuolo que sta sera ha decto che non porta pericolo alcuno per essersi ritirata in Istia in luogo sicuro, ne' dubita habbia a patire detrimento alcuno. Rachomandomi alle S^{te} V.

Rome, xxij junii M D III.

Jo. Victorius Soderini, orator.

Post scripta. — Don Michele ha facto fare hoggi la monstra a circa 150 schoppiettieri a cavallo : et ha facto fare una somma di 200 saioni tucti a una livrea. Dove si voglino andare, et quello si disegnino non si intende anchora.

> (Archives de Florence, *Lettere ai Dieci di Balia,* class. X, d. 4, n. 73, 353.)

Dépêche du 29 juin.

Magnifici Domini mei observandissimi. Commendatione, etc.

Ho le de Vostre Signorie de xxvij et per non haver potuto anchora licentiarmi in tucto da Nostro Signore che è stato occupato hieri et stamani per la solemnità di S. Piero, et questa mattina lo Oratore franzese all'usato offerse per il censo del Reame la Chinea[1], nel quale acto intervenne etiam lo Imbasciadore Spagnuolo, quale dixe, nostro Signore non dovea aceptare quella perchè decto Reame si aperteneva al suo Re : et chiese dilatione a presentare lui per il Reame integro. Et il Franzese cominciava a rispondere, dove nostro Signore dixe, non esser tempo a decidere questa questione; et aceptò iuxta formam statutorum et privilegiorum. Dipoi per quello mi parve intendere, lo Imbasciadore di Spagna andò in Camera di Nostro Signore et quivi coram notario et testibus volle havere dilatione a presentare per quello pretende apartenersi al suo Re. Et cosi nostro Signore ne fu contento. Et essendo presente Monsig^{re} di Trans, non volle stare a questo acto et andossene in un altra stantia dove stete col nostro Signore un pezo alla presentia della Excellentia del Duca, quale è stato questa mattina in S. Piero a messa col nostro Signore. Et io captata occasione mi feci innanzi a S. Exc. notificandoli la electione facta del mio successore, et chiedendoli licentia con quelle più accomodate

---

1. Le palefroi que l'ambassadeur du roi de Naples offrait chaque année au pape, en signe de vasselage. Cf. la *Diplomatie au temps de Machiavel,* t. III.

parole a honore della Città mi fu possibile. S. Excellentia monstrò portare grande affectione a cotesta Città, et desiderare assai di essere in buona gratia de V⁰ Signorie, et ad me dette grata licentia : il perchè havuto harò domani audientia da nostro Signore, me ne verrò poi col nome di Dio secondo l'ordine delle Signorie Vostre.

In questa sarà copia d'una da Napoli a Benedetto Lotti per la quale Vᵉ Signᵗᵉ vedranno quello s'intende delle cose di là et come monsign. d'Aubigni è prigione : et mi dixe l'Oratore venetiano era stato messo in un luogo non conveniente alla qualità sua.

Qui intendo di più luoghi Consalvo essere stato a Ponte Corvo, et havere assai gente a piè et a cavallo : et di natura che Franzesi non si sono più fidati sul Garigliano, anzi si sono ritirati a Caieta et al monte con qualche cavallo, et il resto hanno mandati a Fondi, Itri et Rocha Guillerma[1] per vedere di mettere in tempo li Spagnoli sia possibile : nientedimanco intendo Consalvo voltarsi verso Caieta et havere mandata inanzi l'artiglieria, et ecci opinione nella maggior parte che quelli di Caieta haranno difficultà a tenersi benchè loro si facino di buone gambe, et non dubitino non potere aspettare come per altra scripsi alle Sᵗᵉ Vostre.

Intesi da uno amico de Vᵉ Sᵗᵉ, et Papa dare buone parole a questi Sigⁱ Franzesi ma non esser per dare loro buoni facti se non si vede altri ordini et effecti intorno a queste parti per le cose franzese; et monstra esser vero el Papa volere armarsi di presente, non però per aiutar Franza, ma per stare provisto. Et mi disse, el Duca haver lettera da Fabritio Columna per la quale li raccomandava certi che furon, come disse, già suoi subditi. Hora sente essere maltrattati da commissarii Apostolici, et maravigliasene, ne essere per innovare nelle terre tenivano in quello della Chiesa se non tanto e quanto voleva l'Excell. Sua, e la Santità di nostro Signore. Unde arguisse el Papa non temer punto de Spagnoli, ma essere d'accordo con loro in modo, non venendo prima Franza, farà quello verrà loro a proposito. Et veramente questa mattina nel presentare feceno e Franzesi

---

1. En avant de Gaëte.

la Chinea secondo e consueto : io senti dire a de Cardinali et Palatini; el Re di Franza ha perduto el Reame, et hora perde anchora la Chinea. Et un altro amico de V° Signorie havendo inteso da questi Oratori franzesi, el Papa voler da loro cose leggieri, fe inditio le più gravi S. Sanctità volesse da altri; et di già ne havesse facto conclusione.

Adoardo non è anchora ritornato da Caieta, et intendo presto ci doverrà essere : et che Jo. Jordano è contento a tucto quello farà el Re Christianissimo delli Stati su[i], nel quale ha rimesso liberamente ogni sua ragione. Et havendo io fatto intendere a monsignore di Trans li avisi di V° Sig^{le}, mi disse li facesse intendere a nostro Signore sanza prima li communicassi a suo secretario. Et io non potendo havere audientia da nostro Signore, li ho facti intendere alla Exc^a del Duca da monsign. Rev^{mo} Adriano, perchè li conferisca in nostro Signore. Nè più mi occorre. A V° Sig^{le} mi raccomando. Quando io sia costi potrò meglio, presente, satisfare a quello desiderassino Vostre Signorie da me alle quali mi raccomando. Que bene valeant.

Rome, xxix junii M D III.

Servitor Jo. Vectorius Soderinus, doctor et orator.

Au dos : Magnificis Dominis Dominis Decemviris Libertatis et Balie Reipublice Florentine, Dominis meis honorandissimis.

(Archives de Florence, *Lettere ai Dieci di Balia*, class. X, d. 4, n. 73, 388.)

Dépêche du 10 juillet.

Magnifici etc.

Le cose di Gaeta per anchora stanno forti et si difendano gagliardamente, et questi Franzesi hanno speranza grandissima che si habbi a tenere sino che el soccorso vengha. Et hanno preso assai animo di queste scaramuccie date, per essere li Spagnuoli iti col capo rocto, et ritiratisi in dietro presso a Mola. Et ci sono lectere di uno homo di Consalvo, el quale scrive qui a uno Spagnuolo de primi del Duca; et io ho havuto mezo di vedere questa lettera. Et si duole assai che questa impresa di Gaeta riescha più dura et difficile che non pensavano : et secondo lo scrivere di costui, si vede che Consalvo ha lo exercito suo in qualche confusione : et questi Spagnuoli che solevano fare dimonstrationi assai di rallegrarsi, et di dire che Gaeta non si terrà due o tre giorni, non si sentano da qualche dì in quà. Nientedimancho cè qualcuno che dubita assai che, stando el soccorso troppo a venire, non habbino a poter réggiere, maxime perchè hanno qualche penuria di vini. Sforserommi che di quello se ne ritrarrà, le Sig^{ie} V^e ne sieno particularmente advisate.

Giovan Giordano montò a Gaeta in su una nave di viij cento, in mille Botte, et benchè dessino el nome che andassi in Francia, tamen intendo che ne va o a Porto Hercule, o a Talamone[1], porti de' Sanesi, dove debbe aspectare monsignore di Trans el quale è ito a Pitigliano per uno figliuolo suo et lo ha a menare a decto porto; et quivi delibereranno dove la vogliono menare, o a Siena o costi : ma intendo verranno più presto costi, per aspectare ch' el Duca cavalchi con cinquecento huomini darme et con iiij mila fanti in favore del Christianissimo : e cavalcando per la recuperatione del Regno di Napoli, Giovan Giordano manderà el contrasegno che Bracciano et Vicovaro[2] venga subito nelle mani del Duca : al quale, secondo che mi dixe stamani l'Oratore di Bologna, la Sanctità del Papa ha pensato et concluso di dare Città di Castello[3], et dare alla Chiesa qualche altra ricompensa : et dice che dubita che non venga a Siena, et che vede el Papa havere desiderio di farlo a ogni modo Re, et di Siena; et anche mi accennò che non havevano se non cattivo animo verso le S^{ie} V^e, o di mutare lo Stato, o di qualche altra cosa, o disordine. Et andando a visitare uno Prelato col quale spetti per buono spatio, riscontrai qualche cosa delle sopra scripte : el quale mi dixe dubitare assai che Piero de Medici non si accostassi con li Spagnuoli, il che se fussi, dubitava che costoro di nuovo a qualche loro proposito non lo volessino aoperare, come hanno facto altre volte per civetta. Et si vede che

---

1. Porto Ercole, commune actuelle de Monte Argentario; Talamone, commune d'Orbetello.
2. Vicovaro, près Tivoli.
3. Città di Castello, entre Urbin et Pérouse.

hanno uno grande animo alle cose di Roschana, et se ne vede segni et demonstrationi manifeste : et Siena e vi sul tavolieri.

Don Michele ha hoggi facto una monstra molta somptuosa di tre squadre : et Lui armato di tucta arma con sopraveste di Brochato ricchissime, et con Paggi et cavalli voti innanzi. Et Lui come Capitano andavane inanzi alla prima Squadra con sei trombetti del Duca. Furono in tucto circa 250 in 300ta cavalli. La prima Compagnia drieto a Lui erano tucti Stradiotti. Con li saioni hanno facto tanto sollecitare, gialli et rossi squartati, et con tucte le banderuole dipinte del medesimo colore, con una gran bandiera in mezo di loro. Della seconda Squadra era Capo il suo primo favorito, armato, con sopraveste più bella et più richa che la sua, et con altri paggi et cavalli voti, et trombetti innanzi : erano tucti Scoppiettieri a Cavallo : con la balestra alla medesima livrea, et con certi cappelletti foderati di taffettà et con penne bianche. Et certamente queste due compagnie furono molto belle et tucte genti da facti. La terza Squadra erano Stradiotti naturale greci, vestiti a modo loro, e quali hanno soldati di nuovo da xv di in quà, et sono una florita et bella gente, et non passano sessanta. Et tucti. hanno havuti denari, insieme con tucte le altre gente d'arme del Duca. Et per questa non mi ocorre altro...

Rome, x julii M D III.

Humilis servitor, Franciscus Fortuccius, Geminianensis.

Au dos : Magnificis Dominis meis observandissimis Dominis Decemviris Libertatis et Balie Excelse Reipublice Florentine.

(Archives de Florence, *Lettere ai Dieci di Balia*, class. X, d. 4, n. 74, 103.)

Dépêche du 11 juillet.

Magnifici etc.

Gaeta si sta ne medesimi termini et aspectano con grandissimo desiderio le iiij nave che partirono sino adi xvj del passo, di Provenza, perchè dicano che portano quantità di botte di vini del quale non hanno una grande abondantia : et de progressi loro certi et veri se ne intende pochi, maxime da Franzesi, perchè bisogna che le lettere venghino per mare, et li Spagnuoli non dicano niente se non fa per loro : et io starò vigilante, et di quanto intenderò le S^{ie} V^e ne saranno particularmente advisate.

Quello amico Perugino mi ha hoggi parlato a lungho, sendo io nella camera del Paramento. Ritragho che Nerone ha continuamente audientia da quel Rev^{mo} decto per altre mie, et che si fa molto gagliardo, et si promette favori : et dice che tucta quella terra è in disordine, et la Cittadella in grandissimo. Il Cortonese è secho continuamente, et io ho usato diligentia in farli votare tucte dua, et non posso ritrarre altro, se non che promettano di fare et dire, et monstrano disordine, et mala contenteza dell' una Città et dell' altra : et di havere credito grande ecc. Le Sig^{ie} V^e sono sapientissime, et io non resterò d'intendere qualche cosa più oltre di questa materia con qualche fondamento, benchè sia difficile. Hanno tuttedua soldo dal Duca, et sono carezati assai.

Intendo che el Governatore della marcha messer Antonio de Monte scrive al Duca che di San Leo, de Vinitiani non dubita, ma che per havere havute nelle mani non so che spie, dubita delle Sig^{ie} Vostre. Et tanto più perchè gridano drento : Marzocho, Marzocho.

Questi Imbasciatori Pisani pare che si sieno adormentati et non si vegliono più, maxime da iiij o vj di in quà : et intendo che non furono poi col Papa, che la Sanctità sua li confortò assai, et dixe loro molto buone parole : et che non dubitassino ch' è Fiorentini non erano per haverli et che de Franzesi che venivano in quà stessino di buona voglia, che non torcerebbano loro un pelo, ma che li riguarderebbano, et più presto, bisognando li aiuterebbano ; et che sapeva quello si diceva. Et nel partirsi ordinò che fussi dati loro numero di danari : et dixe loro, mandare questi a Pisa. Et le Signorie Vostre sanno che via hanno a fare, et penseranno se si potessino tor loro; nè a me per questa occorre altro, se non humilmente rachomandarmi alle S^{ie} V^e.

Rome, xj julii 1503.

Humilis servitor, Franciscus Fortuccius Geminianensis.

Au dos : Magnificis Dominis Decemviris Libertatis et Balie Excelse Reipublice Florentine. Dominis meis observandissimis.

(Archives de Florence, *Lettere ai Dieci di Balia*, class. X, d. 4, n. 74, 110.)

Dépêche du 12 juillet.

Magnifici Domini mei observandissimi.

Siamo a nocte, et intendo per uno che viene da Gaieta et è venuto presto, ch' e' Franzesi si sono in modo fortificati, et hanno preso tanto animo, che sono per tenersi. Et ancho ci sono nuove lettere de dì x date in Gaieta che dicano il medesimo : et più ch' el Vice Re fa stare in ordine due Brigantini, perchè, come vedrà venire le Corache, che venghano con li iiij^m Guaschoni, fare loro intendere che non venghino a Gaieta, perchè non hanno bisogno di niente; et che vadino a Istia et si accozino con l'altra armata : la quale dice che se possano mettere in terra questi iiij mila fauti, o l'abruceranno, o affonderanno a ogni modo.

Di nuovo questa sera intendo che Don Michele cavalcha stanoche : a ogni modo, dove, non posso intendere più oltre che quello scripsi per la mia d'hoggi. Se sarà, per el primo ne darò notitia alle S^{te} V^e alle quali..... etc.

Rome, xij julii 1503.

Humilis servitor, Franciscus Fortuccius Geminianensis.

Copie d'une lettre de Messer Antonio di Corduba, cousin du cardinal di Salerno, envoyée de Naples, le 8 juillet 1503, à Messer Berardo Ruta, gentilhomme napolitain, « in casa Monsignore Rev^{mo} di Enna. »

Delle nuove di quà.

Allo Castello dell' ovo fanno li Spagnuoli una cava alla Casamatta et allo Torrione che hanno preso, che, fornita che sarà, quale non tarderà iiij o vj giorni, ci metteranno dentro 60 barili di polvere, in modo che mettendovi foco, tucto lo Castello cascherà in mare con tucta la gente. Questa è cosa incredibile se lo homo non la vede. Pensate che ne hanno facta la prova apresso a S° Jacobo ad uno monte della medesima pietra che è il Castello, et per questo sta a mal partito. Le Conte di Capeccio have alzato la bandiera de Spagna, in modo che tucta Calabria hormai è de Spagnuoli et tucto Abruzi, salvo che la Aquila.

Lo Gran Capitano sta alla nuntiata di Gaieta, et have havuto tucto lo Contado di Fondi et di Traiecto, et la Rocha di monte Ragone con lo Castello : et have havuto anchora la Rocha Guglielma; quale se è rescattata iiij mila Ducati, et vectovaglia per dua di a tucto el Campo.

Li Franzesi di Gaieta caricano sopra le nave loro tucti li cavalli perchè parte della armata loro è a Gaeta et parte ne sta al faro da Procida. Certo, li vedo a mal partito, perchè col Gran Capitano sono tante gente et bone che ardiriano passare per tucto el mondo, non solo basteriano per Gaieta. Non po tardare viij di che non si perda : perchè chi non ha viste queste gente et tanto bene in ordine, non vide mai niente.

Monsignor d'Ubigni è venuto quà, et lo accompagnavano molte gente. Con lui era don Fernando, quello che era in Calabria con Porto Carrero, Capitano già delle gente di Cabria morto, et li escio allo in contro Magno del Campo, maestro del Campo del Gran Capitano, et al presente Castellano del Castello Novo, con gente assai. Fecionli assai honore et lo portoro per tucti li Seggi, acchavallo ad una mula sciolto, con molti alabardieri : andava assai mal contento. Et lo portoro al Castello Nuovo et là stà et và per tucto lo Castello, et è ben servito come se fusse la persona dello Gran Capitano, et assai honoratamente.

Lo Sig^e Alfonso da San Severino et lo frate, et lo Sig^e Honorato da S. Severino frate dello Principe di Bisignano stanno alla fossa del miglio allo Castello Nuovo.

Lo Conte de Montorio quale fu preso in lo Castello con molti altri Franzesi stanno prigioni al forno, pure al Castello Novo. Molti altri Franzesi stanno presoni in lo Castello.

Noi haviamo assai Jandule, et ci è nuovamente morti messer Giovan Battista Brancatio et messer Jacomo della Gatta ; et lo abbate Regolano fratello de Tommaso Regolano, et molti altri homini di conditione.....[1] etc.

Rome, xij julii 1503, hora iiij noctis.

(Archives de Florence, *Lettere ai Dieci di Balia*, class. X, d. 4, n. 74, 124, 125.)

---

1. L'ambassadeur, en envoyant cette lettre, la dit écrite *da uno Spagnuolo, tamen homo da bene.*

Dépêche du 17 août.

Magnifici Domini Dⁿⁱ mei observandissimi, commendatione premissa etc.

Alle lettere di Ve Sig^{le} delli viij, per risposta non mi occorre molto perchè non essendo uscito di casa già 40 giorni a causa del male che mi ha tenuto impedito et tiene anchora, non ho potuto pratichare, et per consequens no ho potuto intendere delle cose che Ve Sig^{le} haveriano desiderato sapere, et io volentieri li haria satisfacto, quelle prego humilmente mi habbino per excusato. Altra volta Dio mi presterà gratia di poter meglio obedire.

Del Regno, poi che ci fu, li Spagnuoli serano retirati dallo assedio di Gaieta, fu poi giunto l'Armata di Provenza, non c'è poi altro : et qui el Re di Spagna ha remisso per le mani di questi Ginovesi Ducati quaranta millia, e quali si deveano pagare fine della septimana passata per mandare al Capitano dello exercito suo che s' intende ne haveano necessità.

Del cavalchare della Excellentia del Duca non si parla più et credesi per hora penserà ad altro, parendo che cosi diano i temporali.

Le conditioni della Città per la moltitudine grande delli infermi che ci sono, et per i caldi eccessivi, non sono molte accepte a molti : per altro si sta secondo il consueto. Et non havendo più che dire farò fine recomandandomi a V^e S^{le} que bene et feliciter valeant[1].

Rome, die xvij augusti 1503.

Excelse Dominationis Vestre servitor humilis, Antonius Zenus.

Au dos : Magnificis Dominis Dominis Decemviris Libertatis et Balie Reipublice Florentine. Dominis meis observandissimis.

(Archives de Florence, *Lettere ai Dieci di Balia*, class. X, d. 4, n. 75, 274.)

---

1. Partie de cette dépêche a été publiée en note par M. Villari, dans son recueil des *Dispacci di Ant. Giustinian.*

Rapport du commissaire général Filicaria (21 août).

Magnifici etc.

Questa nocte per le mani di Giovanni Ridolfi ho lettera di nuova delle prefate Sig^ie V^e fatte hieri a hore xv per la quale intendo la morte del Papa : et benchè sia indugiata un pocho troppo, sarà stata a tempo assai. Intesila hieri qui per la via di Perugia, che non li prestavano molta fede; et questa nocte arrivò qui il Vescovo di Perugia, il quale veniva di costi, et ce ne fece certi. Et perchè le Sig^ie Vostre danno notitia della venuta di Giovanpavolo qui, et come con lui mi habbi ad governare, seguirò la commissione a punto. Et circa il ritrarre delle cose di Perugia che Ve Sig^ie desiderano intendere, vedrò di pigliar modo al farlo, anchora che questi Castiglionessi per esser tenuti Baglioneschi, per anchora non vi possino ire molto sicuramente : ho bene ritracto questo : che subito che la nuova venne in Perugia della morte del Papa, che fu hier nocte alle 6 hore, uno che è chiamato Julio Cesare, vannò insieme cinque de principali là, per pigliare certo ordine nella Terra. Honne conferito con questo cancellieri di Giovanpaolo, et ne dice che questo è per servire ad loro. Vedremo che seguirà, et intendendo nulla da conto ne darò adviso subito.

Trovavasi qui nella terra alchuni Urbinati, che, subito inteso la nuova, si sono partiti volando per andare ad casa loro, et mostrano fare pocho dubbio non habbi loro ad riuscire.

Ne altro per le presenti mi occorre, salvo ad Ve Sig^ie rachomandarmi, le quali lo Altissimo feliciti et conservi. Ex Castilione Florentino, die xxj augusti M D III.

Antonius de Filicaria, potestas et commissarius generalis.

Au dos : Magnificis Dominis Decemviris Libertatis et Balie Reipublice Florentine Dominis meis honorandis.

(Archives de Florence, *Lettere ai Dieci di Balia*, class. X, d. 4, n. 75, 316.)

TABLE DES MATIÈRES

De la Cronicque de France de l'an mille cincq cens et deux.

		Pages
XIII.	— Commant le capitaine Loys d'Ars prist Beseilles en Poille sur les Espaignolz	1
XIV.	— Commant les Françoys deslogerent de Canoze, et coururent le pays de la Poille	9
XV.	— Commant cent hommes d'armes françoys et sept cens hommes de pié furent en Callabre, pour gu[e]rroyer aucuns Espaignolz qui la couroyent le pays	12
XVI.	— Commant le Roy, estant lors en Ast, eut par devers luy plusieurs princes et seigneurs des Italles; et d'aucunes plainctes a luy faictes du duc de Vallentinoys, qui lors avoit faict a Romme grosse armée.	15
XVII.	— Commant une maison fut bruslée en Ast durant que le Roy y estoit, et luy mesmes fut au bruyt accompaigné de tous ses gens. . . .	21
XVIII.	— D'ung combat a l'oustrance faict par deux Lombars a Pavye, en la presence du Roy . . .	35
XIX.	— Commant le Roy partit de Pavye pour aller a Gennes, avecques le triumphe, la situacion et la force d'icelle, et la sumptueuse entrée du Roy	43
XX.	— Commant le sainct graal fut monstré au Roy a Gennes, et commant fut la aporté par les Gennevoys.	66
XXI.	— La descripcion du sainct graal de Gennes, du domme, ausi de Sainct Laurens, et de la chappelle de Sainct Jehan Baptiste, et d'autres nouvelles choses	69
XXII.	— D'ung nommé maistre Evrard, organiste du Roy, et commant en ce temps fu transporté de son sens et mené à Sainct Mathurin de Larchant.	94

TABLE DES MATIÈRES.

Pages

XXIII. — Commant messire Berault Stuart, seigneur d'Aubigny, deffist grant nombre d'Espaignolz en la Callabre 97

XXIV. — Comment Phelippes, archiduc d'Autriche, retorna d'Espaigne en France, et des ostages qui luy furent baillez 102

XXV. — Commant messire Jacques de Chabbanes, seigneur de la Pallixe, estant en Poille avecques quatre cens hommes d'armes, presenta la bataille par plusieurs foys a Gonssalles Ferrande et a toute son armée estant dedans Barlete, et de plusieurs cources et prises que les Françoys firent lors sur lesdits Espaignolz. . 104

XXVI. — D'une course que fist lors messire Robert Stuart, Escossoys, devant Barlete, ou prist plusieurs Espaignolz avecques peu de nombre de Françoys 108

XXVII. — D'ung combat a l'oustrance faict lors par xi Françoys contre xi Espaignolz devant la ville de Trane, en Poille 112

XXVIII. — D'ung autre combat faict lors a l'oustrance par ung Françoys nommé Pierre de Bayart, dont j'ay parlé cy dessus, contre ung Espaignol nommé domp Allonce de Sotemaiour, faict entre Rouvre et Andre, en Poille. 121

XXIX. — D'une autre querelle et combat faict par treze Françoys contre treze Itallyens et Lombars . 127

XXX. — D'une course que, durant ce combat, messire Jacques de Chabbannes, seigneur de la Pallixe, fist devant la ville de Bar, en Poille . . 134

XXXI. — Commant les gens d'armes de messire Aymar de Prye furent pris au Castallanet par les villains dudit lieu. 136

XXXII. — Commant messire Jacques de Chabbanes, seigneur de la Pallixe, fut priz dedans Rouvre par Gonssalles Ferrande, et de la merveilleuse repulse qu'il fist, et excessives armes . . . 137

XXXIII. — De la venue de Phillippes, archiduc d'Autriche, et d'une paix fourrée faicte entre le Roy et le Roy d'Espaigne et la Royne, sa femme, accordée et jurée par ledit archiduc, comme procureur des su[s]dits Roy et Royne d'Espaigne . 152

TABLE DES MATIÈRES.

S'ENSUYT LA CRONICQUE DE FRANCE DE L'AN MILLE CINQ CENS ET TROYS.

<small>Pages</small>

I. — Touchant au premier de l'affaire de messire Berault Stuart, seigneur d'Aulbigny, et de ses gens en Callabre 158

II. — Commant Loys d'Armaignac, duc de Nemours et visroy a Naples pour le Roy, fut deffaict et mort devant la Cherignolle, en Poille, et plusieurs autres Françoys et Allemans mors et pris par les Espaignolz, scelon le rapport d'aucuns Françoys qui la estoyent, et comme, par la teneur d'unes lettres envoyées a Roy d'Espaigne par Gonsalles Ferrande, son lieutenant, appert 166

III. — Commant messire Gabriel d'Albret, sire d'Avannes, vint au secours des Françoys, chacez de la Cherignole, au Garillant. 178

IV. — Commant messire Berault Stuart, seigneur d'Aulbigny, qui, durant ce temps, estoit assiegé a la Roque d'Augite en Callabre, fut priz par les Espaignolz 179

V. — Commant le capitaine Gonssalles s'en alla à Naples, et de la prise du Chasteau Neuf et d'autres places dudit pays 180

VI. — Commant le seigneur d'Aubigny fut amené à Napples et mys au Chasteau Neuf 182

VII. — De la prise du castel de l'Ofve, a Napples, faicte par les Espaignolz. 183

VIII. — Commant le capitaine Loys d'Ars, nonobstant le maleur des Françoys, assembla quelque nombre de souldartz, gaigna plusieurs villes en la Poille et souvantes foys deffist grant nombre d'Espaignolz 186

IX. — Commant, en ce temps, le Roy fist deux grosses armées, l'une pour envoyer a Naples et l'autre en Roussillon, contre les Espaignolz. . . . 189

X. — Commant les Françoys furent assiegez, a Gayete, des Espaignolz, qui perdirent beaucoup de gens et leverent leur siege a leur perte. 192

XI. — De la mort du pape Allexandre V^e, et commant

		Pages
	maistre Georges d'Emboise, legat en France, s'en alla a Romme.	200
XII.	— Commant les Françoys misrent le siege devant Saulces, en Roussillon, ou le Roy d'Espaigne en personne, avec grande puissance, se trouva pour lever ledit siege.	206
XIII.	— D'une treve qui fut lors faicte entre le Roy et le Roy d'Espaigne, a la requeste de domp Frederich d'Arragon, Roy de Naples, estant lors detenu en France	238
XIV.	— De la mort du bon duc Pierre de Bourbon et de son obseque funeral faict a Mascons.	245
XV.	— Commant le cardinal de Seine fut faict pape, au moyen que maistre Georges, cardinal d'Amboise, luy bailla treze voix qu'il avoit eues au conclave	249
XVI.	— Commant l'armée de France, apres l'election du pape Pye, passa par les faulxbourgs de Romme et s'en alla au Garillant.	252
XVII.	— Commant les Françoys firent ung pont sur la rivière du Garrillant et passerent oultre malgré les Espaignolz, qui vigoureusement le deffendirent.	263
XVIII.	— D'ung hereticque, qui, en ce mesmes temps, fut bruslé à Paris	270
XIX.	— Commant le capitaine Loys d'Ars sortit de Venoze avecques peu de gens et print la ville d'Andre, Rouvre et Espinansolle, laquelle mist a sang; et commant plusieurs autres villes de la Poille se rendirent a luy, comme Gensane, l'Estoille, Rapolle et la Velle, et la, par deux foys avecques ses gens, a peu de nombre, deffict les Espaignolz, qui estoyent grant compaignye	272
XX.	— Commant le pape Pye tiers mourut, et de l'election du cardinal Petri ad Vincula, faict pape par le moyen du cardinal d'Amboise, et d'autres choses faictes lors a Romme	281
XXI.	— Commant les Françoys garderent longtemps le pont du Garillant, et de la retrecte qu'ilz firent a Gayete, qu'ilz rendirent aux Espaignolz par composiciòn.	291

TABLE DES MATIÈRES.

XXII. — De la mort et des funeraulx obseques de Loys, monseigneur de Luxembourc, conte de Ligny. 307

XXIII. — Commant le capitaine Loys d'Ars, apres la rectrecte du Garillant et Gayete rendue par les Françoys et eulx retournez en France, malgré la puissance de Gonssalles Ferrande, demeura dedans Venoze en Poille plus de troys moys, ou prinst villes et chasteaulx, et luy la assiegé fist saillyes et courses sur ses ennemys et les contraignit lever leur siege; et commant honnorablement s'en retourna en France . . . 318

XXIV. — Commant messire Pierre de Rohan, mareschal de Gyé, qui longtemps avoit eu bruyt en France, fut esloigné du Roy et dechacé de cour 329

S'ENSUYT LA DESCRIPTION DES FAICTZ DE FRANCE DE L'AN MILLE CINCQ CENS ET QUATRE.

I. — Commant messire Loys de Graville, admiral de France, qui de ce regne avoit esté hors de court, fut par le Roy mandé et mys en grande auctorité, et commant aucuns tresoriers et autres furent priz et pugnys pour avoir pillé l'argent du Roy. 335

Pièces annexes.

I. — Lettres de la seigneurie de Bologne à Louis XII.
  Lettre du 11 février 1501 361
  Lettre du 17 octobre 1502 365
  Lettre du 27 décembre 1502 370
  Lettre du 18 janvier 1503 373

II. — Ordonnance de Louis XII sur la police des troupeaux du royaume de Naples (19 août 1502). . 376

III. — Dépêches des résidents florentins *in curiâ* sur la guerre de Naples (juin-juillet 1503).
  Copie d'une lettre écrite de Naples, le 3 juin, par Salvator Billi 380
  Copie d'une lettre envoyée de Naples à Benedetto Lotti, le 13 juin. 381
  Copie d'une lettre écrite de Naples par Salvator Billi, le 15 juin. 381

TABLE DES MATIÈRES.

	Pages
Dépêche du 17 juin	382
Dépêche du 18 juin	384
Dépêche du 22 juin	386
Dépêche du 29 juin	389
Dépêche du 10 juillet	391
Dépêche du 11 juillet	393
Dépêche du 12 juillet	395
Copie d'une lettre de Messer Antonio di Corduba, cousin du cardinal di Salerno, envoyée de Naples, le 8 juillet 1503, à Messer Berardo Ruta, gentilhomme napolitain, « in casa M^{re} R^{mo} di Enna. »	395
Dépêche du 17 août	397
Rapport du commissaire général Filicaria (21 août).	398

Nogent-le-Rotrou, imprimerie DAUPELEY-GOUVERNEUR.